Schwerpunkte   Benner · Klausurenkurs im Familien- und Erbrecht

Klausurenkurs im Familien- und Erbrecht

Ein Fall- und Repetitionsbuch für Examenskandidaten

von

Dr. Susanne A. Benner

Rechtsanwältin

C. F. Müller Verlag
Heidelberg

Bibliografische Informationen der Deutschen Bibliothek

Die Deutsche Bibliothek verzeichnet diese Publikation in der Deutschen Nationalbibliografie; detaillierte bibliografische Daten sind im Internet über <http://dnb.ddb.de> abrufbar.

Gedruckt auf säurefreiem, alterungsbeständigem Papier aus 100% chlorfrei gebleichtem Zellstoff (DIN-ISO 9706).

© 2005 C. F. Müller, Verlagsgruppe Hüthig Jehle Rehm GmbH, Heidelberg
Satz: Claus Hölzer, Hagenbach
Druck und Bindung: J. P. Himmer GmbH, Augsburg
ISBN 3-8114-7301-8

Vorwort

Dieses Buch wendet sich in erster Linie an Jurastudierende, die sich auf Klausuren aus dem Gebiet des Familien- und Erbrechts vorbereiten. Es ist auf die in der Schwerpunkte-Reihe erschienenen Bücher zum Familienrecht von *Wilfried Schlüter* und zum Erbrecht von *Lutz Michalski* abgestimmt und stellt die wesentlichen examensrelevanten Inhalte in Form eines Klausurenkurses dar.

Viele der zu lösenden Fälle sind an Sachverhalten orientiert, die Bestandteil von Examenskampagnen verschiedener Bundesländer waren bzw. in den examensvorbereitenden Klausurenkursen verschiedener Universitäten ausgegeben wurden.

Nach der im Gutachtenstil ausformulierten Musterlösung folgt ein Repetitoriumsteil mit Prüfungsschemata und weiteren Literaturhinweisen bzw. Rechtsprechungsnachweisen.

Durch den strukturierten Aufbau bei der Behandlung der klassischen familien- und erbrechtlichen Probleme und die Einbeziehung der angrenzenden übrigen Rechtsgebiete des BGB sowie des Verfahrensrechts (ZPO, FGG, GBO) stellt das Buch auch für Rechtsreferendare eine geeignete Wiederholung und Vertiefung des Stoffes dar.

Die Klausuren sind so angeordnet, dass sie ebenso wie die Repetitoriumsteile inhaltlich aufeinander und insbesondere im Familienrecht auf die Gesetzessystematik abgestimmt sind. So erfolgt z.B. erst die Darstellung der nachehelichen Unterhaltsansprüche und erst im nächsten Fall die Darstellung der im chronologischen Verlauf des Lebens davor liegenden Getrenntlebensunterhaltsansprüche, da das Gesetz bezüglich der Ausschlussgründe von Getrenntlebensunterhaltsansprüchen auf diejenigen der nachehelichen Unterhaltsansprüche verweist.

Es bietet sich daher an, die Klausuren in der hier vorgesehenen Folge durchzuarbeiten. Dabei sollte der Sachverhalt vollständig durchdrungen und selbstständig zumindest eine Lösungsskizze angefertigt werden. Bei fehlender Kenntnis der klausurrelevanten Probleme können die in den Vorbemerkungen befindlichen Hinweise weiterhelfen.

Beim Verfassen dieses Werkes kam es der Autorin zugute, dass sie während der Promotion als Arbeitsgemeinschaftsleiterin im Bürgerlichen Recht an der Universität Potsdam und als Korrekturassistentin an der FU Berlin und in Potsdam u.a. für examensvorbereitende Klausurenkurse gearbeitet hat und sie seit mehreren Jahren in Berlin als selbstständige Rechtsanwältin und Dozentin bzw. Repetitorin mit Schwerpunkt Familien- und Erbrecht tätig ist.

Weitere Informationen und Kontaktmöglichkeiten bei Fragen und Verbesserungsideen unter: www.Kanzlei-Dr-Benner.de.

Vorwort

Für wertvolle inhaltliche Anregungen und die unermüdliche Hilfe bei den Korrekturarbeiten danke ich *Elisabeth Böhm-Christl* sehr herzlich. *Markus Losse* danke ich für die wissenschaftliche Mitarbeit, *Carmen Thölen* für das Anfertigen der Skizzen und *Prof. Dr. Achim Schneider* für das zeitweilige Zurverfügungstellen einer von der Außenwelt abgeschirmten Arbeitsmöglichkeit.

Berlin, im Juli 2005 *Susanne A. Benner*

Inhaltsverzeichnis

	Rn	Seite
Vorwort		V
Abkürzungsverzeichnis		XI
Literaturverzeichnis		XIV

1. Teil
Allgemeiner Teil 1   1
  I. Einführung in die Technik des Klausurenschreibens 1   1
  II. Zur Arbeit mit diesem Buch 7   2

2. Teil
Familienrecht

Fall 1
Der Schein kann trügen … 8   4
Voraussetzungen einer wirksamen Eheschließung. Eheaufhebung. Scheidung, Scheidungsfolgen. Unterhaltspflichten. Kindesunterhalt. Sorge- und Umgangsrecht. Zugewinn- und Versorgungsausgleichsrecht. Hausratsverteilung bzw. Zuteilung der Ehewohnung i.S.d. HausratsVO.
Repetitorium: Eheschließung – Aufhebung der Ehe – Ehescheidung und Scheidungsfolgen.

Fall 2
Verliebt, verlobt, verheiratet … 90   27
Verlöbnis. Rücktritt und Schadensersatzanspruch. Unterhaltsanspruch bei Getrenntleben (Düsseldorfer Tabelle, Stand: 1. 7. 2005). Differenzmethode. Scheinehe. Anwendung des EGBGB.
Repetitorium: Rechtsnatur und Wirkungen des Verlöbnisses – Verlöbnis unter Lebenspartnern – Unterhaltsansprüche zwischen Verwandten.

Fall 3
Wer stört? 157   50
§ 1353[1]. Herstellungsklage. § 888 III ZPO. Unterlassungsanspruch für den räumlich-gegenständlichen Lebensbereich bei Mitnahme der/des außerehelichen Geliebten in die Ehewohnung. Anwendung des EGBGB. Schadensersatz. Schmerzensgeld.
Repetitorium: Lebenspartnerschaft i.S.d. LPartG – allgemeine Rechtswirkungen der Ehe und der Lebenspartnerschaft.

---
1 §§ ohne Kennung sind im Folgenden solche des BGB.

Inhaltsverzeichnis

Fall 4
Szenen einer Ehe 200   68
Ehewirkungen. §§ 1353 ff. Haftungsprivileg des § 1359. Vaterschaftsanfechtung. FGG-Streitigkeiten. Kindschaftsrecht. Elterliche Sorge. Maßnahmen des Familiengerichts.
Repetitorium: Grundzüge des FGG-Verfahrens – Beschränkung/Ausschluss der Vertretungsmacht der Eltern – Vormundschaft, Betreuung, Pflegschaft.

Fall 5
Sex sells, aber wer zahlt? 241   86
Ehewirkungen: Prinzip der Zugewinngemeinschaft. Geschäfte zur angemessenen Deckung des Lebensbedarfes i.S.d. § 1357. Dingliche Surrogation i.S.d. § 1370. Auswirkungen der Minderjährigkeit eines Ehegatten. Inhalt der elterlichen Sorge.
Repetitorium: Schlüsselgewalt § 1357.

Fall 6
Nicht ohne meine Partnerin 301   109
Ehegüterrecht. Verpflichtungs- und Verfügungsbeschränkungen der §§ 1365, 1369. Weitere Beschwerde i.S.d. GBO.
Repetitorium: Verpflichtungs- und Verfügungsbeschränkungen §§ 1365, 1369 – Voraussetzungen und Rechtsfolge des § 1365.

Fall 7
Der Spatz in der Hand ist besser als der Kuckuck auf dem Dach 340   129
Zivilprozessualer Aufbau. Vollstreckungserinnerung i.S.d. § 766 ZPO. Drittwiderspruchsklage i.S.d. § 771 ZPO. Gewahrsams- und Eigentumsvermutung der § 739 ZPO, § 1362.
Repetitorium: Revokationsrecht i.S.d. §§ 1368, 6 LPartG.

Fall 8
Ich weiß was, was Du nicht weißt 375   146
Güterstand der Gütergemeinschaft. Problematik der heterologen Insemination. Auskunftsrechts des Kindes auf Abstammung. Vertrag mit Schutzwirkung zugunsten Dritter. Ersatz des ideellen Schadens bei fehlender Auskunftsmöglichkeit.
Repetitorium: Ehegüterrecht – Verwandtenunterhalt.

Fall 9
Geschenkt ist geschenkt und wieder holen ist gestohlen? 434   168
Rechtliche Behandlung der nichtehelichen Lebensgemeinschaft, insbesondere: Rückforderungsansprüche bei Trennung. Zeugnisverweigerungsrecht des § 383 ZPO unter Stiefgeschwistern. Verwandtschaft und

Schwägerschaft (§§ 1589, 1590). Exkurs zur Kindesannahme. Rückforderung unbenannter Zuwendungen.

Repetitorium: Ausgleichsansprüche in der nicht ehelichen Lebensgemeinschaft – Ehebezogene unbenannte Zuwendungen.

3. Teil
Erbrecht

Fall 1
Ein Freund, ein guter Freund 475   187
Gewillkürte und gesetzliche Erbfolge, Wirksamkeit eines Testamentes. Sittenwidrigkeit eines Geliebtentestamentes. Möglichkeit der Anfechtung einer Erbschaftsannahme. Abgrenzung zwischen vorläufigem Erben und Erbschaftsbesitzer. Anwendung des § 935 zu Lasten des vorläufigen Erben.
Repetitorium: Gewillkürte und gesetzliche Erbfolge – Rechtsstellung des vorläufigen Erben.

Fall 2
Nachlass-Schreck oder Schreck lass nach 520   205
Gesetzliche Erbfolge (auch in der 2. und 3. Ordnung). Erbscheinserteilung. Irrtum über Nachlassverbindlichkeiten als Irrtum über eine verkehrswesentliche Eigenschaft. Beschwerde gegen Erbschein i.S.d. §§ 19 ff. FGG.
Repetitorium: Erbfolge nach Ordnungen.

Fall 3
Marmor, Stein und Eisen bricht 551   218
Voraussetzungen eines wirksamen Testaments i.S.v. § 2247. Widerruf. Fragen der Testamentsauslegung (z.B. Abgrenzung Vermächtnis – Auflage). Miterbengemeinschaft. Erbschaftskauf. Nachlassverwaltung.
Repetitorium: Testamentsauslegung und -umdeutung – Erbengemeinschaft (Gesamthandsgemeinschaft) – Erbenhaftung.

Fall 4
Erbe, wem Erbe gebührt? 598   238
Erbrecht bei eingetragenen Lebenspartnern/Ehegatten. Güter- und erbrechtliche Lösung bei der Zugewinngemeinschaft. Pflichtteilsrecht.
Repetitorium: Wirksamkeit eines Testaments – Beendigung der Zugewinngemeinschaft durch Tod – Pflichtteilsrecht.

Fall 5
Geteiltes Leid ist halbes Leid? 644   254
Erbschaftsbesitzeranspruch i.S.d. § 2018. Anwendung der Kommorientenvermutung des Verschollenheitsgesetzes. Problematik des Zugewinn-

Inhaltsverzeichnis

ausgleichsanspruches beim gleichzeitigen Tod beider Ehegatten. Höchstpersönlichkeit i.S.d. §§ 2064, 2065.

Repetitorium: Gesetzliches Erbrecht bei Gütertrennung und Gütergemeinschaft – Voraus – Dreißigster.

Fall 6
Drum prüfe, wer sich ewig bindet 675   267
Gemeinschaftliches Testament. Formprivileg des § 2267. Widerrufsproblematik i.S.d. §§ 2271, 2270. Anfechtungsmöglichkeit analog § 2281. Theorie der Aushöhlungsnichtigkeit gemäß den §§ 134, 2289 I 2. Anwendung der Verfügungsbeschränkung des § 2113. Korrektur „beeinträchtigender Schenkungen" analog § 2287.

Repetitorium: Widerruf gemeinschaftlicher Testamente – Auslegung des gemeinschaftlichen Testaments.

Fall 7
Des Einen Freud, des Ander'n Leid 735   288
Bindungswirkung gemeinschaftlicher Testamente. Anwendung des § 2113. Wiederverheiratungsklausel. Einheits-/Trennungsprinzip. Erbeinsetzung unter Bedingungen. Gutglaubensschutz und Erbschein (§ 2113 III i.V.m. den §§ 2366, 2365).

Repetitorium: Vor- und Nacherbschaft – Ersatzerbschaft – Wiederverheiratungsklausel – Erbschein.

Fall 8
Eigener Herd ist Goldes wert? 790   308
Erb- bzw. Erbverzichtsverträge. Exkurs: Annahme des Kindes des eingetragenen Lebenspartners. Ehegattenpflichtteil. Testamentsauslegung (Abgrenzung: Teilungsanordnung – Vorausvermächtnis).

Repetitorium: Erbverzicht – Testamentsvollstreckung – Erbfolge und Gesellschaftsrecht.

Fall 9
Besser spät als nie…? 840   327
Voraussetzung eines echten Vertrages zugunsten Dritter auf den Todesfall. Sachenrechtlicher Bezug: Anwendung des § 952. Formerfordernisse der Schenkung von Todes wegen i.S.d. § 2301. Tatbestandsmerkmale des Erbschaftsbesitzes i.S.d. § 2018.

Repetitorium: Erbschafts(-besitzer-)anspruch – Urkunden – Schenkung von Todes wegen.

Stichwortverzeichnis 351

Abkürzungsverzeichnis

a.A.	anderer Ansicht
a.a.O.	am angegebenen Ort
Abs.	Absatz
AcP	Archiv für die civilistische Praxis
a.E.	am Ende
a.F.	alte Fassung
AG	Amtsgericht
Anm.	Anmerkung(en)
Arg.	Argument
Art.	Artikel
AT	Allgemeiner Teil (des BGB)
Aufl.	Auflage
BayObLG	Bayerisches Oberstes Landesgericht
bez.	bezüglich
BGB	Bürgerliches Gesetzbuch
BGH	Bundesgerichtshof
BSHG	Bundessozialhilfegesetz
BT-Drs.	Bundestagsdrucksache
BVerfG	Bundesverfassungsgericht
DB	Der Betrieb
d.h.	das heißt
DNotZ	Deutsche Notar-Zeitschrift
EG	Einfürungsgesetz
EGBGB	Einführungsgesetz zum Bürgerlichen Gesetzbuch
EheG	Ehegesetz
Einf (v)	Einführung (vor)
Einl (v)	Einleitung (vor)
ErbR	Erbrecht
ErbV	Erbvertrag
evtl.	eventuell
FamG	Familiengericht
FamR	Familienrecht
FamRZ	Zeitschrift für das gesamte Familienrecht
ff.	folgende
Ffm	Frankfurt am Main
FGG	Gesetz über die freiwillige Gerichtsbarkeit
GBl	Gesetzblatt
gem.	gemäß
GG	Grundgesetz
ggf.	gegebenenfalls
GKG	Gerichtskostengesetz
GoA	Geschäftsführung ohne Auftrag
g.T.	gemeinschaftliches Testament
GVG	Gerichtsverfassungsgesetz

Abkürzungsverzeichnis

HausratsVO	Verordnung über die Behandlung der Ehewohnung und des Hausrats
h.M.	herrschende Meinung
Hs	Halbsatz
i.d.F.	in der Fassung
i.d.R.	in der Regel
i.R.d.	im Rahmen der
i.R.v.	im Rahmen von
i.S.d.	im Sinne des/im Sinne der
i.S.v.	im Sinne von
i.Ü.	im Übrigen
i.V.m.	in Verbindung mit
JW	Juristische Wochenschrift
JZ	Juristenzeitung
Kap.	Kapitel
KG	Kammergericht
KindRG	Kindschaftsreformgesetz
KindUG	Gesetz zur Vereinheitlichung des Unterhaltsrechts minderjähriger Kinder
Kom	Kommentar
LG	Landgericht
LM	Nachschlagewerk des BGHZ: Lindenmaier/Möhring
LPartÜG	Überarbeitungsgesetz zum Lebenspartnerschaftsgesetz
LS	Leitsatz
MDR	Monatsschrift für Deutsches Recht
m.E.	meines Erachtens
MM	Mindermeinung
MüKo	Münchener Kommentar
m.w.N.	mit weiteren Nachweisen / mit weiterem Nachweis
n.F.	neue Fassung
NJW	Neue Juristische Wochenschrift
NJWE-FER	NJW Entscheidungsdienst Familien-Erbrecht
NJW-RR	NJW-Rechtsprechungs-Report Zivilrecht
Nr.	Nummer
OLG	Oberlandesgericht
RG	Reichsgericht
RGZ	Entscheidungen des Reichsgerichts in Zivilsachen
Rn	Randnummer
Rpfleger	Der Deutsche Rechtspfleger
RpflG	Rechtspflegergesetz
Rspr	Rechtsprechung
S	Satz, Seite
SchuldR AT	Schuldrecht Allgemeiner Teil (des BGB)
SchuldR BT	Schuldrecht Besonderer Teil (des BGB)
SGB	Sozialgesetzbuch
sog.	so genannt
Sp	Spalte
StGB	Strafgesetzbuch
StPO	Strafprozeßordnung

Abkürzungsverzeichnis

u.a.	unter anderem
u.U.	unter Umständen
VA	Versorgungsausgleich
VAHRG	Gesetz zur Regelung von Härten im Versorgungsausgleich
VersR	Versicherungsrecht
vgl.	vergleiche
VO	Verordnung
Vorbem	Vorbemerkung(en)
VzD	Vertrag zugunsten Dritter
WEG	Wohnungseigentumsgesetz
ZEV	Zeitschrift für Erbrecht und Vermögensnachfolge
z.B.	zum Beispiel
zit.	zitiert
ZPO	Zivilprozessordnung
ZS	Zivilsenat
z.T.	zum Teil
zw.	zwischen

Literaturverzeichnis

Baumbach, Adolf; *Lauterbach, Wolfgang;* *Albers, Jan; Hartmann, Peter*	Zivilprozessordnung, 63. Auflage 2005, zit.: *Baumbach/Bearbeiter*, ZPO
Brox, Hans	Erbrecht, 19. Auflage 2001, zit.: *Brox*, ErbR
Bruns, Manfred; *Kemper, Rainer*	LPartG, Handkommentar, 1. Auflage 2001, zit.: Hk-LPartG/ *Bearbeiter*
Dölle, Hans	Familienrecht, Band I und II, 1. Auflage 1964, zit.: *Dölle*, FamR
Ebenroth, Carsten Thomas	Erbrecht, 1. Auflage 1992
Emmerich, Volker	BGB-Schuldrecht, Besonderer Teil, 10. Auflage 2003, zit.: *Emmerich*, SchuldR BT
Erman, Walter	Bürgerliches Gesetzbuch, Handkommentar, 2 Bände, 11. Auflage 2004, zit.: *Erman/Bearbeiter*
Frank, Rainer	Erbrecht, 2. Auflage 2003, zit.: *Frank*, ErbR
Gernhuber, Joachim; *Coester-Waltjen, Dagmar*	Lehrbuch des Familienrechts, 4. Auflage 1994, zit.: *Gernhuber/ Coester-Waltjen*, FamR
Giesen, Dieter	BGB Allgemeiner Teil: Rechtsgeschäftslehre, 2. Auflage 1995, zit.: *Giesen*, BGB AT
Giesen, Dieter	Familienrecht, 2. Auflage 1997, zit.: *Giesen*, FamR
Gursky, Karl-Heinz	Erbrecht, 3. Auflage 1999
Henrich, Dieter	Familienrecht, Fälle und Lösungen nach höchstrichterlichen Entscheidungen, 4. Auflage 1999, zit.: *Henrich*, FamR
Hohloch, Gerhard	Familienrecht, 1. Auflage 2002, zit.: *Hohloch*, FamR
Hoppenz, Rainer	Familiensachen, 8. Auflage 2005, zit.: *Hoppenz*
Jauernig, Othmar	Bürgerliches Gesetzbuch, Kommentar, 10. Auflage 2002, zit.: *Jauernig/Bearbeiter*
Johannsen, Kurt; *Henrich, Dieter*	Eherecht, Kommentar, 4. Auflage 2003, zit.: *Johannsen/Henrich/ Bearbeiter*
Kipp, Theodor; *Coing, Helmut*	Erbrecht, Ein Lehrbuch, 14. Bearbeitung 1990, zit.: *Kipp/Coing*, ErbR
Lange, Heinrich; *Kuchinke, Kurt*	Erbrecht, 5. Auflage 2001, zit.: *Lange/Kuchinke*, ErbR
Leipold, Dieter	Erbrecht, Grundzüge mit Fällen und Kontrollfragen, 15. Auflage 2004, zit.: *Leipold*, ErbR
Lüderitz, Alexander	Familienrecht, 27. Auflage 1999, zit.: *Lüderitz*, FamR
Medicus, Dieter	Bürgerliches Recht, 20. Auflage 2004, zit.: *Medicus*, BR
Michalski, Lutz	BGB-Erbrecht, 2. Auflage 2001, zit.: *Michalski*, ErbR
Münchener Kommentar zum Bürgerlichen Gesetzbuch	Band 5, Schuldrecht, Besonderer Teil III, §§ 705–853, 3. Auflage 1997 Band 7, Famrecht I, §§ 1297–1588, 4. Auflage 2000 Band 9, Erbrecht, §§ 1922–2385, §§ 27–35 BeurkG, 4. Auflage 2004 zit.: MüKo/*Bearbeiter*
Müller, Lothar	Vertragsgestaltung im Familienrecht, 2. Auflage 2002, zit.: *Müller*, Vertragsgestaltung
Müller, Lothar	Beratung im Familienrecht, 2. Auflage 2003, zit.: *Müller*, Beratung im FamR
Olzen, Dirk	Erbrecht, 1. Auflage 2001, zit.: *Olzen*, ErbR

Palandt, Otto	Bürgerliches Gesetzbuch, Kommentar, 64. Auflage 2005, zit.: *Palandt/Bearbeiter*
Rauscher, Thomas	Familienrecht, 1. Auflage 2001, zit.: *Rauscher*, FamR
Roth, Andreas	Familien- und Erbrecht mit ausgewählten Verfahrensfragen, 3. Auflage 2003, zit.: *Roth*
RGRK – Das Bürgerliche Gesetzbuch	Kommentar, herausgegeben von Mitgliedern des BGH, 12. Auflage 1974 Band V, 1. Teil, §§ 1922–2146, zit.: BGB-RGRK
Schack, Haimo	BGB Allgemeiner Teil, 10. Auflage 2004, zit.: *Schack*, BGB AT
Schellhammer, Kurt	Familienrecht nach Anspruchsgrundlagen, 3. Auflage 2004, zit.: Schellhammer
Schöppe-Fredenburg; Pedro; Schwolow, Peter	Formularsammlung Familienrecht, 1. Auflage 2001, zit.: *Schöppe-Fredenburg/Schwolow*, FamR
Schlüter, Wilfried	BGB-Familienrecht, 11. Auflage 2005, zit.: *Schlüter*, FamR
Schlüter, Wilfried	Erbrecht, 15. Auflage 2004, zit.: *Schlüter*, ErbR
Schwab, Dieter	Familienrecht, 12. Auflage 2003, zit.: *Schwab*, FamR
Soergel, Hans Theodor	Bürgerliches Gesetzbuch mit Einführungsgesetz und Nebengesetzen: Band 14, Sachenrecht 1, §§ 854–984, 13. Auflage 1999 Band 7, Familienrecht 1, §§ 1297–1588, 12. Auflage 1989 Band 21, Erbrecht 1, §§ 1922–2063, 13. Auflage 2002 Band 22, Erbrecht 2, §§ 2064–2273, §§ 1–35 BeurkG, 13. Auflage 2003 Band 23, Erbrecht 3, §§ 2274–2385, 13. Auflage 2002 zit.: *Soergel/Bearbeiter*
Staudinger, Julius von	Kommentar zum Bürgerlichen Gesetzbuch mit Einführungsgesetz und Nebengesetzen: Erstes Buch, Allgemeiner Teil, §§ 164–240, Neubearbeitung 2001 Zweites Buch, Recht der Schuldverhältnisse, §§ 812–822, Neubearbeitung 1999 Viertes Buch, Familienrecht, Einleitung zu §§ 1297–1362, 13. Bearbeitung 2000 Viertes Buch, Familienrecht, §§ 1363–1563, Neubearbeitung 2000 Fünftes Buch, Erbrecht, Einleitung, §§ 1922–1966, Neubearbeitung 2000 Fünftes Buch, Erbrecht, §§ 1967–2063, Neubearbeitung 2002 Fünftes Buch, Erbrecht, §§ 2064–2196, Neubearbeitung 2003 Fünftes Buch, Erbrecht, §§ 2265–2338 a, 13. Bearbeitung 1998 zit.: *Staudinger/Bearbeiter*
Thalmann, Wolfgang; May Günther	Praktikum des Familienrechts, 4. Auflage 2000, zit.: *Thalmann/May*, Praktikum des FamR
Thomas, Heinz; Putzo, Hans u.a.	Zivilprozessordnung mit GVG, den EG und europarechtlichen Vorschriften, 26. Auflage 2004, zit.: *Thomas/Putzo/Bearbeiter*, ZPO
Tschernitschek, Horst	Familienrecht, Studienbuch, 3. Auflage 2000, zit.: *Tschernitschek*, FamR
Vorwerk, Volkert	Das Prozessformularbuch, 8. Auflage 2005, zit.: Vorwerk, Prozessformularbuch)
Westermann, Harm Peter	BGB-Sachenrecht, 10. Auflage 2002, zit.: *Westerman*, BGB-SachenR)
Westermann, Harm Peter; Bydlinski, Peter; Weber, Ralph	BGB-Schuldrecht, Allgemeiner Teil, 5. Auflage 2003, zit.: *Westermann/Bydlinski/Weber*, SchuldR AT

Literaturverzeichnis

Ziegler, Eberhard; *Mäuerle, Karl-Heinz*	Familienrecht, 2. Auflage 2000, zit.: *Ziegler/Mäuerle*, FamR
Zimmermann, Walter	Praktikum der Freiwilligen Gerichtsbarkeit, 6. Auflage 2004, zit.: *Zimmermann*, FGG
Zöller, Richard	Zivilprozessordnung, 25. Auflage 2005, zit.: *Zöller/Bearbeiter*, ZPO

1. Teil
Allgemeiner Teil

I. Einführung in die Technik des Klausurenschreibens

Im ersten juristischen Examen wird man im Rahmen von familien- und erbrechtlichen **1** Klausuren auf Aufgabenstellungen treffen, die aus anderen Gebieten des Bürgerlichen Rechts bereits bekannt sind. So wird umfassend oder auf Grund einer aus dem Text erkennbaren Einschränkung nach der Rechtslage gefragt, konkret die Beurteilung erbeten, ob Ansprüche auf Herausgabe, Zahlung etc. bestehen, oder aber es wird z.B. die gutachterliche Beurteilung eines Sachverhalts als Vorbereitung eines anwaltlichen Rates verlangt.

Selbst wenn eine verfahrensrechtliche Einkleidung (z.B. FGG- oder ZPO-Einstieg) verlangt sein sollte, wird der Schwerpunkt der Klausur i.d.R. im materiell-rechtlichen Bereich liegen. Soweit nicht ein bzw. mehrere Standardprobleme abgefragt werden, ergibt sich – insbesondere bei Verfahrensfragen – die Antwort zumeist aus dem Gesetz.

Entsprechend gilt im ersten Examen bei familien- und erbrechtlichen Klausuren – wie **2** auch bei allen anderen juristischen Aufgabenstellungen – als oberstes Gebot die konsequente Einhaltung des Gutachtenstils. Sofern im Obersatz die von der Formulierung des Sachverhaltes vorgegebene Frage richtig aufgeworfen wurde, lässt sich nach Darstellung der erforderlichen Definitionen und der Subsumtion leicht überprüfen, ob die in der conclusio getroffene Aussage tatsächlich mit dem Obersatz korrespondiert. Man sollte sich zu Beginn jeder Anspruchsprüfung auch nicht scheuen, sich auf die Anfänge des Jurastudiums zurück zu besinnen und anhand der Fragestellung: „wer, von wem, was, woraus?" verifizieren, dass alle erforderlichen Angaben in jedem Prüfungseinstieg und korrespondierend auch im Ergebnissatz enthalten sind. Auf diese Art und Weise lassen sich logische Brüche vermeiden, und die klare Gedankenführung unterliegt einer gewissen Überprüfung. Wichtig ist zudem die Arbeit mit dem Gesetz im Definitions- bzw. Subsumtionsteil. Insoweit ist es unabdingbar, die entscheidungserheblichen Normen jeweils zu zitieren.

Selbst wenn die Art, zur richtigen bzw. vertretbaren Lösung einer Klausur zu gelangen, **3** so individuell sein wird, wie es auch die Menschen sind, die sich mit der Suche nach der Lösung beschäftigen, gibt es doch einige Grundregeln, deren Beachtung grundsätzlich unschädlich ist.

Beim ersten Lesen des Sachverhaltes ist es sinnvoll, unmittelbar zu notieren, welche Probleme direkt als solche erkannt werden, damit diese anfänglichen Gedanken, die bei der Schwerpunktbildung im Rahmen des eigenen Lösungsaufbaus relevant sein können, nicht in Vergessenheit geraten.

Im zweiten Schritt sollte mit der Grobgliederung begonnen werden, wobei insbeson- **4** dere bei erbrechtlichen Klausuren eine Personenskizze und evtl. auch eine Zeitleiste anzufertigen sind. Dies ist z.T. unabdingbar, um den Überblick zu behalten. Zudem muss erkannt werden, ob ein prozessualer oder rein materieller Aufbau verlangt ist.

Allgemeiner Teil

Bei einem prozessualen Aufbau hilft es, sich auf das Grundschema jeder Rechtsbehelfsprüfung (wie z.b. auch der des verwaltungsrechtlichen Widerspruches) zu besinnen. Stellung zu nehmen ist im Rahmen der Zulässigkeitsprüfung insbesondere zu den Punkten: 1. Zuständiges Gericht, 2. Statthafte Verfahrensart, 3. Form/Frist, 4. Beschwer, bevor innerhalb des Begründetheitsteils mit der materiellen Prüfung begonnen wird. Entscheidend für jeden Klausuraufbau ist allein die im Anschluss an den Sachverhalt aufgeworfene Fragestellung; zu prüfen ist ausschließlich, wonach dort gefragt ist.

5 Bei der materiell-rechtlichen Prüfung ist besonderes Augenmerk auf die Erarbeitung von Streitständen zu richten. Unabhängig davon, ob man sich für die konventionelle, historische oder problemorientierte Darstellung von Streitständen entscheidet, sollte man soweit möglich bei der Diskussion folgende Reihenfolge in der Auseinandersetzung mit dem streitigen Punkt einhalten: Auszugehen ist im Sinne der grammatischen bzw. philologischen Interpretation vom Wortsinn der in Rede stehenden Norm. Fortzufahren ist im Anschluss daran mit der systematischen Interpretation, indem überlegt wird, in welchem Gesetzeszusammenhang die fragliche Norm überhaupt steht. Sodann ist, wenn ergiebig und im Einzelfall bekannt, auf die historische bzw. genetische Interpretation abzustellen und abschließend teleologisch zu interpretieren, indem Sinn und Zweck der Rechtsnorm zur Interpretation herangezogen werden. Insbesondere bei den Streitständen, die rund um die Regelungen der §§ 1365, 1369 existieren, führt eine Rückbesinnung auf Sinn und Zweck dieser Paragraphen stets zu sachgerechten Ergebnissen.

6 Etwa nach Ablauf des ersten Drittels der Zeit, die zur Bearbeitung insgesamt zur Verfügung steht, sollte mit der Reinschrift begonnen werden, wobei zu diesem Zeitpunkt der Sachverhalt bereits gedanklich vollständig erfasst und die Grobgliederung erarbeitet sein müssten. Oftmals kann es hilfreich sein, vor der Niederschrift noch einmal zu versuchen, alles juristische Wissen auszublenden und zu überlegen, welches Ergebnis nach dem spontanen Rechtsempfinden für sachgerecht und richtig gehalten wird. Die so gefundene Lösung sollte (bei „gesundem Judiz") zumeist mit der sich auf Grund von Normen ergebenden kongruent sein.

II. Zur Arbeit mit diesem Buch

7 Das vorliegende Buch ist in dieser Form entstanden, weil die Studentinnen und Studenten, die ich auf das erste juristische Examen vorbereitete, den Wunsch an mich herangetragen haben, Klausurlösungen einmal in der Form nachlesen zu können, in der sie auch im Examen verlangt werden, insbesondere auch unter Verwendung des Gutachtenstils. Entsprechend ist das Buch konkret auf die studentischen Bedürfnisse zugeschnitten und als Arbeitsbuch zu verstehen.

Nach Erstellung einer eigenen Lösungsskizze bzw. einer ausformulierten Klausur sollte die Musterlösung nebst Repetitoriumsteilen durchgearbeitet werden. Es wird dringend empfohlen, die zitierten Paragraphen auch nachzulesen, und zwar jeweils bis zum Ende bzw. ggf. auch noch die nachfolgende Norm. Dies ist insofern erforderlich, als es der Gesetzessystematik entspricht, dass am Ende des jeweiligen Absatzes oder im nächsten Absatz der Norm bzw. in der folgenden Vorschrift die Ausnahme zum Grund-

Allgemeiner Teil

satz enthalten ist, auf die es bei der Lösung des in Rede stehenden Falles gerade ankommen kann.

Die Repetitoriumsteile enthalten wichtige Fakten in komprimierter Form und Prüfungsschemata, so dass sie insbesondere auch dazu geeignet sind, eigene Karteikarten anzufertigen. Es bietet sich an, in privaten Arbeitsgemeinschaften anhand der Kontrollfragen zu überprüfen, ob der Stoff des jeweiligen Falles bereits durchdrungen und abrufbar ist. Es ist insofern sinnvoll, die im Buch vorgesehene Reihenfolge bei der Fallbearbeitung einzuhalten, da die Klausuren aufeinander abgestimmt sind und bestimmte Verknüpfungen und Wiederholungen dazu dienen, das bereits Erlernte richtig einzuordnen und anzuwenden.

Viel Erfolg im Examen!

2. Teil
Familienrecht

Fall 1
Der Schein kann trügen …

8 Die verwöhnte Jura-Studentin Julia von Jäckel (J) aus Bonn-Bad Godesberg lernt bei einem Berlin Besuch im Juni 2004 im b-flat den Jazz-Musiker Markus Munzlinger (M) kennen. Die beiden sehr unterschiedlichen Menschen verlieben sich ineinander. Obwohl ihm seine Freunde abraten, will M um jeden Preis eine Beziehung zu seiner „Prinzessin". Da er glaubt, ihr etwas bieten zu müssen, erzählt er ihr, wie erfolgreich seine Band sei, dass ein Plattenvertrag in Aussicht stünde und bezahlt vor ihren Augen mit gespielter Leichtigkeit mit einem 500,– €-Schein. Er hofft darauf, dass J, wenn sie erfahren würde, dass er in Wahrheit kaum genug Geld zum Leben hat und er inzwischen selbst die Hoffnung fast aufgegeben hat, noch einmal als Musiker erfolgreich zu sein, trotzdem mit ihm zusammen bleiben würde.

J, die tatsächlich keinen Freund haben will, der nicht über ausreichende finanzielle Mittel verfügt, ist von dem Auftreten des M sehr beeindruckt und zieht zu ihm in eine Luxus-Dachgeschosswohnung in Berlin-Mitte, die M von seiner sich derzeit im Ausland befindlichen Ex-Freundin für wenig Miete bis Ende Juni 2005 überlassen worden war. Auf den dringenden Wunsch der J, die glaubt, dadurch endlich erwachsen zu werden, heiraten M und J am 10.10.2004, wobei der Standesbeamte vergisst, die Eheschließung in das Heiratsbuch einzutragen.

In der Folgezeit wird M als Jazzer immer erfolgreicher und erwirtschaftet mit seinen Einkünften wesentlich mehr als nur seinen eigenen Unterhalt. J trägt durch einen Job als Messe-Hostesse ebenfalls zum Lebensunterhalt bei. Ihr Studium hat sie mittlerweile aufgegeben, weil sie keine der angebotenen Klausuren bestanden hatte. Am 11.4.2005 kommt die gemeinsame Tochter Tina (T) zur Welt.

Als J ein Tagebuch ihres Mannes findet und liest, erfährt sie zum einen, dass M sie über seine finanziellen Verhältnisse getäuscht hat und sie bald aus der Wohnung ausziehen müssen. Zum anderen stellt M im Detail dar, wie er J auf einer Konzert-Tournee Anfang des Jahres mit einer Sängerin betrogen hat. J ist außer sich, obwohl auch sie wenige Wochen nach der Hochzeit eine kurze Affäre mit ihrem Masseur Leo Lohmeyer (L) hatte.

J lässt sich und T daraufhin sofort von ihren Eltern abholen und zieht zu ihnen zurück nach Bonn. Sie ist sich sicher, dass sie mit M nichts mehr zu tun haben will. Ihre Eltern unterstützen sie darin und verwehren M jeglichen Kontakt mit ihr und T. Gemeinsam mit J suchen sie kurz darauf einen befreundeten Anwalt auf und wollen wissen, ob sich J scheiden lassen oder ihre Ehe auf andere Weise unproblematisch beenden könne. Auf jeden Fall soll M aber den Familiennamen „von Jäckel" wieder abgeben müssen. Außerdem wollen sie wissen, ob J Anspruch auf einen Teil der 5000,– € habe, die sich M während der Ehe dazu verdient und erspart habe. Nach ihrer Rechtsauffassung soll

M der J auch die Fortsetzung des unterbrochenen Studiums finanzieren und für ihre Altersversorgung aufkommen, da er durch seine Lügen und die Affäre Schuld an der Trennung sei.

Auch M holt sich anwaltlichen Rat. Er will wissen, was nach Beendigung der Ehe auf ihn zukommt, insbesondere interessiert ihn, ob er unterhaltspflichtig ist. Er äußert den Verdacht, womöglich gar nicht der leibliche Vater der T zu sein. Da er T aber vom ersten Augenblick ins Herz geschlossen hat, möchte er sie in jedem Falle in Zukunft sehen dürfen. Außerdem möchte er im Zuge der Scheidung das Teeservice und auch die anderen Haushaltsgegenstände wieder haben, die er von seiner Großmutter geerbt hat und die sich derzeit im Besitz der J befinden. Auf Rückfrage seines Anwaltes erklärt M in Bezug auf das Teeservice, dass auch J ein Teeservice gehöre, aber da sie das des M schöner fand, beide während der Ehe immer das des M benutzten.

Die Antworten der Rechtsanwälte sind in einem Gutachten vorzubereiten, wobei Getrenntlebensunterhaltsansprüche nicht zu prüfen sind.

Es ist davon auszugehen, dass M 3000,– € mit in die Ehe gebracht hat, jedoch noch Raten i.H.v. 2000,– € für den erworbenen VW-Bus abzahlen musste.

Das Anfangsvermögen der J lässt sich nicht mehr ermitteln. Sie verfügt derzeit lediglich über einen Guthaben i.H.v. 1000,– €, wobei sie im Januar 2005 für ein Flugticket nach New York, dass sie L spendiert hatte, um ihn los zu werden, 700,– € ausgegeben hat.

Fall 1 *Der Schein kann trügen ...*

Vorüberlegungen

I. In dieser umfangreichen Klausur sind die Voraussetzungen für eine Eheschließung und die Möglichkeiten der Beendigung einer Ehe (Eheaufhebung/Scheidung) darzustellen. Des Weiteren ist darauf einzugehen, welche Rechtsfolgen mit der Beendigung einer Ehe verbunden sind.

II. Problematisch ist es hier insbesondere, die prüfungsrelevanten Punkte an den jeweils passenden Stellen zu diskutieren. Häufig wird der Fehler gemacht, im Rahmen der Prüfung einer wirksamen Eheschließung sämtliche diesbezüglich existierenden Soll-Vorschriften zu zitieren. Tatsächlich ist für eine wirksame Eheschließung jedoch lediglich erforderlich, dass die drei Mindestvoraussetzungen erfüllt sind.
Eine wirksame Ehe setzt voraus, dass sich
1. zwei Personen verschiedenen Geschlechts,
2. vor einem mitwirkungsbereiten Standesbeamten
3. bei gleichzeitiger Anwesenheit gegenseitig den Eheschließungswillen erklären.

III. Zeitleiste:

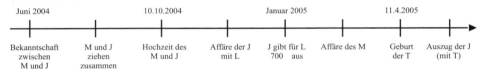

Gliederung

1. Teil: Beendigung bzw. Auflösung der Ehe

A. Vorliegen einer wirksamen Ehe

B. Aufhebung der Ehe

C. Scheidung der Ehe
    I. Scheitern der Ehe
    II. Keine Härte i.S.v. § 1568 1. Fall oder § 1568 2. Fall
    III. Unzumutbare Härte i.S.v. § 1565 II

D. Ergebnis zum 1. Teil

2. Teil: Folgen einer Scheidung

A. Unterhaltsanspruch der J gemäß den §§ 1569 ff.
    I. Unterhaltsbeziehung
    II. Bedürftigkeit des Unterhaltberechtigten
        1. Bedarf aufgrund eines oder mehrerer Tatbestände der §§ 1570 ff.
            a) Bedarf nach § 1570

            aa) Gemeinschaftliches Kind der geschiedenen Eheleute
            bb) Unzumutbarkeit der eigenen Erwerbstätigkeit
        b) Bedarf nach § 1575
    2. Keine eigene Deckungsfähigkeit
  III. Leistungsfähigkeit
  IV. Rangfolge
   V. Kein Ausschluss
    1. Ausschluss wegen kurzer Ehedauer gem. § 1579 Nr. 1
    2. Ausschluss gem. § 1579 Nr. 6
    3. Ausschluss gem. § 1579 Nr. 7
    4. Ausschluss gem. § 1586 bzw. vertraglicher Ausschluss i.S.v. § 1585c
  VI. Art der Unterhaltsgewährung
 VII. Ergebnis

B. Anspruch der J gegen M auf Zugewinnausgleich gem. § 1378 i.V.m. den §§ 1372 ff.
    I. Vorliegen einer Zugewinngemeinschaft
   II. Beendigung zu Lebzeiten
  III. Zugewinnausgleichsforderung
    1. Zugewinn des Anspruchsgegners
    2. Zugewinn der Anspruchstellerin
    3. Hälfte der Differenz
  IV. Kein Ausschluss gemäß § 1381
   V. Keine Verjährung
  VI. Ergebnis

C. Versorgungsausgleich i.S.d. §§ 1587–1587 p

D. Unterhaltsanspruch der T gegen M i.S.d. §§ 1601 ff.
    I. Unterhaltsbeziehung
   II. Bedürftigkeit des Kindes
    1. Bedarf i.S.v. § 1610
    2. Keine eigene Deckungsfähigkeit
  III. Leistungsfähigkeit
  IV. Reihen- /Rangfolge
   V. Kein Ausschluss
  VI. Art der Unterhaltsgewährung
 VII. Ergebnis

E. Sorgerecht und Umgangsrecht
    I. Elterliche Sorge
   II. Umgangsrecht

F. Ehename

G. Hausratsverteilung

Fall 1 *Der Schein kann trügen ...*

Lösung

1. Teil: Beendigung bzw. Auflösung der Ehe

11 Eine Ehe kann gem. § 1313 und § 1564 durch richterliches Gestaltungsurteil, i.S.e. Eheaufhebungs- bzw. Scheidungsurteils, oder durch den Tod eines der Ehegatten beendet werden. Ob im vorliegenden Fall die Voraussetzungen für eine Eheaufhebung oder Scheidung erfüllt sind, muss erst beurteilt werden, wenn zwischen J und M überhaupt eine wirksame Ehe besteht.

A. Vorliegen einer wirksamen Ehe

12 Fraglich ist, ob J und M rechtsgültig verheiratet sind.

Eine wirksame Ehe kann nur zwischen zwei Personen verschiedenen Geschlechts[1] vor einem mitwirkungsbereiten Standesbeamten bei gleichzeitiger Anwesenheit der Verlobten geschlossen werden, wenn beide sich gegenseitig den Eheschließungswillen erklären, vgl.: §§ 1310, 1311. Wenn es an einer dieser drei Mindestvoraussetzungen fehlt, liegt eine sog. Nichtehe vor, die keinerlei Rechtswirkungen zwischen den Beteiligten begründet[2]. Andere Verstöße gegen das Eheschließungsrecht ändern nichts daran, dass die Ehe jedenfalls zunächst wirksam geschlossen wurde, sie können i.S.d. § 1314 lediglich zur Aufhebbarkeit der Ehe führen. Ein Verstoß gegen Verfahrensvorschriften, also z.B. ein Verstoß gegen § 1312 II, bleibt völlig sanktionslos[3].

Vorliegend sind die drei oben genannten Mindestvoraussetzungen erfüllt. Selbst wenn also durch den Standesbeamten keine Eintragung der Eheschließung in das Heiratsbuch vorgenommen wurde, wie es die Soll-Vorschrift des § 1312 II vorsieht, ist dies für die Wirksamkeit der Eheschließung zwischen M und J ohne Belang.

B. Aufhebung der Ehe

13 Möglicherweise kommt eine Aufhebung der zwischen J und M bestehenden Ehe gemäß den §§ 1313 ff. in Betracht.

Als Ansatzpunkt für einen Aufhebungsgrund ließe sich anführen, dass M die J i.S.d. § 1314 II Nr. 3, 1. Hs. arglistig über seine Vermögensverhältnisse getäuscht hat[4]. Zwar hätte J bei Kenntnis der tatsächlichen Sachlage den vermögenslosen M nicht geheiratet, § 1314 II Nr. 3, 2. Hs. schließt aber die Täuschung über Vermögensverhältnisse als Aufhebungsgrund von vornherein aus. Da auch die übrigen in § 1314 normierten Aufhebungsgründe hier nicht eingreifen und eine Analogie insoweit nicht möglich ist[5], kommt eine Aufhebung der zwischen J und M geschlossenen Ehe nicht in Betracht.

---

[1] BVerfG NJW 1993, 643.
[2] *Schlüter*, FamR, Rn. 26; *Ziegler/Mäuerle*, FamR, Rn. 41; *Tschernitschek*, FamR, Rn. 54 ff.
[3] *Schlüter*, FamR, Rn. 375.
[4] Zur Aufhebung der Ehe wegen arglistiger Täuschung über die persönliche Eigenschaft der zeugnisunfähigkeit: OLG Stuttgart FamRZ, 33.
[5] *Palandt/Brudermüller*, § 1314 Rn. 1.

C. Scheidung der Ehe

Fraglich ist, ob die Voraussetzungen für eine Scheidung der Ehe zwischen J und M erfüllt sind. Grundlage für die Scheidung einer Ehe ist gemäß § 1565 I 1 allein der Umstand, dass die Ehe – aus welchen Gründen auch immer – gescheitert ist (sog. Zerrüttungsprinzip).

Das Zerrüttungsprinzip hat das bis 1977 geltende Verschuldensprinzip abgelöst, so dass es für eine Scheidung nicht mehr ausschlaggebend ist, ob einem der Ehegatten ein bestimmtes ehewidriges Verhalten zum Vorwurf gemacht wird[6]. Auf ein etwaiges Verschulden des M kann es mithin nicht ankommen, sondern allein auf die Frage, ob die Ehe zwischen J und M als gescheitert anzusehen ist.

I. Scheitern der Ehe

Das Scheitern einer Ehe kann auf die folgenden drei Arten nachgewiesen werden: Erstens durch die unwiderlegbare Zerrüttungsvermutung des § 1566 I, der ein einjähriges Getrenntleben und das Einverständnis der Ehegatten über die Scheidungsabsicht voraussetzt, zweitens durch die unwiderlegbare Zerrüttungsvermutung des § 1566 II, der ein dreijähriges Getrenntleben voraussetzt und, neben diesen beiden mittelbaren Nachweisen, drittens durch den unmittelbaren Nachweis einer positiven Feststellung des Scheiterns der Ehe nach § 1565 I 2.

Da J und M i.S.v. § 1567 noch nicht einmal ein Jahr getrennt leben und daher die Zerrüttungsvermutungen des § 1566 I bzw. II nicht zum Tragen kommen können, ist das Scheitern der Ehe hier i.S.v. § 1565 I 2 positiv festzustellen.

Nach § 1565 I 2 ist eine Ehe gescheitert, wenn die Lebensgemeinschaft aufgehoben ist, was durch eine sog. Eheanalyse der Lebensverhältnisse aufgrund konkreter Umstände im Einzelfall nachzuweisen ist, und eine Wiederherstellung der Lebensgemeinschaft aufgrund einer Prognose nicht mehr zu erwarten ist[7].

Die Lebensgemeinschaft zwischen J und M bestand vorliegend nicht mehr und darüber hinaus ist sich J sicher, dass sie mit M nichts mehr zu tun haben will, so dass eine positive Prognose bezüglich der Wiederherstellung der Lebensgemeinschaft nicht abgegeben werden kann. Somit ist die Ehe zwischen J und M i.S.v. § 1565 I 2 als gescheitert zu qualifizieren.

> **Hinweis zur Lösung:** Um auf die Härteklauseln des § 1568 1. und 2. Fall eingehen zu können, wurde die Prüfung des § 1568 der Prüfung des § 1565 II vorangestellt.

II. Keine Härte i.S.v. § 1568 1. Fall oder § 1568 2. Fall

Eine Ehe soll jedoch i.S.d. Härteklauseln des § 1568 1. und 2. Fall trotz ihres Scheiterns nicht geschieden werden, wenn die Scheidung für den Ehepartner oder die gemeinsamen Kinder ausnahmsweise unzumutbar ist.

---

6 *Schlüter*, FamR, Rn. 168; *Schwab*, FamR, Rn. 291 f.; *Gernhuber/Coester-Waltjen*, § 24 II.
7 BGH FamRZ 1981, 127 f.; *Schlüter*, FamR, Rn. 175; *Ziegler/Mäuerle*, FamR, Rn. 201.

Fall 1   *Der Schein kann trügen ...*

18   **Exkurs/Vertiefung:** Als Härtefall i.S.d. § 1568 kommt z.B. die ernsthafte Suizidgefahr des Ehegatten oder Kindes in Betracht[8].

19   Nicht ausreichend ist eine allein durch das Scheitern der Ehe bedingte Härte. Vielmehr muss die schwere Härte auf Umständen beruhen, die nach objektiver Beurteilung außergewöhnlich sind[9].

Eine besondere Härte i.S.v. § 1568 1. oder 2. Fall ist für M und Tochter T nicht ersichtlich. § 1568 steht einer Scheidung von J und M mithin nicht entgegen.

III. Unzumutbare Härte i.S.v. § 1565 II

20   Es könnte sich jedoch aus § 1565 II ergeben, dass eine Scheidung derzeit nicht möglich ist.

Trotz Scheiterns der Ehe ist i.S.v. § 1565 II nämlich die grundsätzliche Mindesttrennungsdauer von einem Jahr zu beachten. Vor Ablauf eines Jahres gestattet § 1565 II eine Scheidung nur, wenn die Fortsetzung der Ehe, also das Weiter-miteinander-verheiratet-sein mit dem Antragsgegner, für den Antragsteller eine unzumutbare Härte darstellen würde. Dabei sind an das Vorliegen eines Härtegrundes strenge Anforderungen zu stellen. Es muss sich um eine Ausnahmesituation gegenüber einer bloß gescheiterten Ehe handeln[10].

21   **Exkurs/Vertiefung:** Als unzumutbare Härte i.S.v. § 1565 II wurde es z.B. angesehen, dass ein Ehegatte den anderen Ehegatten, nachdem dieser das ehebrecherische Verhältnis entdeckt hatte, zum Geschlechtsverkehr zu dritt aufgefordert hatte[11]; bei Misshandlungen durch den Partner[12]; Alkoholmissbrauch[13]; bei dauernder Verweigerung des Geschlechtsverkehrs[14]; intimen Beziehungen mit dem Schwager oder der Schwägerin[15] und z.T. auch, wenn aus der ehebrecherischen Beziehung eine Schwangerschaft erwachsen ist[16]: Der Ehemann sollte hier wegen der Möglichkeit des Ausschlusses der Vaterschaftsvermutung nach § 1599 II 1, 1. Hs. nicht darauf verwiesen werden, das Trennungsjahr abzuwarten[17].

22   Sinn und Zweck des § 1565 II ist es, zum einen übereilte Scheidungen zu verhindern und die nach § 1565 I vorzunehmende Prognose zu vereinfachen, zum anderen aber auch, einem etwaigen Rechtsmissbrauch entgegenzuwirken, zu dem es dadurch kommen könnte, dass der eine Partner die Ehe einseitig zerstört und sogleich daraus – z.B.

---

8   BVerfG NJW 2001, 2874; *Palandt/Brudermüller*, § 1568 Rn. 2 und 4 ff. m.w.N.
9   *Hoppenz*, § 1568 Rn. 4 m.w.N.
10 OLG Köln NJW-RR 1996, 519; vgl. auch: OLG Düsseldorf, FamRZ 2000, 286; OLG Rostock, FamRZ 1993, 808.
11 OLG Köln FamRZ 1996, 108.
12 OLG Stuttgart FamRZ 1988, 1276.
13 OLG München NJW 1978, 49, 50.
14 OLG Hamm FamRZ 1979, 511, 512.
15 OLG Oldenburg FamRZ 1992, 682.
16 OLG Karlsruhe, NJW-RR 2000, 1389.
17 *Palandt/Brudermüller*, § 1565 Rn. 10 m.w.N.

durch die Möglichkeit einer Unterhaltsberechtigung – für sich vorteilhafte Rechtsfolgen herleitet[18].

Fraglich ist, ob die Situation des „Weiter-miteinander-verheiratet-sein" von J und M für J einen derartigen Härtefall darstellt, dass das Abwarten des Trennungsjahres für sie nicht zumutbar ist. Als Anknüpfungspunkt für die Unzumutbarkeit käme zwar das Verhältnis von M mit einer Sängerin in Betracht, dies kann für J jedoch insofern schon nicht als unzumutbare Härte i.S.d. § 1565 II qualifiziert werden, als sie selbst ebenfalls nicht treu war.

> **Exkurs/Vertiefung:** Die Verletzung der ehelichen Treuepflicht stellt nicht per se einen Härtegrund dar[19]. Vielmehr kommt es im Einzelfall auf die besondere Art und Weise sowie die Begleitumstände an[20].

23

Es ist daher nicht ersichtlich, warum es für J unzumutbar sein sollte, bis zum Ablauf des Trennungsjahres mit der Einreichung des Scheidungsantrages zu warten.

Folglich ist eine Scheidung der zwischen J und M bestehenden Ehe zur Zeit nicht möglich.

D. Ergebnis zum 1. Teil

J hat derzeit keine Möglichkeit, die Ehe mit M zu beenden.

2. Teil: Folgen bei Beendigung der Ehe

Fraglich ist, welche Rechtsfolgen nach Beendigung der Ehe durch Scheidung auf den M zukommen könnten.

A. Unterhaltsanspruch der J gegen M gemäß den §§ 1569 ff.

J könnte gegen M nach erfolgter Scheidung ein Unterhaltsanspruch gemäß den §§ 1569 ff. zustehen.

24

Bezüglich der Unterhaltsansprüche von Ehegatten ist danach zu differenzieren, in welcher Phase sich die Ehe gerade befindet. Es ist insoweit zu unterscheiden zwischen Familienunterhalt gemäß § 1360 bei bestehender häuslicher Gemeinschaft, Trennungsunterhalt nach § 1361 für den Zeitraum zwischen Trennung und Scheidung und nachehelichem Unterhalt gemäß §§ 1569 ff. für die Zeit nach einer rechtskräftigen Scheidung[21].

Da vorliegend lediglich zu prüfen ist, wozu M gegenüber seiner Frau J nach Beendigung der Ehe verpflichtet sein könnte, ist hier maßgebend, ob die Voraussetzungen eines nachehelichen Unterhaltsanspruches i.S.v. §§ 1569 ff. gegeben sind.

---

18 *Hoppenz*, § 1565 Rn. 9; *Palandt/Brudermüller*, § 1565 Rn. 6.
19 A.A.: OLG Düsseldorf FamRZ 1978, 27.
20 Vgl. u.a. OLG Braunschweig FamRZ 2000, 287.
21 *Schlüter*, FamR, Rn. 61.

Fall 1 *Der Schein kann trügen ...*

I. Unterhaltsbeziehung

25 Voraussetzung eines jeden Unterhaltsanspruches ist es, dass zwischen Anspruchsteller und Anspruchsgegner eine Unterhaltsbeziehung besteht. Diese würde hier (nach unterstellter Scheidung) aus der ehemals wirksamen und nunmehr geschiedenen Ehe zwischen J und M resultieren.

II. Bedürftigkeit des Unterhaltberechtigten

26 Des Weiteren setzt ein Anspruch auf nachehelichen Unterhalt die Bedürftigkeit des Unterhaltsberechtigten voraus, d.h., dass der anspruchstellende Ehegatte selbst nicht für seinen Unterhalt sorgen kann, vgl.: §§ 1569, 1574 f., 1577.

Von einer Bedürftigkeit ist auszugehen, wenn ein gemäß § 1578 nach den ehelichen Lebensverhältnissen zu bemessender Unterhaltsbedarf aufgrund eines oder mehrerer Tatbestände der §§ 1570–1576 vorliegt und keine eigene Deckungsfähigkeit des anspruchstellenden Ehegatten gegeben ist, vgl. § 1577[22].

1. Bedarf aufgrund eines oder mehrerer Tatbestände der §§ 1570 ff.

Fraglich ist somit zunächst, ob ein Bedarf der J i.S.d. §§ 1570 ff. besteht.

a) Bedarf nach § 1570

27 In Betracht käme ein Bedarf nach § 1570. Im Sinne dieser Norm würde ein Bedarf bestehen, sofern J wegen der Betreuung der T nicht arbeiten könnte. Sie hätte dann, unabhängig von der Unterhaltsberechtigung der T, gemäß den §§ 1601 ff. einen eigenen Anspruch auf Betreuungsunterhalt.

aa) Gemeinschaftliches Kind der geschiedenen Eheleute

28 Voraussetzung für den Anspruch auf Betreuungsunterhalt ist, dass das zu betreuende Kind als gemeinschaftliches Kind der geschiedenen Eheleute anzusehen ist. Von M wird das zwar vorliegend bezweifelt, dies ist jedoch insofern unerheblich, als für die Abstammung im materiellrechtlichen Sinne allein die §§ 1591 ff. maßgebend sind.

Danach ist J die Mutter des Kindes, da sie T geboren hat, vgl. § 1591, und M der Vater der T, da er zur Zeit der Geburt mit J verheiratet war, vgl. § 1592 Nr. 1.

Diese Vermutung gilt in Bezug auf M solange, wie er nicht erfolgreich die Vaterschaft angefochten hat, § 1599 I. Eine Anfechtung erfolgte hier bisher nicht und wäre letztlich auch unbegründet. T gilt somit als gemeinschaftliches Kind des M und der J i.S.v. § 1570.

bb) Unzumutbarkeit der eigenen Erwerbstätigkeit

29 Weiterhin müsste die Aufnahme einer eigenen Erwerbstätigkeit wegen der Notwendigkeit der Erziehung der T für J unzumutbar sein.

---

22 *Ziegler/Mäuerle*, FamR, Rn. 261.

Grundsätzlich besteht keine Erwerbsobliegenheit für den getrennt lebenden oder geschiedenen Ehegatten, der ein gemeinschaftliches Kind im Alter von weniger als acht Jahren zu betreuen hat[23]. Hier wäre T, wenn die Scheidung so schnell wie möglich durchgeführt würde, noch keine drei Jahre alt, so dass der J nicht einmal eine Teilzeitbeschäftigung zuzumuten wäre. Folglich kann J auch nicht darauf verwiesen werden, selbst eine Erwerbstätigkeit aufzunehmen.

> **Exkurs/Vertiefung:** Würde man dem betreuenden Elternteil ab einem gewissen Zeitpunkt die Aufnahme einer Teilzeitbeschäftigung zumuten, käme ein Unterhaltsanspruch nach § 1573 in Betracht. Dabei ist zwischen dem Erwerbslosenunterhalt i.S.v. § 1573 I als Schutz vor sozialem Abstieg und dem Aufstockungsunterhalt nach § 1573 II zu unterscheiden, der ein angemessenes Einkommen bis zur Erreichung des vollen Unterhalts nach § 1578 sichert[24]. Beide Unterhaltsansprüche können zeitlich beschränkt werden, § 1573 V.

30

b) Bedarf nach § 1575

Fraglich ist, ob auch nach § 1575 ein Bedarf der J vorliegen könnte. Ein Anspruch i.S.v. § 1575 stünde J zu, wenn sie ihre Ausbildung in unmittelbarem Zusammenhang mit der Ehe abgebrochen hätte, ein erfolgreicher Abschluss des Studiums zu erwarten ist und dieser ihr eine nachhaltige Sicherung des Einkommens ermöglichen könnte[25]. Diese Voraussetzungen sind hier nicht erfüllt, da J das Studium nur deshalb nicht fortgesetzt hat, weil sie bisher insoweit nicht erfolgreich war, nicht aber aufgrund ihrer Ehe mit M. Folglich scheidet ein Bedarf nach § 1575 aus.

31

2. Keine eigene Deckungsfähigkeit

Des Weiteren dürfte auf Seiten der J keine eigene Deckungsfähigkeit bestehen. An der Deckungsfähigkeit fehlt es, wenn der Anspruchsteller nicht in der Lage ist, sich aus seinen Einkünften bzw. aus seinem Vermögen selbst zu unterhalten, vgl. § 1577 I. Vorliegend verfügt J lediglich über ein Guthaben i.H.v. 1000,– €, so dass auch diese Tatbestandsvoraussetzung erfüllt ist.

32

III. Leistungsfähigkeit

Darüber hinaus müsste M i.S.v. § 1581 leistungsfähig sein. Im Sinne dieser Norm müsste es dem Unterhaltsverpflichteten möglich sein, ohne Gefährdung des eigenen Unterhalts, den Nachehelichenunterhalt zu zahlen. Davon ist hier auszugehen, da M bisher auch imstande war, durch seine Tätigkeit nicht nur seinen eigenen Unterhalt zu erwirtschaften und sein Erfolg als Musiker immer größer wurde.

33

---

[23] BGH FamRZ 1983, 456, 458; BGH NJW 1984, 1537, 1538. Zur grundsätzlichen Einschätzung der Zumutbarkeit einer Erwerbstätigkeit, vgl.: *Palandt/Brudermüller*, § 1570 Rn. 9 ff.
[24] Vgl. dazu: *Schlüter*, FamR, Rn. 198.
[25] *Palandt/Brudermüller*, § 1575 Rn. 2.

Fall 1 *Der Schein kann trügen ...*

IV. Rangfolge

34 M kann sich auch nicht darauf berufen, dass sich J mit einer Unterhaltsforderung zunächst an andere Angehörige, wie z.B. ihre Eltern zu wenden habe. Gemäß § 1584 haftet der unterhaltspflichtige geschiedene Ehegatte aufgrund nachehelicher Solidarität[26] vor anderen Verwandten des Berechtigten, so dass M in Bezug auf eine Unterhaltspflicht gegenüber J vorrangig heranzuziehen ist.

35 **Exkurs/Vertiefung:** Im Hinblick auf die Rangfolge der Unterhaltsberechtigten gilt, dass die Unterhaltsansprüche des geschiedenen Ehegatten mit denen minderjähriger, unverheirateter Kinder bzw. mit denen privilegierter Volljähriger i.S.v. § 1603 II 2 gleichrangig sind, vgl.: §§ 1609 II, 1582 II, so dass der zur Befriedigung des Gesamtbedarfs der Unterhaltsberechtigten zur Verfügung stehende Betrag im Verhältnis der einzelnen Bedarfsbeträge zu teilen ist[27].

V. Kein Ausschluss

36 Fraglich ist jedoch, ob der Anspruch der J auf Unterhalt gemäß § 1579 ausgeschlossen sein könnte.

1. Ausschluss wegen kurzer Ehedauer gemäß § 1579 Nr. 1

37 Es könnte sich aus § 1579 Nr. 1 ein Ausschlussgrund für den Unterhaltsanspruch aufgrund der voraussichtlich relativ kurzen Ehedauer über § 1579 Nr. 1 ergeben. Eine kurze Ehedauer ist i.d.R. anzunehmen, wenn zwischen Eheschließung und Zustellung des Ehescheidungsantrags (Rechtshängigkeit der Scheidungssache) lediglich bis zu 2 Jahre liegen[28], während eine Ehe von mehr als drei Jahren grundsätzlich nicht mehr als kurz gewertet wird[29]. Sollte J so früh wie möglich den Scheidungsantrag einreichen, wäre die Ehe zwischen J und M als kurz i.S.d. § 1579 Nr. 1 zu qualifizieren, so dass ein Ausschluss nach § 1579 Nr. 1 gerechtfertigt sein könnte.

38 **Exkurs/Vertiefung:** Sinn und Zweck des § 1579 Nr. 1, 2. Hs. ist es, zu verhindern, dass einem Ehegatten, der längere Zeit nach der Scheidung mit der Kindesbetreuung beschäftigt war und demgemäß Unterhalt wegen Kindesbetreuung bezogen hat, der Folgeunterhalt nach §§ 1571 Nr. 2, 1572 Nr. 2 und § 1573 III unter Hinweis auf eine kurze Ehedauer versagt werden kann[30]. Der BGH hat zeitweise der Ehedauer auch die Zeit gleichgestellt, in der voraussichtlich künftig Unterhalt verlangt werden kann[31], was im Ergebnis dazu führte, dass § 1579 Nr. 1 praktisch gar nicht mehr anwendbar war, wenn aus einer nur sehr kurzen Ehe ein Kind hervorgegangen war. Addiert man in einem solchen Fall nämlich zur tatsächlichen Ehedauer die voraussichtlichen Kinderbetreuungszeiten hinzu, ergibt sich zumeist ein Zeitraum, der über drei Jahren liegt und somit nicht mehr als kurz i.S.v. § 1579 Nr. 1 anzusehen ist. Nach Ansicht des BVerfG

---

26 *Palandt/Brudermüller*, § 1584 Rn. 1.
27 Vgl. dazu mit weiteren Beispielsfällen und zum Rangverhältnis zwischen geschiedenem und jetzigen Ehegatten, *Schlüter*, FamR, Rn. 209 ff.
28 BGH FamRZ 1989, 483, 485.
29 BGH FamRZ 1982, 254.
30 *Erman/Graba*, § 1579 Rn. 7.
31 BGH NJW 1982, 2064.

ist diese Auslegung mit Art. 2 I GG unvereinbar. In verfassungskonformer Auslegung des Wortlautes hat daher die Hinzurechnung der Kindererziehungszeiten nicht schematisch zu erfolgen, sondern im Rahmen einer Billigkeitsprüfung. Auszugehen ist dabei zunächst von der tatsächlichen Ehedauer und anschließend ist dann die zur Wahrung der Kindesbelange gesetzlich vorgesehene Abwägung vorzunehmen[32].

Nach dem Wortlaut des § 1579 Nr. 1, 2. Hs. steht der Ehedauer jedoch die Zeit gleich, in welcher der Unterhaltsberechtigte wegen der Pflege und Erziehung eines gemeinschaftlichen Kindes Unterhalt gemäß § 1570 verlangen kann. Selbst wenn nach verfassungskonformer Auslegung des § 1579 Nr. 1 die voraussichtlichen Kinderbetreuungszeiten nicht einfach schematisch zur tatsächlichen Ehedauer hinzugerechnet werden dürfen[33], ist es zur Wahrung der Kindesinteressen erforderlich, dass T auch nach der Scheidung weiter betreut wird. J kann mindestens bis zum Kindergartenalter der T Unterhalt nach § 1570 verlangen, so dass ein Ausschluss über § 1579 Nr. 1 ausscheidet.

2. Ausschluss gemäß § 1579 Nr. 6

Möglicherweise besteht aber ein Ausschluss des Unterhaltsanspruches nach § 1579 Nr. 6. Dazu müsste der J ein offensichtliches und schwerwiegendes Fehlverhalten i.S.d. § 1579 Nr. 6 zur Last gelegt werden können.

§ 1579 Nr. 6 stellt einen Auffangtatbestand zur Sanktionierung subjektiv vorwerfbaren ehewidrigen Verhaltens dar. Im Sinne dieser Norm sollen Verstöße gegen die eheliche Treuepflicht und Solidarität bzw. andere Verstöße gegen Pflichten aus den §§ 1353 ff. geahndet werden können, wobei der anspruchstellende Ehegatte sich offensichtlich schwerwiegend ehewidrig verhalten haben muss[34]. Das Fehlverhalten darf nicht beiderseitig begangen sein bzw. es muss ein deutliches Übergewicht auf Seiten des anspruchstellenden Ehegatten bestehen[35].

Exkurs/Vertiefung: Obwohl das heute geltende Scheidungsrecht nicht auf dem Verschuldensprinzip, sondern auf dem Zerrüttungsprinzip basiert, bedarf es bei Anwendung des § 1579 Nr. 6 einer Verschuldensanalyse.

Für die Beantwortung der Frage, ob ein ausschließlich und eindeutig beim Anspruchsteller liegendes Fehlverhalten in Rede steht, kommt es grundsätzlich maßgeblich darauf an, ob die Hinwendung zu einem Dritten sich im Rahmen einer Gesamtbetrachtung als evidente Abkehr aus einer intakten Ehe oder nur als reaktive Flucht aus einer bereits gescheiterten Ehe darstellt[36]. Hier muss dies insofern nicht entschieden werden, als – wegen des Seitensprunges des M – nicht von einem ausschließlich einseitigen Fehlverhalten der J auszugehen ist, so dass ihr Ehebruch nicht nach § 1579 Nr. 6 zu einem Ausschluss des Unterhaltsanspruches führen kann.

---

32 BVerfG FamRZ 1989, 941, 943 f.
33 BVerfG FamRZ 1989, 941.
34 *Ziegler/Mäuerle*, FamR, Rn. 306; *Erman/Graba*, § 1579 Rn. 26 ff.
35 KG FamRZ 1998, 1112, 1113.
36 *Palandt/Brudermüller*, § 1579 Rn. 26.

Fall 1 *Der Schein kann trügen...*

3. Ausschluss gemäß § 1579 Nr. 7

43 Sofern ein Verhalten des Anspruchstellers sanktioniert werden müsste, das zwar nicht in den Nr. 1–6 aufgeführt ist, aber ebenso schwer wiegt und eine Unterhaltspflicht für den Anspruchsgegner objektiv unzumutbar erscheinen lässt, ermöglicht dies die Generalklausel des § 1579 Nr. 7[37].

Vorliegend ist der J aber kein einseitiges Fehlverhalten vorzuwerfen, das eine Unterhaltspflicht des M objektiv unzumutbar erscheinen ließe, so dass auch der Unterhaltsausschlussgrund des § 1579 Nr. 7 ausscheidet.

44 **Exkurs/Vertiefung:** Unabhängig von etwaig bestehenden Unterhaltsausschlussgründen i.S.d. § 1579, dürfte ein Ausschluss oder eine Reduzierung nach § 1579 1. Hs. ohnehin nur vorgenommen werden, wenn dennoch die Belange des beim Berechtigten lebenden gemeinschaftlichen Kindes gewahrt bleiben. Bei der nach § 1579 1. Hs. vorzunehmenden Billigkeitsabwägung zwischen den Interessen des Unterhaltspflichtigen und denen des gemeinsamen Kindes, stellt die Sicherstellung der ausreichenden Kinderbetreuung ein mit Vorrang zu behandelndes Moment dar[38], wobei eine unzulässige Beeinträchtigung der Kindesbelange i.d.R. vorliegt, wenn der/die Berechtigte aufgrund der Unterhaltsreduktion selbst arbeiten muss und sich deswegen nicht mehr ausreichend um das Kind kümmern kann, oder wenn zur Deckung des eigenen Existenzminimums der Unterhalt des Kindes miteingesetzt werden muss[39].

4. Ausschluss gemäß § 1586 bzw. vertraglicher Ausschluss i.S.d. § 1585c

45 Ein Ausschlussgrund nach § 1586 aufgrund von Wiederheirat, der Begründung einer Lebenspartnerschaft oder Tod ist hier ebenfalls nicht gegeben.

46 **Exkurs/Vertiefung:** In Klausuren kann insbesondere auch die Tatsache relevant werden, dass die Geltendmachung von Unterhalt für die Vergangenheit nicht möglich ist (in praeteritum non vivitur). Ausnahmen davon bestehen lediglich beim Sonderbedarf, § 1585b I, bei Verzug (§ 1585b II 1. Fall) und bei Rechtshängigkeit (§ 1585b II 2. Fall).

Zudem haben J und M den nachehelichen Unterhaltsanspruch auch nicht vertraglich ausgeschlossen, vgl. § 1585c.

47 **Exkurs/Vertiefung:** Zwar ist eine Unterhaltsvereinbarung nach § 1585 c grundsätzlich zulässig; zu beachten ist jedoch, dass ein vertraglich vereinbarter Unterhaltsverzicht gegen § 138 verstoßen und damit unwirksam sein kann[40].

---

37 Dazu: *Ziegler/Mäuerle*, FamR, Rn. 307; zum Ausschluss i.S.v. § 1579 Nr. 7 aufgrund von eheähnlichem Zusammenleben des Unterhaltsberechtigten mit einem neuen Partner: BGH NJW 2002, 217, 219 m.w.N.; OLG Schleswig, FamRZ 2005, 277 ff.; OLG Köln, FamRZ 2005, 279.
38 BGH FamRZ 1998, 541.
39 OLG Düsseldorf FamRZ 1986, 912.
40 Vgl.: OLG Hamm, FamRZ 2004, 1294, 1295 f.; OLG München FamRZ 2003, 35 mit Anm. *Bergschneider*, S. 38. Zu den Grenzen der Eheverstragsfreiheit, vgl. BVerfG FamRZ 2001, 343 ff; *Bergschneider*, FamRZ 2001, 1337 ff.; *Rauscher*, NotZ 2002, 751 ff. Zu Unterhaltsverträgen auch: AG Rheine FamRZ 2005, 451 ff; OLG Stuttgart FamRZ 2005, 455 ff.; *Schlüter*, FamR, Rn. 219.

VI. Art der Unterhaltsgewährung

Gemäß § 1585 ist der Unterhalt monatlich im Voraus durch eine Geldrente zu zahlen.   48

VII. Ergebnis

J hat folglich gegen M einen Anspruch auf nachehelichen Unterhalt nach den §§ 1569 ff. Zur Ermittlung des Unterhaltsanspruches besteht gemäß § 1580 eine Auskunftspflicht.

> **Exkurs/Vertiefung:** Der Auskunftsanspruch kann im Wege einer Stufenklage (§ 254 ZPO) mit der Klage auf Unterhaltsleistung verbunden werden. Die wertmäßige Anspruchsbezifferung kann dann bis zur Rechnungslegung vorbehalten werden[41].   49

B. Anspruch der J gegen M auf Zugewinnausgleich i.S.d. § 1378 i.V.m. den §§ 1372 ff.

Darüber hinaus könnte J gegen M nach der Scheidung auch ein Anspruch auf Zugewinnausgleich gemäß § 1378 i.V.m. den §§ 1372 ff. zustehen. Sinn und Zweck des Zugewinnausgleichs ist es, der Tatsache Rechnung zu tragen, dass der erhöhte Erwerb des einen Ehegatten zumeist erst durch die Arbeitsteilung in der Ehe ermöglicht oder zumindest gefördert worden ist[42].   50

Ein Anspruch auf Zugewinnausgleich setzt voraus, dass zwischen J und M eine wirksame Ehe bestanden hat, und sie im Güterstand der Zugewinngemeinschaft gelebt haben.

I. Vorliegen einer Zugewinngemeinschaft

Gemäß § 1363 ist die Zugewinngemeinschaft als gesetzlicher Güterstand der Regelfall unter Ehegatten.   51

> **Exkurs/Vertiefung:** Seit dem 1.1.2005 ist die Zugewinngemeinschaft auch der gesetzliche Güterstand der eingetragenen Lebenspartner, vgl. § 6 LPartG. Bis zu diesem Zeitpunkt mussten gleichgeschlechtliche Paare eine Erklärung darüber abgeben, welchen Güterstand sie eingehen wollten. Die Entsprechung zum Güterstand der Zugewinngemeinschaft hieß: Ausgleichsgemeinschaft.   52

Sofern also die Ehepartner durch Ehevertrag i.S.v. § 1408 zu keinem Zeitpunkt eine abweichende Vereinbarung getroffen haben, besteht zwischen ihnen der Güterstand der Zugewinngemeinschaft. Da J und M keine abweichende ehevertragliche Regelung getroffen haben, ist für sie der Güterstand der Zugewinngemeinschaft einschlägig.   53

---

41 Vgl. dazu mit formuliertem Klageantrag: *Vorwerk*, Prozessformularbuch, Kap. 95 Rn. 145 ff.
42 *Gernhuber/Coester-Waltjen*, § 34 I; *Erman/Heckelmann*, § 1371 Rn. 3.

Fall 1   *Der Schein kann trügen...*

54 **Exkurs/Vertiefung:** Es steht den Ehegatten frei, jederzeit durch Vereinbarung den Zugewinnausgleich ganz oder teilweise auszuschließen oder eine von der gesetzlichen Regelung abweichende Modalität festzulegen. Insbesondere können sie auch bestimmte Vermögenskomplexe oder Erträge aus der Berechnung herausnehmen. Dem steht auch § 1378 III 2 nicht entgegen[43].

II. Beendigung zu Lebzeiten

55 Des Weiteren müsste dieser Güterstand zu Lebzeiten beendet worden sein („anders als durch den Tod eines Ehegatten", § 1372). Dies wird hier nach der Scheidung der Ehe gegeben sein.

III. Zugewinnausgleichsforderung

56 Gemäß § 1378 I beträgt die Ausgleichsforderung die Hälfte der Differenz zwischen dem Zugewinn des Anspruchsgegners und dem Zugewinn des Anspruchstellers, wobei der Zugewinn nach § 1373 die Differenz zwischen End- und Anfangsvermögen darstellt[44].

57 **Exkurs/Vertiefung:** Das Anfangsvermögen kann nicht negativ sein, selbst wenn die bestehenden Verbindlichkeiten das Aktivvermögen übersteigen, vgl. § 1374 I. Vermögen, das ein Ehegatte nach Eintritt in die Zugewinngemeinschaft von Todes wegen oder mit Rücksicht auf ein künftiges Erbrecht durch Schenkung oder als Ausstattung, vgl. § 1624, erworben hat, soll keine Zugewinnausgleichsansprüche auslösen. Dies wird dadurch erreicht, dass dieses nach der Eheschließung erworbene Vermögen auch noch dem Anfangsvermögen hinzugerechnet wird, vgl. § 1374 II.

Das Endvermögen bestimmt sich nach § 1375, das Anfangsvermögen nach § 1374 jeweils i.V.m. §§ 1376, 1377.

1. Zugewinn des Anspruchsgegners

58 Maßgeblicher Zeitpunkt für die Bestimmung des Endvermögens ist gemäß § 1384 die Rechtshängigkeit des Scheidungsantrages.

59 **Exkurs/Vertiefung:** Der Scheidungsantrag wird i.S.d. § 622 I ZPO durch Einreichung der Antragsschrift bei Gericht anhängig und mit Zustellung der Antragsschrift an den Antragsgegner rechtshängig. Dies folgt aus § 622 II 2 i.V.m. § 261 ZPO. Während sich ein Scheidungsverfahren von einem allgemeinen Zivilverfahren also insoweit nicht unterscheidet[45], werden die Parteien im Scheidungsverfahren nicht als Kläger und Beklagter, sondern als Antragsteller und Antragsgegner bezeichnet[46].

---

43 BGH NJW 1997, 2239, 2240.
44 Zur Berechnung des Zugewinnausgleichsanspruches mit weiteren Beispielen: *Schlüter*, FamR, Rn. 122 ff.
45 Vgl. dazu auch: *Thomas/Putzo*, ZPO, § 253 Rn. 1 ff.
46 Zum Prozessrecht in Familiensachen: *Thalmann/May*, Praktikum des FamR, Rn. 49 ff.

Es ist hier davon auszugehen, dass das Endvermögen des M i.S.v. § 1375 zu diesem Zeitpunkt 5000,- € beträgt. Das Anfangsvermögen errechnet sich i.S.v. § 1374 aus den Aktiva nach Abzug der Verbindlichkeiten, so dass das Anfangsvermögen des M einen Wert von 1000,- € hat, da von dem in die Ehe eingebrachten Betrag in Höhe von 3000,- € Schulden in Höhe von 2000,- € abzuziehen sind. Folglich beträgt der Zugewinn des M 4000,- €.

2. Zugewinn der Anspruchstellerin

Da bei J das Anfangsvermögen nicht ermittelt werden kann, wird gemäß § 1377 III (widerlegbar) vermutet, dass ihr Endvermögen ihren Zugewinn darstellt. Mithin wäre bezüglich der J zunächst von einem Zugewinn in Höhe von 1000,- € auszugehen.

Dem könnte jedoch gemäß § 1375 noch die Schenkung an L in Höhe von 700,- € hinzuzurechnen sein.

Nach § 1375 II Nr. 1 müssen zum Endvermögen eines Ehegatten unentgeltliche Zuwendungen an Dritte, die nach dem Eintritt des Güterstandes vorgenommen worden sind, hinzuaddiert werden, sofern sie nicht einer sittlichen Pflicht entsprechen bzw. als Anstandsschenkung zu werten sind. J hat L mit einem Flugticket nach New York beschenkt, um ihn loszuwerden. Eine solche Schenkung entspricht weder einer sittlichen Pflicht, noch ist sie aus Anstand geboten. Zum Endvermögen der J in Höhe von 1000,- € ist folglich die Schenkung an L in Höhe von 700,- € hinzuzuaddieren. Der Zugewinn der J beträgt somit 1700,- €.

3. Hälfte der Differenz

Der Differenzbetrag zwischen dem Zugewinn des M in Höhe von 4000,- € und dem Zugewinn der J in Höhe von 1700,- €, beträgt 2300,- €, die Hälfte davon gemäß § 1378: 1150,- €.

Somit ist ein Zugewinnausgleichsanspruch der J gegen M aus § 1378 i.H.v. 1150,- € entstanden.

IV. Kein Ausschluss gemäß § 1381

Der Zugewinnausgleichsanspruch dürfte zudem nicht nach § 1381 I ausgeschlossen sein, wobei dieses Leistungsverweigerungsrecht – da es als Einrede ausgestaltet ist[47] – von M geltend gemacht werden müsste.

Nach dem Tatbestand des § 1381 müsste sich der Antragsteller derart verhalten haben, das eine Ausgleichszahlung durch den Antragsgegner als grob unbillig einzustufen ist, was im Rahmen einer Gesamtschau zu beurteilen ist[48]. Nach § 1381 II kommt insoweit insbesondere eine schuldhafte, grob unbillige Beeinflussung der Vermögenslage zu Lasten des Ausgleichspflichtigen in Betracht.

Im Sinne einer Gesamtbewertung des Einzelfalles kann aufgrund der Untreue des M das ehewidrige Verhalten der J nicht als grob unbillig gewertet werden. Die Ehe zwi-

---

47 *Erman/Heckelmann*, § 1381 Rn. 5.
48 Vgl. auch: *Palandt/Brudermüller*, § 1381 Rn. 11.

Fall 1 *Der Schein kann trügen ...*

schen J und M war trotz des ehewidrigen Verhaltens auf beiden Seiten von Arbeitsteilung geprägt, so dass auch beide Partner am Zugewinn teilhaben sollten. Ein Leistungsverweigerungsrecht des M gemäß § 1381 scheidet damit aus.

V. Keine Verjährung

64 Gemäß § 1378 IV verjährt der Zugewinnausgleichsanspruch innerhalb von drei Jahren ab Kenntnis der Beendigung des Güterstandes, spätestens jedoch nach 30 Jahren. Da der Güterstand bisher nicht beendet wurde, kann folglich die – ebenfalls als Einrede ausgestaltete – Einwendung der Verjährung nicht geltend gemacht werden.

VI. Ergebnis

J hat gegen M folglich einen Anspruch auf Zugewinnausgleich aus § 1378 i.V.m. den §§ 1372 ff. i.H.v. 1150,– €.

C. Versorgungsausgleich i.S.d. §§ 1587–1587p

65 Fraglich ist, ob J gegen M nach der Scheidung auch ein Anspruch auf Versorgungsausgleich zustehen könnte.

Ähnlich wie beim Zugewinnausgleich sollen durch den Versorgungsausgleich Nachteile ausgeglichen werden, die ein Ehegatte dadurch erleidet, dass er innerhalb der Ehe keinen (oder nur einen kleinen) Beitrag für die Alters- und Invaliditätsversorgung geleistet hat[49].

Derjenige Ehegatte, der in der Ehe die höheren Versorgungsrechte angesammelt hat, muss deshalb die Hälfte des Wertunterschieds an den anderen Ehegatten auskehren (Zugewinnausgleichsgedanke), vgl. § 1587a. Vor allem geschiedenen Hausfrauen und -männern soll dadurch eine eigene soziale Sicherung im Alter bzw. bei Invalidität verschafft werden (Versorgungsgedanke).

Sofern eruiert ist, in welcher Höhe J und M während ihrer Ehe Anwartschaften auf eine Versorgung wegen Alters oder Berufs- bzw. Erwerbsunfähigkeit erworben haben, kann festgestellt werden, ob und in welcher Höhe ein Versorgungsausgleichsanspruch in Betracht kommt.

66 **Exkurs/Vertiefung:** Die Durchführung des Versorgungsausgleiches findet gemäß § 623 I 3 ZPO von Amts wegen statt. Den Ehegatten steht es frei, in gewissen Grenzen unter Beachtung der Formvorschriften Vereinbarungen über den Versorgungsausgleich zu treffen, vgl. dazu § 1408 II und § 1587 o. § 1587 o ist einschlägig für den Fall, dass die Vereinbarung im Zusammenhang mit der Scheidung getroffen wird. Sie ist dann notariell zu beurkunden bzw. als gerichtlicher Vergleich i.S.v. § 127a zu protokollieren und vom Familiengericht zu genehmigen.

---

49 Zum Versorgungsausgleich: *Schlüter*, FamR, Rn. 230 ff.; *Thalmann/May*, Praktikum des FamR, Rn. 582 ff.

D. Unterhaltsanspruch der T gegen M gemäß §§ 1601 ff.

Gemäß den §§ 1601 ff. könnte M auch gegenüber seiner Tochter T unterhaltspflichtig sein.

> **Exkurs/Vertiefung:** Seit 1. 7. 1998 richten sich auch die Unterhaltsansprüche nichtehelicher Kinder nach den §§ 1601 ff. Die zuvor bestehenden Sonderregelungen wurden durch das KindUG und das KindRG aufgehoben[50].

67

I. Unterhaltsbeziehung

Ein Unterhaltsanspruch der T gegen M setzt voraus, dass zwischen ihnen eine Unterhaltsbeziehung i.S.d. § 1601 besteht. Nach dieser Norm sind Verwandte in gerader Linie verpflichtet, einander Unterhalt zu gewähren. Da T von M abstammt, besteht zwischen ihnen nach § 1589 eine Verwandtschaft in gerader Linie, mithin auch eine Unterhaltsbeziehung.

68

> **Exkurs/Vertiefung:** Nach § 1607 III findet eine Legalzession statt, wenn von Personen, die nicht unterhaltspflichtig sind, Unterhalt an das Kind gezahlt wird. Als Legalzessionar kommt gemäß § 1607 III 2 auch der Scheinvater in Betracht, sofern er dem Kind Unterhalt gezahlt hat[51], wobei es gleichgültig ist, ob seine rechtliche Vaterschaft auf der Ehe mit der Mutter, auf Anerkennung oder gerichtlicher Feststellung beruht[52].

69

II. Bedürftigkeit des Kindes

Des Weiteren müsste T bedürftig sein. Dies wäre der Fall, wenn bei ihr ein Bedarf besteht und keine eigene Deckungsfähigkeit gegeben ist.

1. Bedarf i.S.v. § 1610

Der angemessene Unterhaltsbedarf des Kindes i.S.v. § 1610 richtet sich bei Minderjährigen nach dem Lebensstandard der Eltern und wird nach dem Einkommen des Unterhaltsverpflichteten bestimmt, wobei man sich dazu in der Praxis an der sog. Düsseldorfer Tabelle (ggf. i.V.m. der Berliner Tabelle) orientiert.

70

> **Exkurs/Vertiefung:** Die Düsseldorfer Tabelle hat keine Gesetzeskraft, sondern stellt eine Richtlinie dar, die monatliche Unterhaltsrichtsätze ausweist. Die jeweils aufgeführten Beträge sind nach dem Einkommen des Unterhaltsverpflichteten und dem Alter des Kindes gestaffelt und sind danach bemessen, dass der Unterhaltsverpflichtete gegenüber einem Ehegatten und zwei Kindern unterhaltspflichtig ist. Bei einer größeren/geringeren Anzahl Unterhaltsberechtigter sind Ab- bzw. Zuschläge vorzunehmen, was durch Einstufung in niedrigere/höhere

71

---

50 Zum KindUG und zu, KinRG: *Wagner*, FamRZ 1997, 1513; *Weber*, NJW 1998, 1992; *Gerhardt*, FuR 1998, 97 und 145; *Schumacher/Gründ*, FamRZ 1998, 778; *Strauss*, FamRZ 1998, 993.
51 *Löhnig*, FamRZ 2003, 1354; *Huber*, FamRZ 2004, 145.
52 *Palandt/Diederichsen*, § 1607 Rn. 16.

Fall 1 *Der Schein kann trügen …*

> Gruppen erfolgen kann. Die Berliner Tabelle als Vortabelle zur Düsseldorfer Tabelle ist anzuwenden, wenn sowohl der Unterhaltsgläubiger als auch der Unterhaltsschuldner im Ostteil der Bundesrepublik wohnen[53].

Von einem grundsätzlichen Bedarf der T ist auszugehen.

2. Keine eigene Deckungsfähigkeit

72 Eine eigene Deckungsfähigkeit der T liegt hier nicht vor. T kann sich nicht selbst unterhalten, vgl. § 1602 I und müsste auch den Stamm ihres Vermögens – sofern sie eines hätte – nicht antasten, vgl. dazu § 1602 II.

III. Leistungsfähigkeit

73 M müsste zudem leistungsfähig i.S.v. § 1603 I sein, wobei er als Vater eines minderjährigen unverheirateten Kindes gemäß § 1603 II 1 alle verfügbaren Mittel einsetzen muss, um seinem Kind Unterhalt zu gewähren[54]. Da M durch seine Arbeit mehr erwirtschaftet, als er für sich selbst benötigt und ihn gegenüber seiner minderjährigen unverheirateten Tochter T eine gesteigerte Erwerbsobliegenheit trifft, ist von der Leistungsfähigkeit des M auszugehen.

IV. Reihen-/Rangfolge

74 Die Reihenfolge der Unterhaltsberechtigung bestimmt sich nach den §§ 1606 ff.

Die Eltern haften demgemäß als nächste Verwandte der aufsteigenden Linie i.S.v. § 1606 II für den Unterhalt ihrer Kinder. Sie haften dabei nicht als Gesamtschuldner, sondern anteilig nach ihren Erwerbs- und Vermögensverhältnissen, vgl. § 1606 III 1. Da J gemäß § 1606 III 2 durch Pflege und Erziehung der T ihren Teil zum Unterhalt i.S.e. Naturalunterhaltes beiträgt, ist sie von Barleistungen befreit. M muss seine Unterhaltsverpflichtung hingegen in Form von Barleistungen erbringen.

V. Kein Ausschluss

Ein Ausschlussgrund für den Unterhaltsanspruch der T i.S.d. §§ 1611, 1613, 1615 ist nicht ersichtlich.

75 **Exkurs/Vertiefung:** Gemäß § 1613 kann, wie bei § 1585b, für die Vergangenheit grundsätzlich kein Unterhalt verlangt werden, es sei denn, es handelt sich um Sonderbedarf (§ 1613 II), um einen Fall des Verzugs, der Rechtshängigkeit des Anspruchs oder – anders als bei § 1585b – um einen Fall des Auskunftsverlangens.

---

53 Vgl. dazu: *Rauscher*, FamR, Rn. 880 ff.
54 Zur gesteigerten Erwerbsobliegenheit von Eltern gegenüber ihren minderjährigen, unverheirateten Kindern, vgl. *Rauscher*, FamR, Rn. 848.

VI. Art der Unterhaltsgewährung

Es ist von M gegenüber seiner Tochter T mithin eine Geldrente jeweils monatlich im Voraus zu leisten, vgl.: §§ 1612 I, III, 1612a.

VII. Ergebnis

T hat somit gegen M einen Anspruch auf Unterhalt, den er ihr im Wege der monatlich im Voraus zu leistenden Geldrente zu gewähren hat. Selbst wenn sich J und M nach der Scheidung für die Beibehaltung des gemeinsamen Sorgerechts entscheiden sollten, wird die geschäftsunfähige T bei der Geltendmachung von Unterhaltsansprüchen gegen ihren Vater durch ihre Mutter J gemäß § 1629 II vertreten, solange sich T in ihrer Obhut befindet[55].

E. Sorgerecht und Umgangsrecht

Fraglich ist, ob dem M in Bezug auf seine Tochter T das Sorge- bzw. ein Umgangsrecht zusteht.

I. Elterliche Sorge

Seit In-Kraft-Treten des KindRG am 1. 7. 1998 wird über die elterliche Sorge nicht mehr zwingend im Zusammenhang mit der Ehescheidung vom Familiengericht als Folgesache mitentschieden[56]. Vielmehr erfolgt eine Regelung nach den §§ 1671, 1672 nur auf Antrag. Solange J und M noch verheiratet sind, steht ihnen die elterliche Sorge für ihre Tochter T i.S.v. § 1626 I 1 gemeinsam zu und auch nach der Scheidung wird dieser Zustand fortgelten, solange sie keinen Antrag i.S.d. § 1671 stellen. Sofern es M anstreben sollte, dass T bei ihm lebt, müsste er dies nach § 1671 beantragen, wobei diesem Antrag nur unter den Voraussetzungen der § 1671 II, III stattgegeben wird. Bezüglich des Entscheidungsrechts im Hinblick auf Angelegenheiten des Kindes ist § 1687 zu beachten.

II. Umgangsrecht

Für das Umgangsrecht sind grundsätzlich die §§ 1684 f. maßgebend. Danach hat M als Elternteil der T ein entsprechendes Umgangsrecht.

> **Exkurs/Vertiefung:** Nach Ansicht des BVerfG verstößt es gegen Art. 6 II 1 GG, wenn ein Umgangsausschluss vorrangig auf die ablehnende Haltung des betreuenden Elternteils

---

[55] Zur Geltendmachung von Unterhaltsansprüchen des Kindes m.w.N.: *Palandt/Diederichsen*, § 1629 Rn. 29 ff.
[56] Zur Reform des Kindschafts- und Beistandsrechts: *Diederichsen*, NJW 1998, 1977 ff.; zur Entwicklung des Rechts der elterlichen Sorge und des Umgangs: *Motzer*, FamRZ 2004, 1145 ff.

Fall 1 *Der Schein kann trügen ...*

> gestützt wird, ohne die Belange des Kindes und des anderen Elternteils hinreichend zu berücksichtigen[57].
>
> Zwar steht ein Umgangsrecht nach § 1685 auch Großeltern und Geschwistern zu[58], ein Umgangsrecht der „biologischen" Großmutter mit ihrem Enkelkind, das mit seiner Mutter und seinem gesetzlichen Vater in einer sozialen Gemeinschaft lebt, wurde jedoch abgelehnt[59].

F. Ehename

79 Während es nach den früher geltenden §§ 55 ff. EheG noch möglich war, dem anderen Ehegatten die weitere Führung des eigenen Namens zu verbieten, existiert eine entsprechende Regelung heute nicht mehr. Das Anliegen der J, ihrem Mann die weitere Führung ihres Namens zu verbieten, wird sich daher nicht durchsetzen lassen. Der verwitwete oder geschiedene Ehegatte kann seinen Namen behalten oder aber den früheren annehmen, vgl. § 1355 V, ohne dass der andere Ehegatte insoweit eine Einwirkungsmöglichkeit hat.

80 **Exkurs/Vertiefung:** Da es mit Art. 2 I i.V.m. Art. 1 I GG nicht vereinbar ist, dass nach § 1355 II der durch frühere Eheschließung erworbene und geführte Name eines Ehegatten in dessen neuer Ehe nicht zum Ehenamen bestimmt werden kann[60], wurde § 1355 mit Wirkung zum 1.1.2005 entsprechend geändert.

G. Hausratsverteilung

81 In Bezug auf das Teeservice und die anderen Hausratsgegenstände kann M, wenn er sich mit J anlässlich der Scheidung nicht darüber einigen kann, wer von ihnen die Hausratsgegenstände erhalten soll, einen entsprechenden Antrag i.S.v. §§ 1 HausratsVO stellen, woraufhin der Richter die Rechtsverhältnisse an Wohnung und Hausrat regeln wird, vgl. § 1 HauratsVO. Der Richter hat insoweit alle Umstände des Einzelfalles, insbesondere auch das Wohl der Kinder zu berücksichtigen und entscheidet nach billigem Ermessen, vgl. § 2 HausratsVO. Zwar ist es i.S.v. § 9 HausratsVO auch möglich, dass der Richter Gegenstände, die im Alleineigentum eines Ehegatten stehen, dem anderen Ehegatten zuweist. Dies wird jedoch in Bezug auf das Teeservice nicht der Fall sein, da auch J Eigentümerin eines Teeservices ist und somit das des M nicht dringend benötigt.

82 **Exkurs/Vertiefung:** Es ist zwischen der Hausratsverteilung bzw. Zuweisung der Ehewohnung für die Dauer des Getrenntlebens nach §§ 1361a, 1361b und der Hausratsverteilung bzw. Zuweisung der Ehewohnung für den Fall der Scheidung i.S.d. §§ 1–10 HausratsVO zu unterscheiden. Während das zuständige Familiengericht bei Getrenntleben nur eine vorläufige Regelung trifft, geht es bei der Hausratsverteilung und Wohnungszuweisung für den Fall der Scheidung darum, eine endgültige Regelung herbeizuführen[61].

---

57 Nach BVerfG, FamRZ 2004, 1166, 1167 f.
58 Vgl. dazu auch: *Tschneritschek*, FamR, Rn. 575 ff.
59 OLG Celle FamRZ 2005, 126.
60 vgl. BVerfG, FamRZ 2004, 515.
61 *Schlüter*, FamR, Rn. 91a ff.

Repetitorium

I. Eine Eheschließung ist wirksam, wenn 83
1. zwei Personen verschiedenen Geschlechts
2. vor einem mitwirkungsbereiten Standesbeamten
3. sich bei gleichzeitiger Anwesenheit gegenseitig den Eheschließungswillen erklären, vgl.: §§ 1310, 1311.

Fehlt es an einer dieser drei Mindestvoraussetzungen, liegt eine sog. Nichtehe vor, die keinerlei Rechtsbeziehungen zwischen den Beteiligten begründet[62]. Gleichgeschlechtliche Paare können gemäß § 1 LPartG eine eingetragene Lebenspartnerschaft eingehen.

II. Eine Ehe kann gemäß § 1313 und § 1564 durch richterliches Gestaltungsurteil, 84 also **Eheaufhebungs- bzw. Scheidungsurteil** oder durch den Tod eines der Ehegatten beendet werden.

III. Die **Aufhebung einer Ehe** mit Wirkung **ex nunc** (vgl. § 1313) kommt nur in 85 Betracht, wenn die **Aufhebungsvoraussetzungen** erfüllt sind[63]:
1. Aufhebungsgrund i.S.d. § 1314 I, II
2. Antragsberechtigung i.S.v. § 1316
3. Antragsfrist i.S.d. § 1317
4. Kein Ausschluss i.S.v. § 1317 oder Art. 226 I EGBGB
5. Folgen der Aufhebung: § 1318

IV. Eine Ehe kann gemäß § 1565 I **geschieden** werden, wenn sie gescheitert ist (sog. 86 Zerrüttungsprinzip). Voraussetzungen einer Ehescheidung:
1. Scheitern der Ehe
   Das Scheitern einer Ehe kann auf die folgenden drei Arten nachgewiesen werden:
   a) durch die unwiderlegbare Zerrüttungsvermutung des § 1566 I bei einjährigem Getrenntleben und dem Einverständnis beider Ehegatten
   b) durch die unwiderlegbare Zerrüttungsvermutung des § 1566 II bei dreijährigem Getrenntleben
   c) durch den unmittelbaren Nachweis einer positiven Feststellung des Scheiterns der Ehe nach § 1565 I 2 durch Eheanalyse und Ehoprognose.
2. vor Ablauf des Trennungsjahres: **unzumutbare Härte i.S.v. § 1565 II**
3. kein Eingreifen der **Härteklauseln** des § 1568, 1. und 2. Fall

Bei der **einverständlichen Scheidung** i.S.v. § 1565 i.V.m. § 1566 I muss die Scheidungsantragsschrift gemäß **§ 630 ZPO** zusätzliche Angaben enthalten, worauf auch in einem materiellen Gutachten hingewiesen werden sollte.

V. Zu den **Scheidungsfolgen** gehören: 87
1. Nachehelichenunterhalt i.S.d. §§ 1569 ff.
2. Zugewinnausgleich i.S.v. § 1378 i.V.m. den §§ 1372 ff.
3. Versorgungsausgleich i.S.d. §§ 1587 ff.
4. Wohnungs- und Hausratsaufteilung i.S.d. HausratsVO

---

62 Vgl. *Schlüter*, FamR, Rn. 26.
63 Vgl. dazu auch: *Schlüter*, FamR, Rn. 31 ff.

Fall 1   *Der Schein kann trügen ...*

bei Kindern:
5. Kindesunterhalt i.S.d. §§ 1601 ff. (Die Kindesunterhaltsansprüche werden i.d.R. erst bei Trennung oder Scheidung der Eltern relevant, da der Kindesunterhalt von gemeinschaftlichen Kindern, sofern beide Eltern ihrer Pflicht, zum Familienunterhalt beizutragen, nachkommen, von § 1360 miterfasst wird, wobei sich zugunsten des Kindes aus § 1360 kein eigenes Forderungsrecht herleiten lässt[64].)
6. Sorgerecht i.S.d. §§ 1671, 1672
7. Umgangsrecht i.S.d. §§ 1684, 1685
8. Kindesherausgabe i.S.v. § 1632

88   VI. Folgende Voraussetzungen bestehen für einen Anspruch auf **Zugewinnausgleich**[65] unter Lebenden **i.S.v. § 1378 i.V.m. den §§ 1372 ff.** (beim Zugewinnausgleich im Todesfall gilt: § 1371):
1. Vorliegen einer Zugewinngemeinschaft i.S.v. § 1363 bzw. § 6 LPartG
2. Beendigung der Zugewinngemeinschaft zu Lebzeiten
3. Bestehen einer Zugewinnausgleichsforderung:
(Zugewinn [= Endvermögen-Anfangsvermögen] des Anspruchsgegners – Zugewinn [= Endvermögen-Anfangsvermögen] des Anspruchsstellers) : 2 = Höhe der Ausgleichsforderung
4. kein Ausschluss gemäß § 1381
5. keine Verjährung gemäß § 1378 IV

89   VII. **Kontrollfragen**
1. Welche Mindestvoraussetzungen müssen erfüllt sein, damit eine wirksame Ehe vorliegt?
2. Unter welchen Voraussetzungen kommt die Aufhebung einer Ehe in Betracht?
3. Wann liegt eine unzumutbare Härte i.S.v. § 1565 II vor?
4. Was bedeutet Bedürftigkeit i.S.d. §§ 1570 ff.?
5. Was bedeutet Leistungsfähigkeit des Unterhaltspflichtigen?
6. Welche Unterhaltsverpflichtungen können grundsätzlich bestehen?
7. Welche Voraussetzungen müssen erfüllt sein, damit ein Unterhaltsanspruch besteht?
8. Wem können Umgangsrechte zustehen?

---

64 Vgl. dazu *Palandt/Brudermüller*, § 1360 Rn. 2.
65 Zur Berechnung des Zugewinnausgleichsanspruches mit weiteren Beispielen: *Schlüter*, FamR, Rn. 122 ff.

Fall 2
Verliebt, verlobt, verheiratet ...

Teil 1:

Der 21-jährige Torsten Thiede (T) aus Düsseldorf verlobt sich im April nach dreieinhalb wöchiger Bekanntschaft mit der 17-jährigen Helena Heine (H), was sie, im Einvernehmen mit T, ihren Eltern nicht erzählt. Obwohl ein Termin für die Hochzeit noch nicht festgelegt ist, möchte sich H ganz den Hochzeitsvorbereitungen widmen können und kündigt ihre Stellung als Verkäuferin mit Wirkung zum 1. Juli, ohne dies zuvor mit T abgesprochen zu haben. Im Juni erklärt T der H, dass er sie nicht mehr heiraten wolle, da er sie nicht mehr liebe. H ist ab dem 1. Juli arbeitslos. Als H sich ihren Eltern anvertraut, sind sie sehr aufgebracht, versprechen ihrer Tochter aber schon nach kurzer Zeit, dass sie sie, wo sie nur können, unterstützen werden.

Welche Ansprüche hat H gegen T?

Wie wäre es, wenn – zum Entsetzen der Eltern der H – T und H einige Monate später beschließen, es doch noch einmal miteinander zu probieren, sich diesmal feierlich mit der Übergabe von teuren Ringen verloben und H schließlich vom Verlöbnis zurücktritt, weil T – entgegen des gemeinsamen Treuekodex – mit anderen Frauen und Männern (z.T. auch ungeschützt) intime Beziehungen unterhält. Könnte T unter diesen Umständen von H die Rückgabe des von ihm angeschafften Verlobungsringes verlangen?

Teil 2:

In der Folgezeit ändert sich Helenas Lebenseinstellung grundlegend. Sie will nie wieder von einem Mann finanziell abhängig sein. Sie zieht nach Köln, macht Abitur, studiert Soziologie und findet einen Job als Quartiersmanagerin. Obwohl sie sich nach ihren Erfahrungen mit T nicht mehr hätte vorstellen können, zu heiraten, kommt alles ganz anders als sie Fabian (F) kennen lernt, den sie endgültig für den Richtigen hält und heiratet, wobei sie darauf besteht, dass er ihren Namen annimmt, die Hausarbeit vollständig übernimmt und seine drei Kinder im Alter von 2 bis 9 Jahren versorgt, die aus einer früheren Beziehung stammen. Kurz nach der Hochzeit entlässt F dann seine Haushälterin und gibt seine Erwerbstätigkeit auf. Anfänglich funktioniert ihre in beiderseitigem Einvernehmen getroffene Arbeitsaufteilung auch sehr gut. H erzielt mit ihrer Arbeit ein monatliches Nettoeinkommen in Höhe von 2800,- €. F führt ausschließlich den Haushalt und versorgt die Kinder. Nach einem Ehejahr ist H aber mit F's Arbeitsmoral nicht mehr zufrieden. Sie wirft ihm vor, dass er den Haushalt dauernd vernachlässigen würde und zieht schließlich aus, als ihre Differenzen unüberbrückbar werden. Als F Unterhalt verlangt, weigert sich H, zu zahlen. Sie meint, dass F ihr aufgrund seiner nachlässigen Haushaltsführung einen Grund zum Getrenntleben gegeben habe. Außerdem habe sie sich versöhnen wollen, sei aber von ihm nur beschimpft worden und bei der kurzen Ehedauer könne ja wohl keine Unterhaltspflicht bestehen. H findet auch, dass F selbst einer Erwerbstätigkeit nachgehen solle, da sie nichts dafür könne, dass er Kinder zu betreuen habe, sie sei schließlich nicht die Mutter.

Fall 2 *Verliebt, verlobt, verheiratet ...*

Klären Sie in einem Gutachten, ob H ihrem Ehemann zum Unterhalt verpflichtet ist und wenn ja, beziffern Sie bitte auch die Höhe.

Abwandlung:

Gehen Sie davon aus, dass sich H und F erst nach zehn Jahren gut funktionierender Ehe getrennt hätten. F, dessen Kinder inzwischen längst nicht mehr umfassend betreut werden müssen und der nach der Scheidung von H nicht mehr gewillt ist, sich auch weiterhin ausschließlich der Hausarbeit zu widmen, nimmt nach langer engagierter Arbeitssuche einen Job in einer Computerfirma an, bei dem er 1000,– € verdient. Könnte er in dieser Situation von H Unterhalt verlangen? Wenn ja, in welcher Höhe?

Teil 3:

Für H's zehn Jahre ältere Schwester Dorothea (D) war Liebe weder ein Grund, noch eine Voraussetzung zum Heiraten. Sie hatte den Kubaner Roberto Diaz (R) kennen gelernt und ihn auf seine Bitte hin im März 1992 geheiratet, damit er in Deutschland bleiben konnte. Beide hatten nie die Absicht, eine Ehe zu führen. Nach langjähriger Freundschaft verlieben sie sich dann allerdings ineinander und ziehen 1996 zusammen. Im Februar 1998 wurde das erste Kind Viviana (V) geboren, im Juni 2000 folgte der Sohn Paolo (P). Die kulturellen Unterschiede zwischen D und R, die sich insbesondere in ihren gegensätzlichen Vorstellungen von der Erziehung ihrer Kinder äußern, führen immer öfter zu Meinungsverschiedenheiten. Im Oktober 2003 zieht R schließlich aus. Er meint, dass zwischen ihm und D sowieso keine wirksame Ehe bestünde und selbst wenn, könnte er sich leicht davon lösen. Er müsste nur erzählen, dass sie ausschließlich deshalb geheiratet hätten, damit er in Deutschland bleiben könne. Selbst wenn er sich damit in Schwierigkeiten bringen könnte, würde er das tun, nur um nicht mehr mit ihr verheiratet sein zu müssen. D holt sich anwaltlichen Rat. Sie will wissen, ob zwischen ihnen tatsächlich keine wirksame Ehe besteht bzw. ob sich R tatsächlich unproblematisch – ohne Scheidung einzureichen – davon lösen kann.

Beachten Sie, dass das EheG von 1946 keine Regelung zur Scheinehe enthielt.

1. Wie wird die Antwort der beratenden Anwältin lauten?
2. Beziffern Sie bitte den ab Juli 2005 bestehenden Unterhaltsanspruch des P und der V gegenüber R anhand der abgedruckten Düsseldorfer Tabelle, Stand: 1. Juli 2005, wenn R's bereinigtes Nettoeinkommen: 2400,– € beträgt und die Sorgeberechtigte D über eigene Einkünfte in ausreichender Höhe verfügt. Etwaige Bezüge von Kindergeld lassen Sie bitte unberücksichtigt.

Düsseldorfer Tabelle
A. Kindesunterhalt

	Nettoeinkommen des Barunterhaltspflichtigen (Anm. 3, 4)	Altersstufen in Jahren (§ 1612a III BGB)				Vomhundertsatz	Bedarfskontrollbetrag (Anm. 6)
		0–5	6–11	12–17	ab 18		
		Alle Beträge in Euro					
1.	bis 1300	204	247	291	335	100	770/890
2.	1300–1500	219	265	312	359	107	950
3.	1500–1700	233	282	332	382	114	1000
4.	1700–1900	247	299	353	406	121	1050
5.	1900–2100	262	317	373	429	128	1100
6.	2100–2300	276	334	393	453	135	1150
7.	2300–2500	290	351	414	476	142	1200
8.	2500–2800	306	371	437	503	150	1250
9.	2800–3200	327	396	466	536	160	1350
10.	3200–3600	347	420	495	570	170	1450
11.	3600–4000	368	445	524	603	180	1550
12.	4000–4400	388	470	553	637	190	1650
13.	4400–4800	408	494	582	670	200	1750
	über 4800	nach den Umständen des Falles					

Stand: 1. Juli 2005

Anmerkungen
1. Die Tabelle hat keine Gesetzeskraft, sondern stellt eine Richtlinie dar. Sie weist monatliche Unterhaltsrichtsätze aus, bezogen auf einen gegenüber einem Ehegatten und zwei Kindern Unterhaltspflichtigen. Bei einer größeren/geringeren Anzahl Unterhaltsberechtigter sind **Ab- oder Zuschläge** durch Einstufung in niedrigere/höhere Gruppen angemessen. Anmerkung 6 ist zu beachten. Zur Deckung des notwendigen Mindestbedarfs aller Beteiligten – einschließlich des Ehegatten – ist gegebenenfalls eine Herabstufung bis in die unterste Tabellengruppe vorzunehmen. Reicht das verfügbare Einkommen auch dann nicht aus, erfolgt eine Mangelberechnung nach Abschnitt C.
2. Die Richtsätze der 1. Einkommensgruppe entsprechen dem **Regelbetrag in EURO** nach der Regelbetrag-VO für den Westteil der Bundesrepublik in der ab **1. 7. 2005** geltenden Fassung. Der Vomhundertsatz drückt die Steigerung des Richtsatzes der jeweiligen Einkommensgruppe gegenüber dem Regelbetrag (= 1. Einkommensgruppe) aus. Die durch Multiplikation des Regelbetrages mit dem Vomhundertsatz errechneten Richtsätze sind entsprechend § 1612a Abs. 2 BGB aufgerundet.
3. **Berufsbedingte Aufwendungen**, die sich von den privaten Lebenshaltungskosten nach objektiven Merkmalen eindeutig abgrenzen lassen, sind vom Einkommen abzuziehen, wobei bei entsprechenden Anhaltspunkten eine Pauschale von 5% des Nettoeinkommens – mindestens 50 EUR, bei geringfügiger Teilzeitarbeit auch weniger, und höchstens 150 EUR monatlich – geschätzt werden kann. Übersteigen die berufsbedingten Aufwendungen die Pauschale, sind sie insgesamt nachzuweisen.
4. Berücksichtigungsfähige **Schulden** sind in der Regel vom Einkommen abzuziehen.
5. Der **notwendige Eigenbedarf (Selbstbehalt)**
   - gegenüber minderjährigen unverheirateten Kindern,
   - gegenüber volljährigen unverheirateten Kindern bis zur Vollendung des **21.** Lebensjahres, die im Haushalt der Eltern oder eines Elternteils leben und sich in der allgemeinen Schulausbildung befinden,

Fall 2 *Verliebt, verlobt, verheiratet ...*

beträgt beim nicht erwerbstätigen Unterhaltspflichtigen monatlich 770 EUR, beim erwerbstätigen Unterhaltspflichtigen monatlich 890 EUR. Hierin sind bis 360 EUR für Unterkunft einschließlich umlagefähiger Nebenkosten und Heizung (Warmmiete) enthalten. Der Selbstbehalt kann angemessen erhöht werden, wenn dieser Betrag im Einzelfall erheblich überschritten wird und dies nicht vermeidbar ist. Der **angemessene Eigenbedarf**, insbesondere gegenüber anderen volljährigen Kindern, beträgt in der Regel mindestens monatlich 1100 EUR. Darin ist eine Warmmiete bis 450 EUR enthalten.

6. Der **Bedarfskontrollbetrag** des Unterhaltspflichtigen ab Gruppe 2 ist nicht identisch mit dem Eigenbedarf. Er soll eine ausgewogene Verteilung des Einkommens zwischen dem Unterhaltspflichtigen und den unterhaltsberechtigten Kindern gewährleisten. Wird er unter Berücksichtigung auch des Ehegattenunterhalts (vgl. auch B V und VI) unterschritten, ist der Tabellenbetrag der nächst niedrigeren Gruppe, deren Bedarfskontrollbetrag nicht unterschritten wird, anzusetzen.
7. Bei **volljährigen Kindern**, die noch im Haushalt der Eltern oder eines Elternteils wohnen, bemisst sich der Unterhalt nach der 4. Altersstufe der Tabelle. Der angemessene Gesamtunterhaltsbedarf eines **Studierenden**, der nicht bei seinen Eltern oder einem Elternteil wohnt, beträgt in der Regel monatlich 640 EUR. Dieser Bedarfssatz kann auch für ein Kind mit eigenem Haushalt angesetzt werden.
8. Die **Ausbildungsvergütung** eines in der Berufsausbildung stehenden Kindes, das im Haushalt der Eltern oder eines Elternteils wohnt, ist vor ihrer Anrechnung in der Regel um einen ausbildungsbedingten Mehrbedarf von monatlich 90 EUR zu kürzen.
9. In den Unterhaltsbeträgen (Anmerkungen 1. und 7.) sind **Beiträge zur Kranken- und Pflegeversicherung** nicht enthalten.
10. Das auf das jeweilige Kind entfallende **Kindergeld** ist nach § 1612b I BGB grundsätzlich zur Hälfte auf den Tabellenunterhalt anzurechnen. Die Anrechnung des Kindergeldes unterbleibt, soweit der Unterhaltspflichtige außerstande ist, Unterhalt in Höhe von 135% des Regelbetrages (vgl. Abschnitt A Anm. 2.) zu leisten, soweit das Kind also nicht wenigstens den Richtsatz der 6. Einkommensgruppe abzüglich des hälftigen Kindergeldes erhält (§ 1612b V BGB). Das bis zur Einkommensgruppe 6 anzurechnende Kindergeld kann nach folgender Formel berechnet werden: Anrechnungsbetrag = ½ des Kindergeldes + Richtsatz der jeweiligen Einkommensgruppe – Richtsatz der 6. Einkommensgruppe (135% des Regelbetrages). Bei einem Negativsaldo entfällt die Anrechnung. Die Einzelheiten ergeben sich aus der Anlage zu dieser Tabelle.

B. Ehegattenunterhalt

I. *Monatliche Unterhaltsrichtsätze des berechtigten Ehegatten ohne unterhaltsberechtigte Kinder (§§ 1361, 1569, 1578, 1581 BGB):*

  1. gegen einen *erwerbstätigen Unterhaltspflichtigen*:

    a) wenn der Berechtigte kein Einkommen hat: 3/7 des anrechenbaren Erwerbseinkommens zuzüglich ½ der anrechenbaren sonstigen Einkünfte des Pflichtigen, nach oben begrenzt durch den vollen Unterhalt, gemessen an den zu berücksichtigenden ehelichen Verhältnissen;

    b) wenn der Berechtigte ebenfalls Einkommen hat: 3/7 der Differenz zwischen den anrechenbaren Erwerbseinkommen der Ehegatten, insgesamt begrenzt durch den vollen ehelichen Bedarf; für sonstige anrechenbare Einkünfte gilt der Halbteilungsgrundsatz;

    c) wenn der Berechtigte erwerbstätig ist, obwohl ihn keine Erwerbsobliegenheit trifft: gemäß § 1577 II BGB;

  2. gegen einen *nicht erwerbstätigen Unterhaltspflichtigen* (z.B. Rentner): wie zu 1a, b oder c, jedoch 50%.

II. [...]

Verliebt, verlobt, verheiratet... **Fall 2**

Vorüberlegungen

I. Im 1. Teil dieser Klausur ist zu erkennen, ob ein Verlöbnis trotz beschränkter Geschäftsfähigkeit wirksam geschlossen werden kann.

II. In der Abwandlung des 2. Teils ist die nunmehr vom BGH verwendete Differenzmethode darzustellen.

III. Diejenigen Studenten, die sich mit der Düsseldorfer Tabelle noch nicht beschäftigt hatten, fühlten sich von dieser Aufgabenstellung schnell überfordert und auch der Hinweis zum Ehegesetz bereitete immer wieder Schwierigkeiten. Wichtig ist es jedoch, auch bei unbekannten Themengebieten die Ruhe zu bewahren und die erforderlichen Informationen aus dem vorhandenen Material (Sachverhalt und Gesetz) herauszulesen. Der Hinweis auf das EheG sollte in jedem Fall einen Blick ins EGBGB evozieren.

IV. **Zeitleiste des 3. Teils:**

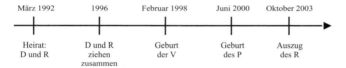

Gliederung

1. Teil: Beziehung zwischen H und T
A. Ansprüche der H gegen T
    I. Anspruch der H gegen T auf Eingehung der Ehe aus einem Verlöbnis
    II. Schadensersatzanspruch der H gegen T aus § 1298 I 2
        1. Vorliegen eines wirksamen Verlöbnisses
            a) Familienrechtliche Theorie (MM)
            b) Tatsächlichkeitstheorie (MM)
            c) Lehre von der Vertrauenshaftung (MM)
            d) Vertragstheorie (h.M.)
            e) Diskussion und Ergebnis
        2. Wirksamer Rücktritt vom Verlöbnis ohne wichtigen Grund (§ 1298 I i.V.m. § 1298 III)
            a) Wirksamer Rücktritt
            b) Ohne wichtigen Grund
        3. Rechtsfolge
        4. Ergebnis

B. Abwandlung: Ansprüche des T gegen H
    I. Anspruch des T gegen H auf Rückgabe des Ringes aus § 1301
        1. Unterbleiben der Eheschließung
        2. Rechtsfolge: Herausgabe
        3. Ausschluss nach § 815
    II. Ergebnis

Fall 2   *Verliebt, verlobt, verheiratet ...*

2. Teil: Beziehung zwischen H und F
A. Unterhaltsanspruch des F gegen H aus § 1361
    I. Unterhaltsbeziehung zwischen F und H
   II. Bedürftigkeit des F i.S.d. § 1361 II
  III. Leistungsfähigkeit der H als Unterhaltsverpflichtete und Rangfolge
  IV. Kein Ausschluss i.S.v. § 1361 III i.V.m. § 1579 Nr. 2–Nr. 7
       1. Ausschluss nach § 1361 III i.V.m. § 1579 Nr. 2
       2. Ausschluss nach § 1361 III i.V.m. § 1579 Nr. 5
       3. Ausschluss nach § 1361 III i.V.m. § 1579 Nr. 7
       4. Ergebnis
   V. Höhe des Unterhaltsanspruches
  VI. Art der Unterhaltsgewährung i.S.v. § 1361 IV
 VII. Ergebnis

B. Abwandlung: Unterhaltsanspruch des F gegen H aus den §§ 1569 ff.
    I. Unterhaltsbeziehung
   II. Bedürftigkeit des Unterhaltberechtigten
  III. Leistungsfähigkeit
  IV. Rangfolge
   V. Kein Ausschluss
  VI. Art der Unterhaltsgewährung
 VII. Höhe des Unterhaltsanspruches
VIII. Ergebnis

3. Teil: Beziehung zwischen D und R
A. Wirksamkeit der zwischen D und R bestehenden Ehe
    I. Mindestvoraussetzungen einer Eheschließung
   II. Ergebnis

B. Aufhebung der Ehe
    I. Aufhebungsvoraussetzungen:
       1. Aufhebungsgrund i.S.d. § 1314 I, II
       2. Antragsberechtigung i.S.v. § 1316
       3. Antragsfrist i.S.d. § 1317
       4. Kein Ausschluss
          a) Ausschlussgrund i.S.v. § 1315 I Nr. 5
          b) Ausschlussgrund i.S.v. Art. 226 I EGBGB
       5. Ergebnis
   II. Ergebnis

C. Bezifferung des Unterhaltsanspruches nach der Düsseldorfer Tabelle

Lösung

1. Teil: Beziehung zwischen H und T

A. Ansprüche der H gegen T

Fraglich ist, welche Ansprüche der H gegen T aufgrund der Tatsache zustehen könnten, dass er ihr erklärt, sie – entgegen des abgegebenen Eheversprechens – nicht mehr heiraten zu wollen.

I. Anspruch der H gegen T auf Eingehung der Ehe aus einem Verlöbnis

Möglicherweise könnte aus dem Verlöbnis, das laut Sachverhalt zwischen H und T geschlossen wurde, ein Anspruch der H auf Eingehung der Ehe erwachsen sein.

Unabhängig von der Frage, ob man das Verlöbnis trotz Minderjährigkeit der H für wirksam hält oder nicht, ist die Verpflichtung zur Eheschließung weder direkt noch indirekt erzwingbar. Die Einklagbarkeit einer Heirat scheidet bereits aufgrund des Wortlauts des § 1297 I aus. Hier heißt es nämlich, dass aus einem Verlöbnis nicht auf Eingehung der Ehe geklagt werden kann. Zudem besteht wegen der §§ 888 III, 894 II ZPO keine Vollstreckungsmöglichkeit.

Unabhängig von der Frage der Wirksamkeit des hier geschlossenen Verlöbnisses besteht daher kein Anspruch der H gegen T auf Eheschließung.

II. Schadensersatzanspruch der H gegen T aus § 1298 I 2

Es könnte allerdings ein Anspruch auf Schadensersatz der H gegen T aus § 1298 I 2 in Betracht kommen. Ein Schadensersatzanspruch aus § 1298 I 2 i.V.m. § 1298 III setzt voraus, dass T von einem wirksamen Verlöbnis mit H ohne wichtigen Grund zurückgetreten wäre.

1. Vorliegen eines wirksamen Verlöbnisses

Fraglich ist zunächst, ob, infolge der Minderjährigkeit der H, überhaupt ein wirksames Verlöbnis vorgelegen hat. Unter Verlöbnis versteht man allgemein das ernsthafte gegenseitig abgegebene Versprechen zweier Personen, künftig eine Ehe bzw. Lebenspartnerschaft miteinander eingehen zu wollen und das dadurch begründete familienrechtliche Gemeinschaftsverhältnis[1].

> **Exkurs/Vertiefung:** Durch das Überarbeitungsgesetz zum Lebenspartnerschaftsgesetz (LPartÜG) vom 15. 12. 2004, das am 1. 1. 2005 in Kraft getreten ist, können sich auch gleichgeschlechtliche Partner versprechen, eine (eingetragene) Lebenspartnerschaft zu begründen, also ein Verlöbnis eingehen, vgl. § 1 III LPartG.

---

1 BGH NJW 1992, 427=JZ 1992, 1023; *Palandt/Brudermüller*, Einf v § 1297 Rn. 1.

Fall 2 *Verliebt, verlobt, verheiratet ...*

Zur Frage, welche Wirksamkeitsvoraussetzungen darüber hinaus an ein solches Versprechen zu stellen sind, damit es als Verlöbnis i.S.d. §§ 1298 ff. qualifiziert werden kann, wird unterschiedlich beurteilt. Die insoweit vertretenen Theorien[2] können für die Frage relevant werden, ob sich H trotz ihrer beschränkten Geschäftsfähigkeit verloben konnte.

a) Familienrechtliche Theorie (MM)

98   Nach der familienrechtlichen Theorie ist das Verlöbnis ein Vertrag eigener Art (sui generis). Gefordert wird danach keine Geschäftsfähigkeit i.S.d. §§ 104 ff., sondern eine besondere Verlöbnisfähigkeit in Form einer individuellen geistigen Reife bzw. Ehemündigkeit. Nach dieser Theorie wäre das Verlöbnis wirksam, da der H mit 17 Jahren eine Verlöbnisfähigkeit in diesem Sinne zugesprochen werden kann.

b) Tatsächlichkeitstheorie (MM)

99   Nach der früher vertretenen Tatsächlichkeitstheorie ist im Verlöbnis kein Rechtsgeschäft, sondern nur ein rein soziales Verhältnis zu sehen mit der Folge der Unanwendbarkeit der rechtsgeschäftlichen Vorschriften. Auch nach dieser Theorie wäre das Verlöbnis von H und T wirksam.

c) Lehre von der Vertrauenshaftung (MM)

100   Die Lehre von der Vertrauenshaftung sieht im Verlöbnis ein gesetzliches Rechtsverhältnis, das keine Rechtspflicht zur Eheschließung, sondern einen gesetzlichen Vertrauensschutz der Partner zueinander begründet[3]. Infolgedessen wird lediglich eine konkrete Einsichtsfähigkeit gefordert. Da auch diese der H zugesprochen werden kann, wäre auch im Sinne dieser Ansicht das Verlöbnis H-T wirksam.

d) Vertragstheorie (h.M.)

101   Nach der von der herrschenden Meinung vertretenen Vertragstheorie[4] ist das Verlöbnis ein Vertrag i.S.d. §§ 145 ff. mit der Folge, dass die Vorschriften des allgemeinen Teils des BGB daher grundsätzlich anwendbar sind, jedoch aufgrund der Höchstpersönlichkeit dieses Rechtsgeschäftes die Stellvertreterregelungen der §§ 164 ff. nicht gelten sollen. Da das Verlöbnis für die minderjährige H nicht lediglich rechtlich vorteilhaft ist, hätten nach herrschender Meinung die gesetzlichen Vertreter der H i.S.d. § 107 dem Verlöbnis zustimmen müssen. Eine entsprechende Zustimmung liegt hier jedoch nicht vor.

Nach der Vertragstheorie wäre das Verlöbnis zwischen H und T folglich zunächst unwirksam.

---

[2] Zu den früher vertretenen Theorien (familienrechtliche Theorie und Tatsächlichkeitstheorie) m.w.N.: *Staudinger/Strätz*, Vorbem zu §§ 1297 ff. Rn. 30 ff.
[3] *Canaris*, AcP 165, (1965), 1 ff.; *Rauscher*, FamR, Rn. 106 f.
[4] RGZ 61, 267; MüKo/*Wacke*, § 1297 Rn. 5; *Gernhuber/Coester-Waltjen*, § 8 I 4; *Palandt/Brudermüller*, Einf v § 1297 Rn. 1.

e) Diskussion und Ergebnis

Eine Streitentscheidung ist hier dennoch nicht erforderlich, da die Eltern als gesetzliche Vertreter der H zugesagt haben, sie voll und ganz zu unterstützen. Sie werden daher den Vertrag nach § 108 I genehmigen.

Dem würde es auch nicht entgegenstehen, wenn sich T durch Rücktritt bereits wirksam vom Verlöbnis gelöst hätte. Entsprechend dem Rechtsgedanken des § 109 II kann sich T nämlich nicht einseitig von einem schwebend unwirksamen Vertrag lösen, da er die Minderjährigkeit und das Fehlen der Einwilligung kannte.

> **Exkurs/Vertiefung:** Z.T. wird die Berufung auf die Unwirksamkeit durch den volljährigen Partner auch als unzulässige Rechtsausübung i.S.v. § 242 angesehen[5].

Somit kommen hier letztlich alle Theorien zu dem Ergebnis, dass das Verlöbnis zwischen H und T als wirksam qualifiziert werden kann.

2. Wirksamer Rücktritt vom Verlöbnis ohne wichtigen Grund (§ 1298 I i.V.m. § 1298 III)

Des Weiteren ist im Hinblick auf das Schadensersatzbegehren der H auf Seiten des T ein wirksamer Rücktritt vom Verlöbnis[6] ohne wichtigen Grund erforderlich.

a) Wirksamer Rücktritt

T ist wirksam zurückgetreten, da er durch einseitige, empfangsbedürftige Willenserklärung den Willen geäußert hat, die Ehe mit H nicht mehr eingehen zu wollen.

b) Ohne wichtigen Grund

Fraglich ist, ob auch ein wichtiger Grund für den Rücktritt i.S.d. § 1298 III gegeben ist. Ein solcher Grund liegt vor, wenn Tatsachen vorhanden sind, die unter entsprechender Würdigung der Sachlage geeignet wären, T von der Eingehung des Verlöbnisses abzuhalten.

Hier hat T geäußert, dass er H nicht mehr liebe. Das Erlöschen der Zuneigung stellt zwar im ethischen Sinn einen wichtigen Grund dar, nicht aber im rechtlichen, da das Verlöbnis vorherige Überlegung voraussetzt und dieser Rücktrittsgrund im Übrigen immer behauptet werden könnte. Somit ist kein wichtiger Grund i.S.d. § 1298 III gegeben.

> **Exkurs/Vertiefung:** Als wichtige Gründe kommen all jene Gründe in Betracht, die zur Anfechtung wegen Irrtums oder arglistiger Täuschung berechtigen würden[7]. Ein wichtiger Grund für einen Rücktritt kann also sowohl im Verhalten des anderen Verlobten gesehen werden (z.B. Bruch der Verlöbnistreue[8]), als auch in der Person des Zurücktretenden liegen (schwere

---

5 *Schwab*, FamR, Rn. 37.
6 Zum Rücktritt: *Staudinger/Strätz*, § 1299 Rn. 3 ff.; *Gernhuber/Coester-Waltjen*, § 8 IV 1.
7 *Palandt/Brudermüller*, § 1298 Rn. 9.
8 AG Koblenz, FamRZ 1995, 1068.

Fall 2 *Verliebt, verlobt, verheiratet ...*

> Erkrankungen bzw. die Weigerung, sich bei Krankheitsverdacht ärztlich untersuchen zu lassen[9]).
>
> Weitere Beispiele sind Lieblosigkeiten, die Zweifel an der späteren ehelichen Gesinnung aufkommen lassen, Misshandlungen und Beleidigungen, maßlose Eifersucht, grundlose Verzögerung der Eheschließung, ernstes Zerwürfnis zwischen dem Verlobten und seinen künftigen Schwiegereltern[10].

3. Rechtsfolge

107 I.S.d. § 1298 I 2 ist der Schaden zu ersetzen, den die H dadurch erlitten hat, dass sie, in Erwartung der Ehe, Maßnahmen getroffen hat, die ihre Erwerbsstellung betreffen. Die Kündigung ist eine derartige Maßnahme[11].

Nach § 1298 II ist der Schaden jedoch nur insoweit zu ersetzen, als diese Maßnahmen den Umständen nach angemessen waren.

Die Aufgabe einer Arbeitsstelle kann dann nicht als angemessen angesehen werden, wenn sie ohne Absprache mit dem Partner erfolgt ist[12], wenn die Bekanntschaft verhältnismäßig kurz war und eine Eheschließung nicht für die nähere Zukunft vorgesehen war.

Da sich H und T erst dreieinhalb Wochen kannten, sie sodann gleich ein Verlöbnis eingegangen sind und H als unmittelbare Folge davon ihre Arbeitsstelle gekündigt hat, ohne dass die Eingehung der Ehe in absehbarer Zeit vorgesehen war und ohne dies mit ihrem Partner abgesprochen zu haben, wird man ihre Kündigung nicht als angemessene Maßnahme qualifizieren können.

4. Ergebnis

H hat daher keinen Schadensersatzanspruch gegen T aus § 1298 I.

B. Abwandlung: Ansprüche des T gegen H

Fraglich ist, ob T den von ihm angeschafften Ring von H herausverlangen kann.

I. Anspruch des T gegen H auf Rückgabe des Ringes aus § 1301

Ein Anspruch des T gegen H auf Rückgabe des als Geschenk angeschafften Ringes könnte sich aus § 1301 ergeben.

1. Unterbleiben der Eheschließung

108 Dies setzt voraus, dass die Eheschließung zwischen den Verlobten unterblieben ist. Dieses Tatbestandsmerkmal ist vorliegend erfüllt.

---

9 KG JW 1920, 979; *Giesen*, FamR, Rn. 98 ff.
10 Vgl. *Tschernitschek*, FamR, Rn. 16; *Palandt/Brudermüller* § 1298 Rn. 9 m.w.N.
11 *Rauscher*, FamR, Rn. 128.
12 Vgl. dazu: BGH NJW 1961, 1716.

2. Rechtsfolge: Herausgabe

Als Rechtsfolge der unterbliebenen Eheschließung sieht § 1301 vor, dass die Geschenke bzw. Dinge, die dem Partner zum Zeichen des Verlöbnisses übergeben worden sind, nach den Vorschriften der §§ 812 ff. herausverlangt werden können (Rechtsfolgeverweisung)[13]. An sich müsste T im Sinne dieser Normen die Herausgabe des von ihm angeschafften und an seine Verlobte, H, zum Zeichen des Verlöbnisses übergebenen Ring verlangen können.

109

3. Ausschluss nach § 815

Fraglich ist aber, ob hier die Herausgabepflicht aufgrund treuwidrigen Verhaltens des T i.S.v. § 815 ausgeschlossen sein könnte. Nach dem Rechtsgedanken des § 815 kann der Leistende seine Leistung nämlich nur dann zurückfordern, wenn er den Eintritt des Erfolges, also hier: die Eingehung der Ehe, nicht durch sein treuwidriges Verhalten verhindert hätte[14].

110

T hat hier während seiner Verlöbniszeit mit H und – entgegen dem mit ihr gemeinsam vereinbarten Treuekodex – intime Beziehungen mit anderen Männern und Frauen unterhalten. Da er das überdies z.T. ungeschützt tat, liegt auf Seiten des T nicht nur ein moralisch vorwerfbares Verhalten vor, sondern es bestehen auch gesundheitliche Risiken für H. Von einem treuwidrigen Verhalten des T kann somit ausgegangen werden.

Der Rückforderungsanspruch ist folglich nach § 815 ausgeschlossen.

II. Ergebnis

T kann den Verlobungsring somit nicht von H aus § 1301 zurückfordern.

2. Teil: Beziehung zwischen H und F

A. Unterhaltsanspruch des F gegen H aus § 1361

Der Unterhaltsanspruch eines Ehegatten richtet sich nach der jeweiligen zeitlichen Phase, in der sich die Ehe befindet. Es ist insoweit zu unterscheiden zwischen Familienunterhalt gemäß § 1360 bei bestehender häuslicher Gemeinschaft, Trennungsunterhalt nach § 1361 für den Zeitraum zwischen Trennung und Scheidung[15] und nachehelichem Unterhalt gemäß den §§ 1569 ff. für die Zeit nach rechtskräftiger Scheidung. Da die Ehegatten F und H i.S.d. § 1567 I getrennt leben, aber nicht rechtskräftig geschieden sind, kommt hier ein Anspruch des F gegen H aus § 1361 I in Betracht.

111

---

13 Dazu: *Rauscher*, FamR, Rn. 132.
14 Für die Anwendbarkeit des § 815: BGHZ 45, 258, 263 ff.; *Gernhuber/Coester-Waltjen*, § 8 VI 1; *Palandt/Brudermüller*, § 1301 Rn. 3; MüKo/*Wacke*, § 1301 Rn. 6 m.w.N.; a.A.: *Staudinger/Strätz*, § 1301 Rn. 15 ff.; *Henrich*, FamR, S. 3 f.; *Dölle*, FamR I, § 6 VII 2, der über § 242 jedoch zu demselben Ergebnis gelangt; *Rauscher*, FamR, Rn. 127 m.w.N.
15 *Johannsen/Henrich/Büttner*, § 1361 Rn. 4; *Hohloch*, FamR, Rn. 585.

Fall 2 *Verliebt, verlobt, verheiratet...*

112 **Exkurs/Vertiefung:** Sinn und Zweck des § 1361 ist es, dass der unterhaltsberechtigte Ehegatte auch nach der Trennung den zuvor erreichten Lebensstandard beibehalten kann und ein wirtschaftlich bedingter sozialer Abstieg infolge der Trennung vermieden wird[16].

I. Unterhaltsbeziehung zwischen F und H

113 Ein Getrenntlebensunterhaltsanspruch setzt voraus, dass zwischen F und H eine Unterhaltsbeziehung besteht. Diese ergibt sich hier aus der zwischen ihnen bestehenden wirksamen Ehe.

II. Bedürftigkeit des F i.S.d. § 1361 II

114 Damit F gegen H ein Anspruch aus § 1361 zusteht, müsste er zunächst bedürftig sein.

Bedürftig ist, wer weder aus zumutbarer Erwerbstätigkeit, vgl. § 1361 II, noch aus seinem Vermögen den eigenen Unterhaltsbedarf decken kann[17]. Da F selbst nicht über Einkünfte verfügt, besteht seinerseits grundsätzlich ein Bedarf. Fraglich ist somit lediglich, ob er i.S.v. § 1361 II darauf verwiesen werden kann, seinen Unterhalt durch Erwerbstätigkeit selbst zu verdienen bzw. ob ihm dies nach seinen persönlichen Verhältnissen zugemutet werden kann. Im Sinne des § 1361 II ist zwar insbesondere auch die Dauer der Ehe zu berücksichtigen, die vorliegend sehr kurz ist, dennoch kann F hier keine Erwerbstätigkeit zugemutet werden, da er drei minderjährige Kinder zu betreuen hat. Die Tatsache, dass die Kinder nicht von H stammen, ist insoweit nicht relevant[18].

III. Leistungsfähigkeit der H als Unterhaltsverpflichtete und Rangfolge

115 Des Weiteren müsste H als Unterhaltsverpflichtete leistungsfähig sein[19]. Dies ist der Fall, da sie aufgrund ihres Einkommens ohne Gefährdung ihres eigenen Unterhalts in der Lage ist, den Trennungsunterhalt an F zu zahlen.

Zudem kann sich H während der bestehenden Ehe auch nicht darauf berufen, dass F sich in Bezug auf seinen Unterhaltsanspruch vorrangig an Dritte zu wenden habe.

IV. Kein Ausschluss i.S.v. § 1361 III i.V.m. § 1579 Nr. 2–Nr. 7

116 Fraglich ist nun noch, ob der Anspruch auf Unterhalt nach § 1361 III ausgeschlossen oder gemindert sein könnte. In § 1361 III wird auf die für den nachehelichen Unterhaltsanspruch geltenden Härteklauseln des § 1579 Nr. 2 bis Nr. 7 verwiesen. Die für den Unterhalt nach der Scheidung geltende Härteklausel des § 1579 Nr. 1 (kurze Ehedauer) gilt wegen der fehlenden Verweisung ausdrücklich nicht für den Unterhalt bei

---

16 Vgl. auch: *Schlüter*, FamR, Rn. 67.
17 Zur Obliegenheit des getrennt lebenden, Anspruch stellenden Ehegatten, eine angemessene Tätigkeit aufzunehmen: BGH FamRZ 2005, 23, 24 f.
18 BGH FamRZ 1979, 569, 571.
19 Zur Leistungsfähigkeit beim Trennungsunterhalt: *Schlüter*, FamR, Rn. 70.

Getrenntleben, so dass der Hinweis der H auf die kurze Ehedauer insoweit unerheblich ist.

1. Ausschluss nach § 1361 III i.V.m. § 1579 Nr. 2

Es könnte in Anknüpfung an die von H behaupteten Beschimpfungen des F ein Ausschluss seines Unterhaltsanspruches i.S.v. § 1361 III i.V.m. § 1579 Nr. 2 in Betracht kommen.

117

§ 1579 Nr. 2 setzt voraus, dass sich der Unterhaltsberechtigte eines Verbrechens oder vorsätzlich schweren Vergehens gegen den Verpflichteten oder eines Angehörigen des Verpflichteten schuldig gemacht hat. I.S.d. § 1579 Nr. 2 sind somit fortgesetzte schwere Beleidigungen, Verleumdungen und schwer wiegend falsche Anschuldigungen erforderlich, die geeignet sein müssen, den anderen nachhaltig persönlich oder beruflich in der Öffentlichkeit zu schaden[20]. Im vorliegenden Fall ist nicht davon auszugehen, dass die Beschimpfungen des F den Status eines Verbrechen oder vorsätzlich schweren Vergehens erreicht haben und damit so schwer wiegend gewesen sind, dass sie die Unterhaltszahlungen durch H unzumutbar erscheinen lassen würden.

> **Exkurs/Vertiefung:** Ein mutwilliges Herbeiführen der Bedürftigkeit i.S.v. § 1579 Nr. 3 scheidet hier ebenso aus wie das mutwillige Hinwegsetzen über schwer wiegende Vermögensinteressen des Verpflichteten i.S.v. § 1579 Nr. 4.
>
> Die Mutwilligkeit i.S.v. § 1579 Nr. 3 setzt eine unterhaltsbezogene Leichtfertigkeit voraus[21]. Diese ist anzunehmen, wenn der Berechtigte in unverständlicher Weise gegen die Verpflichtung, selbst für seinen Unterhalt zu sorgen, verstoßen hat, mithin seine Erwerbsfähigkeit oder sein Vermögen auf sinnlose Art vorsätzlich oder leichtfertig eingebüßt hat[22]. Ausreichend für eine derartige unterhaltsbezogene Mutwilligkeit wäre es z.B., wenn es der Anspruchsteller trotz Krankheit unterließe, therapeutische Maßnahmen vorzunehmen, um seine Erwerbsunfähigkeit beizubehalten; wenn er sich in die Alkoholabhängigkeit hineinleiten lassen würde[23] oder wenn er eine ausgeübte Erwerbstätigkeit angesichts der bevorstehenden Scheidung aufgeben würde, um nach der Scheidung Unterhaltsansprüche zu erlangen bzw. wenn er zumutbare Arbeit unterlassen würde[24].
>
> § 1579 Nr. 4 kann z.B. eingreifen, wenn der Berechtigte den Verpflichteten bei dessen Arbeitgeber anschwärzt[25].

118

2. Ausschluss nach § 1361 III i.V.m. § 1579 Nr. 5

Fraglich ist aber, ob der Ausschlussgrund des § 1361 III i.V.m. § 1579 Nr. 5 hier eingreifen könnte, da F nach Auffassung von H die Haushaltsführung vernachlässigt hat.

119

Im Sinne von § 1579 Nr. 5 ist zwar ein Ausschluss bzw. eine Herabsetzung eines Unterhaltsanspruches grundsätzlich möglich, sofern der Anspruchsteller vor der Trennung längere Zeit hindurch seine Pflicht, zum Familienunterhalt beizutragen, gröblich

---

20 Vgl. z.B. BGH NJW 1982, 100; OLG Hamm NJW 1990, 1119.
21 BGH FamRZ, 1984, 364.
22 OLG Bamberg FamRZ 1984, 388.
23 BGH NJW 1987, 1554, 1555.
24 BGH FamRZ 1983, 803.
25 Vgl. OLG Zweibrücken, FamRZ 1980, 1010, 1011; OLG Hamm FamRZ 1987, 946; OLG Düsseldorf, FamRZ 1997, 418.

Fall 2 *Verliebt, verlobt, verheiratet ...*

verletzt hat. Zu beachten ist aber, dass eine von § 1579 Nr. 5 erfasste Unterhaltspflichtverletzung so schwer wiegend sein muss, wie die in den anderen Härteklauseln erwähnten Eheverfehlungen, also z.B. einem in Nr. 2 aufgeführten Verbrechen oder vorsätzlichen Vergehen gleichstehen muss. Davon ist jedoch vorliegend nicht auszugehen, so dass der Ausschlussgrund des § 1579 Nr. 5 hier nicht eingreifen kann.

3. Ausschluss nach § 1361 III i.V.m. § 1579 Nr. 7

120 Da im vorliegenden Fall keine Umstände ersichtlich sind, die ein schwer wiegendes Fehlverhalten des F erkennen lassen, greift auch der Auffangtatbestand des § 1579 Nr. 7 nicht ein.

4. Ergebnis

Der Unterhaltsanspruch des F gegen H ist mithin auch nicht aufgrund einer Härteklausel zu beschränken oder zu versagen.

V. Art der Unterhaltsgewährung i.S.v. § 1361 IV

121 Der Unterhalt ist i.S.v. § 1361 IV durch Zahlung einer Geldrente zu gewähren, wobei diese monatlich im Voraus zu zahlen ist.

VI. Höhe des Unterhaltsanspruches

122 Hinsichtlich der Höhe des Unterhaltsanspruches ist zu beachten, dass nach § 1361 I der nach den Lebensverhältnissen und den Erwerbs- und Vermögensverhältnissen angemessene Unterhalt geschuldet ist. Maßgebend ist damit insbesondere der Lebensstandard, den die Ehegatten vor der Trennung erreicht hatten[26]. Eine erste Orientierungshilfe für die vorzunehmende Verteilung des Familieneinkommens bieten Unterhaltstabellen und die jeweils von den Familiensenaten der Oberlandesgerichte herausgegebenen Leitlinien, die unverbindliche Richtwerte angeben, vgl. dazu die Düsseldorfer Tabelle. Danach beträgt der Unterhalt des getrennt lebenden Berechtigten grundsätzlich zunächst $3/7$ der Erwerbseinkünfte des anderen Ehegatten (und die Hälfte der sonstigen Einkünfte). Dem erwerbstätigen unterhaltsverpflichteten Ehegatten wird also ein sog. Erwerbstätigenbonus i.H.v. $1/7$ (nach den Leitlinien der süddeutschen Familiensenate: $1/10$) belassen, der nicht in die Unterhaltsberechnung einbezogen wird[27]. Nach dieser grundsätzlichen Regelung besteht vorliegend ein Anspruch des F gegen H in Höhe von 1200,– €.

VII. Ergebnis

H ist aus § 1361 verpflichtet, ihrem Ehemann F monatlich im Voraus eine Geldrente in Höhe von 1200,– € zu zahlen.

---

26 *Schlüter*, FamR, Rn. 67.
27 *Schönfelder* Ergänzungsband 47. B. I. 1. a); *Schellhammer*, Rn. 173–176, 318.

B. Abwandlung: Unterhaltsanspruch des F gegen H aus § 1569 ff.

F könnte in dem in der Abwandlung zu beurteilenden Fall von H Unterhalt verlangen, wenn die Voraussetzungen der §§ 1569 ff. erfüllt wären.

I. Unterhaltsbeziehung

Zunächst müsste zwischen H und F eine Unterhaltsbeziehung bestehen. Diese ergibt sich hier aus der ehemals wirksamen und nunmehr geschiedenen Ehe zwischen ihnen. **123**

II. Bedürftigkeit des Unterhaltberechtigten

Des Weiteren müsste F bedürftig sein. Von einer Bedürftigkeit ist auszugehen, wenn ein Bedarf i.S.d. §§ 1570 ff. vorliegt, der gemäß § 1578 nach den ehelichen Lebensverhältnissen zu bemessen ist und keine eigene Deckungsfähigkeit des F besteht, vgl. § 1577. **124**

> **Exkurs/Vertiefung:** Für den Bedürftigen besteht beim nachehelichen Unterhalt nach § 1574 I nur die Obliegenheit einer angemessenen Tätigkeit. Er ist nicht verpflichtet, statt weiterhin im erlernten Beruf zu arbeiten, in eine etwaig höher dotierte Hilfsarbeitertätigkeit zu wechseln[28]. **125**

Es könnte hier der Bedarfstatbestand des § 1573 II gegeben sein, mit der Folge, dass H den sog. Aufstockungsunterhalt leisten müsste, sofern die Einkünfte des F aus seiner Erwerbstätigkeit nicht zum vollen Umfang ausreichen. Angesichts der Tatsache, dass sein eigenes Einkommen weniger als 3/7 des in der langjährigen Ehe verfügbaren Einkommens beträgt und er engagiert nach einer Arbeit gesucht hat, ist von einem Bedarf des F i.S.d. § 1573 auszugehen. **126**

> **Exkurs/Vertiefung:** Sinn und Zweck des Aufstockungsunterhaltes ist es, den Lebensstandard des geringer verdienenden Ehegatten zu sichern und ihm einen Anreiz zu schaffen, solche Tätigkeiten zu übernehmen, die den angemessenen Unterhalt nicht in vollem Umfang decken[29]. **127**

III. Leistungsfähigkeit

H ist, wie oben bereits dargestellt, darüber hinaus auch leistungsfähig i.S.v. § 1581. **128**

IV. Rangfolge

Da der geschiedene Ehegatte gemäß § 1584 aufgrund nachehelicher Solidarität vorrangig Unterhalt schuldet, kann sich H auch nicht darauf berufen, dass in Bezug auf die Unterhaltspflicht zunächst Verwandte ihres geschiedenen Mannes heranzuziehen seien. **129**

---

28 Vgl. OLG München FamRZ 2004, 1208, 1209.
29 *Palandt/Brudermüller*, § 1573 Rn. 13.

Fall 2 *Verliebt, verlobt, verheiratet ...*

V. Kein Ausschluss

130 Darüber hinaus ist zudem nicht ersichtlich, dass der Anspruch auf Unterhalt hier i.S.d. §§ 1579, 1585b, 1586 ausgeschlossen oder gemindert sein könnte, so dass ein Anspruch auf Unterhalt des F gegen H grundsätzlich besteht.

VI. Höhe des Unterhaltsanspruches

131 Fraglich ist, wie hoch der Unterhaltsanspruch des F anzusetzen ist.

Auszugehen ist, wie bereits ausgeführt, von den ehelichen Lebensverhältnissen, mithin den eheprägenden Einkünften der Eheleute in der Ehezeit, vgl. auch § 1578.

Da F während der Ehezeit nicht berufstätig war, ist fraglich, ob bzw. in welcher Höhe sein nach der Ehe erzieltes Einkommen zu berücksichtigen ist. Während insoweit früher die sog. Anrechnungsmethode galt, nach der das Einkommen des Unterhaltsberechtigten unberücksichtigt blieb, hat der BGH im Juni 2001 seine Rechtsprechung grundlegend geändert. Nunmehr geht er grundsätzlich nach der sog. Differenzmethode vor, wenn der Unterhaltsberechtigte nach der Trennung bzw. Scheidung eine Erwerbstätigkeit aufgenommen oder ausgeweitet hat und sich diese quasi als Surrogat der Haushaltsführung darstellt (Monetarisierung der Haushaltsleistung)[30].

Nach der Anrechnungsmethode ist allein das tatsächlich in der Ehe erzielte Einkommen des Unterhaltsverpflichteten zugrunde zu legen, sodann die Quote des Berechtigten zu bestimmen (3/7 des bereinigten Nettoeinkommens, hier 1200,– € vgl. oben) und die nach der Scheidung erzielten Einkünfte des Berechtigten davon abzuziehen, so dass F lediglich 200,– € erhielte.

Nach der Differenzmethode errechnet sich die Unterhaltsquote hingegen unter Berücksichtigung des Erwerbstätigenbonus (hier: i.H.v. 1/7) aus der Differenz der bereinigten Nettoeinkommen des Pflichtigen und des Berechtigten. Es ergibt sich hier mithin Folgendes: Von H's Einkommen in Höhe von 2800,– € sind 1000,– € abzuziehen (F's Einkünfte). Von dem 1800,– € ist dann die 3/7 Quote zu bilden, so dass im Ergebnis ein Unterhaltsanspruch in Höhe von: 771,43 € besteht.

Da die Anrechnungsmethode im Gegensatz zur Differenzmethode nicht berücksichtigt, dass es auf einer einvernehmlich getroffenen Arbeitsteilung in einer langjährig gut funktionierenden Ehe beruhte, dass F seine Arbeit nach der Heirat aufgegeben hat, um sich um die Kinder und den Haushalt zu kümmern und sich die Aufnahme einer Tätigkeit mithin als Surrogat der ehemaligen Haushaltstätigkeit qualifizieren lässt, ist die Differenzmethode anzuwenden, mit der Folge, dass F 771,43 € zustehen.

132 **Exkurs/Vertiefung:** Folgender Rechenweg nach dem Halbteilungsgrundsatz ist auch möglich: (2800,– € – 1/7) – (1000,– € – 1/7) = 1542,86 € : 2 = 771,43 €. Favorisiert wird vom BGH jedoch die Differenzmethode.

---

30 BGH FamRZ 2001, 986 ff.; siehe auch: *Schöppe-Fredenburg/Schwolow*, FamR, Rn. 13.

VII. Art der Unterhaltsgewährung

Gemäß § 1585 ist der Unterhalt dem F monatlich im Voraus durch eine Geldrente zu zahlen.

133

VIII. Ergebnis

Im Abwandlungsfall muss H dem F folglich monatlich eine Geldrente in Höhe von 771,43 € bezahlen.

3. Teil: Beziehung zwischen D und R

Fraglich ist, ob die zwischen D und R im Jahre 1992 geschlossene Ehe wirksam ist.

A. Wirksamkeit der zwischen D und R bestehenden Ehe

Eine Ehe ist wirksam, wenn bei der Eheschließung die drei Mindestvoraussetzungen vorgelegen haben.

I. Mindestvoraussetzungen einer Eheschließung

Die Mindestvoraussetzungen einer Eheschließung sind erfüllt, wenn zwei Personen verschiedenen Geschlechts[31] vor einem mitwirkungsbereiten Standesbeamten bei gleichzeitiger Anwesenheit sich beide gegenseitig den Eheschließungswillen erklärt haben, vgl. §§ 1310, 1311[32].

134

II. Ergebnis

Diese Mindestvoraussetzungen sind hier erfüllt, so dass die zwischen D und R geschlossene Ehe, trotz etwaiger sonstiger Mängel wie z.B. dem etwaigen Fehlen eines Ehefähigkeitszeugnisses, vgl. § 1309, wirksam ist.

B. Aufhebung der Ehe

Fraglich ist nun, ob eine Aufhebung dieser Ehe in Betracht kommen könnte. Gemäß § 1313 kann eine Ehe durch Urteil mit Wirkung ex nunc aufgehoben werden.

I. Aufhebungsvoraussetzungen

Dies setzt voraus, dass ein Grund für die Eheaufhebung gegeben ist, eine Antragsberechtigung besteht, ggf. die Antragsfrist eingehalten wurde und die Aufhebung der Ehe nicht ausgeschlossen ist.

135

---

[31] BVerfG NJW 1993, 643.
[32] Zur Nichtehe: *Schlüter*, FamR, Rn. 26.

Fall 2 *Verliebt, verlobt, verheiratet ...*

1. Aufhebungsgrund i.S.d. § 1314 I, II

136 Aus § 1314 I, II ergeben sich Aufhebungsgründe, die sowohl im öffentlichen als auch privaten Interesse liegen[33].

Hier könnte der Aufhebungsgrund des § 1314 II Nr. 5 eingreifen. Im Sinne dieser Norm kann eine Ehe aufgehoben werden, wenn sich beide Ehegatten bei der Eheschließung darüber einig waren, dass sie keine Verpflichtung gemäß § 1353 I begründen wollen. Gemäß § 1353 I besteht für die Ehegatten eine Rechtspflicht zur ehelichen Lebensgemeinschaft und zur Verantwortung füreinander[34], so dass die Ehegatten aufgrund dieser Generalklausel zu all dem verpflichtet sind, was nach allgemeiner Anschauung zum Wesen der Ehe gehört[35].

Laut Sachverhalt wollten D und R lediglich eine Scheinehe führen, d.h. sie hatten zum Zeitpunkt ihrer Eheschließung nicht vor, tatsächlich eine eheliche Lebensgemeinschaft zu begründen und die gegenseitige Verantwortung von Ehegatten i.S.d. § 1353 I 2 füreinander zu übernehmen. Folglich ist § 1314 II Nr. 5 einschlägig.

137 **Exkurs/Vertiefung:** Der Aufhebungsgrund besteht im Falle des § 1314 II Nr. 5 nicht auf einem fehlerhaften Eheschließungswillen, sondern auf der Missbilligung des Eheschließungsmotivs[36]. Durch § 1314 II Nr. 5 soll verhindert werden, dass Ehen mit ausländischen Partnern geschlossen werden, die ausschließlich die Einreise bzw. den Aufenthalt des ausländischen Partners in Deutschland ermöglichen sollen[37]. Da trotz dieser Intention der Wortlaut nicht auf die Beseitigung reiner Aufenthaltsehen beschränkt wurde, ist zweifelhaft, ob die Vorschrift als Generalklausel auch für reine Versicherungsehen bzw. Namensehen gelten soll. Wegen des erkennbaren Zieles, nur missbräuchlich geschlossene Ehen zu missbilligen, ist eine enge Interpretation angebracht, wobei die Eheschließung aus steuerlichen Gründen oder nur wegen des Namens darunter fallen kann[38].

2. Antragsberechtigung i.S.v. § 1316

138 Antragsberechtigt ist in Fällen des § 1314 gemäß § 1316 I jeder Ehegatte und die zuständige Verwaltungsbehörde, die über § 1316 III in den Grenzen dieser Norm zudem verpflichtet ist, einzuschreiten. Folglich würde vorliegend auch für R eine Antragsberechtigung bestehen.

3. Antragsfrist i.S.d. § 1317

139 Sofern – wie hier – der Aufhebungsgrund des § 1314 Nr. 5 vorliegt, ist i.S.d. § 1317 keine Antragsfrist zu beachten.

4. Kein Ausschluss

Darüber hinaus dürfte die Aufhebung auch nicht ausgeschlossen sein.

---

33 Zu den Tatbeständen der Aufhebbarkeit einer Ehe: *Schlüter*, FamR, Rn. 28.
34 BGH NJW 1988, 2032 ff.
35 Zu den Grundelementen der ehelichen Lebensgemeinschaft: *Palandt/Brudermüller*, § 1353 Rn. 5 ff.
36 *Palandt/Brudermüller*, § 1314 Rn. 14.
37 LG Saarbrücken FamRZ 2000, 819 LS.
38 M.w.N. *Palandt/Brudermüller*, § 1314 Rn. 14; *Roth*, Familien- und Erbrecht, Fall 1, S. 3.

a) Ausschlussgrund i.S.v. § 1315 I Nr. 5

Es könnte der Ausschlussgrund des § 1315 I Nr. 5 eingreifen. **140**

Nach § 1315 I Nr. 5 ist die Aufhebung der Ehe ausgeschlossen, wenn die Ehegatten im Fall des § 1314 II Nr. 5 nach der Eheschließung als Ehegatten miteinander gelebt haben[39].

Vorliegend haben sich D und R nach langjähriger Freundschaft ineinander verliebt, sind 1996 zusammen gezogen und haben darüber hinaus eine Familie gegründet. Mithin haben D und R, trotz ihres anfänglich entgegenstehenden Willens, nach ihrer Heirat als Ehegatten zusammen gelebt. Folglich ist der Ausschlussgrund des § 1315 I Nr. 5 erfüllt.

b) Ausschlussgrund iSv Art. 226 I EGBGB

Darüber hinaus könnte die Aufhebung der zwischen D und R geschlossenen Ehe auch aufgrund von Art. 226 I EGBGB ausgeschlossen sein. In Art. 226 I EGBGB heißt es, dass die Aufhebung einer vor dem 1. Juli 1998 geschlossenen Ehe ausgeschlossen ist, wenn sie nach dem bis dahin geltenden Recht nicht hätte aufgehoben oder für nichtig erklärt werden können. **141**

Da das bis zu diesem Zeitpunkt geltende EheG von 1946 keine Regelung zur Scheinehe enthielt, kann die zwischen D und R im März 1992 geschlossene Ehe auch wegen Art. 226 I EGBGB nicht aufgehoben werden.

5. Ergebnis

Eine Aufhebung i.S.d. §§ 1313 ff. kommt somit vorliegend nicht in Betracht.

II. Ergebnis

Da eine Aufhebung der zwischen D und R im März 1992 wirksam geschlossenen Ehe nicht möglich ist, kann sich R nicht – ohne Scheidung einzureichen – von der Ehe lösen.

C. Bezifferung des Unterhaltsanspruches nach der Düsseldorfer Tabelle

Fraglich ist, in welcher Höhe die Kinder P und V ab Juli 2005 gegenüber ihrem Vater R unterhaltsberechtigt sind. Zugrunde zu legen ist insoweit die Düsseldorfer Tabelle, Stand: 1. Juli 2005, deren Werte entsprechend ihrer Einteilung an das Kindesalter und die Höhe des Nettoeinkommens des Barunterhaltspflichtigen angepasst sind. **142**

Wie sich aus Anmerkung 1 der Düsseldorfer Tabelle ergibt, gelten die angegebenen Unterhaltsrichtsätze für den Fall, dass zwei unterhaltsberechtigte Kinder und ein unterhaltsberechtigter Ehegatte vorhanden sind. Sofern eine geringere oder größere Anzahl Unterhaltsberechtigter vorhanden ist, sind Ab- oder Zuschläge durch Einstufung in eine niedrigere oder höhere Gruppe vorzunehmen.

---

39 Vgl. dazu auch: OLG Celle FamRZ 2004, 949.

Fall 2 *Verliebt, verlobt, verheiratet ...*

Vorliegend verfügt die D über eigene Einkünfte in ausreichender Höhe, so dass hier keine Ehegattenunterhaltsverpflichtung besteht und eine Einstufung des R in eine höhere Gruppe angemessen ist.

R, der 2400,– € netto verdient, ist somit nicht in Einkommensgruppe 7, sondern 8 einzustufen, so dass er gegenüber P zu monatlichen Unterhaltszahlungen in Höhe von 306,– € und gegenüber V zu monatlichen Unterhaltszahlungen in Höhe von 371,– € verpflichtet ist.

Die Kinder P und V können also klageweise als festen statischen Betrag monatlich 306,– € bzw. 371,– € verlangen.

Alternativ können sie einen dynamisierten Unterhaltstitel gemäß § 1612a I begehren, also hier 150% des Regelbetrages der ersten bzw. zweiten Altersstufe, wobei es sich bei jüngeren Kindern bis 11 Jahre empfiehlt, gleichzeitig auch eine Dynamisierung der Altersstufen gemäß § 1612a III vorzunehmen.

Repetitorium

143   I. Das **Verlöbnis** ist das ernsthafte gegenseitig abgegebene Versprechen zweier Personen, künftig die Ehe bzw. Lebenspartnerschaft miteinander eingehen zu wollen und das dadurch begründete familienrechtliche Gemeinschaftsverhältnis. Seit dem 1.1.2005 ist es nach dem Lebenspartnerschaftsgesetz auch unter gleichgeschlechtlichen Partnern möglich, ein entsprechendes Versprechen abzugeben, vgl. § 1 III LPartG. Die §§ 1297 II, 1298 bis 1302 gelten dann entsprechend.

144   II. Zur **Rechtsnatur eines Verlöbnisses** werden unterschiedliche Auffassungen vertreten. Die insoweit vertretenen Theorien[40] können für die Frage relevant werden, ob ein wirksames Verlöbnis trotz beschränkter Geschäftsfähigkeit eingegangen werden kann.

1. Familienrechtliche Theorie (MM)

145   Nach der familienrechtlichen Theorie ist das Verlöbnis ein Vertrag eigener Art (sui generis). Gefordert wird danach keine Geschäftsfähigkeit i.S.d. §§ 104 ff., sondern eine besondere Verlöbnisfähigkeit in Form einer individuellen geistigen Reife bzw. Ehemündigkeit.

2. Tatsächlichkeitstheorie (MM)

146   Nach der früher vertretenen Tatsächlichkeitstheorie ist im Verlöbnis kein Rechtsgeschäft, sondern nur ein rein soziales Verhältnis zu sehen mit der Folge der Unanwendbarkeit der rechtsgeschäftlichen Vorschriften.

---

40 Zu den früher vertretenen Theorien (familienrechtliche Theorie und Tatsächlichkeitstheorie) m.w.N.: *Staudinger/Strätz*, Vorbem zu §§ 1297 ff., Rn. 30 ff.

3. Lehre von der Vertrauenshaftung (MM)

Die Lehre von der Vertrauenshaftung sieht im Verlöbnis ein gesetzliches Rechtsverhältnis, das keine Rechtspflicht zur Eheschließung, sondern einen gesetzlichen Vertrauensschutz der Partner zueinander begründet[41]. Infolgedessen wird lediglich eine konkrete Einsichtsfähigkeit gefordert. **147**

4. Vertragstheorie (h.M.)

Nach der von der herrschenden Meinung vertretenen Vertragstheorie[42] ist das Verlöbnis ein Vertrag i.S.d. §§ 145 ff. mit der Folge, dass die Vorschriften des allgemeinen Teils des BGB daher grundsätzlich anwendbar sind, so dass auch Geschäftsfähigkeit i.S.d. §§ 104 ff. erforderlich ist. Aufgrund der Höchstpersönlichkeit des Verlöbnisses sollen die Stellvertreterregelungen der §§ 164 ff. nicht gelten. Z.T. wird auch vertreten, dass die §§ 119 ff. wegen der spezielleren Rücktrittsvorschriften der §§ 1298 ff. verdrängt werden[43]. **148**

III. Die wichtigsten **Wirkungen** des Verlöbnisses bestehen darin, dass **149**
   1. die Verlobten berechtigt sind, **Eheverträge** i.S.v. § 1408 abzuschließen, die ihre Rechtswirkungen allerdings erst mit der Eheschließung entfalten
   2. die Verlobten berechtigt sind, **Erbverträge und Erbverzichtsverträge,** vgl.: §§ 2275 III, 2276 II, 2279 II, 2347 I 1 abzuschließen und
   3. den Verlobten im Prozess ein **Zeugnis- und Eidesverweigerungsrecht** zusteht, vgl.: §§ 383 I Nr. 1 ZPO, 52 I Nr. 1, 61 Nr. 2 StPO.

IV. Es bestehen zum einen **Unterhaltsansprüche** zwischen Verwandten i.S.d. §§ 1601 ff., wozu insbesondere die Unterhaltspflicht zwischen Eltern und ihren Kindern gehört[44]. **150**
Zum anderen schulden sich Eheleute und Lebenspartner (i.S.d. LPartG) gegenseitig Unterhalt.
Der Unterhaltsanspruch eines Ehegatten bzw. Lebenspartners richtet sich nach der jeweiligen zeitlichen Phase, in der sich die Ehe bzw. Partnerschaft befindet. Es ist insoweit zu unterscheiden: zwischen Familienunterhalt i.S.d. §§ 1360, 1360a bzw. § 5 LPartG bei bestehender häuslicher Gemeinschaft, Trennungsunterhalt nach § 1361 bzw. § 12 LPartG für den Zeitraum zwischen Trennung und Scheidung und nachehelichem Unterhalt i.S.d. §§ 1569 ff. bzw. § 16 LPartG für die Zeit nach rechtskräftiger Scheidung bzw. Aufhebung.

1. Familienunterhalt

Bei bestehender häuslicher Gemeinschaft hat jeder Ehegatte/Lebenspartner – unabhängig vom Güterstand – einen Anspruch darauf, dass der andere Ehegatte/Lebenspartner einen angemessenen Beitrag zum Familienunterhalt leistet, vgl. § 1360 und § 5 LPartG, der auf §§ 1360 S. 2, 1360a verweist. Art und Umfang der Unterhaltsleistung richten sich nach der Ausgestaltung der ehelichen **151**

---

41 *Canaris*, AcP 165, (1965), 1 ff.; *Rauscher*, FamR, Rn. 106 f.
42 RGZ 61, 267; MüKo/*Wacke*, § 1297 Rn. 5; *Gernhuber/Coester-Waltjen*, § 8 I 4; *Palandt/Brudermüller*, Einf v § 1297, Rn. 1.
43 LG Saarbrücken, NJW 1970, 327.
44 Vgl. *Schlüter*, FamR, Rn. 297 ff.

Fall 2 *Verliebt, verlobt, verheiratet ...*

Lebensgemeinschaft, vgl. § 1360a II und § 1360 S. 2. Zum angemessenen Unterhalt vgl. § 1360a I.

2. Trennungsunterhalt

152 Bei Getrenntleben kann ein Ehegatte/Lebenspartner vom anderen den nach den Lebensverhältnissen (Erwerbs- und Vermögensverhältnissen) der Ehegatten/Lebenspartner angemessenen Unterhalt verlangen, vgl. § 1361, § 12 LPartG. Zweck des Trennungsunterhaltes ist es, eine Versöhnung der Ehegatten/Lebenspartner zu ermöglichen, da trotz der Trennung das Eheband noch fortbesteht und nicht voraussehbar ist, ob die Ehe tatsächlich geschieden bzw. die Lebenspartnerschaft aufgehoben wird (dazu: § 15 LPartG) oder ob es zur Versöhnung der Ehegatten/Lebenspartner kommt.

Der nicht erwerbstätige Ehegatte kann nur unter den Voraussetzungen des § 1361 II darauf verwiesen werden, seinen Unterhalt durch Erwerbstätigkeit selbst zu verdienen. Insoweit sind insbesondere auch Alter, Krankheit und Inanspruchnahme durch die Kinder zu berücksichtigen.

Beispiel: Der Mutter eines 11-jährigen Kindes, das zur Schule geht, ist grundsätzlich eine Teilzeitbeschäftigung zuzumuten[45]. Eine völlige Freistellung von jeder eigenen Erwerbstätigkeit kommt nach h.M. grundsätzlich bis zur Beendigung der 2. Grundschulklasse des jüngsten Kindes (auch bei nur einem Kind) in Betracht, entscheidend sind aber die Gesamtumstände[46].

3. Nachehelicher Unterhalt

153 Für die Zeit nach der Scheidung geht der Gesetzgeber in § 1569 grundsätzlich davon aus, dass der geschiedene Ehegatte seinen Unterhalt selbst erwirtschaften soll[47]. Das Prinzip der wirtschaftlichen Eigenverantwortung wird jedoch durch den Grundsatz der nachwirkenden Mitverantwortung bzw. der nachehelichen Solidarität eingeschränkt, so dass u.U. auch für die Zeit nach rechtskräftiger Scheidung ein Unterhaltsanspruch bestehen kann[48]. Für die Lebenspartner ergibt sich Entsprechendes aus § 16 LPartG. Die Vorschriften über den Geschiedenenunterhalt finden bei Aufhebung einer Ehe gemäß § 1318 II grundsätzlich nicht zugunsten des bösgläubigen, täuschenden oder drohenden Ehegatten Anwendung.

154 V. Trotz der spezifischen Anspruchsgrundlagen im Unterhaltsrecht gilt bei der Prüfung jeweils das folgende Grundschema, das in der konkreten Falllösung variiert werden kann:
1. Unterhaltsbeziehung
2. Bedürftigkeit des Unterhaltsberechtigten
   a) Bedarf
   b) Keine eigene Deckungsfähigkeit
3. Leistungsfähigkeit des Unterhaltsverpflichteten
4. Rangfolge

---

[45] BGH NJW 1981, 448; vgl. auch BGH NJW 1982, 232, 233.
[46] Vgl. im Einzelnen: *Palandt/Brudermüller*, § 1570 Rn. 8 ff.
[47] Dazu: *Schlüter*, FamR, Rn. 32.
[48] Vgl. *Schlüter*, FamR, Rn. 189 ff.

5. kein Ausschluss bzw. keine Minderung des Unterhaltsanspruches
6. **ggf.**: Bezifferung der genauen Höhe des Unterhaltsanspruches
7. Art der Unterhaltsgewährung

VI. Zur Frage des **Unterhaltsverzichts in einem Ehevertrag** hat der BGH am 11. Februar 2004 klar gestellt, dass eine zu einseitige Lastenverteilung unzulässig ist und aufgrund von Sittenwidrigkeit zur Unwirksamkeit der getroffenen Vereinbarung führen kann. Insbesondere ist der „Kernbereich" der unterhaltsempfangenden Person ausreichend zu berücksichtigen[49].

155

VII. Kontrollfragen

156

1. Nennen Sie die Theorien und ihre Inhalte, die zur Rechtsnatur des Verlöbnisses vertreten werden! Wann wird diese Streitfrage relevant?
2. Welche Wirkungen resultieren aus einem Verlöbnis?
3. Nennen Sie die Voraussetzungen eines Schadensersatzanspruches aus § 1298 I 2?
4. Wie wird die fehlende Einklagbarkeit der Eheschließung i.S.v. § 1297 prozessual ergänzt?
5. Welche Voraussetzungen bestehen für jede Art von Unterhaltsanspruch?
6. Wonach ist bei Unterhaltsansprüchen unter Ehegatten zu unterscheiden?
7. Inwiefern hat der BGH im Jahr 2001 seine Rechtsprechung bezüglich der Berechnung von Unterhaltsansprüchen unter Ehegatten geändert?
8. Nennen Sie die Voraussetzungen für die Aufhebung einer Ehe!

---

[49] Vgl. BGH FamRZ 2004, 601; zum Ganzen: *Schlüter*, FamR, Rn. 219 m.w.N.

Fall 3
Wer stört?

157 Nach zwanzigjähriger Ehe mit seiner Ehefrau Erika (E) beginnt der 55 jährige Professor der Düsseldorfer Kunstakademie Malte Mann (M) ein Verhältnis mit einer seiner Studentinnen, der 23-jährigen Sabine Salzburger (S). Unter der Woche treffen sie sich in Sabines WG in Düsseldorf-Oberbilk, am Wochenende nimmt M sie mit zu sich nach Hause nach Düsseldorf-Kaiserswerth, während E, die nicht berufstätig ist, die Zeit bei ihrer demenzkranken und pflegebedürftigen Mutter in Wuppertal verbringt.

Als im Haushalt der Manns die Espressomaschine nicht mehr funktioniert und E beim Elektrohändler Heintze (H) eine neue kaufen will, fehlt ihr für eine Anzahlung noch etwas Bargeld. Auf der Suche danach, entdeckt sie zu Hause in der Hosentasche ihres Mannes Kondome, die sie und ihr Mann nie benutzt haben.

Sie stellt ihren Mann zur Rede und erfährt die ganze Wahrheit. E erleidet einen Nervenzusammenbruch und muss für sechs Wochen zur Kur.

Am 30. Juli 2002 wendet sie sich an einen Anwalt mit der Frage, ob sie auf gerichtlichem Wege von ihrem Mann verlangen könne, dem Gebot der Achtung und Rücksichtnahme und der Wiederherstellung der Geschlechtsgemeinschaft nachzukommen.

Außerdem will sie, dass ihr Mann und „diese unmoralische Person" die ehebrecherische Beziehung künftig unterlassen und ihr Schadensersatz aufgrund der entstandenen Kosten für die Kur zahlen.

S soll das Haus, das E gemeinsam mit ihrem Mann gebaut hat, nie wieder betreten dürfen. E möchte von S auch Schmerzensgeld.

Bereiten Sie bitte die Antwort des beratenden Anwalts in einem Gutachten vor und beantworten Sie bitte auch, ob E die Arzt- und Pflegekosten selbst dann erhalten kann, wenn ein Schadensersatzanspruch ausscheidet?

Wie ist die Rechtslage, wenn sich E mit H vertraglich über den Kauf und die Übereignung der Espressomaschine geeinigt hätte und M, der die Maschine bezahlt hat, nach Kaufvertragsschluss ausgezogen wäre? Hätte M einen Anspruch auf Lieferung der Espressomaschine, wenn H zwischenzeitlich an E geliefert hätte?

Vorüberlegungen

I. Bei der Sachverhaltsformulierung ist auffällig, dass bis auf das Datum, an dem sich E an ihren Anwalt wendet, keine Daten genannt werden. Es sollte daher darüber nachgedacht werden, ob es kurz vor dem genannten Datum zu einer Gesetzesänderung gekommen ist. Hilfreich ist es insofern, auf die sich im Gesetz befindlichen Fußnoten zu achten und im EGBGB nachzuschlagen.

II. Nicht ganz einfach ist es bei dieser Klausur, die Prüfung eines auf § 1353 I 2 gestützten Unterlassungsanspruches systematisch zu gestalten, da insoweit in erster Linie prozessuale Erwägungen ausschlaggebend sind, die an sich in einem materiellen Gutachten nur eine untergeordnete Rolle spielen sollten. Dennoch muss man sich bei den dogmatischen Einordnungen des Unterlassungsanspruches nicht zu lang aufhalten, da letztlich die beiden hierzu vertretenen Auffassungen zu demselben Ergebnis kommen.

III. Da danach gefragt ist, einen anwaltlichen Rat in einem Gutachten vorzubereiten, ist es zwingend, auch auf die Vollstreckbarkeit der jeweils gefundenen Ansprüche einzugehen. Sofern es ein Rechtsanwalt unterlassen würde, in einem Mandantengespräch auf den Regelungsinhalt des § 888 III ZPO hinzuweisen, könnte dies haftungsrechtliche Konsequenzen haben.

Gliederung

A. Ansprüche der E im Innenverhältnis gegen M

  I. Anspruch der E gegen M auf Rücksichtnahme und Wiederherstellung der Geschlechtsgemeinschaft aus § 1353 I 2
   1. Umfang des § 1353 I 2
   2. Vollstreckbarkeit des Anspruches

  II. Unterlassungsansprüche der E gegen M
   1. Anspruch auf Unterlassung von Ehestörungen gemäß § 1353 I 2
      a) Eine Ansicht: keine Unterlassungsklage i.R.d. § 1353 I 2
      b) Gegenansicht
      c) Ergebnis
   2. Unterlassungsanspruch analog § 1004 I 2 i.V.m. § 823 I
      a) Rechtswidrige Beeinträchtigung einer deliktisch geschützten Rechtsposition
      b) Wiederholungsgefahr in Bezug auf die rechtswidrige Beeinträchtigung
      c) Anspruchsgegner ist Störer
      d) Rechtsfolge

  III. Anspruch der E gegen M auf Schadensersatz wegen der Ehestörungen
   1. Anspruch der E gegen M aus § 1353 I 2
      a) Literaturansicht
      b) Rechtsprechung und Literaturansicht (h.M.)
      c) Diskussion und Ergebnis

Fall 3 *Wer stört?*

    2. Deliktischer Anspruch der E gegen M gemäß den §§ 823 ff.
    3. Ergebnis

B. Ansprüche der E im Außenverhältnis gegenüber S
    I. Unterlassungsanspruch der E gegen S analog den §§ 1004, 823 I
        1. Befürwortung des allgemeinen Unterlassungsanspruches analog den §§ 1004, 823 I
        2. Herrschende Meinung
        3. Diskussion und Ergebnis
    II. Anspruch der E gegen S auf Verlassen der Wohnung i.S.d. §§ 862, 858 I
    III. Schadensersatzanspruch der E gegen S aus § 823 I
        1. Erste Ansicht
        2. Herrschende Meinung
        3. Diskussion
        4. Ergebnis
    IV. Schmerzensgeldanspruch der E gegen S

C. Gesamtergebnis

D. Anspruch des M gegen H auf Lieferung einer Espressomaschine aus § 433 I i.V.m. § 1357
    I. Verpflichtung des H über § 1357
        1. Anwendbarkeit
        2. Geschäft zur angemessenen Deckung des Lebensbedarfs
        3. Kein Ausschluss durch Eigengeschäft i.S.v. § 1357 I 2 a.E. oder Beschränkung i.S.d. § 1357 II 1
        4. Zwischenergebnis
    II. Erfüllung gemäß § 362 I
        1. Berechtigung gemäß § 428 oder § 432
            a) Gesamtgläubigerschaft i.S.v. § 428
            b) Mitgläubigerschaft gemäß § 432
            c) Diskussion
        2. Zwischenergebnis
    III. Ergebnis

Lösung

A. Ansprüche der E im Innenverhältnis gegen M

Fraglich ist, welche Ansprüche der E im Innenverhältnis gegen ihren Mann zustehen könnten.

I. Anspruch der E gegen M auf Rücksichtnahme und Wiederherstellung der Geschlechtsgemeinschaft aus § 1353 I 2

In Betracht kommen könnte ein Anspruch der E gegen M auf Rücksichtnahme und Wiederherstellung der Geschlechtsgemeinschaft aus § 1353 I 2.

1. Umfang des § 1353 I 2

Durch die in § 1353 I 2 enthaltene familienrechtliche Generalklausel[1] wird all das zur Rechtspflicht gemacht, was nach sittlicher Anschauung zum Wesen der Ehe gehört, also insbesondere Liebe und Achtung[2], eheliche Treue, Rücksichtnahme, die Teilnahme an den Interessen des anderen[3], Sorge für die gemeinsamen Kinder und in den Haushalt aufgenommenen Kinder des anderen Ehegatten[4], die Benutzung der Ehewohnung und des Hausrates i.d.R. als gleichberechtigten Mitbesitz zu gestatten[5], Geschlechtsgemeinschaft[6], grundsätzlich auch häusliche Gemeinschaft[7] und eine allgemeine Beistandspflicht[8].

160

Grundsätzlich besteht also ein Anspruch aus § 1353 I 2 auf Rücksichtnahme und Wiederherstellung der Geschlechtsgemeinschaft.

Fraglich ist aber, ob dem § 1353 II entgegenstehen könnte. § 1353 II bestimmt, dass ein Ehegatte nicht verpflichtet ist, der Herstellung der ehelichen Lebensgemeinschaft Folge zu leisten, wenn das darauf gerichtete Verlangen rechtsmissbräuchlich ist oder aber, wenn die Ehe gescheitert ist.

In Betracht kommt hier, dass die Ehe der Manns als gescheitert anzusehen sein könnte. Wann eine Ehe gescheitert ist, ergibt sich aus den §§ 1565 I 2 ff. Sowohl für den positiven Nachweis i.S.d. § 1565 I 2 als auch für die Zerrüttungsvermutungen der § 1566 I, II i.V.m. § 1567 I ist erforderlich, dass die eheliche Lebensgemeinschaft zwischen den Ehegatten nicht mehr besteht. Ein Getrenntleben i.S.v. § 1567 würde in objektiver Hinsicht das Nichtbestehen der häuslichen Gemeinschaft und in subjektiver Hinsicht Trennungsabsicht voraussetzen, was vorliegend laut Sachverhalt bei den Manns nicht gegeben ist.

---

1 Zur Generalklausel des § 1353 I 2 und ihrer Bedeutung: *Schlüter*, FamR, Rn. 40 ff.
2 RGZ 87, 56, 61.
3 BT-Drs. 7/4361 S. 6 f.
4 RGZ 126, 173, 177.
5 BGHZ 12, 380; BGH NJW 1978, 1529.
6 BGH NJW 1967, 1078, 1079.
7 RGZ 53, 337, 340.
8 *Palandt/Brudermüller*, § 1353 Rn. 9.

Fall 3 *Wer stört?*

Somit hat E gegen M aus § 1353 I 2 einen Anspruch auf Wiederherstellung der ehelichen Lebensgemeinschaft, d.h. M ist zur Geschlechtsgemeinschaft, Treue und Rücksichtnahme verpflichtet.

2. Vollstreckbarkeit des Anspruches

161   Fraglich ist jedoch, ob dieser Anspruch auch vollstreckbar ist. Insofern könnte § 888 III ZPO entgegenstehen[9].

In § 888 III ZPO heißt es sinngemäß, dass die zwangsweise Durchsetzung einer unvertretbaren Handlung nicht möglich ist, wenn das Verlangen des Anspruchstellers auf Wiederherstellung des ehelichen Lebens gerichtet ist. Da E die Wiederherstellung der ehelichen Lebensgemeinschaft und Geschlechtsgemeinschaft erstrebt, ist ihr aus § 1353 I 2 bestehender Anspruch i.S.d. § 888 III ZPO nicht vollstreckbar.

II. Unterlassungsansprüche der E gegen M

Fraglich ist, ob zugunsten der E Unterlassungsansprüche gegen M bestehen könnten.

1. Anspruch auf Unterlassung von Ehestörungen gemäß § 1353 I 2

162   Das Begehren der E auf Unterlassung von Ehestörungen gegen ihren Mann M könnte sich auf § 1353 I 2 stützen lassen.

Grundsätzlich ist das Gebot der ehelichen Treue im Recht auf gegenseitige Rücksichtnahme aus § 1353 I 2 enthalten, so dass ein Anspruch der E gegen M auf Unterlassung von Ehestörungen gemäß § 1353 I 2 bestehen müsste.

Ob jedoch im Rahmen des § 1353 I 2 eine Unterlassungsklage zuzulassen ist, wird unterschiedlich beurteilt.

a) Eine Ansicht: keine Unterlassungsklage i.R.d. § 1353 I 2

163   Z.T. wird dies abgelehnt. Im Sinne dieser Auffassung wird eine derartige Unterlassungsklage gegen den Ehegatten oder auch gegen Dritte als sog. Ehestörungsklage qualifiziert. Anders als die Eheherstellungsklage aus § 1353 I 2 (Anspruch auf Rücksichtnahme und Wiederherstellung der Geschlechtsgemeinschaft) handele es sich bei der Unterlassungsklage nicht um eine Ehesache i.S.d. §§ 23b I S. 2 Nr. 1 GVG, 606 I ZPO, so dass nicht das Familiengericht, sondern das allgemeine Prozessgericht zuständig sei[10]. Da nun aber keine Ehesache vorliege, müsste sich die Vollstreckung dieses Unterlassungsanspruchs an sich nach § 890 ZPO richten. Diese Vorschrift enthält jedoch keine dem § 888 III ZPO entsprechende Regelung, woraus gefolgert wird, dass das auf § 1353 I 2 gestützte Unterlassungsbegehren generell abzulehnen sei[11].

---

9 Zum Ganzen: *Schlüter*, FamR, Rn. 50 ff.
10 OLG Zweibrücken, FamRZ 1989, 55; OLG Düsseldorf, FamRZ 1981, 577 f.; OLG Karlsruhe FamRZ 1980, 139 f.; *Thomas/Putzo*, ZPO, Vorbem § 606 Rn. 9; *Zöller/Philippi*, ZPO, § 606 Rn. 8.
11 RGZ 151, 159, 162; *Baumbach/Hartmann*, ZPO, § 606 Rn. 9.

b) Gegenansicht

Die Gegenansicht[12] kommt auf der Ebene der Durchsetzbarkeit letztlich zu demselben Ergebnis.

164

Sie ordnet den Unterlassungsanspruch als Herstellungsbegehren und damit als Ehesache i.S.d. § 606 ZPO ein, über das das Familiengericht i.S.v. § 23b I Nr. 1 GVG zu entscheiden habe. Es sei oft nur eine Formulierungsfrage, ob das Klagebegehren auf ein Tun oder Unterlassen gerichtet sei. Geht man von der Qualifizierung als Herstellungsklage aus, greift jedoch wiederum das Vollstreckungsverbot des § 888 III ZPO ein[13].

c) Ergebnis

Ein durchsetzbarer Anspruch auf Unterlassung der ehewidrigen Beziehungen lässt sich folglich nach allgemeiner Ansicht aus § 1353 I 2 zugunsten der E nicht herleiten.

165

2. Unterlassungsanspruch analog § 1004 I 2 i.V.m. § 823 I

E könnte gegen M allerdings der quasi-negatorische Unterlassungsanspruch analog § 1004 I 2 i.V.m. § 823 I zustehen[14].

a) Rechtswidrige Beeinträchtigung einer deliktisch geschützten Rechtsposition

Dies setzt voraus, dass die zu beurteilende Ehestörung als rechtswidrige Beeinträchtigung einer deliktisch geschützten Rechtsposition zu qualifizieren ist.

166

Von der Rechtsprechung wurde dies dann bejaht, wenn durch ein ehebrecherisches Verhältnis der „räumlich-gegenständliche Bereich" der Ehe beeinträchtigt wird[15]. Gemeint ist mit dem „räumlich-gegenständlichen Bereich" nicht nur die Ehewohnung, sondern auch Geschäftsräume, wenn sie ähnlich wie die eheliche Wohnung zum äußeren gegenständlichen Bereich der Ehe gehören[16]. Z. T. wird das Recht des Ehegatten auf den „räumlich-gegenständlichen Bereich" als sonstiges Recht i.S.v. § 823 I qualifiziert[17], z.T. wird es aber auch als Rechtsgut angesehen, das über Art. 6 I GG und Art. 1 III GG i.V.m. § 823 II geschützt ist[18]. Wieder andere sehen das Persönlichkeitsrecht des anderen Ehegatten i.S.d. Art. 1, 2 GG als geschütztes Rechtsgut an[19].

Letztlich besteht jedoch Einigkeit darüber, dass die quasi-negatorische Unterlassungs- und Beseitigungsklage in einem solchen Fall ebenso gewährt werden muss, wie in Fällen, in denen ein anderes durch § 823 allgemein geschütztes Rechtsgut beeinträchtigt wird[20].

---

12 OLG Celle, NJW 1965, 1918, 1919; *Schlüter*, FamR, Rn. 43; *Gernhuber/Coester-Waltjen*, § 23, 1; MüKo/*Wacke*, § 1353 Rn. 13; *Staudinger/Hübner/Voppel*, § 1353 Rn. 149.
13 *Schlüter*, FamR, Rn. 43.
14 Vgl. dazu auch: *Schlüter*, FamR, Rn. 51 und *Palandt/Bassenge*, § 1004, Rn. 4 m.w.N.
15 BGHZ 6, 360, 364; BGH LM Nr. 1b zu § 823 (Af) BGB.
16 BGH LM Nr. 1b zu § 823 (Af) BGB; OLG Karlsruhe, FamRZ 1980, 139 f.
17 OLG Köln, FamRZ 1984, 267.
18 BGHZ 6, 360, 366; OLG Karlsruhe, FamRZ 1980, 139 f.
19 OLG Düsseldorf, FamRZ 1981, 577 f.; *Schlüter*, FamR, Rn. 52 m.w.N.
20 *Schlüter*, FamR, Rn. 52 m.w.N.

Fall 3 *Wer stört?*

Während es der E demnach nicht möglich sein wird, einen allgemeinen Unterlassungsanspruch gegen ihren Mann aufgrund von Ehestörungen i.S.v. § 1353 geltend zu machen, da ansonsten § 888 III ZPO unterlaufen würde, kann, soweit sich die ehebrecherische Beziehung in der gemeinsamen Ehewohnung abspielt, zu ihren Gunsten ein Unterlassungsanspruch bestehen.

b) Wiederholungsgefahr in Bezug auf die rechtswidrige Beeinträchtigung

167   Da es der E um die Abwehr künftiger Beeinträchtigungen geht, ist auch die Wiederholungsgefahr in Bezug auf die rechtswidrige Beeinträchtigung materielle Anspruchsvoraussetzung[21]. Aufgrund des bisherigen Verhaltens von M und S ist ernsthaft zu befürchten, dass es sich bei der vorliegenden Ehestörung um eine wiederholt bevorstehende rechtswidrige Beeinträchtigung handelt.

c) Anspruchsgegner ist Störer

168   M müsste zudem Störer sein. Da M die Beeinträchtigung durch seine Handlung adäquat verursacht hat, ist er als Handlungsstörer der richtige Anspruchsgegner. Daran ändert sich auch nichts, wenn S ebenfalls als Störerin qualifiziert werden müsste, denn bei einer Mehrheit von Störern besteht der Anspruch gegen jeden Störer unabhängig vom Tatbeitrag, der lediglich für den Anspruchsinhalt maßgeblich ist[22].

d) Rechtsfolge

169   E kann von M Unterlassung der Ehestörung im räumlich-gegenständlichen Bereich der Wohnung verlangen. Sie kann jedoch nichts gegen die in der Wohngemeinschaft der S stattfindenden ehebrecherischen Treffen unternehmen.

III. Anspruch der E gegen M auf Schadensersatz wegen der Ehestörungen

Fraglich ist, ob E ihren Mann M aufgrund seines ehewidrigen Verhaltens auf Schadensersatz wegen der entstandenen Kurkosten in Anspruch nehmen kann.

1. Anspruch der E gegen M aus § 1353 I 2

170   Ein entsprechender Anspruch der E gegen M könnte sich aus § 1353 I 2 ergeben.

Ob sich aus § 1353 I 2 bei ehewidrigem Verhalten ein Schadensersatzanspruch herleiten lässt, wird unterschiedlich beurteilt.

a) Literaturansicht

171   Zum Teil wird ein eherechtlicher Schadensersatzanspruch während bzw. nach der Ehe[23] wegen Verletzung der persönlichen Pflichten aus der ehelichen Lebensgemeinschaft i.S.v. § 1353 I 2 bejaht[24].

---

21 Dazu: *Palandt/Bassenge*, § 1004 Rn. 32 m.w.N.
22 *Palandt/Bassenge*, § 1004 Rn. 26 m.w.N.
23 Vgl. im Einzelnen: *Schlüter*, FamR, Rn. 56 m.w.N.
24 *Jayme*, Die Familie im Recht der unerlaubten Handlungen, 1971, S. 260 f.

Dabei wird der Schadensersatz allerdings auf das sog. Abwicklungsinteresse, also die tatsächlich eingetretenen Nachteile, begrenzt[25]. Ein Schadensersatzanspruch, der auf das sog. Bestandsinteresse (in Bezug auf die Ehe), also die künftig entgehenden Vorteile gerichtet ist, soll dagegen nicht gegeben sein[26].

Zu den im Sinne des Abwicklungsinteresses ersatzfähigen Kosten sollen u.a. die dem Ehegatten nach § 93a ZPO auferlegten Kosten des Scheidungsprozesses gehören können, der Gesundheitsschaden, der infolge der Ehestörung erlitten wurde und auch die Entbindungskosten für ein Ehebruchskind nach Anfechtung der Ehelichkeit[27].

Nach dieser Ansicht könnte E von M also Ersatz der Kurkosten verlangen, da ihr dieser Kostenpunkt, respektive dieser Schaden, aufgrund der Ehestörung tatsächlich entstanden ist.

b) Rechtsprechung und Literaturansicht (h.M.)

Die Rechtsprechung[28] und Teile der Literatur[29] lehnen Ansprüche wegen der Verletzung der persönlichen Verpflichtungen aus der ehelichen Lebensgemeinschaft ab. Begründet wird dies insbesondere damit, dass sich auch bei weitester Interpretation aus der Generalklausel des § 1353 I 2 keine Sanktionen gegen die Verletzung persönlicher ehelicher Pflichten herleiten lassen[30]. E könnte demnach gegen M aus § 1353 I keinen Schadensersatzanspruch herleiten.

172

c) Diskussion und Ergebnis

Nach dem Wortlaut des § 1353 sind die Ehegatten zu ehelicher Lebensgemeischaft verpflichtet. Etwaige Sanktionen für den Fall, dass die aus dieser Generalklausel resultierenden Pflichten nicht eingehalten werden, sind dem § 1353 nicht zu entnehmen. Auch der Blick auf die Gesetzessystematik zeigt, dass der Gesetzgeber nur in Einzelfällen ein eheliches Fehlverhalten sanktionieren wollte, vgl.: §§ 1381 II, 1579 I Nr. 2 und 4; 1587c Nr. 1 und 3, 1587h Nr. 3. Somit können auch die aus der Verletzung persönlicher ehelicher Pflichten entstandenen Schäden nicht generell ersatzfähig sein[31]. Das Verschuldensprinzip ist zudem seit 1977 durch das Zerrüttungsprinzip abgelöst worden. Ließe man nun aber einen Schadensersatzanspruch zu, umginge man diese Entscheidung.

173

Auch zu § 93a ZPO würde ein Wertungswiderspruch entstehen. Um in einem Scheidungsverfahren im Rahmen der Kostenentscheidung keine Aussage darüber treffen zu müssen, wer die Verantwortung für das Scheitern der Ehe trägt, besagt § 93a ZPO, dass die Scheidungskosten im Regelfall gegeneinander aufzuheben sind.

Die Gestaltung des ehelichen Zusammenlebens beruht auf der privatautonomen eigenständigen konsensualen Entscheidung der beiden Ehepartner. Es wäre daher falsch,

---

25 *Jayme*, a.a.O., S. 261; *Staudinger/Hübner/Voppel*, § 1353 Rn. 127 m.w.N.
26 Mit Beispielen zum Bestandsinteresse: *Schlüter*, FamR, Rn. 56.
27 Vgl. *Schlüter*, FamR, Rn. 56 m.w.N.
28 BGHZ 23, 215; BGH NJW 1956, 1149 f. mit Anm. *Schwab*.
29 *Erman/Heckelmann*, § 1353 Rn. 21.
30 *Schlüter*, FamR, Rn. 57.
31 *Schlüter*, FamR, Rn. 57.

Fall 3 *Wer stört?*

mittels Schadensersatzansprüchen Zwang auszuüben, um herzustellen, was einer der Partner zu leisten nicht bereit ist bzw. um die Kompensation dessen zu erreichen. Sollte ein Partner mit dem ehelichen Zusammenleben nicht zufrieden sein, verbleiben ihm die gesetzlich vorgesehenen Möglichkeiten, also insbesondere die Scheidung.

Daher ist es im Sinne der Rechtsprechung und Teilen der Literatur abzulehnen, der E gegen ihren Ehemann einen Schadensersatzanspruch aus § 1353 wegen Verletzung der ehelichen Treuepflicht zu gewähren.

2. Deliktischer Anspruch der E gegen M gemäß den §§ 823 ff.

174 Zu prüfen ist, ob der E gegen ihren Mann aufgrund seiner Treuepflichtsverletzung Schadensersatzansprüche aus den §§ 823 ff. zustehen könnte.

In Betracht kommt insbesondere ein Anspruch aus § 823 I.

Zum Teil wird § 823 I als Anspruchsgrundlage bei der Verletzung persönlicher Pflichten aus der ehelichen Lebensgemeinschaft herangezogen[32], wobei unterschiedlich beurteilt wird, worin das durch diese Norm geschützte „sonstige Recht" zu sehen ist[33].

In Bezug auf einen deliktischen Schadensersatzanspruch muss jedoch konsequenterweise auf das oben Ausgeführte verwiesen werden und so ist dieser grundsätzlich, ebenso wie ein Anspruch aus § 1353, abzulehnen. Zudem spricht gegen einen Schadenersatzanspruch aus § 823 I folgende systematische Erwägung:

Unabhängig davon, wie man das Recht formuliert, das als sonstiges Recht i.S.d. § 823 I die geschlechtliche Treue zwischen den Ehegatten schützen soll, bliebe es lediglich die Beschreibung einer Rechtsbeziehung der Ehegatten untereinander, mithin ein relatives Recht. Aus der Gegenüberstellung mit den anderen in § 823 I genannten Rechten ergibt sich jedoch, dass es sich bei dem „sonstigen Recht" i. S. v. § 823 I um ein absolutes, d.h. um ein gegenüber jedermann wirkendes Recht handeln muss[34].

Ein Schadensersatzanspruch aus § 823 I kann somit nur gegeben sein, wenn durch die Handlung, die gegen die Pflichten des § 1353 I verstößt, gleichzeitig ein in § 823 I allgemein geschütztes Rechtsgut des anderen Ehegatten, wie z.B. Körper oder Gesundheit, schuldhaft verletzt wird[35]. Die Tatsache, dass zwei Personen miteinander verheiratet sind, kann nämlich nicht dazu führen, dass die allgemeine Haftung für unerlaubte Handlungen, wie sie auch gegenüber Dritten besteht, entfällt, wobei jedoch unter Ehegatten grundsätzlich die Haftungsbeschränkung des § 1359 zu beachten ist.

Demgemäß kann auch eine Haftung aus § 823 II bzw. § 826 eingreifen, wenn durch das ehewidrige Verhalten eines Ehegatten gleichzeitig ein Schutzgesetz i.S.v. § 823 II verletzt wird bzw. der Tatbestand des § 826 erfüllt ist[36].

---

32 *v. Hippel*, NJW 1965, 664, 666; MüKo/*Wacke*, § 1353 Rn. 40; Dölle, FamR I § 32 III 1; *Gernhuber/Coester-Waltjen*, § 17 III 1.
33 Vgl. *Schlüter*, FamR, Rn. 56 m.w.N.
34 Vgl. dazu auch: *Schlüter*, FamR, Rn. 57.
35 BGH FamRZ 1990, 367, 369; *Schlüter*, FamR, Rn. 57 m.w.N.
36 *Soergel/Lange*, § 1353 Rn. 37, 41.

Exkurs/Vertiefung: Ein Schadensersatzanspruch aus § 826 kann beispielsweise eingreifen, wenn die Ehefrau den Ehemann darüber arglistig täuscht, dass das von ihr erwartete Kind von ihm als Vater stamme, obwohl sie weiß, dass es die Folge eines Ehebruchs ist[37].

175

Dem Sachverhalt ist nicht zu entnehmen, dass M hätte voraussehen können, dass sein Verhalten bei seiner Frau einen Nervenzusammenbruch auslösen würde, so dass nicht davon ausgegangen werden kann, dass er in Bezug auf die Gesundheitsverletzung seiner Frau fahrlässig i.S.v. § 276 I 2 und damit schuldhaft gehandelt hat. Ein deliktischer Schadensersatzanspruch aus den §§ 823 ff. scheidet folglich aus.

176

3. Ergebnis

Ein Schadensersatzanspruch der E gegen M ist damit nicht gegeben. E hat jedoch die Möglichkeit, die Kosten für die Kur von ihrem Mann aus den §§ 1360, 1360a zu verlangen, da M als alleinverdienender Ehegatte aufgrund seiner Unterhaltsverpflichtung für die Arzt- und Pflegekosten gegenüber seiner Frau aus den §§ 1360, 1360a leistungspflichtig ist.

B. Ansprüche der E im Außenverhältnis gegenüber S

Fraglich ist, ob E gegen S ein Anspruch auf Unterlassung der Ehestörungen zusteht.

I. Unterlassungsanspruch der E gegen S analog den §§ 1004, 823 I

In Betracht kommen könnte ein Anspruch der E gegen S aus den §§ 1004, 823 I analog. Die Frage, ob der E gegen S ein allgemeiner Unterlassungsanspruch analog den §§ 1004, 823 I zusteht, ist umstritten.

177

1. Befürwortung des allgemeinen Unterlassungsanspruches analog den §§ 1004, 823 I

Nach einer Ansicht wird im Außenverhältnis ein allgemeiner Unterlassungsanspruch analog §§ 1004, 823 I anerkannt[38].

178

Argumentiert wird damit, dass die Schranken im Innenverhältnis (also auch § 888 III ZPO) im Außenverhältnis nicht gelten würden. Das absolute Recht auf den Fortbestand der ehelichen Gemeinschaft sei nach außen ebenso wie die Persönlichkeit und die Ehre zu schützen. Für den vorliegenden Fall würde das bedeuten, dass E gegen S grundsätzlich gemäß den §§ 1004, 823 I analog vorgehen könnte.

2. Herrschende Meinung

Nach überwiegender Ansicht in Rechtsprechung und Literatur ist dagegen ein allgemeiner Anspruch auf Unterlassung von Ehestörungen gegen Dritte abzulehnen.

179

---

37 BGHZ 80, 235; BGH NJW 1990, 706.
38 *Jayme*, a.a.O., S. 267.

Fall 3 *Wer stört?*

Begründet wird dies insbesondere damit, dass jede andere Auffassung die Wertung des § 888 III ZPO umgehen würde. Ließe man eine Unterlassungsklage gegen Dritte zu, würde dadurch nämlich – entgegen § 888 III ZPO – mittelbar gegen den anderen Ehegatten ein Rechtszwang zur ehelichen Lebensgemeinschaft ausgeübt[39]. Zudem könne aber mit solch einer Unterlassungsklage nicht das angestrebte Ziel erreicht werden: Bei einer zwangsweisen Verhinderung von Ehestörungen im Vollstreckungswege würde das Verhältnis der Ehegatten derart belastet, dass die Ehe endgültig scheitern würde, so dass die Unterlassungsklage für einen Eheschutz ungeeignet sei[40].

Bei einem Eindringen eines Dritten in den „räumlich-gegenständlichen Bereich" der Ehe lässt die herrschende Meinung allerdings einen Anspruch auf Beseitigung der Ehestörung und Unterlassung künftiger Störungen zu[41]. Stützen lässt sich ein solcher Anspruch auf die §§ 1004, 823 I analog, da ein solches Verhalten des Dritten das Persönlichkeitsrecht des anderen Ehegatten verletzt.

E hätte somit gegen S aus den §§ 1004, 823 I analog einen eingeschränkten Unterlassungsanspruch in Bezug auf die ehebrecherischen Treffen, die innerhalb des „räumlich-gegenständlichen" Bereichs der Ehewohnung stattfinden.

3. Diskussion und Ergebnis

180 Es ist der herrschenden Meinung darin zuzustimmen, dass die im Gesetz getroffene Regelung des § 888 III ZPO, der ausdrücklich ein Vollstreckungsverbot vorsieht, mittelbar umgangen würde, wenn man einen vollstreckbaren Anspruch gegen den außerehelichen Partner des sich ehewidrig verhaltenden Ehegatten zuließe.

Dem Schutz der ehelichen Gemeinschaft und auch dem Schutz des Persönlichkeitsrechts des gestörten Ehegatten ist zudem Genüge getan, wenn man bei Verletzung des „räumlich-gegenständlichen" Bereiches der Ehe einen entsprechenden Unterlassungsanspruch bejaht.

Daher ist mit der herrschenden Meinung davon auszugehen, dass der E gegen S ein Unterlassungsanspruch bezüglich der ehebrecherischen Treffen im „räumlich-gegenständlichen" Bereich der Ehewohnung zusteht.

Dieser ist über § 890 ZPO auch vollstreckbar.

II. Anspruch der E gegen S auf Verlassen der Wohnung i.S.d. §§ 862, 858 I

181 Fraglich ist, ob der E gegen S auch ein Anspruch auf Verlassen der Wohnung aus den §§ 862, 858 I zustehen könnte.

Nach § 862 kann der Besitzer, der durch verbotene Eigenmacht i.S.v. § 858 im Besitz gestört wird, vom Störer Beseitigung der Störung verlangen und im Hinblick auf künftige Störungen auf Unterlassung klagen.

---

[39] BGHZ 6, 360, 364 f.
[40] *Schlüter*, FamR, Rn. 53; *Dölle*, FamR I, § 32 II 2.
[41] BGHZ 6, 360, 366 ff.; *Gernhuber/Coester-Waltjen*, § 17 II 2; MüKo/*Wacke*, § 1353 Rn. 43 m.w.N.

E hat gemeinsam mit ihrem Mann Mitbesitz an der Ehewohnung und den Einrichtungsgegenständen[42]. Da sich S ohne bzw. gegen den Willen der Mitbesitzerin E im ehelichen Haus aufhält, verübt sie gegenüber E i.S.v. § 858 verbotene Eigenmacht.

> **Exkurs/Vertiefung:** Sofern bei mehreren Mitbesitzern nicht alle der Besitzentziehung bzw. Störung zugestimmt haben, liegt verbotene Eigenmacht gegenüber den Nichtzustimmenden vor[43].

Die Tatbestandsvoraussetzungen des § 862 sind somit erfüllt, so dass E von S verlangen kann, das eheliche Haus zu verlassen und künftig nicht mehr zu betreten.

III. Schadensersatzanspruch der E gegen S aus § 823 I

Der E könnte gegen S ein Schadensersatzanspruch aus § 823 I zustehen. Ob ein deliktischer Schadensersatzanspruch aufgrund von ehewidrigem Verhalten im Außenverhältnis geltend gemacht werden kann, wird unterschiedlich beurteilt.

1. Ansicht

Nach einer Ansicht soll ein Schadensersatzanspruch gegen den ehestörenden Dritten aus § 823 I bestehen[44].

E könnte im Sinne dieser Ansicht gegen S grundsätzlich einen Schadensersatzanspruch in Bezug auf die entstandenen Kurkosten aus § 823 I geltend machen.

2. Herrschende Meinung

Nach der h.M. besteht dagegen auch gegen den Ehestörer kein Schadensersatzanspruch gemäß § 823 I[45]. Sie begründet dies insbesondere damit, dass sich Ehestörung nicht in ein allein eherechtlich zu beurteilendes Verhältnis (zwischen den Ehegatten) und in eine zum Schadensersatz führende unerlaubte Handlung des Dritten aufspalten ließe[46]. Somit würde zugunsten der E nach h.M. gegenüber der außenstehenden Ehestörerin S kein deliktischer Schadensersatzanspruch bestehen.

3. Diskussion

Die aus § 1353 resultierenden ehelichen Pflichten gelten allein zwischen den Eheleuten, mithin stellt insbesondere auch die Untreue eines Ehegatten einen innerehelichen Vorgang dar, der nicht gegenüber Dritten zu Schadensersatzansprüchen aus § 823 I führen kann. Dies hängt damit zusammen, dass das „Recht auf Ungestörtheit der ehelichen Beziehungen", wie bereits ausgeführt, als rein relatives Recht kein „sonstiges Recht" i.S.v. § 823 I darstellt. Es lässt sich – wie die Vertreter der herrschenden Mei-

---

42 Vgl. dazu: *Soergel/Stadler*, § 866 Rn. 8.
43 *Palandt/Bassenge*, § 858 Rn. 5 m.w.N.
44 OLG Oldenburg, MDR 1953, 170; OLG Celle, FamRZ 1964, 366; *Boehmer*, AcP 155, 181; *Beitzke/Lüderitz*, FamR, Rn. 206 f.; *Dölle*, FamR I, § 32 III 2; *Gernhuber/Coester-Waltjen*, § 17 III; *Jayme*, a.a.O. S. 254 ff.; *Schwab*, JuS 1961, 142.
45 BGHZ 23, 215, 221 f.; 26, 217; 57, 229, 232 m.w.N.; *Schlüter*, FamR, Rn. 58 ff.
46 Vgl. *Schlüter*, FamR, Rn. 58.

Fall 3 *Wer stört?*

nung zutreffend ausführen – zudem nicht klar zwischen der unerlaubten Handlung eines Dritten und dem rein eherechtlich zu beurteilenden Vorgang unterscheiden, da sich nie eindeutig festlegen lässt, durch wen genau es zum Ehebruch kam, was ohnehin ein nicht justitiabler Sachverhalt sein sollte. Der herrschenden Meinung ist daher zu folgen.

4. Ergebnis

E hat daher gegen S keinen Schadenersatzanspruch in Bezug auf die entstandenen Kurkosten aus § 823 I.

IV. Schmerzensgeldanspruch der E gegen S

186 Fraglich ist, ob E gegen S ein Anspruch auf Schmerzensgeld zustehen könnte.

Ein Anspruch aus § 847 a.F. scheidet aus, da bereits der Tatbestand der unerlaubten Handlung i.S.d. § 823 – wie oben gesehen – nicht vorliegt.

Ein Anspruch aus § 253 II kann wegen § 8 des Art. 229 EGBGB nicht eingreifen, da sich das schädigende Ereignis vor dem 31. Juli 2002 zugetragen hat.

C. Gesamtergebnis

187 In letzter Konsequenz bleibt der E somit nur die (nicht vollstreckbare) Herstellungsklage gegen ihren Mann, der (vollstreckbare) Unterlassungsanspruch für den „räumlich-gegenständlichen" Lebensbereich gegenüber M und S, der Anspruch auf Bezahlung der Arzt- und Pflegekosten gegen ihren Mann aufgrund der §§ 1360, 1360a oder aber, sofern die Voraussetzungen dafür vorliegen, die Scheidung.

D. Anspruch des M gegen H auf Lieferung einer Espressomaschine aus § 433 I i.V.m. § 1357

Die Verpflichtung des H zur Lieferung einer Espressomaschine an M könnte sich aus § 433 I i.V.m. § 1357 ergeben.

I. Verpflichtung des H über § 1357

188 Ein Kaufvertrag über eine Espressomaschine ist zwischen E und H zustande gekommen, aus dem auch M über § 1357 berechtigt und verpflichtet sein könnte.

Nach § 1357 soll die eheliche Haushaltsführung – unabhängig vom jeweiligen Güterstand – insofern erleichtert werden, als jeder Ehegatte berechtigt ist, Geschäfte zur angemessenen Deckung des Lebensbedarfs mit Wirkung auch für den anderen Ehegatten zu besorgen[47]. Damit soll derjenige Ehegatte, der die Haushaltsführung übernommen hat und über kein eigenes Einkommen verfügt, in die Lage versetzt werden, die mit der

---

[47] § 1357 wurde nach dem Leitbild der „Hausfrauenehe" geschaffen: *Schlüter*, FamR, Rn. 85; *Soergel/Lange*, § 1357 Rn. 1.

Haushaltsführung anfallenden Geschäfte eigenverantwortlich abschließen zu können, ohne dass dazu die Mitwirkung bzw. Bevollmächtigung des Partners notwendig wäre[48]. Rechtsfolge eines Rechtsgeschäftes, bei dem § 1357 zum Tragen kommt, ist zum einen die gesamtschuldnerische Verpflichtung beider Ehegatten i.S.d. §§ 421 ff., zum anderen die gemeinschaftliche Berechtigung.

1. Anwendbarkeit

Fraglich ist, ob § 1357 vorliegend anwendbar ist. § 1357 ist anwendbar, wenn zum Zeitpunkt des Vertragsschlusses zwischen H und E eine wirksame Ehe bestanden und die Ehegatten nicht i.S.v. § 1357 III i.V.m. § 1567 I getrennt gelebt haben. Diese Voraussetzungen sind vorliegend erfüllt. Die spätere Trennung kann hieran nichts mehr ändern, da § 1357 III nur auf Rechtsgeschäfte anzuwenden ist, die nach einer Trennung von Eheleuten abgeschlossen werden und die Espressomaschine während der bestehenden ehelichen Gemeinschaft gekauft wurde.

189

2. Geschäft zur angemessenen Deckung des Lebensbedarfs

Darüber hinaus müsste der Kauf einer Espressomaschine als Geschäft zur angemessenen Deckung des Lebensbedarfs der Familie i.S.v. § 1357 I 1 zu qualifizieren sein.

190

Zum Lebensbedarf gehört alles, was zur Führung des Haushalts notwendig ist und was zum Familienunterhalt nach den §§ 1360, 1360a im weiteren Sinne zählt, also insbesondere auch typische Haushaltsgeschäfte, so dass der Kauf des Haushaltsgegenstandes: Espressomaschine zum Lebensbedarf gehört.

Für die Frage der Angemessenheit kommt es auf die für Dritte erkennbare Lebensführung der Ehegatten und nicht auf die wirklichen Vermögens- und Einkommensverhältnissen der Eheleute an[49]. Angemessen sind i.S.d. § 1357 I solche Geschäfte, die üblicherweise von einem Ehegatten selbständig, also auch ohne vorherige Absprache mit dem Partner bzw. ohne seine Mitwirkung erledigt zu werden pflegen.

Der Kauf einer Espressomaschine als Ersatz für ein funktionsuntüchtiges Modell ist ohne vorherige Absprache mit dem Partner möglich und stellt auch aus der Sicht des H ein Geschäft zur angemessenen Deckung des Lebensbedarfes i.S.d. § 1357 I dar.

> **Exkurs/Vertiefung:** Da ein Gläubiger üblicherweise keinen Einblick in die jeweiligen wirtschaftlichen Verhältnisse der Familie nehmen kann, bestimmt sich die Auslegung der Angemessenheit i.s.v. § 1357 entscheidend danach, welchen Lebensstil die Ehepartner nach außen objektiv erkennbar repräsentieren. Wenn eine Familie einen Lebensstil vorgibt, der über dem liegt, was nach ihren tatsächlichen wirtschaftlichen Verhältnissen zu erwarten ist, erhöht sich die nach § 1357 mögliche Mitverpflichtung[50]. Langfristige Pachtverträge[51] und Bauverträge über ein Wohnhaus[52] fallen jedoch grundsätzlich nicht unter § 1357 I 2, da sie ohne Weiteres zurückgestellt werden könnten und gemeinschaftlicher Abstimmung bedürften.

191

---

48 BT-Drs. 7/650, S. 98 f.
49 BGHZ 94, 1; BGH FamRZ 2004, 778.
50 Allgem. Meinung, vgl.: BGHZ 94, 1, 6 f.
51 OLG Koblenz NJW-RR 1991, 66.
52 BGH FamRZ 1989, 35.

3. Kein Ausschluss durch Eigengeschäft i.S.v. § 1357 I 2 a. E. oder Beschränkung i.S.d. § 1357 II 1

192 Des Weiteren dürfte § 1357 nicht i.S.v § 1357 I 2 a.E. ausgeschlossen (Eigengeschäft) oder i.S.d. § 1357 II 1 beschränkt sein.

Ein Eigengeschäft liegt vor, wenn sich aus den Umständen ergibt, dass der handelnde Ehegatte bei Abschluss des Rechtsgeschäftes, das der Deckung des angemessenen Familienbedarfs dient, nur sich selbst verpflichten wollte. Dies kann insbesondere bei ausdrücklich oder konkludent erklärtem abweichenden Willen des vertragsschließenden Ehegatten[53], aber auch bei mangelnder Leistungsfähigkeit des anderen Partners der Fall sein[54]. Da E nicht zum Ausdruck gebracht hat, dass sie nur sich selbst verpflichten wollte, liegt kein Eigengeschäft der E i.S.d. § 1357 I 2 a.E. vor.

Damit eine Beschränkung bzw. ein Ausschluss i.S.d. § 1357 II 1 gegenüber Dritten wirksam wäre, müsste entsprechendes im Güterrechtsregister eingetragen oder aber dem Dritten bekannt sein, vgl. § 1412. Da M eine derartige Beschränkung bzw. einen Ausschluss i.S.d. § 1357 II 1 zulasten seiner Frau weder ins Güterrechtsregister eintragen ließ, noch etwas derartiges dem H bekannt war, greift auch der Ausschlusstatbestand des § 1357 II 1 nicht ein.

4. Zwischenergebnis

Da die Voraussetzungen des § 1357 erfüllt sind, ist von einer grundsätzlichen Verpflichtung des H gegenüber M zur Lieferung der Maschine aufgrund von § 433 I i.V.m. § 1357 auszugehen.

II. Erfüllung gemäß § 362 I

193 Dieser Anspruch könnte jedoch gemäß § 362 I durch Erfüllung erloschen sein, da H das nach dem Kaufvertrag geschuldete Gerät an E geliefert hat. Ob H an E allein leisten durfte und damit von seiner Verpflichtung aus dem Kaufvertrag frei geworden ist oder an beide Ehegatten hätte leisten müssen, könnte davon abhängig sein, wie die Berechtigung i.S.d. § 1357 einzuordnen ist.

1. Berechtigung gemäß § 428 oder § 432

Das Vorliegen eines Schlüsselgewaltgeschäftes könnte sowohl zu einer Berechtigung der Ehegatten nach § 428 als auch nach § 432 führen.

a) Gesamtgläubigerschaft i.S.v. § 428

194 So wird vertreten, dass bei Geschäften i.S.v. § 1357 eine Gesamtgläubigerschaft i.S.v. § 428 vorliege[55], mit der Folge, dass H wahlweise an M oder E erfüllen könnte. Begründet wird dies damit, dass § 432 hinter § 428 zurücktrete und § 432 nur gelte, wenn

---

[53] *Palandt/Brudermüller*, § 1357 Rn. 18 m.w.N.
[54] BGH JZ 1992, 586 ff. mit Anm. *Henrich*.
[55] MüKo/*Wacke*, § 1357 Rn. 34 ff.; *Erman/Heckelmann*, § 1357 Rn. 18; Schlüter, FamR, Rn. 89; *Löhnig*, FamRZ 2001, 135.

eine Leistung an einen Ehegatten wegen der Natur des Rechtsverhältnisses von vornherein ausscheide[56].

b) Mitgläubigerschaft gemäß § 432

Nach anderer Ansicht entsteht bei § 1357 dagegen eine gemeinschaftliche Berechtigung i.S.v. § 432 in Form einer Forderungsgemeinschaft[57]. Aus der gesamtschuldnerischen Haftung gemäß § 1357 folge nicht notwendigerweise eine Gesamtgläubigerschaft i.S.d. § 428. Darüber hinaus sei eine Gesamtgläubigerschaft kraft Gesetzes sehr selten (unstreitig nur im Fall des § 2151 III)[58]. Dies würde aber bedeuten, dass die Forderungsgemeinschaft i.S.d. § 1357 I 2 mit der Maßgabe entsteht, dass jeder Ehegatte, also auch M, forderungsberechtigt bzw. klageberechtigt wäre, eine Klage jedoch auf Leistung an beide zu richten ist. H hätte mithin grundsätzlich nicht nur an E leisten dürfen.

c) Diskussion

Für die Meinung, die von einer Mitgläubigerschaft ausgeht, spricht, dass es dem Wesen der Ehe an sich fremd ist, wenn jeder die Leistung für sich allein fordern könnte.

Gegen diese Meinung sprechen allerdings der Gesetzeszweck des § 1357, der u.a. im Gläubigerschutz und in der Möglichkeit einer schnellen und unkomplizierten Bedarfsdeckung zu sehen ist[59]. Es wäre widersinnig, dem Vertragspartner eines Ehegatten einen zweiten Schuldner zu gewähren und dann diesen Vorteil wieder dadurch zunichte zu machen, dass man dem Vertragspartner lediglich gestattet, nur an beide Ehegatten zu leisten. Zudem ist eine unkomplizierte Bedarfsdeckung eher über § 428 als über § 432 zu erreichen.

2. Zwischenergebnis

Aus diesen Gründen ist ein Rechtsgeschäft i.S.v. § 1357 nach § 428 zu beurteilen und H konnte seine Verpflichtung aus dem Kaufvertrag durch Leistung an E erfüllen.

III. Ergebnis

H ist folglich von der ihm obliegenden Verpflichtung aus § 433 II durch seine Leistung an E i.S.v. § 362 I frei geworden und muss nicht erneut an M liefern.

> **Exkurs/Vertiefung:** Der interne Ausgleich der Ehegatten erfolgt im Stadium des Getrenntlebens gegebenenfalls über Unterhaltsausgleichsansprüche – hier über § 1361. Im Falle einer Scheidung zwischen E und M erfolgt die Abwicklung über den Zugewinnausgleich gemäß den §§ 1372 ff.

---

56 *Erman/Heckelmann*, § 1357 Rn. 18.
57 *Palandt/Brudermüller*, § 1357 Rn. 21 f.; *Roth*, FamRZ 1979, 361, 366 f.
58 Vgl. *Medius*, BR, Rn. 89.
59 BT-Drs. 7/650, S. 98 f.

Fall 3 *Wer stört?*

Repetitorium

198 I. Zu den **allgemeinen Rechtswirkungen der Ehe** und **der Lebenspartnerschaft** gehören:
1. für **Ehegatten: die Generalklausel i.S.v. § 1353 I 2:**
   - Über § 1353 I 2 wird all das zur Rechtspflicht gemacht, was nach sittlicher Anschauung zum Wesen der Ehe gehört, also insbesondere Liebe und Achtung, eheliche Treue, Rücksichtnahme, die Teilnahme an den Interessen des anderen, Sorge für die Kinder, Benutzung der Ehewohnung und des Hausrates, Geschlechtsgemeinschaft und eine allgemeine Beistandspflicht.
   - Über die zu den ehelichen Pflichten des § 1353 gehörende Beistandspflicht lässt sich im Ausnahmefall auch eine Mitarbeitspflicht unter Ehegatten ableiten.
   - Bei Verletzung der Pflichten aus § 1353 I 2 kann ein Ehegatte gegen den anderen mit der Herstellungsklage vorgehen. Diese ist aber wegen § 888 III ZPO nicht vollstreckbar.
   - Ein Unterlassungsanspruch gegen den Ehepartner oder Dritte besteht bei Verletzung der ehelichen Treuepflicht nur bei Mitnahme eines außerehelichen Partners in die gemeinsame Ehewohnung, da der „räumlich-gegenständliche" Bereich geschützt ist.
2. für **Ehegatten: grundsätzlich freie Pflichtenverteilung i.S.v. § 1356**
3. für **Lebenspartner:** I.S.v. **§ 2 LPartG** ist die Lebenspartnerschaft, wie die Ehe, als „Einstehens- und Verantwortungsgemeinschaft" zu verstehen. Der gesetzliche Pflichtenkatalog ist im Vergleich zu den ehelichen Pflichten reduziert. Während die Ehegatten zur ehelichen Lebensgemeinschaft, Haushalts- und Geschlechtsgemeinschaft verpflichtet sind, ist die Lebensgestaltung nach dem LPartG den Lebenspartnern überlassen[60].
4. **die Regelung des Familien- bzw. Lebenspartnerschaftsnamens i.S.d. § 1355, § 3 LPartG**
5. **§ 1357 bzw. § 8 II LPartG (Schlüsselgewalt):** Bei Geschäften zur angemessenen Deckung des Lebensbedarfes wird auch der nicht mit dem Dritten kontrahierende Ehepartner/Lebenspartner grundsätzlich mitverpflichtet.
6. **Haftungsmaßstab des § 1359 bzw. des § 4 LPartG:** § 1359/§ 4 LPartG gilt für den Gesamtbereich des ehelichen/lebenspartnerschaftlichen Pflichtenkreises und darüber hinaus auch, wenn der schädigende Ehegatte/Lebenspartner nicht nur seine ehelichen/lebenspartnerschaftlichen Pflichten, sondern unabhängig von der Ehe/Lebenspartnerschaft bestehende allgemeine Pflichten verletzt hat, die z.B. zu Deliktsansprüchen nach den §§ 823 ff. führen können. § 1359/§ 4 LPartG ist jedoch nur im häuslichen Bereich anwendbar und insbesondere nicht bei der Teilnahme der Ehegatten/Lebenspartner am Straßenverkehr.
7. **Unterhaltsverpflichtung i.S.d. §§ 1360 ff., § 5 LPartG**

---

[60] Hk-LPartG/*Kemper*, § 2 LPartG Rn. 2; *Palandt/Brudermüller*, LPartG 2 Rn. 2.

8. **Eigentums- und Gewahrsamsvermutung des § 1362 bzw. § 8 LPartG** und des **§ 739 ZPO** aus Gründen des **Gläubigerschutzes**
9. bei **Getrenntleben:** §§ 1361, 1361a, 1361b bzw. §§ 12 ff. LPartG

II. Kontrollfragen   199
1. Was regelt § 1353?
2. Was ist hinsichtlich der Vollstreckung bei Ansprüchen aus § 1353 zu beachten?
3. Bestehen bei Ehestörung gegen den Ehepartner und/oder Dritte Unterlassungs- oder Schadensersatzansprüche?
4. Welche allgemeinen Rechtswirkungen resultieren aus einer Ehe bzw. Lebenspartnerschaft?
5. Welcher Art ist die Berechtigung der Ehegatten/Lebenspartner i.S.d. § 1357?

Fall 4
Szenen einer Ehe

200 Der Freiburger Architekt Manfred Balder (M) sieht mit Entsetzen dem Urlaub seiner Sekretärin im August 2002 entgegen, weil er neben der Teilnahme an einem Wettbewerb und zahlreichen Aufträgen nicht auch in der Lage ist, die gesamte Büroarbeit zu bewältigen. Einen geeigneten Ersatz hat er trotz intensiver Suche nicht finden können. Schließlich bittet er seine Frau Doris (D), dass sie ihm, während der Abwesenheit seiner Sekretärin im Büro, für zwei Wochen in der Kernzeit etwa drei Stunden täglich den Telefondienst und einige einfache Hilfstätigkeiten abnimmt. D ist dazu jedoch nicht bereit, weil sie der Ansicht ist, dass sie diese Tätigkeit neben der Haushaltsführung überfordere. Da die 12-jährige Tochter Sonja der beiden auf eigenen Wunsch in St. Blasien im Internat lebt, hat D auch keine Kinder zu betreuen. D möchte von ihrer grundsätzlichen Regelung, dass sie ausschließlich den Haushalt führt, nur abweichen, wenn ihr Mann sie für ihre Tätigkeit auch bezahlt. Kann sie sich auf diesen Standpunkt stellen?

Als der cholerische M auf der Fahrt zu einem Geschäftsessen, bei dem er seine Frau als Präsentierdame benötigt, mit ihr wieder einmal über ihre fehlende Mithilfebereitschaft diskutiert, regt er sich so sehr darüber auf, dass er, unaufmerksam – wie er es des Öfteren war – einen Auffahrunfall verursacht, bei dem D leicht verletzt wird. Kann D deswegen von ihrem Mann Schadenersatz aus § 823 verlangen?

Kann D von der Haftpflichtversicherung ihres Mannes Ersatz für ihr Cocktailkleid im Wert von 380,– € verlangen, das sie sich für das Geschäftsessen angezogen hatte und das durch den Unfall unbrauchbar geworden ist?

In der Folgezeit bemerken M und D immer deutlicher, dass ihre Bedürfnisse und Vorstellungen von einem gemeinsamen Leben kaum in Einklang zu bringen sind. Als M versucht, seinen Unzufriedenheiten mit übermäßigem Alkoholkonsum zu begegnen, beschließen die Eheleute, auseinander zu ziehen und leben seit Oktober 2002 getrennt. D will schließlich ihre Ehe mit einem weiteren Kind retten. Da M aber seit einem operativen Eingriff zeugungsunfähig ist, soll das Kind durch künstliche Samenübertragung gezeugt werden. M ist nach eingehender juristischer und ärztlicher Beratung einverstanden. Er fertigt im Dezember 2002 vor dem Notar eine Erklärung an, die folgendermaßen lautet:

„Hierdurch erkläre ich mich damit einverstanden, dass bei meiner Frau Doris Balder eine heterologe Insemination durchgeführt wird. Ich erkenne hiermit die Vaterschaft des auf diese Weise gezeugten Kindes an."

D wendet sich mit diesem Schreiben an den sie in dieser Sache betreuenden Arzt Dr. Leibnitz, der im Januar 2003 eine heterologe Insemination vornimmt. Im Oktober 2003 wird die Tochter Theresa (T) geboren. Die Ehe zwischen D und M ist dennoch nicht mehr zu retten. Sie wird im November 2004 geschieden. M möchte feststellen lassen, dass er nicht der Vater der T sei. Wäre eine Vaterschaftsanfechtungsklage begründet?

S, die sich sehr über die Geburt ihrer Schwester freut, verlässt das Internat, zieht wieder nach Hause und besucht ein Freiburger Gymnasium. M und D gelingt es dann auch, trotz allem eine innige Verbindung aufrecht zu erhalten bzw. erneut entstehen zu lassen. Gemeinsam mit S und T verbringen sie Familienurlaube und unternehmen auch im Alltag einiges zu viert. M, der allerdings nach wie vor depressiv ist und dem Alkohohl nicht abschwören kann, stirbt schließlich.

Als S gerade 15 Jahre alt geworden ist, bemerkt D, wie schwirig es ist, mit der Erziehung ihrer Töchter allein fertig werden zu müssen. Sie bemerkt am Verhalten der S, dass sie sich zunehmend verändert. S scheint sich für nichts mehr zu interessieren, verabredet sich nicht mehr mit ihren Freundinnen und wird immer verschlossener. Schließlich erfährt D, dass S seit einiger Zeit mit dem 40-jährigen Vater ihrer Schulfreundin, Herrn Konrad Kunze (K), ein Verhältnis hat. Jegliche Bitten der D, dass S ihre Beziehung beenden möge, bleiben erfolglos. Ebenso wenig führen entsprechende Aufforderungen an K zum Erfolg.

An welches Gericht müsste sich D wenden, wenn sie K den Umgang mit ihrer Tochter verbieten will?
Unter welchen Umständen würde einem entsprechenden Antrag entsprochen?

Wie kann D gegen S vorgehen? Fertigen Sie bitte ein Gutachten an, in dem Sie die aufgeworfenen Fragen umfassend klären.

Fall 4 *Szenen einer Ehe*

Vorüberlegungen

201 I. Diese Klausur kann nicht erfolgreich gelöst werden, wenn keine Grundkenntnisse zu den allgemeinen Ehewirkungen vorhanden sind. So ist insbesondere zu erkennen, welche Rechte und Pflichten aus der für Ehegatten geltenden „Treu und Glauben"-Vorschrift, dem § 1353, resultieren. Außerdem ist zu wissen, dass der Haftungsmaßstab des § 1359 nicht für die Beteiligung der Eheleute am Straßenverkehr gilt.

II. Prozessuale Grundkenntnisse bezüglich des Gerichtsverfassungsgesetzes, der Zivilprozessordnung und dem FGG erleichtern das Auffinden der für die Gerichtszuständigkeiten relevanten Normen.

Gliederung

202 **1. Teil: Verpflichtung der D zur Mitarbeit und Vergütungsverpflichtung des M**
A. Verpflichtung der D zur Mitarbeit im Büro des M
  I. Mitarbeitsverpflichtung aus § 1360 i.V.m. § 1356
    1. Grundsatz
    2. Ausnahme über die allgemeine Beistandspflicht des § 1353
  II. Ergebnis

B. Vergütungsanspruch der D gegen M
  I. Anspruch der D gegen M aus einem Dienst- bzw. Arbeitsvertrag i.S.v. § 611 I
  II. Anspruch aufgrund eines Gesellschaftsvertrages i.S.d. § 705 i.V.m. den §§ 730 ff.
  III. Anspruch aus einem besonderen familienrechtlichen Vertrag (Kooperationsvertrag)
  IV. Anspruch der D gegen M gemäß § 812 I 1, 1. Fall
    1. Etwas erlangt
    2. Durch Leistung
    3. Ohne Rechtsgrund
    4. Ergebnis
  V. Anspruch der D gegen M aus § 812 I 2, 2. Fall
  VI. Ergebnis

2. Teil: Schadensersatzansprüche der D wegen des Verkehrsunfalls
A. Anspruch der D gegen M aus § 823 I
  I. Verletzungshandlung und Rechtsgutverletzung
  II. Haftungsbegründende Kausalität
  III. Rechtswidrigkeit
  IV. Verschulden
  V. Rechtsfolge
  VI. Ergebnis

Szenen einer Ehe **Fall 4**

B. Ansprüche der D gegen die Haftpflichtversicherung (HV) wegen des zerstörten Cocktailkleides
    I. Anspruch der D gegen die HV aus § 3 Nr. 1 PflVG i.V.m. den §§ 7 I, 18 StVG, 823 I
        1. Anspruch der D gegen M aus § 7 I StVG
        2. Anspruch der D gegen M aus § 18 I StVG
        3. Anspruch der D gegen M aus § 823 I
    II. Ergebnis

3. Teil: Vaterschaftsanfechtungsklage

A. Recht zur Anfechtung der Vaterschaft

B. Ausschluss des Anfechtungsrechts
    I. Ausschluss nach § 1600 b
    II. Ausschluss nach § 1600 IV

C. Ergebnis

4. Teil: Umgangsregelungen

A. Vorgehen der D gegen K
    I. Zuständiges Gericht
    II. Entscheidung über den Antrag
        1. D als Inhaberin der elterlichen Sorge
        2. Voraussetzungen des § 1666
        3. Ergebnis

B. Vorgehen der D gegen S

Fall 4 *Szenen einer Ehe*

Lösung

1. Teil: Verpflichtung der D zur Mitarbeit und Vergütungsverpflichtung des M

A. Verpflichtung der D zur Mitarbeit im Büro des M

Fraglich ist, ob sich aus den eherechlichen Normen i.S.d. §§ 1353 ff. eine Mitarbeitspflicht der D im Architekturbüro ihres Mannes ergeben könnte.

I. Mitarbeitsverpflichtung aus § 1360 i.V.m. § 1356

In § 1356 findet sich eine Regelung dazu, wie Haushaltsführung und Erwerbstätigkeit unter den Ehegatten zu gestalten sind.

1. Grundsatz

203 In § 1356 I und II heißt es, dass die Ehegatten die Haushaltsführung im gegenseitigen Einvernehmen regeln und beide berechtigt sind, erwerbstätig zu sein. Eine ausdrückliche Mitarbeitspflicht ergibt sich damit nicht bereits aus § 1356[1], u.U. könnte jedoch eine Mitarbeitspflicht der D aufgrund des § 1360 i.V.m. § 1356 herzuleiten sein.

Über § 1360 besteht nämlich die Verpflichtung beider Ehegatten, angemessen, im Rahmen ihrer Möglichkeiten, zum Familienunterhalt beizutragen.

D ist nach der bisher bestehenden einvernehmlichen Regelung mit ihrem Mann i.S.d. § 1356 I 2 die gesamte Haushaltsführung übertragen, so dass sie dadurch bereits ihre Unterhaltspflicht i.S.d. § 1360 erfüllen könnte.

In § 1360 S. 2 heißt es, dass derjenige Ehegatte, dem die Haushaltsführung übertragen ist, dadurch in der Regel gleichzeitig seine Unterhaltspflicht erfüllt. Folglich lässt sich grundsätzlich keine ausdrückliche Mitarbeitspflicht aus § 1360 i.V.m. § 1356 herleiten.

2. Ausnahme über die allgemeine Beistandspflicht des § 1353

204 Fraglich ist aber, ob sich eine Mitarbeitspflicht aus den §§ 1360, 1356 i.V.m. § 1353 über die eheliche Beistandspflicht[2] ergeben könnte.

Durch die in § 1353 I 2 enthaltene Generalklausel[3] wird all das zur Rechtspflicht gemacht, was nach sittlicher Anschauung zum Wesen der Ehe gehört, also insbesondere Liebe und Achtung[4], eheliche Treue, Rücksichtnahme, die Teilnahme an den Interessen des anderen[5], Sorge für die gemeinsamen Kinder und in den Haushalt aufgenom-

---

1 Vor dem 1. 1. 1977 ging § 1356 noch von dem Prinzip der sog. Hausfrauenehe aus, mit der Folge, dass sie aus § 1356 a.F. eine Verpflichtung der Ehefrau zur Mitarbeit im Beruf oder Geschäft ihres Mannes hätte ergeben können, vgl. OLG Hamm MDR 1964, 506 LS.
2 Dazu: *Palandt/Brudermüller*, § 1353 Rn. 9; § 1356 Rn. 6.
3 Zur Generalklausel des § 1353 I 2 und ihrer Bedeutung: *Schlüter*, FamR, Rn. 40 ff.
4 RGZ 87, 56, 61.
5 BT-Drs. 7/4361 S. 6 f.

menen Kinder des anderen Ehegatten[6], die Benutzung der Ehewohnung und des Hausrates i.d.R. als gleichberechtigten Mitbesitz zu gestatten[7], Geschlechtsgemeinschaft[8], grundsätzlich auch häusliche Gemeinschaft[9] und eine Beistandspflicht in persönlichen Gegenständen des anderen Ehegatten[10].

Über die zu den ehelichen Pflichten des § 1353 gehörende Beistandspflicht könnte sich, in Verbindung mit der Verpflichtung zum Familienunterhalt beizutragen, hier eine Mitarbeitspflicht der D ableiten lassen. **205**

Wie bereits dargestellt, ergibt sich aus dem Wortlaut des § 1360 S. 2 („in der Regel"), dass grundsätzlich kein Anspruch gegen den haushaltsführenden Ehegatten besteht, zum Familienunterhalt über die Haushaltsführung hinaus beizutragen. Dies kann aber im konkreten Einzelfall aufgrund besonderer Umstände erforderlich sein, wobei eine Mitarbeitspflicht auf extreme Ausnahmefälle beschränkt bleiben muss[11]. So wurde eine Mitarbeitspflicht insbesondere für bestimmte Übergangsphasen, wie den Aufbau eines Gewerbebetriebes[12], bei Personalmangel oder fehlenden Mitteln für die Einstellung einer Hilfskraft[13] anerkannt.

Solche besonderen Umstände ergeben sich hier für eine Übergangsphase insofern, als es M trotz intensiver Suche nicht möglich war, Ersatz für seine urlaubsbedingt abwesende Sekretärin zu finden und er neben seinen Aufgaben als Architekt die anfallenden Büroarbeiten nicht vollumfänglich bewältigen kann. Vor diesem Hintergrund wird es D neben der Führung eines Zweipersonenhaushalts zugemutet werden können, drei Stunden im Büro ihres Mannes mitzuarbeiten, zumal sich diese Tätigkeit auf einfachste Hilfsarbeiten beschränken würde und sie diese Tätigkeit lediglich für kurze Zeit innerhalb eines absehbaren Zeitraumes ausüben müsste. **206**

Da auf Seiten der D dieser zeitlich begrenzten Mitarbeit auch keine Gründe, wie z.B. eine Krankheit entgegenstehen, die es ihr unmöglich machen, der Bitte ihres Mannes nachzukommen, besteht selbst unter Berücksichtigung ihrer Belastung durch die Haushaltsführung eine Mitarbeitspflicht der D aus den §§ 1360, 1356 i.V.m. § 1353.

II. Ergebnis

Im Ergebnis bleibt festzuhalten, dass D aus den §§ 1360, 1356 i.V.m. § 1353 verpflichtet ist, vorübergehend im Büro ihres Mannes mitzuarbeiten.

Ein Urteil, das einer entsprechenden (Herstellungs-)Klage des M stattgibt, ist gemäß § 888 III ZPO allerdings nicht vollstreckbar[14].

---

6 RGZ 126, 173, 177.
7 BGHZ 12, 380; BGH NJW 1978, 1529.
8 BGH NJW 1967, 1078, 1079.
9 RGZ 53, 337, 340.
10 *Palandt/Brudermüller*, § 1353 Rn. 9.
11 *Palandt/Brudermüller*, § 1356 Rn. 6 m.w.N.
12 BGH FamRZ 1959, 454.
13 BGHZ 46, 385.
14 Dazu: *Schlüter*, FamR, Rn. 43.

B. Vergütungsanspruch der D gegen M

Fraglich ist nun, ob D für diese Tätigkeit von M auch eine Vergütung verlangen könnte.

Das Familienrecht enthält für diese Fallkonstellation keine ausdrückliche Vergütungsregelung, so dass auf allgemeine vertragliche bzw. gesetzliche Anspruchsgrundlagen zurückzugreifen ist[15].

I. Anspruch der D gegen M aus einem Dienst- bzw. Arbeitsvertrag i.S.v. § 611 I

207 In Betracht kommt zunächst ein Anspruch der D gegen M auf Vergütung aus einem Dienst- bzw. Arbeitsvertrag i.S.d. §§ 611 I, 612.

Zu einer entsprechenden ausdrücklichen Vereinbarung zwischen D und M ist es nicht gekommen, so dass sich der Vergütungsanspruch lediglich aus einem konkludent abgeschlossenen Dienst- bzw. Arbeitsvertrag gemäß §§ 611 I, 612 herleiten lassen könnte.

Voraussetzung dafür ist, dass zwischen den Ehegatten ein Über-/Unterordnungsverhältnis besteht, wie es auch zwischen Arbeitgeber und Arbeitnehmer üblich wäre und von einer Weisungsgebundenheit des arbeitnehmenden Ehegatten ausgegangen werden kann. Dagegen spricht zwar nicht bereits der Gleichberechtigungsgrundsatz[16], der unter Ehegatten bestehen sollte, so dass zwar grundsätzlich auch unter Ehegatten die Möglichkeit gegeben ist, einen Dienst- bzw. Arbeitsvertrag mit einem vertraglichen Vergütungsanspruch zu vereinbaren[17]. Die Stellung des mitarbeitenden Ehegatten im Beruf oder Geschäft des anderen entspricht jedoch meistens nicht der eines weisungsabhängigen Arbeitnehmers[18]. Ohne schriftlichen Nachweis kann daher nicht vom Vorliegen eines stillschweigend geschlossenen Arbeitsvertrages ausgegangen werden[19].

Da ein solcher hier bisher nicht vorliegt, scheidet ein Anspruch der D gegen M auf Zahlung einer Vergütung aus den §§ 611 I, 612 aus.

II. Anspruch aufgrund eines Gesellschaftsvertrages i.S.d. § 705 i.V.m. den §§ 730 ff.

208 Fraglich ist, ob ein gesellschaftsrechtlicher Anspruch der D gegen M aufgrund eines Gesellschaftsvertrages i.S.v. § 705 i.V.m. den §§ 730 ff. in Betracht kommen könnte.

Die Ehegatten bilden dann eine sog. Ehegatteninnengesellschaft, also eine Gesellschaft bürgerlichen Rechts, wobei die Ehegatten nach außen hin nicht als Gesellschaft auftreten, sondern lediglich ein Ehegatte im eigenen Namen handelt und auch kein Gesamthandsvermögen gebildet wird[20].

Das Vorliegen einer Ehegatteninnengesellschaft setzt allerdings voraus, dass D und M einen entsprechenden Gesellschaftsvertrag i.S.v. § 705 abgeschlossen haben, aus dem beide gegenseitig verpflichtet sind, einen gemeinsamen Zweck zu fördern. Insoweit

---

15 Zu den Vergütungsansprüchen unter Ehegatten: *Schellhammer*, Rn. 61 ff.
16 BVerfG NJW 1996, 833.
17 BVerfG NJW 1970, 1787; BGH NJW 1995, 3383.
18 *Schlüter*, FamR, Rn. 82.
19 *Schellhammer*, Rn. 64.
20 BGHZ 7, 378; 8, 249; 12, 309, 314; BGH FamRZ 2003, 1454; *Haas*, FamRZ 2002, 205.

genügt prinzipiell jeder gemeinsame Zweck, sofern er ausdrücklich vereinbart ist[21]. Bei der stillschweigenden Vereinbarung einer Ehegatteninnengesellschaft muss der gemeinsame Zweck allerdings über die eheliche Lebensgemeinschaft hinausgehen, da ansonsten die Pflichten bereits aus § 1353 I 2 resultieren[22].

> **Exkurs/Vertiefung:** Eine Ehegatteninnengesellschaft wurde z.B. angenommen bei gemeinsamer Bewirtschaftung einer Gaststätte, für die die Ehegatten gemeinsam Kredite aufgenommen hatten[23], bei gemeinsamer geschäftsmäßiger Errichtung von Mietwohnungen, nicht aber bei der Einrichtung eines Familienwohnheims[24].

209

Wie oben dargestellt, resultiert die Mitarbeitspflicht hier bereits aus § 1353 I 2, so dass gerade nicht das Vorliegen einer Ehegatteninnengesellschaft angenommen werden kann.

III. Anspruch aus einem besonderen familienrechtlichen Vertrag (Kooperationsvertrag)

Fraglich ist, ob sich ein Vergütungsanspruch zugunsten der D aufgrund eines besonderen familienrechtlichen Vertrages (sog. Kooperationsvertrag), i.S.d. §§ 241, 311 ergeben könnte[25]. Ein solcher würde ebenfalls voraussetzen, dass die erbrachten Arbeitsleistungen der D über die ehelichen Pflichten der §§ 1353 ff. hinausgehen, was vorliegend nicht der Fall ist, so dass auch kein Anspruch auf Vergütung aus einem familienrechtlichen Kooperationsvertrag gegeben ist.

210

IV. Anspruch der D gegen M aus einer Leistungskondiktion gemäß § 812 I 1, 1. Fall

In Betracht kommen könnte noch ein Vergütungsanspruch der D gegen ihren Mann aus § 812 I 1, 1. Fall.

1. Etwas erlangt

Dies setzt voraus, dass M etwas erlangt hätte. M hätte bei Mitarbeit seiner Ehefrau in seinem Büro drei Wochen lang ihre Arbeitskraft erlangt bzw. sich entsprechende anderweitige Aufwendungen erspart[26].

211

2. Durch Leistung

Dies würde auch durch Leistung der D geschehen, da sie bewusst und zum Zweck der Erfüllung ihrer Verpflichtung aus den §§ 1360, 1356 i.V.m. 1353 arbeiten würde.

212

---

21 BGH NJW 1982, 170.
22 Vgl. *Schellhammer*, Rn. 65 m.w.N.
23 BGHZ 47, 157; BGH FamRZ 1990, 973.
24 BGHZ 84, 361; BGH NJW 1974, 1554; BGH FamRZ 1989, 147.
25 Vgl. m.w.N.: *Schlüter*, FamR, Rn. 83.
26 Zum „Erlangten" in den sog. Nutzungsfällen: BGHZ 14, 7; 20, 275; 55, 128; MüKo/*Lieb*, § 812, Rn. 300 ff. m.w.N.; *Staudinger/Lorenz*, § 812 Rn. 72.

Fall 4 *Szenen einer Ehe*

3. Ohne Rechtsgrund

213 D müsste auch ohne Rechtsgrund geleistet haben.

Die Verpflichtung der D zur Mitarbeit gemäß den §§ 1360, 1356 i.V.m. 1353 stellt jedoch einen Rechtsgrund zum Behaltendürfen der Arbeitsleistung bzw. deren wirtschaftlichen Wertes dar. Zudem stünde einer Rückforderung § 814 entgegen.

4. Ergebnis

Ein Anspruch der D gegen M aus § 812 I 1, 1. Fall besteht folglich nicht.

V. Anspruch der D gegen M aus einer Zweckverfehlungskondiktion i.S.d. § 812 I 2, 2. Fall

214 D könnte gegen ihren Mann einen Anspruch aus § 812 I 2, 2. Fall haben. Dies setzt voraus, dass der mit der Leistung bezweckte Erfolg nicht eingetreten wäre.

Der mit der Leistung verbundene Zweck kann hier nur in der Förderung der ehelichen Lebensgemeinschaft gesehen werden. Diesen Zweck hätte D mit ihrer Arbeit jedoch nicht verfehlt, da die eheliche Lebensgemeinschaft gefördert wurde und weiterhin fortbestand. Einen weiteren über die Verpflichtung gemäß den §§ 1360, 1356 i.V.m. 1353 hinausgehenden Zweck hat D nicht verfolgt und verfehlt[27].

VI. Ergebnis

Sofern die zu beurteilende Tätigkeit über die übliche Verpflichtung zum Unterhalt beizutragen nicht hinausgeht, lässt sich ohne Vereinbarung kein Vergütungsanspruch herleiten, da die familienrechtliche Pflicht zur Unterhaltsgewährleistung jedenfalls bei unbedeutenden Hilfstätigkeiten[28] unentgeltlichen Charakter hat[29].

Es bleibt daher festzuhalten, dass ein Vergütungsanspruch der D nur dann in Betracht kommt, wenn sie hierüber eine entsprechende Vereinbarung mit ihrem Ehemann trifft, in der festgelegt wird, in welchem Umfang und in welcher Höhe die Vergütung ihrer Mitarbeit erfolgen soll.

2. Teil: Schadensersatzansprüche der D wegen des Verkehrsunfalls

A. Anspruch der D gegen M aus § 823 I

Fraglich ist, ob D von M, aufgrund der bei dem Verkehrsunfall verursachten leichten Verletzungen, Schadensersatz aus § 823 I verlangen kann[30].

---

27 Vgl. dazu: OLG Düsseldorf NJW-RR 1996, 467, 468.
28 *Palandt/Brudermüller*, § 1356 Rn. 8 m.w.N.
29 Vgl. dazu auch: BGH NJW 1994, 2545, 2546 – allgemeine Ansicht.
30 Zu den Voraussetzungen des Deliktstatbestandes des § 823: *Emmerich*, SchuldR BT, § 20 Rn. 7 ff.

I. Verletzungshandlung und Rechtsgutverletzung

Dies setzt voraus, dass es durch eine Verletzungshandlung des M zu einer Rechtsgutsverletzung auf Seiten der D gekommen ist. 215

In der Unfallverursachung durch M ist die Verletzungshandlung zu sehen, die bei D zur Rechtsgutsverletzung in Form der Körperverletzung geführt hat.

II. Haftungsbegründende Kausalität

Die haftungsbegründende Kausalität liegt ebenfalls vor, da der Unfall für die Körperverletzung äquivalent und adäquat kausal[31] war. 216

III. Rechtswidrigkeit

M müsste auch rechtswidrig gehandelt haben. 217

Die Rechtswidrigkeit wird durch die Tatbestandserfüllung indiziert[32]. Da keine Rechtfertigungsgründe ersichtlich sind, war das Handeln des M rechtswidrig.

IV. Verschulden

Von der grundsätzlichen Verschuldensfähigkeit des M i.S.d. § 827 ist auszugehen, fraglich ist jedoch, welcher Verschuldensmaßstab unter Eheleuten anzuwenden ist. 218

Denkbar wäre eine Haftungsbeschränkung des M auf eigenübliche Sorgfalt gemäß § 1359, so dass sich M durch den Nachweis, auch in vergleichbaren eigenen Angelegenheiten des Öfteren unaufmerksam zu sein, entlasten könnte. Die Einstandspflicht des schädigenden Ehegatten bei grob fahrlässigem Verhalten bleibt davon allerdings unberührt, § 277.

§ 1359 gilt für den Gesamtbereich des ehelichen Pflichtenkreises und darüber hinaus auch, wenn der schädigende Ehegatten nicht nur seine ehelichen Pflichten, sondern unabhängig von der Ehe bestehende allgemeine Pflichten verletzt hat, die z.B. zu Deliktsansprüchen nach den §§ 823 ff. führen können[33].

Eine Ausnahme des Haftungsprivileges i.S.v. § 1359 gilt jedoch für die Beteiligung am öffentlichen Straßenverkehr[34]. Bei Schäden, die im Straßenverkehr entstehen, bleibt es beim Haftungsmaßstab des § 276, da die Straßenverkehrsregeln keinen Spielraum für individuelle Sorglosigkeit lassen[35].

Exkurs/Vertiefung: Mit dieser Rechtsprechung bezüglich der Einschränkung des Haftungsprivilegs will der BGH erreichen, dass dem Geschädigten Ersatzansprüche gegen den Haft- 219

---

31 Zu den Definition der Kausalitätsbegriffe: *Emmerich*, SchuldR BT, § 20 Rn. 8.
32 *Emmerich*, SchuldR BT, § 20 Rn. 12.
33 *Schlüter*, FamR, Rn. 48; *Gernhuber/Coester-Waltjen*, § 22 I 2.
34 BGHZ 53, 352, 355; 61, 101, 105; 63, 51, 57: Der BGH will § 1359 nicht auf Pflichtverletzungen im außerhäuslichen Bereich anwenden, vgl. auch: *Schlüter*, FamR, Rn. 49 m.w.N.
35 BGHZ 53, 352, 355; 63, 51, 57; BGH FamRZ 1988, 476, 477.

> pflichtversicherer des Schädigers erhalten bleiben[36]. Zudem soll es einem Zweitschädiger, der vom geschädigten Ehegatten auf die volle Ersatzleistung in Anspruch genommen wird, möglich sein, bei der Haftpflichtversicherung des schädigenden Ehegatten Regress zu nehmen[37].

M kann sich daher nicht darauf berufen, des Öfteren auch in vergleichbaren eigenen Angelegenheiten unaufmerksam zu sein, mit der Folge, dass ihm zumindest leichte Fahrlässigkeit i.S.v. § 276 I 2 zur Last gelegt werden kann. Folglich liegt auch ein Verschulden des M vor.

V. Rechtsfolge

220 Rechtsfolge bei Verwirklichung des Deliktstatbestandes ist grundsätzlich eine Schadenskompensation gemäß den §§ 249 ff.

Die Haftung des M könnte jedoch gemäß § 1353 I 2 ausgeschlossen sein. Wegen der Verpflichtung zur ehelichen Lebensgemeinschaft i.S.v. § 1353 I 2 kann die Geltendmachung von Schadensersatzansprüchen unter Ehegatten im Einzelfall ganz oder teilweise ausgeschlossen sein[38]. Während ein Ausschluss im Rahmen des Versicherungsschutzes abzulehnen ist, da ansonsten § 1353 nicht der Ehe, sondern dem Versicherer zugute kommen würde[39], muss es im Sinne der Förderung der ehelichen Lebensgemeinschaft zu einem Ausschluss gemäß § 1353 kommen, soweit sich der schuldige Ehegatte im Rahmen seiner wirtschaftlichen Möglichkeiten um einen anderweitigen Schadensausgleich bemüht[40].

Der Ausschluss führt auch dann jedoch nicht zum Erlöschen des Anspruchs, sondern nur zu einer Stillhalteverpflichtung während der bestehenden Ehe, die bei Scheidung wieder entfällt[41].

VI. Ergebnis

Im Ergebnis ist der Anspruch der D gegen M aus § 823 I lediglich außerhalb des Versicherungsschutzes ausgeschlossen, und nur soweit M sich um einen anderweitigen Schadensausgleich bemüht.

221 **Exkurs/Vertiefung:** Zur Hemmung der Verjährung von Ansprüchen unter Ehegatten und Lebenspartnern bzw. auch innerhalb anderer familiärer Zusammenhänge, vgl. § 207.

---

36 BGHZ 53, 352, 354.
37 Vgl. *Schlüter*, FamR, Rn. 49; zum Problem des sog. gestörten Gesamtschuldnerausgleichs aufgrund der Haftungsprivilegierung, vgl.: *Roth*, Fall 5, S. 33 f.
38 BGH NJW 1983, 625; *Schlüter*, FamR, Rn. 49.
39 Vgl. OLG Ffm FamRZ 1987, 381.
40 BGHZ 53, 352, 356; BGH FamRZ 1988, 476, 477.
41 BGHZ 63, 51, 58; ebenso BGH NJW 1995, 652 für einen Ausgleichsanspruch aus § 426, der während des Bestehens der Ehe ausgeschlossen sein soll und mit ihrem Scheitern wieder geltend gemacht werden kann.

B. Ansprüche der D gegen die Haftpflichtversicherung (HV) wegen des zerstörten Cocktailkleides

Fraglich ist, ob D wegen des zerstörten Cocktailkleides gegen die Haftpflichtversicherung ihres Mannes vorgehen kann.

I. Anspruch der D gegen die HV aus § 3 Nr. 1 PflVG i.V.m. den §§ 7 I, 18 StVG, 823 I

In Betracht käme ein Anspruch der D gegen die HV aus § 3 Nr. 1 PflVG. **222**

Im Sinne dieser Norm besteht ein Direktanspruch des/der Geschädigten gegen die Haftpflichtversicherung, sofern diese leistungspflichtig ist, d.h. sofern diese für den Schaden der bei ihr versicherten Person eintrittspflichtig ist. Dies ist wiederum der Fall, wenn die versicherte Person als Schädiger ersatzpflichtig gegenüber dem Geschädigten ist. Fraglich ist daher, ob wegen des eingetretenen Schadens am Cocktailkleid ein Anspruch der D gegen ihren Mann besteht.

1. Anspruch der D gegen M aus § 7 I StVG

Die Anspruchsberechtigung der D gegen M könnte sich aus § 7 I StVG herleiten lassen. Nach § 7 I StVG haftet der Halter eines Pkw, sofern es beim Betrieb des Fahrzeuges zu Sach- und/oder Personenschäden gekommen ist. Von der Haltereigenschaft des M ist auszugehen. Der Schaden ist beim Betrieb des Fahrzeugs aufgetreten und auch ein unabwendbares Ereignis i.S.v. § 7 I StVG liegt nicht vor. **223**

Da die Halterhaftung i.S.v. § 7 StVG einen Gefährdungshaftungstatbestand darstellt, bei dem das Verschulden des Schädigers nicht Haftungsvoraussetzung ist, kommt eine Anwendung des § 1359 im Rahmen der Halterhaftung nicht in Betracht. Fraglich ist, ob der Anspruch aus § 7 I StVG über § 8 StVG ausgeschlossen sein könnte.

Die Ausnahmetatbestände des § 8 StVG sind vorliegend nicht einschlägig. Insbesondere greift auch die Haftungsbefreiung des § 8 Nr. 3 nicht ein, da D das Cocktailkleid an sich trug. Folglich besteht ein Anspruch nach § 7 StVG.

> **Exkurs/Vertiefung:** Der früher existierende Haftungsausschluss gegenüber unentgeltlich beförderten Personen gemäß § 8 I, S. 1 StVG a.F. ist durch das Schadensersatzrechtsänderungsgesetz vom 19. Juli 2002 aufgehoben worden. **224**

2. Anspruch der D gegen M aus § 18 I StVG

Darüber hinaus besteht auch ein Anspruch der D gegen M aus § 18 StVG, da er fahrlässig gehandelt hat, mithin den Unfall i.S.v. § 276 verschuldet hat. § 18 StVG bestimmt nämlich, dass über § 7 I StVG auch der Fahrzeugführer haften muss, sofern er den Unfall durch ein Verschulden verursacht hat. **225**

3. Anspruch der D gegen M aus § 823 I

Darüber hinaus könnte auch in Bezug auf das unbrauchbar gewordene Cocktailkleid ein Anspruch der D gegen M aus § 823 I begründet sein. **226**

Fall 4 *Szenen einer Ehe*

Die Tatbestandsvoraussetzungen des § 823 I sind erfüllt, da M die Zerstörung des Kleids durch sein Verhalten adäquat kausal verursacht hat und zudem schuldhaft und rechtswidrig handelte. Da – wie oben gesehen – die Haftungsprivilegierung des § 1359 im Straßenverkehr nicht eingreift, da sie lediglich der Versicherung des M zugute käme, besteht auch der Anspruch aus § 823 I zugunsten der D.

II. Ergebnis

Da M gegenüber seiner Frau für das zerstörte Kleid schadensersatzpflichtig ist, besteht auch eine Leistungspflicht seiner Haftpflichtversicherung. D kann von der HV folglich aus § 3 Nr. 1 PflVG i.V.m. den §§ 7 I, 18 StVG, 823 I Ersatz für das zerstörte Cocktailkleid in Höhe von 380,– € verlangen.

3. Teil: Vaterschaftsanfechtungsklage

Die Vaterschaftsanfechtungsklage ist begründet, wenn M ein Anfechtungsrecht i.S.v. § 1600 zusteht und die Geltendmachung dieses Anfechtungsrechts nicht ausgeschlossen ist.

A. Recht zur Anfechtung der Vaterschaft

227 Nach § 1600 besteht für die Mutter, das Kind und den Mann, der nach § 1592 Nr. 1, Nr. 2 und § 1593 als Vater qualifiziert wird, ein Anfechtungsrecht. Mithin ist M zur Anfechtung berechtigt, da über § 1592 Nr. 1 aufgrund seiner Ehe zu D vermutet wird, dass er der Vater der T sei.

B. Ausschluss des Anfechtungsrechts

Fraglich ist, ob dieses Recht vorliegend ausgeschlossen ist.

I. Ausschluss nach § 1600b

228 Das Gesetz sieht als Ausschlussgrund die Versäumung der Anfechtungsfrist i.S.d. § 1600 b vor. Da die Frist von zwei Jahren nach Kenntnis der entsprechenden Umstände jedoch noch nicht abgelaufen ist, diese Ausnahme hier mithin nicht einschlägig ist, besteht kein gesetzlicher Ausschlussgrund nach § 1600b.

II. Ausschluss nach § 1600 IV

229 Es könnte jedoch der Ausschlussgrund des § 1600 IV eingreifen. Nach § 1600 IV kann ein Mann die Vaterschaft nicht anfechten, wenn das Kind mit seiner Einwilligung und der der Mutter im Wege der heterologen Insemination gezeugt worden ist. Vorliegend hat sich M nach eingehender juristischer und ärztlicher Beratung damit einverstanden erklärt, dass bei seiner Frau D eine heterologe Insemination durchgeführt wird und die Vaterschaft anerkannt. Folglich ist sein Anfechtungsrecht aufgrund des § 1600 IV ausgeschlossen.

> **Exkurs/Vertiefung:** Durch Gesetz vom 23. 4. 2004 wurden Abs. 2 und Abs. 3 des § 1600 neu eingeführt, mit der Folge, dass der bisherige Abs. 2 (der im Jahre 2002 neu eingeführt worden war) gleich lautend in Abs. 4 übernommen wurde.
> Bis 2002 hatte der BGH in einer Vaterschaftsanfechtung selbst dann keinen Rechtsmissbrauch i.S.d. § 242 gesehen, wenn der Ehemann der Insemination nach gehöriger Beratung zugestimmt hatte[42] und damit nicht gesehen, dass diese Fallkonstellation nicht mit den Anfechtungsfällen vergleichbar ist, in denen der Ehemann der Mutter erst nachträglich vor die Frage gestellt wird, ob er einem ohne sein Wissen und Zutun gezeugten Kind die Stellung eines eigenen Kindes belassen will.

230

C. Ergebnis

Die Vaterschaftsanfechtungklage ist somit unbegründet.

4. Teil: Umgangsregelungen

A. Vorgehen der D gegen K

Fraglich ist, an welches Gericht sich D bezüglich einer Umgangsregelung wenden müsste und unter welchen Umständen einem entsprechenden Antrag entsprochen würde.

I. Zuständiges Gericht

Sachlich zuständig ist bei Streitigkeiten, die den Umgang des Kindes betreffen, gemäß den §§ 1632 II, III i.V.m. den §§ 64 FGG, § 23b Nr. 3 GVG das Familiengericht als Abteilung des Amtsgerichts gemäß § 23b I 1 GVG, wobei das Jugendamt beim gerichtlichen Verfahren nach § 50 I 1 SGB VIII mitzuwirken hat.

231

Da es sich um eine Streitigkeit über den Umgang der S handelt, die dem § 621 I Nr. 2 ZPO unterfällt[43], richtet sich die örtliche Zuständigkeit nach § 621 II 2 i.V.m. den §§ 12 f. ZPO. Gemäß § 621a ZPO ist das FGG-Verfahren einschlägig, wobei für alle Umgangsangelegenheiten gemäß § 14 I Nr. 16 RPflG der Richter funktionell zuständig ist.

Um zu beantragen, dass dem K der Umgang mit S verboten wird, müsste sich D daher an das Amtsgericht Freiburg als das örtlich zuständige Familiengericht wenden.

II. Entscheidung über den Antrag

Dem Antrag der D wird entsprochen, wenn D dazu berechtigt ist, den Umgang ihrer Tochter zu bestimmen und die Voraussetzungen für ein gerichtliches Einschreiten nach § 1666 erfüllt sind.

232

---

42 BGHZ 87, 169, 173, BGH NJW 1995, 2921.
43 *Zöller/Philippi*, ZPO, § 621 Rn. 36.

Fall 4 *Szenen einer Ehe*

Die Bestimmung des Umgangs ist gemäß § 1632 II Teil der Personensorge, die wiederum i.S.v. § 1626 I neben der Vermögenssorge Bestandteil der elterlichen Sorge ist[44].

1. D als Inhaberin der elterlichen Sorge

233 Fraglich ist daher, ob D in Bezug auf ihre Tochter S Inhaberin der elterlichen Sorge ist. Gemäß § 1626 sind verheiratete Eltern grundsätzlich gemeinsam Inhaber der elterlichen Sorge. Auch bei einer Scheidung der Eltern wird vom Familiengericht über die elterliche Sorge nicht mehr zwingend als Folgesache mitentschieden, so dass es bei der gemeinsamen elterlichen Sorge verbleibt, sofern kein Antrag nach § 1671 gestellt wird. Da dem Sachverhalt nicht zu entnehmen ist, dass D oder M einen Antrag nach § 1671 gestellt haben, kann davon ausgegangen werden, dass D und M auch nach Trennung und Scheidung die elterliche Sorge i.S.v. § 1626 gemeinsam zustand. Mit dem Tod des M stand sie dann gemäß § 1680 I D allein zu. D kann daher gemäß § 1632 II auch den Umgang der S mit Wirkung für und gegen Dritte bestimmen.

Schranken für dieses Elternrecht ergeben sich jedoch aus § 1626 II. Nach dieser Norm haben die Eltern bei der Pflege und Erziehung des Kindes die wachsende Fähigkeit und das wachsende Bedürfnis des Kindes zu selbständigem verantwortungsbewusstem Handeln zu berücksichtigen. Zudem ist in § 1631 II das Verbot entwürdigender Maßnahmen bei der Erziehung normiert.

234 Selbst bei Berücksichtigung der wachsenden Reife der 15-jährigen S i.S.d. § 1626 II widerspricht der Umgang mit dem wesentlich älteren Vater der Schulfreundin einer verantwortungsbewussten Erziehung und lässt eine geistige bzw. seelische Fehlentwicklung bei S befürchten. Es hat sich bereits gezeigt, dass sich S für nichts mehr zu interessieren scheint, so dass eine Fehlentwicklung u.U. bereits eingesetzt hat. Der eigene Wille der S muss daher zurückstehen.

2. Voraussetzungen des § 1666

235 Fraglich ist, ob auch die Voraussetzungen für ein gerichtliches Einschreiten i.S.d. § 1666 I gegeben sind. Nach § 1666 I hat das Familiengericht die zur Abwendung einer Gefahr für das körperliche, geistige oder seelische Wohl des Kindes erforderlichen Maßnahmen zu treffen, wenn die Eltern nicht in der Lage sind, die Gefahr abzuwenden.

Da D mehrfach erfolglos versucht hat, K dazu zu veranlassen, die Beziehung zu ihrer Tochter abzubrechen, ist sie selbst nicht in der Lage die durch dieses Verhältnis ausgehende Gefährdung von ihrer Tochter abzuwenden.

3. Ergebnis

Das Familiengericht hat daher gegenüber K unter Androhung von Zwangsgeld gemäß § 33 FGG ein Umgangsverbot auszusprechen.

---

[44] Zum Anspruch auf Herausgabe des Kindes i.S.d. § 1632 I, vgl.: *Roth*, Fall 9, S. 69, OLG Zweibrücken FamRZ 2005, 745 f.

B. Vorgehen der D gegen S

Fraglich ist, wie D gegen ihre Tochter vorgehen kann. Da D, wie oben gesehen, als Inhaberin der elterlichen Sorge gemäß den §§ 1632 II, 1626 berechtigt ist, den Umgang ihrer Tochter zu bestimmen, kann sie ihrer Tochter den Umgang mit K verbieten. Dieses Verbot kann sie auch durch geeignete Erziehungsmaßnahmen, die allerdings nicht i.S.d. § 1631 II entwürdigend sein dürfen, durchsetzen.

236

Gemäß § 1631 III kann sie zudem beim Familiengericht beantragen, Unterstützung zu erhalten, wobei auch in einem derartigen Verfahren das Jugendamt mitzuwirken hat, vgl. § 50 I 1 SGB VIII.

Um dem Umgangsverbot gegenüber S einen rechtsoffiziellen Charakter zu verleihen, wird das Familiengericht – nach Anhörung der S, vgl. § 50b FGG – ein Umgangsverbot aussprechen.

Repetitorium

- **I. Das Freiwillige Gerichtsverfahren** ist ein besonderes gerichtliches Verfahren zur Erledigung bestimmter privatrechtlicher Angelegenheiten[45].

  237

  - Die **Abgrenzung zum Zivilprozess** erfolgt allein aufgrund gesetzlicher Zuweisungen. Da das FGG als Rahmengesetz keine vollständige Verfahrensordnung enthält, sind seine Lücken durch analoge Anwendung zivilprozessualer Vorschriften zu schließen[46].
  - **Gegenstand des Freiwilligen Gerichtsverfahrens** sind z.B.:
    - Vormundschafts-, Betreuungssachen (§§ 35 ff., 65 ff. FGG)
    - bestimmte Familiensachen, wie Verfahren über den Zugewinn- und Versorgungsausgleich i.S.d. §§ 53a–g FGG, vgl. auch § 621a I ZPO, und das Hausratsverteilungsverfahren (§ 621 I Nr. 7 ZPO)
    - Unterbringungssachen i.S.d. §§ 70 ff. FGG i.V.m. den UnterbringungsG der Länder für psychisch Kranke
    - Nachlasssachen (§§ 72 ff. FGG)
    - Registersachen (z.B. Handelsregister i.S.d. §§ 125 ff. FGG, Vereinsregister i.S.d. §§ 159 ff. FGG, Güterrechtsregister i.S.d. §§ 161, 162 FGG,
    - Grundbuchsachen, vgl. GBO
  - **Das Verfahren:**
    - Zuständige Gerichte sind i.d.R. die Gerichte der ordentlichen Gerichtsbarkeit
    - Der Verfahrensbeginn erfolgt z.T. **von Amts wegen** (z.B. grundsätzlich bei: Vormundschaftssachen), z.T. auch **auf Antrag** (z.B. bei Grundbuchsachen)
    - Die Parteien heißen: **Beteiligte**; nur für sie ist das Verfahren öffentlich
    - Eine mündliche Verhandlung ist nicht erforderlich, z.T. ist aber eine Anhörung vorgeschrieben, vgl. z.B. §§ 50a und 50b FGG

---

45 Zu den Familiensachen der Freiwilligen Gerichtsbarkeit: *Zimmermann*, FGG, XV, S. 210 ff.
46 *Zöller/Philippi*, ZPO, § 621a Rn. 5.

Fall 4   *Szenen einer Ehe*

- Es gilt der **Grundsatz der Amtsermittlung** gemäß § 12 FGG
- Die Entscheidung ergeht durch **Beschluss (=Verfügung)**:
  1. Instanz: AG (funktionell: Richter/Rechtspfleger) <= 2. Instanz: **Beschwerde an das LG** i.S.v. § 19 FGG <= 3. Instanz: **weitere Beschwerde** nur Rechtsbeschwerde, vgl. § 27 FGG **an das OLG**, vgl. § 28 FGG.

238 **II. Die elterliche Sorge i.S.d. § 1626**
- Gemäß § 1626 sind verheiratete Eltern grundsätzlich **gemeinsam** Inhaber der elterlichen Sorge. Auch bei einer Scheidung der Eltern wird vom Familiengericht über die elterliche Sorge nicht mehr zwingend als Folgesache mitentschieden, so dass es bei der gemeinsamen elterlichen Sorge verbleibt, sofern kein Antrag nach § 1671 gestellt wird. Zur elterlichen Sorge nicht verheirateter Eltern, vgl. §§ 1626a, 1672.
- Entscheidungsmaßstab für sämtliche Sorgerechtsmaßnahmen ist immer das **Kindeswohl, vgl. § 1697a.**
- In Bezug auf die **Haftung der Eltern gilt § 1664**, wonach die Eltern bei der Ausübung der elterlichen Sorge dem Kind gegenüber für die Sorgfalt einzustehen haben, die sie in eigenen Angelegenheiten anzuwenden pflegen (diligentia quam in suis)[47]. Die Parallele zum Haftungsmaßstab unter Ehegatten und Lebenspartnern findet sich in § 1359 und § 4 LPartG.
- Die **elterliche Sorge** umfasst sowohl die **Personensorge i.S.d. §§ 1631 ff.**, als auch die **Vermögenssorge i.S.d. § 1638 ff.** und das entsprechende **Vertretungsrecht i.S.d. § 1629 I**, wobei die Vertretungsmacht der Eltern in bestimmten Fällen ausgeschlossen sein kann[48], vgl. z.B. § 1629 II 1 i.V.m. § 1795. Bei anderen Rechtsgeschäften, wie z.B. Grundstücksgeschäften i.S.d. § 1821, ist die Vertretungsmacht der Eltern zwar gesetzlich nicht ausgeschlossen, für ihre Wirksamkeit ist jedoch die Genehmigung des Familiengerichts erforderlich, vgl. § 1643[49].

239 **III. Vormundschaft, Betreuung, Pflegschaft**
- Die **Vormundschaft i.S.d. §§ 1773 ff.** ersetzt die **fehlende elterliche Fürsorge** und wird durch das Vormundschaftsgericht angeordnet. Ein Minderjähriger erhält einen Vormund, wenn er nicht unter elterlicher Sorge steht, wenn die Eltern weder zur Vertretung in den Angelegenheiten der Personen-, noch der Vermögenssorge berechtigt sind (§ 1773 I) oder wenn der Familienstand des Minderjährigen nicht zu ermitteln ist (§ 1773 II)[50].
I.S.d. § 1793 umfasst die Vormundschaft die Personen- und Vermögenssorge für das Mündel sowie seine Vertretung, wobei das Gesetz in Bezug auf die Personensorge auf die für Eltern geltenden Vorschriften der §§ 1631–1633 verweist, vgl. § 1800. In Bezug auf die Vermögenssorge unterliegt der Vormund stärkeren Beschränkungen als die Eltern, vgl. §§ 1806, 1807.
Zu den Fällen, in denen der Vormund das Mündel nicht vertreten kann: vgl. §§ 1794, 1795 II i.V.m. § 181; 1795 I Nr. 1–3; 1796.

---

47 Dazu: *Palandt/Diederichsen*, § 1664 Rn. 1 und Roth, Fall 9, S. 66 ff.
48 *Schlüter*, FamR, Rn. 378 f.
49 *Schlüter*, FamR, Rn. 380 ff.; zur beschränkten Haftung des Kindes nach Eintritt der Volljährigkeit i.S.v. § 1629a: *Schlüter*, FamR, Rn. 383.
50 Dazu: *Lüderitz*, FamR, Rn. 1077.

Zu den Fällen, in denen der Vormund der Genehmigung des Vormundschaftsgerichts bedarf: vgl. §§ 1821, 1822.
- **Die rechtliche Betreuung i.S.d. § 1896** wird durch das Vormundschaftsgericht angeordnet, wenn ein Volljähriger (bzw. 17-jähriger im Falle des § 1908 a) auf Grund einer psychischen Krankheit oder einer körperlichen, geistigen oder seelischen Behinderung seine Angelegenheiten ganz oder teilweise nicht selbst regeln kann. Die Bestellung eines Betreuers unterliegt zum einen dem Erforderlichkeitsgrundsatz i.S.v. § 1896 II, zum anderen dem Subsidiaritätsprinzip i.S.v. § 1896 II 2[51].
- Bei der **Pflegschaft i.S.d. §§ 1909 ff.** handelt es sich um eine **Fürsorge**, die sowohl für Minderjährige als auch für Volljährige erfolgen kann und grundsätzlich auf **einzelne Angelgenheiten** beschränkt ist. Die Vorschriften über die Vormundschaft finden hier grundsätzlich entsprechende Anwendung, vgl. § 1915. Als Fälle der Pflegschaft existieren:
    - **die Ergänzungspflegschaft i.S.d. § 1909** (bei Angelegenheiten, für die die Eltern oder der Vormund nicht sorgen können/dürfen)
    - **die Abwesenheitspflegschaft i.S.d. § 1911** (in Vermögensangelegenheiten für einen Volljährigen, dessen Aufenthaltsort unbekannt ist)
    - **Pflegschaft für eine Leibesfrucht i.S.d. § 1912** (zur Wahrung ihrer künftigen Rechte)
    - **Pflegschaft für unbekannte Beteiligte i.S.d. § 1913**
    - **Pflegschaft für gesammeltes Vermögen i.S.d. § 1914**

IV. Kontrollfragen 240
1. Ist der haushaltsführende Ehegatte/Lebenspartner zur Mitarbeit im Beruf bzw. Geschäft des Partners verpflichtet?
2. Ist die geleistete Arbeit zu vergüten, wenn die Ehegatten darüber keine ausdrückliche Vereinbarung getroffen haben?
3. Aus welchen Gründen kann das Recht zur Anfechtung der Vaterschaft ausgeschlossen sein?
4. Welcher Verschuldensmaßstab ist unter Eheleuten anzuwenden?
5. Was ist Inhalt der elterlichen Sorge?
6. Wann schreitet das Familiengericht bei Gefährdung des Kindeswohls ein?
7. Wo ist geregelt, dass das Familiengericht das Kind in Sorgerechtsangelegenheiten persönlich anzuhören hat?
8. Wann kann die Vertretungsmacht der Eltern ausgeschlossen sein?
9. Welcher Haftungsmaßstab kann zwischen Eltern und ihren Kindern gelten?
10. Was bedeutet Vormundschaft, Betreuung, Pflegschaft?

---

51 *Schlüter*, FamR, Rn. 451.

Fall 5

Sex sells, aber wer zahlt?

241 Boris Behnke (B) ist frustriert darüber, dass seine Frau Kirsten (K) als erfolgreiche Unternehmensberaterin so selten zu Hause ist. Er hatte sich das Eheleben anders vorgestellt. Als B, der nicht gerne kocht und sich vorwiegend von Mikrowellenprodukten ernährt, aus dem Fernsehen erfährt, wie schädlich alte Mikrowellengeräte sein können, versucht er seine Frau davon zu überzeugen, mit ihm ein neues Gerät zu erwerben. K meint allerdings, dass das Gerät, das B vor seiner Ehe von seinen Eltern geschenkt bekommen hatte, nicht ersetzt werden müsse, da es noch funktionstüchtig sei. Sie ist gegen einen Neuerwerb. Als K auf einer Geschäftsreise ist, nutzt B die Gelegenheit und schließt beim Küchenhaus Voß (V) einen Kaufvertrag über einen neuen Mikrowellenherd zum Preis von 150,– € ab, wobei es ihm besonders wichtig ist, dass er das alte Gerät, dessen er sich endlich entledigen will, für 20,– € in Zahlung geben kann. V ist damit einverstanden.

Als der Mikrowellenherd geliefert wird, erhält V von B das alte Gerät und eine Anzahlung in Höhe von 50,– €.

Der gelangweilte B beginnt sich schließlich mit Telefonsexgesprächen abzulenken. Er schließt dazu über den Festnetzanschluss der Familie einen Telefondienstvertrag mit einem Telefonsexanbieter (T). Anfänglich belaufen sich die dadurch entstehenden Kosten jeweils auf etwa 150,– €. Da er dann allerdings immer öfter zum Hörer greift, fällt dafür schließlich ein Entgelt in Höhe von 3500,– € an.

Frage 1:

B zahlt den Mikrowellenherd nicht. Kann V von K bei Fälligkeit Zahlung des für den neuen Mikrowellenherd vereinbarten Restbetrages verlangen?
K will wissen, ob sie bei Zahlung auch Eigentum erwirbt.

Frage 2:

Kann K von V über § 985 Herausgabe des alten Mikrowellengerätes an sich selbst verlangen?

Frage 3:

Kann der Telefonsexanbieter (T) von K Bezahlung der Rechnung in Höhe von 3500,– € verlangen?

Auch Boris und Kirstens 17-jähriger Sohn Fritz (F), der mit der 21-jährigen Krankenschwester Paula (P) verheiratet ist, kauft bei V ein. Er ersteht dort eine günstige Spülmaschine für 300,– €. Als das Gerät geliefert wird, ist nur er zu Hause, nimmt die Spülmaschine entgegen und versichert V, dass der Rechnungsbetrag noch am selben Tage überwiesen werde. Als Paula vom Kauf erfährt, ist sie verärgert, dass F ohne ihr Wissen „mit ihrem Geld Einkäufe tätigt". Obwohl sie die Anschaffung für sehr sinnvoll hält und eine Spülmaschine im Haushalt wegen des häufigen Besuchs ihrer gemeinsamen Freunde ohnehin bereits des Öfteren vermisst hat, verweigert sie die Bezahlung. F selbst hat kein Geld.

Frage 4:

V fragt auch hier nach seinen Ansprüchen. Er hat, nachdem er von der Minderjährigkeit des F erfahren hat, B und K zur Genehmigung des Geschäfts ihres Sohnes aufgefordert. Da beide gegen diese frühe Ehe waren (der Hochzeit aber dennoch nicht widersprochen haben) und finden, dass F nun selbst lernen müsse, die Konsequenzen zu tragen, reagieren sie auf die Anfrage des V nicht. V hat nun seit über vier Wochen von ihnen keine Antwort erhalten und will von F oder P das Geld.

Fall 5 *Sex sells, aber wer zahlt?*

Vorüberlegungen

242 **I.** In dieser Klausur werden die Problemkreise des § 1357 abgefragt, wobei die Kenntnis der jüngsten BGH Rechtsprechung zur Frage, wann ein Geschäft zur angemessenen Deckung des Lebensbedarfs vorliegt, hilfreich ist.

II. Besonders wichtig ist es, bei der Anfertigung des Gutachtens genau auf die Fallfragen zu achten. Die Sachverhaltsformulierung könnte dazu verleiten, einen Eigentumserwerb des B aufgrund von § 1370 zu prüfen. Danach ist jedoch nicht gefragt. Die Kenntnis des § 1370 kann allerdings in der Diskussion der Streitfrage, ob § 1357 auch dingliche Wirkung haben kann, helfen.

III. Es zeigt sich bei der vorliegenden Fallgestaltung, dass insbesondere auch die Kenntnis des BGB AT unabdinglich ist. Ansonsten wird leicht die Norm des § 139 übersehen.

Gliederung

243 **1. Teil: Kaufvertragliche Rechtsbeziehung zwischen V gegen K**
   A. Zahlungsanspruch des V gegen K aus § 433 II
      I. Stellvertretung durch B i.S.d. §§ 164 ff.
      II. Anspruch aus § 433 II i.V.m. § 1357
         1. Anwendbarkeit
         2. Geschäft zur angemessenen Deckung des Lebensbedarfs
         3. Kein Ausschluss durch Eigengeschäft i.S.v. § 1357 I 2 a.E. oder Beschränkung i.S.d. § 1357 II 1
         4. Zwischenergebnis
            a) Nichtigkeit gemäß § 139 i.V.m. den §§ 1369 I, III, 1366 IV
               aa) Einheitliches Rechtsgeschäft i.S.v. § 139
               bb) Teilnichtigkeit
                   (1) Anwendbarkeit des § 1369
                   (2) einem Ehegatten gehörender Haushaltsgegenstand i.S.d. § 1369
                   (3) Verfügung oder Verpflichtung zur Verfügung
            b) Ergebnis zur Nichtigkeit i.S.d. § 139 i.V.m. den §§ 1369 I, III, 1366 IV
         5. Rechtsfolge
      III. Ergebnis
   B. Eigentumserwerb der K
      I. Erwerb nach § 929 S. 1 i.V.m. § 1357
         1. Frühere Rechtsprechung
         2. HM
         3. Diskussion
         4. Zwischenergebnis
      II. Ergebnis

2. Teil: Herausgabeanspruch der K

A. Anspruch der K gegen V auf Herausgabe des alten Mikrowellenherdes aus § 985 i.V.m. den §§ 1368, 1369
  I. Gesetzliche Prozessstandschaft der K über § 1368
  1. Eigentum des B
     a) Einigung und Übergabe i.S.d. § 929 S. 1
     b) Berechtigung des B bzw. gutgläubiger Erwerb vom Nichtberechtigten
        aa) Fehlende Berechtigung des B durch Verfügungsbeschränkung des § 1369 I
        bb) Gutgläubiger Erwerb
           (1) §§ 1365, 1369 als relative Veräußerungsverbote
           (2) §§ 1365, 1369 als absolute Veräußerungsverbote
           (3) §§ 1365, 1369 weder als relative noch absolute Veräußerungsverbote
           (4) Diskussion und Zwischenergebnis
     c) Ergebnis
  2. Besitz des V
  3. Kein Recht zum Besitz i.S.v. § 986
  4. Zurückbehaltungsrecht aus § 273
  5. Schutzzweck des § 1369
  6. Zwischenergebnis
  II. Herausgabe an K
  1. Herausgabe an den Eigentümer-Ehegatten
  2. Herrschende Meinung
  3. Kompromisslösung
  4. Diskussion und Zwischenergebnis

B. Ergebnis

3. Teil: Inanspruchnahme der K durch den Telefonsexanbieter (T)

A. Anspruch der T gegen B auf Zahlung der 3500,– € aus § 611 i.V.m. § 1357
  I. Anwendbarkeit des § 1357
  II. Geschäft zur angemessenen Deckung des Lebensbedarfs

B. Ergebnis

4. Teil: Rechtsbeziehung zwischen V und den Eheleuten F und P

A. Zahlungsanspruch des V gegen F aus einem Kaufvertrag i.S.d. § 433 II
  I. Wirksamkeit des Kaufvertrages
  II. Ergebnis

B. Zahlungsanspruch des V gegen P aus einem Kaufvertrag i.S.d. § 433 II
  I. Stellvertretung durch F i.S.d. §§ 164 ff.
  II. Anspruch aus § 433 II i.V.m. § 1357
  1. Anwendbarkeit
     a) Wirksame Ehe und kein Getrenntleben

Fall 5 *Sex sells, aber wer zahlt?*

        b) Anwendbarkeit trotz Minderjährigkeit des handelnden Partners
    2. Geschäft zur angemessenen Deckung des Lebensbedarfs
    3. Kein Ausschluss durch Eigengeschäft oder Beschränkung
    4. Rechtsfolge
 III. Ergebnis

Lösung

1. Teil: Kaufvertragliche Rechtsbeziehung zwischen V und K

A. Zahlungsanspruch des V gegen K aus § 433 II

V könnte gegen K einen Anspruch auf Zahlung der Restsumme in Höhe von 80,– €
i.S.d. § 433 II haben. Dies setzt voraus, dass zwischen ihnen ein wirksamer Kaufvertrag über den neuen Mikrowellenherd zustande gekommen ist.

I. Stellvertretung durch B i.S.d. §§ 164 ff.

K selbst war nicht an einem Vertragsabschluss beteiligt. Sie könnte jedoch durch ihren Mann i.S.d. §§ 164 ff. wirksam vertreten worden sein. Voraussetzung für eine wirksame Stellvertretung i.S.d. §§ 164 ff. wäre, dass B eine eigene Willenserklärung im Namen seiner Frau mit Vertretungsmacht abgegeben hat[1]. B gab – nach außen erkennbar – eine eigene Willenserklärung ab. B ist jedoch nicht im Namen seiner Frau K aufgetreten. Es war auch nicht aus den Umständen (§ 164 I 2) ersichtlich, dass B nicht für sich, sondern für K handeln wollte. Da sein Handeln in fremdem Namen nicht offenkundig war, kommt eine wirksame Stellvertretung nur in Betracht, wenn eine Ausnahme vom sog. Offenkundigkeitsprinzip einschlägig ist. Eine Ausnahme vom Offenkundigkeitsprinzip stellt insbesondere das sog. „Geschäft für den, den es angeht" dar[2]. In dieser Fallkonstellation hat der Geschäftsgegner an der Offenlegung des Vertretungsverhältnisses kein Interesse, weil ihm die Person des Geschäftspartners gleichgültig ist, was bei Bargeschäften des täglichen Lebens anzunehmen ist[3]. Da vorliegend der Kaufpreis nicht unmittelbar vollständig entrichtet wurde, also gerade kein Bargeschäft vorliegt, greift die Ausnahme des Offenkundigkeitsprinzips hier nicht.

Folglich hat B seine Frau K nicht i.S.d. §§ 164 ff. wirksam vertreten.

II. Anspruch aus § 433 II i.V.m. § 1357

Möglicherweise könnte sich der Anspruch des V gegen K auf Zahlung des Restkaufpreises jedoch aus § 433 II i.V.m. § 1357 ergeben.

Nach § 1357 soll die eheliche Haushaltsführung – unabhängig vom jeweiligen Güterstand – insofern erleichtert werden, als jeder Ehegatte berechtigt ist, Geschäfte zur angemessenen Deckung des Lebensbedarfs mit Wirkung auch für den anderen Ehegatten zu besorgen[4].

---

1 Zur Stellvertretung: *Schack*, BGB AT, Rn. 449 ff.
2 *Giesen*, BGB AT, Rn. 389.
3 *Schack*, BGB AT, Rn. 465.
4 *Schlüter*, FamR, Rn. 85; *Soergel/Lange*, § 1357 Rn. 1.

Fall 5 *Sex sells, aber wer zahlt?*

246 **Exkurs/Vertiefung:** Gesetzgeberisches Ziel des § 1357 war zum einen der Gläubigerschutz bzw. Schutz des Rechtsverkehrs, zum anderen sollte derjenige Ehegatte, der die Haushaltsführung übernommen hat und über kein eigenes Einkommen verfügt, in die Lage versetzt werden, die mit der Haushaltsführung anfallenden Geschäfte eigenverantwortlich abschließen zu können, ohne dass dazu die Mitwirkung bzw. Bevollmächtigung des Partners notwendig wäre[5]. Nach Ansicht des BVerfG verstößt § 1357 auch nicht gegen Art. 6 I GG, weil es den Eheleuten neben Pflichten auch zusätzliche Rechte einräumt[6].

1. Anwendbarkeit

247 Fraglich ist, ob § 1357 vorliegend anwendbar ist.

Für die Anwendbarkeit des § 1357 ist Voraussetzung, dass zum Zeitpunkt des Vertragsschlusses mit V zwischen B und seiner Frau K eine wirksame Ehe bestanden hat und die Ehegatten nicht i.S.v. § 1357 III i.V.m. § 1567 I getrennt gelebt haben. Diese Voraussetzungen sind vorliegend erfüllt.

2. Geschäft zur angemessenen Deckung des Lebensbedarfs

248 Darüber hinaus müsste der Kauf des Mikrowellenherdes als Geschäft zur angemessenen Deckung des Lebensbedarfs der Familie i.S.v. § 1357 I 1 zu qualifizieren sein.

Zum Lebensbedarf gehört alles, was zur Führung des Haushalts notwendig ist und was zum Familienunterhalt nach den §§ 1360, 1360a im weiteren Sinne zählt, also neben typischen Haushaltsgeschäften v.a. die Anschaffung von Lebensmitteln und Kleidung, die Miete einer Wohnung, Versorgung mit Strom, Gas und ein Telefonanschluss[7]. Darüber hinaus auch der Kauf von Kosmetika, Ausgaben für Genussmittel und Bücher und auch die Konsultation eines Arztes bzw. ein Krankenhausaufenthalt[8].

Der Kauf des gemeinsam genutzten Haushaltsgegenstandes: Mikrowellenherd gehört folglich zum Lebensbedarf.

Für die Frage der Angemessenheit kommt es auf die für Dritte erkennbare Lebensführung der Ehegatten und nicht auf die wirklichen Vermögens- und Einkommensverhältnissen der Eheleute an[9].

Angemessen sind i.S.d. § 1357 I solche Geschäfte, die üblicherweise von einem Ehegatten selbstständig, also ohne notwendige vorherige Konsultation mit dem Partner bzw. ohne seine Mitwirkung, erledigt werden.

Der Kauf eines Mikrowellenherdes als Ersatz für ein völlig veraltetes Modell ist ohne vorherige Absprache mit dem Partner möglich und kann auch aus Sicht des V als Geschäft zur angemessenen Deckung des Lebensbedarfes i.S.d. § 1357 I qualifiziert werden.

---

5 BT-Drs. 7/650, S. 98 f.
6 BVerfG NJW 1990, 175.
7 BGH FamRZ 2004, 778.
8 BGH FamRZ 1985, 576; OLG Schleswig, FamRZ 1994, 444; *Wacke*, NJW 1979, 2585, 2588; *Schlüter*, FamR, Rn. 88 m.w.N.
9 BGHZ 94, 1; BGH FamRZ 2004, 778.

3. Kein Ausschluss durch Eigengeschäft i.S.v. § 1357 I 2a. E. oder Beschränkung i.S.d. § 1357 II 1

Des Weiteren dürfte § 1357 nicht i.S.v § 1357 I 2 a.E. ausgeschlossen (Eigengeschäft) oder i.S.d. § 1357 II 1 beschränkt sein.

Ein Eigengeschäft liegt vor, wenn sich aus den Umständen ergibt, dass der handelnde Ehegatte bei Abschluss des Rechtsgeschäftes, das der Deckung des angemessenen Familienbedarfs dient, nur sich selbst verpflichten wollte. Dies kann insbesondere bei ausdrücklich oder konkludent erklärtem abweichenden Willen des vertragsschließenden Ehegatten[10], aber auch bei mangelnder Leistungsfähigkeit des anderen Partners der Fall sein[11]. Da B nicht zum Ausdruck gebracht hat, dass er nur sich selbst verpflichten wollte, liegt kein Eigengeschäft des B i.S.d. § 1357 I 2 a.E. vor.

Damit eine Beschränkung bzw. ein Ausschluss i.S.d. § 1357 II 1 gegenüber Dritten wirksam wäre, müsste sie im Güterrechtsregister eingetragen oder aber dem Dritten bekannt sein, vgl. § 1412. Da K weder eine derartige Beschränkung bzw. einen Ausschluss i.S.d. § 1357 II 1 zu Lasten ihres Mannes ins Güterrechtsregister eintragen ließ, noch etwas derartiges dem V bekannt war, greift auch der Ausschlusstatbestand des § 1357 II 1 nicht ein.

Die im Verhältnis zu ihrem Mann geäußerte ablehnende Haltung der K gegenüber einem Neuerwerb ist (ohne entsprechende Eintragung) rechtlich unerheblich.

> **Exkurs/Vertiefung:** Die in das Güterrechtsregister i.S.d. §§ 1558 ff. eingetragenen Tatsachen, müssen Dritte gelten lassen, selbst wenn sie nichts davon wussten, vgl. 1412 I. Ebenso wie das Handelsregister, vgl. § 15 I und II HGB hat das Güterrechtsregister jedoch nur eine negative Publizität: Gutgläubige Dritte dürfen sich daher lediglich auf das Schweigen des Registers nicht aber auf seine positiven Angaben verlassen[12].

4. Zwischenergebnis

Da die Voraussetzungen des § 1357 erfüllt sind, müsste K an sich über § 1357 durch das von B abgeschlossene Rechtsgeschäft mitverpflichtet sein.

a) Nichtigkeit gemäß § 139 i.V.m. den §§ 1369 I, III, 1366 IV

Etwas anderes könnte sich jedoch aus § 139 i.V.m. den §§ 1369 I, III, 1366 IV ergeben. Der Kauf des neuen Mikrowellenherdes könnte nämlich nach § 139 i.V.m.. §§ 1369 I, III, 1366 IV nichtig sein, wenn die Inzahlunggabe der alten Maschine unwirksam ist. Eine Teilnichtigkeit könnte dann über § 139 zur Gesamtnichtigkeit führen. Fraglich ist jedoch, ob § 139 hier überhaupt Geltung erlangen kann.

aa) Einheitliches Rechtsgeschäft i.S.v. § 139

Die in § 139 getroffene Regelung gilt lediglich dann, wenn die Teilnichtigkeit ein einheitliches Rechtsgeschäft betrifft. Für die Beurteilung, ob ein einheitliches Rechtsge-

---
10 *Palandt/Brudermüller*, § 1357 Rn. 18 m.w.N.
11 BGH JZ 1992, 586 ff.
12 Vgl. auch *Schlüter*, FamR, Rn. 96.

Fall 5 *Sex sells, aber wer zahlt?*

schäft vorliegt, ist das entscheidende Kriterium der Einheitlichkeitswille der Parteien bzw. der Einheitlichkeitswille einer Partei, sofern er für die andere Seite erkennbar war und von ihr hingenommen bzw. gebilligt wurde[13]. Durch Auslegung i.S.v. § 157 muss daher ermittelt werden, ob die Rechtsgeschäfte miteinander stehen und fallen sollen[14].

In diesem Sinne bilden der Kaufvertrag über den neuen Mikrowellenherd und die Vereinbarung der Inzahlungnahme des alten Geräts ein einheitliches Rechtsgeschäft i.S.v. § 139, da B mit V vereinbart hat, dass B sich des alten Gerätes entledigen könne und für V erkennbar war, dass B die Neuanschaffung nicht ohne die Möglichkeit der Inzahlunggabe vorgenommen hätte und er dies zudem gebilligt hat.

bb) Teilnichtigkeit

253 Fraglich ist nun, ob das Rechtsgeschäft hinsichtlich des alten Gerätes nach den §§ 1369 I, III, 1366 IV unwirksam ist. Gemäß der Verpflichtungs- und Verfügungsbeschränkung des § 1369 kann ein Ehegatte über einen ihm gehörenden Haushaltsgegenstand nur mit Zustimmung seines Ehepartners wirksam verfügen bzw. sich zu einer Verfügung darüber verpflichten. Möglicherweise ist § 1369 jedoch vorliegend nicht anwendbar.

(1) Anwendbarkeit des § 1369

254 Die Anwendbarkeit des § 1369 setzt voraus, dass die Eheleute im Güterstand der Zugewinngemeinschaft leben.

K und B leben gemäß § 1363 im gesetzlichen Güterstand der Zugewinngemeinschaft, da sie nicht durch Ehevertrag i.S.v. § 1408 etwas anderes vereinbart haben. § 1369 ist folglich anwendbar.

(2) Einem Ehegatten gehörender Haushaltsgegenstand, vgl. § 1369

255 Des Weiteren müsste es sich bei dem Mikrowellenherd um einen Gegenstand des ehelichen Haushalts handeln, der B gehört.

Da B bereits vor der Ehe Eigentümer des Mikrowellenherdes war, sich daran auch durch die Eheschließung nichts geändert hat, vgl. § 1363 II und der dem B gehörende Mikrowellenherd im gemeinsamen Interesse der Familie benutzt wurde, ist dieses Tatbestandsmerkmal erfüllt.

256 **Exkurs/Vertiefung:** Es wird unterschiedlich beurteilt, ob § 1369 analog angewandt werden kann, wenn ein Ehegatte an einen gutgläubigen Dritten Gegenstände veräußert, die dem anderen Ehegatten gehören. Nach h.M. ist der ehegüterrechtliche Schutz in diesen Fällen erst recht geboten (ratio legis)[15]. Nach der Gegenansicht regeln die §§ 932 ff. den Ausgleich zwischen Eigentümerschutz und Verkehrsinteressen abschließend[16].

---

13 *Palandt/Heinrichs*, § 139 Rn. 5.
14 BGHZ 50, 8, 13; BGH NJW 1976, 1931.
15 *Gernhuber/Coester-Waltjen*, § 35 III 1, *Schlüter*, FamR, Rn. 120; *Palandt/Brudermüller*, § 1369 Rn. 1.
16 OLG Saarbrücken FamRZ 1964, 633; *Staudinger/Thiele*, 1369 Rn. 35.

(3) Verfügung oder Verpflichtung zur Verfügung

Fraglich ist nun noch, ob bei Vertragsschluss überhaupt eine Verpflichtung zur Verfügung über einen Haushaltsgegenstand begründet wurde.

Insofern kommt es darauf an, wie die Inzahlungnahme einer gebrauchten Sache rechtlich zu werten ist, was entscheidend vom jeweiligen Parteiwillen abhängig ist. Würde man die Inzahlungnahme eines gebrauchten Gegenstandes als Doppelkauf mit Aufrechnungsabrede oder aber als einheitlich gemischten Kauf-Tausch-Vertrag ansehen[17], so hätte dies zur Folge, dass im vorliegenden Fall die Verpflichtung zu einer Verfügung i.S.v. § 1369 angenommen werden müsste.

Lebensnäher erscheint es jedoch, die Inzahlungnahme lediglich als Ersetzungsbefugnis i.S.d. §§ 364 I, 365 in Form einer Leistung an Erfüllungs Statt zu qualifizieren[18]. Der Käufer soll nicht dazu verpflichtet werden, den gebrauchten Gegenstand abzugeben und das Eigentum daran zu übertragen, sondern er soll vielmehr das Recht zur Ersetzung des Kaufpreises erhalten. Dafür spricht insbesondere auch, dass der Verkäufer kein besonders großes Interesse an dem alten Gerät haben wird, sondern mit der Vereinbarung in erster Linie dem Käufer entgegenkommen möchte. In diesem Sinne liegt bezüglich des alten Mikrowellenherdes keine Verpflichtung zur Verfügung über einen Haushaltsgegenstand i.S.v. § 1369 I vor.

b) Ergebnis zur Nichtigkeit i.S.d. § 139 i.V.m. den §§ 1369 I, III, 1366 IV

Die Inzahlungnahme ist daher nicht nach § 139 i.V.m. §§ 1369 I, III, 1366 IV unwirksam.

Hinweis zur Lösung: Zwar hat B später, bei der Übergabe des alten Mikrowellenherdes, diesen an V übereignet, also darüber „verfügt" i.S.v. § 1369; insofern liegt aber kein einheitliches Rechtsgeschäft mit dem Kauf des neuen Gerätes vor. Eine etwaige Nichtigkeit der Verfügung kann sich deshalb auch nicht mehr auf die Wirksamkeit des Kaufes auswirken.

5. Rechtsfolge

Da auf das von B und V abgeschlossene Rechtsgeschäft § 1357 anwendbar ist, werden beide Ehepartner daraus gesamtschuldnerisch gemäß den §§ 1357 I 2, 421, 433 II, verpflichtet.

III. Ergebnis

V kann folglich von K i.S.d. § 433 II i.V.m. § 1357 Zahlung der Restsumme in Höhe von 80,– € verlangen.

---

17 *Palandt/Putzo*, § 480 Rn. 6 m.w.N.; zu den Erfüllungssurrogaten: *Westermann/Bydlinski/Weber*, SchuldR AT, Rn. 19/15 ff.
18 *Palandt/Putzo*, § 480 Rn. 6.

Fall 5 *Sex sells, aber wer zahlt?*

B. Eigentumserwerb der K

260 Fraglich ist, ob K Eigentümerin des neuen Gerätes geworden sein könnte. K könnte grundsätzlich aufgrund Rechtsgeschäfts oder aufgrund Gesetzes Eigentum bzw. Miteigentum an dem neuen Mikrowellenherd erworben haben.

Eine rechtsgeschäftliche Bildung gemeinschaftlichen Eigentums mit B in Form einer Bruchteilsgemeinschaft gemäß § 929 S. 1 i.V.m. den §§ 741 ff., 1008 ff., scheidet hier jedoch aus, da es an der zwingenden Voraussetzung des Willens zum gemeinschaftlichen Erwerb fehlt. Ein Erwerb nach § 929 S. 1 i.V.m. den §§ 164 ff. kommt ebenfalls nicht in Betracht, da eine wirksame Vertretung der K durch B i.S.d. §§ 164 ff. zum Zeitpunkt des Erwerbs bereits an der fehlenden Offenkundigkeit scheitert.

I. Erwerb nach § 929 S. 1 i.V.m. § 1357

261 Fraglich ist aber, ob K über § 1357 Miteigentum erworben haben könnte.

Die Bedeutung des § 1357 für die dingliche Rechtslage wird unterschiedlich beurteilt.

1. Frühere Rechtsprechung

262 Nach früherer Rechtsprechung und Teilen der Literatur lässt sich über § 1357 auch ein Miteigentumserwerb des nicht handelnden Ehegatten begründen[19].

Die Haftungsgemeinschaft auf der einen Seite habe die Erwerbsgemeinschaft auf der anderen Seite zur Folge. Der Miteigentumserwerb sei der Ausgleich für den gesetzlichen Schuldbeitritt durch den nicht handelnden Ehegatten[20].

Danach könnte K Miteigentum an dem neuen Mikrowellengerät erworben haben.

2. HM

263 Nach der h.M. und Rechtsprechung ist § 1357 dagegen für die dingliche Rechtslage bedeutungslos[21]. Diese Vorschrift würde nur die schuldrechtliche Seite betreffen[22]. Wer Eigentümer der für den Haushalt angeschafften Gegenstände werde, bestimme sich allein nach den §§ 929 ff. Im Sinne dieser Auffassung hätte K vorliegend kein Eigentum an dem neuen Mikrowellenherd erworben, da sie am eigentlichen Eigentumsübergang zwischen ihrem Mann und V unbeteiligt war und der Wille des B bei der Verfügung i.S.d. § 929 S. 1 auch nicht auf einen gemeinsamen Rechtserwerb gerichtet war.

3. Diskussion

264 Aus dem Wortlaut des § 1357 I 2 („berechtigt und verpflichtet") ergibt sich nicht, dass durch die Erfüllung eines unter § 1357 I 1 fallenden Geschäfts die Ehegatten die in Rede stehenden Gegenstände kraft Gesetzes zu Miteigentum erwerben.

---

[19] *Schwab*, FamR, Rn. 176 f.; *Lüke*, AcP 178, 1, 20; OLG Schleswig FamRZ 1989, 88; LG Münster MDR 1989, 270 = NJW-RR 1989, 391.
[20] OLG Schleswig FamRZ 1989, 88; LG Münster MDR 1989, 270 = NJW-RR 1989, 391.
[21] BGH FamRZ 1991, 923; *Gernhuber/Coester-Waltjen*, § 19 IV 9; *Käppler*, AcP 179, 245, 258 ff.; *Walter*, JZ 1981, 601, 607 f.; *Schlüter*, FamR, Rn. 89.
[22] BGH NJW 1991, 2283; *Palandt/Brudermüller*, § 1357 Rn. 20; MüKo/*Wacke*, § 1357 Rn. 37 f.

Auch der Blick auf das eheliche Güterrecht spricht gegen eine dingliche Wirkung des § 1357. Die systematische Stellung des § 1357 zeigt, dass er auf alle Güterstände anzuwenden ist.

Da aber weder der gesetzliche Güterstand noch der Güterstand der Gütertrennung einen gemeinsamen Vermögenserwerb der Ehegatten kraft Gesetzes kennt, spricht dies ebenfalls gegen eine dingliche Wirkung des § 1357. Zudem könnte es zum Widerspruch mit der Regelung des § 1370 kommen. Nach § 1370 werden Haushaltsgegenstände, die an Stelle von nicht mehr vorhandenen oder wertlos gewordenen Gegenständen angeschafft werden, Eigentum desjenigen Ehegatten, dem die nicht mehr vorhandenen oder wertlos gewordenen Gegenstände gehört haben.

> **Exkurs/Vertiefung:** Sinn und Zweck des § 1370 ist es, dass derjenige Ehepartner, der einen Haushaltsgegenstand bereitstellt, keinen Nachteil aus der dadurch bedingten Abnutzung tragen soll[23].

265

Aufgrund der soeben dargestellten Argumente ist daher der herrschenden Meinung Folge zu leisten.

4. Zwischenergebnis

Somit ergibt sich kein Allein- bzw. Miteigentumserwerb der K aus § 1357 I.

II. Ergebnis

K ist daher weder Eigentümerin noch Miteigentümerin des neuen Mikrowellengerätes.

2. Teil: Herausgabeanspruch der K

A. Anspruch der K gegen V auf Herausgabe des alten Mikrowellenherdes aus § 985 i.V.m. den §§ 1368, 1369

K könnte V auf Herausgabe des alten Mikrowellenherdes aus § 985 i.V.m. den §§ 1368, 1369 in Anspruch nehmen, wenn B ein entsprechender Herausgabeanspruch zusteht und K die Rechte ihres Mannes in Bezug auf das alte Mikrowellengerät geltend machen kann.

I. Gesetzliche Prozessstandschaft der K über § 1368

Nach § 1368 wird ein Ehegatte, der weder Einwilligung noch Genehmigung zu einem zustimmungsbedürftigen Verfügungsgeschäft seines Partners abgegeben hat, berechtigt, die sich aus der Unwirksamkeit einer Verfügung ergebenden Rechte des Partners gegen einen Dritten gerichtlich geltend zu machen. Der zustimmungsberechtigte Ehegatte erhält also keinen eigenen Anspruch, sondern ist lediglich berechtigt, im Wege

266

---

23 Vgl. auch: *Schlüter*, FamR, Rn. 104.

Fall 5 *Sex sells, aber wer zahlt?*

der revokatorischen Klage als gesetzlicher Prozessstandschafter die Rechte des Partners im eigenen Namen prozessual geltend zu machen[24]. K könnte also gegen V vorgehen, wenn dem B in Bezug auf den alten Mikrowellenherd ein Herausgabeanspruch aus § 985 zusteht.

Ein Herausgabeanspruch des B gegen V aus § 985 setzt wiederum voraus, dass B Eigentümer des Mikrowellenherdes ist, dieser sich im Besitz des V befindet und der V nicht zum Besitz berechtigt ist.

1. Eigentum des B

Ursprünglich war B Eigentümer des Mikrowellenherdes. Fraglich ist aber, ob B sein Eigentum an V im Wege der rechtsgeschäftlichen Eigentumsübertragung durch Einigung und Übergabe gemäß § 929 S. 1 verloren hat.

a) Einigung und Übergabe i.S.d. § 929 S. 1

267 B hat sich mit V über den Eigentumsübergang geeinigt und hat zudem den alten Mikrowellenherd an V übergeben.

b) Berechtigung des B bzw. gutgläubiger Erwerb vom Nichtberechtigten

268 Damit V Eigentum an dem Mikrowellenherd erworben hätte, müsste B darüber hinaus auch zur Eigentumsübertragung berechtigt gewesen sein oder aber V hätte das Eigentum gutgläubig erwerben müssen.

aa) Fehlende Berechtigung des B durch Verfügungsbeschränkung des § 1369 I

269 Fraglich ist zunächst, ob B zur Eigentumsübertragung berechtigt war. Grundsätzlich ist B als Eigentümer des Mikrowellenherdes zur Veräußerung berechtigt. Wie sich aus den §§ 1363 II, 1364 ergibt, ändert daran grundsätzlich auch der Güterstand der Zugewinngemeinschaft nichts. Es könnte hier jedoch die Verfügungsbeschränkung des § 1369 I eingreifen.

Nach § 1369 kann ein Ehegatte über einen ihm gehörenden Haushaltsgegenstand nur mit Zustimmung (Einwilligung/Genehmigung) seines Ehepartners wirksam verfügen. Eine Einwilligung zur Verfügung über den Mikrowellenherd i.S.d. §§ 1369, 1366 I hat K nicht erteilt. K war sogar dagegen, das alte Gerät durch ein neues zu ersetzen. Eine Genehmigung hat K ebenfalls weder gegenüber B noch gegenüber V erklärt. Vielmehr lässt sich in ihrem Herausgabeverlangen gegenüber V die endgültige Verweigerung der Genehmigung sehen. Die Verfügung über den alten Mikrowellenherd ist damit absolut unwirksam gemäß § 1366 IV i.V.m. § 1369 I, III.

bb) Gutgläubiger Erwerb

270 Fraglich ist, ob V das alte Mikrowellengerät, trotz fehlender Berechtigung, gutgläubig erworben haben könnte. Ob trotz der Verfügungsbeschränkungen i.S.d. §§ 1365, 1369 ein gutgläubiger Erwerb möglich ist, hängt davon ab, wie die §§ 1365, 1369 zu qualifizieren sind.

---

24 *Schlüter*, FamR, Rn. 117.

(1) §§ 1365, 1369 als relative Veräußerungsverbote

Teilweise werden die §§ 1365, 1369 als relative Veräußerungsverbote angesehen mit der Konsequenz, dass der gute Glaube des Geschäftspartners an die Verfügungsbefugnis über § 135 II geschützt wäre[25]. V hätte demgemäß gutgläubig erwerben können.

(2) §§ 1365, 1369 als absolute Veräußerungsverbote

Nach bisher h.M. ist es dagegen unerheblich, ob der Erwerber gutgläubig war, da es sich bei den §§ 1365, 1369 um absolute Veräußerungsverbote handele, so dass § 135 II nicht anwendbar sei[26].

(3) §§ 1365, 1369 weder als relative noch absolute Veräußerungsverbote

Wieder andere sehen die §§ 1365, 1369 als dritte Kategorie: diese Normen sollen eine Beschränkung des rechtlichen Könnens darstellen[27]. Die Parallele zu den §§ 107 ff. und §§ 177 ff. würde zeigen, dass die §§ 1365, 1369 weder relative noch absolute Veräußerungsverbote seien, sondern die Wirksamkeit des Rechtsgeschäftes von der Zustimmung des anderen Ehegatten abhängig machten, so dass der gute Glaube des Dritten, der Ehegatte sei unverheiratet oder lebe in einem vertraglichen Güterstand, nicht geschützt sei und § 135 II nicht einmal entsprechend anwendbar sei[28].

(4) Diskussion und Zwischenergebnis

Für die beiden Ansichten, die einen gutgläubigen Erwerb ablehnen, spricht bereits der Schutzzweck der §§ 1365, 1369, der in der Erhaltung der wirtschaftlichen Lebensgrundlage der Ehe bzw. Familie[29] zu sehen ist. Dieser ist nur zu erreichen, wenn ein gutgläubiger Erwerb ausgeschlossen ist

Zudem spricht mittelbar auch § 1368 dafür, einen gutgläubigen Erwerb auszuschließen. Aus dem Wortlaut des § 1368 („ist auch der andere Ehegatte berechtigt") lässt sich schließen, dass der verfügende Ehegatte „erst recht" dazu berechtigt sein soll, die sich aus der Unwirksamkeit der Verfügung ergebenden Rechte geltend zu machen. Wenn sich allerdings auch der handelnde Ehegatte auf die Unwirksamkeit berufen kann, spricht dies gegen ein relatives, d.h. nur den Schutz des anderen Ehegatten bezweckendes Veräußerungsverbot[30].

V konnte den alten Mikrowellenherd daher auch nicht gemäß den §§ 136, 135 II i.V.m. den §§ 932 ff. gutgläubig erwerben.

c) Ergebnis

Die Verfügung des B ist unwirksam. B ist damit nach wie vor Eigentümer des alten Mikrowellenherdes.

---

25 *Frank*, NJW 1959, 135 ff.
26 BGHZ 40, 218 = FamRZ 1964, 25 = NJW 1964, 347; *Palandt/Brudermüller*, § 1365 Rn. 14; *Schwab*, FamR, Rn. 230 ff.
27 *Schellhammer*, Rn. 98 f.; *Rauscher*, FamR, Rn. 382; *Schlüter*, FamR, Rn. 105.
28 *Schellhammer*, Rn. 99.
29 BGHZ 40, 218; 101, 225; FamRZ 1987, 909; 2000, 744.
30 *Schlüter*, FamR, Rn. 105.

Fall 5 *Sex sells, aber wer zahlt?*

2. Besitz des V

275 V müsste zudem i.S.d. § 854 Besitzer des alten Mikrowellenherdes sein.

Dies ist der Fall, da dem V bei Lieferung des neuen Mikrowellenherdes der alte übergeben wurde und er somit in Bezug auf das Gerät die tatsächliche Sachherrschaft innehat.

3. Kein Recht zum Besitz i.S.v. § 986

276 Darüber hinaus dürfte V kein Recht zum Besitz haben.

Rechtsgrund der Leistung ist das ursprüngliche Schuldverhältnis, hier die Vereinbarung über den Kauf der neuen Mikrowellenherd i.V.m. der Vereinbarung der Inzahlungnahme.

Aus diesem ergeben sich auch die Voraussetzungen für die Rechtsbeständigkeit und die Rückforderbarkeit der Leistung. Da das absolute Verfügungsverbot des § 1369 insoweit nicht zum Tragen kommt, vgl. oben, ist dieser Vertrag voll wirksam. V kann daraus folglich ein Recht zum Besitz des alten Mikrowellenherdes ableiten.

277 **Exkurs/Vertiefung:** In der Falllösung ist die dogmatische Streitfrage, ob Zurückbehaltungsrechte nach den §§ 273, 972, 1000 bzw. §§ 369 ff. HGB selbständige Gegenrechte darstellen oder aber als Besitzrechte i.S.v. § 986 zu qualifizieren sind[31], nicht zu erörtern. Ausreichend ist insoweit, die Voraussetzungen des jeweiligen Zurückbehaltungsrechtes zu prüfen.

4. Zurückbehaltungsrecht aus § 273

278 Fraglich ist, ob dem V wegen des bereits übergebenen neuen Mikrowellenherdes darüber hinaus auch ein Zurückbehaltungsrecht aus § 273 zustehen könnte.

Die Geltendmachung eines Zurückbehaltungsrechtes setzt voraus, dass dem Schuldner ein im Gegenseitigkeitsverhältnis stehender, fälliger Gegenanspruch zusteht, der zum Anspruch des Gläubigers Konnexität aufweist[32].

Aufgrund der Vereinbarung zwischen V und B über den Kauf des neuen Mikrowellenherdes i.V.m. der Vereinbarung der Inzahlunggabe, ist V als zurückhaltender Schuldner zugleich Gläubiger des Anspruches auf Herausgabe des alten Gerätes, dessen Schuldner B ist, so dass dem V ein im Gegenseitigkeitsverhältnis stehender, fälliger konnexer Gegenanspruch zusteht und demnach V an sich das Zurückbehaltungsrecht aus § 273 geltend machen können müsste.

5. Schutzzweck des § 1369

279 Fraglich ist aber, ob der K nicht aufgrund des Schutzzwecks des § 1369, trotz des berechtigten Besitzes des V und trotz des bestehenden Zurückbehaltungsrechtes, ein Herausgabeanspruch zustehen muss.

Würde K die Herausgabe verwehrt, käme es nämlich zum Widerspruch mit dem Schutzzweck des § 1369.

---

31 Mit zahlreichen Nachweisen dazu: *Palandt/Bassenge*, § 986 Rn. 4.
32 *Palandt/Heinrichs*, § 273 Rn. 6 ff.; *Westermann/Bydlinski/Weber*, SchuldR AT, Rn. 4/13.

Nach § 1369 ist die stoffliche Substanz des Familienzusammenlebens in seinem Bestand geschützt[33]. Während der nicht verfügende Ehegatte bei einer entsprechenden vertraglichen Vereinbarung eines Doppelkaufes mit Aufrechnungsabrede oder eines Kauf-Tausch-Geschäftes aufgrund von § 1369 geschützt wäre, hätte er bei einer Ersetzungsbefugnis i.S.e. Leistung an Erfüllungs statt keine Interventionsmöglichkeit.

Sinn und Zweck des § 1369 würden daher ins Leere laufen, wenn der verfügende Ehegatte durch die Vereinbarung einer Ersetzungsbefugnis die Regelung des § 1369 umgehen könnte. Insofern gebietet es § 1369, dass sich der Dritte auch bei einer Ersetzungsabrede weder auf ein Recht zum Besitz i.S.v. § 986, noch auf ein Zurückbehaltungsrecht i.S.d. § 273 berufen kann.

6. Zwischenergebnis

Nach § 985 besteht folglich zugunsten des B ein Anspruch auf Herausgabe des alten Mikrowellenherdes.

> **Exkurs/Vertiefung:** Nach dem Wortlaut des § 1368 kann der Ehegatte, der nicht verfügt hat, im Wege der revokatorischen Klage die sich aus der Unwirksamkeit einer Verfügung ergebenden Rechte geltend machen. Sollte auch das Verpflichtungsgeschäft über § 1369 unwirksam sein, kann der andere Ehegatte dies nicht über § 1368 geltend machen[34]. 280

II. Herausgabe an K

Da dem B ein Herausgabeanspruch aus § 985 zusteht, kann dieser auch von K geltend gemacht werden. Ob sie allerdings auch Herausgabe des alten Gerätes an sich selbst verlangen kann, ist umstritten.

1. Herausgabe an den Eigentümer-Ehegatten

Nach einer Ansicht kann K als Prozessstandschafterin nur Herausgabe an den Eigentümer-Ehegatten verlangen, da revokatorische Herausgabe grundsätzlich die Herausgabe in jener Form meine, in welcher sie vom verfügenden Ehegatten gefordert werden könnte. Der klagende Ehegatte könne daher nur (subsidiär) Herausgabe an sich selbst verlangen, wenn der Partner die Sache nicht übernehmen kann oder will[35]. 281

Im Sinne dieser Auffassung wäre es der K somit nicht uneingeschränkt möglich, Herausgabe an sich selbst zu verlangen.

2. Herrschende Meinung

Nach h.M. kann der Ehegatte dagegen im Hinblick auf den Schutzcharakter des § 1368 Herausgabe auch an sich selbst verlangen[36]. K wäre es demgemäß möglich, auch Herausgabe an sich selbst zu verlangen. 282

---

33 BGHZ 40, 218; 101, 225; BGH FamRZ 1987, 909; 2000, 744.
34 Vgl. auch: *Staudinger/Thiele*, § 1368 Rn. 6.
35 MüKo/*Gernhuber*, § 1368 Rn. 13 m.w.N.; *Gernhuber/Coester-Waltjen*, § 35 VI 3.
36 *Palandt/Brudermüller*, § 1368, Rn. 4; *Brox*, FamRZ 1961, 281, 286 f.; *Schlüter*, FamR, Rn. 117.

Fall 5 *Sex sells, aber wer zahlt?*

3. Kompromisslösung

283 Zum Teil wird auch die Ansicht vertreten, dass im Rahmen des § 1368 die Herausgabe nur an beide Ehegatten zu Mitbesitz oder an einen Sequester möglich ist[37].

Entsprechend wäre ein Herausgabeverlangen der K, das lediglich auf Herausgabe an sie selbst gerichtet ist, unbegründet.

4. Diskussion und Zwischenergebnis

284 Der Schutzcharakter des § 1368 gebietet es auch dem Nichteigentümer-Ehegatten, Herausgabe an sich selbst zu gewähren. Ansonsten würden die Regelungen der §§ 1368, 1369 ins Leere laufen, wenn der Eigentümer nicht bereit ist, die Sache zurückzunehmen.

K kann daher gemäß § 985 i.V.m. den §§ 1368, 1369 Herausgabe des alten Mikrowellenherdes an sich selbst verlangen.

B. Ergebnis

K hat folglich gegen V einen Anspruch auf Herausgabe des alten Mikrowellenherdes aus § 985 i.V.m. § 1368.

3. Teil: Inanspruchnahme der K durch den Telefonsexanbieter (T)

A. Anspruch des T gegen B auf Zahlung der 3500,– € aus § 611 i.V.m. § 1357

285 T könnte gegen K einen Anspruch auf Zahlung der 3500,– € aus § 611 i.V.m. § 1357 haben.

Bei der Inanspruchnahme sog. Mehrwertdienste, wozu insbesondere Sex-Hotlines gehören, entsteht neben der vertraglichen Beziehung zum Festnetzpartner ein zusätzliches Vertragsverhältnis mit dem Anbieter des Dienstes[38], hier mit T. Die von T erbrachten und abgerechneten Dienste hat K selbst nicht in Anspruch genommen, so dass sich eine Mitverpflichtung aus § 611 lediglich über § 1357 herleiten ließe. Fraglich ist allerdings, ob § 1357 anwendbar ist.

I. Anwendbarkeit des § 1357

286 Von der grundsätzlichen Anwendbarkeit des § 1357 ist auszugehen, da B und K zum Zeitpunkt des Vertragsschlusses wirksam verheiratet waren und die Ehegatten auch nicht i.S.v. § 1357 III i.V.m. § 1567 I getrennt gelebt haben.

---

37 OLG Köln FamRZ 1959, 460.
38 BGH NJW 2004, 1590: insoweit gilt das Teledienstegesetz (TDG).

II. Geschäft zur angemessenen Deckung des Lebensbedarfs

Ob die Telefonsexgespräche ihres Mannes darüber hinaus als Geschäft zur angemessenen Deckung des Lebensbedarfs der Familie i.S.v. § 1357 I 1 zu qualifizieren sind, könnte zweifelhaft sein.

287

Zum Lebensbedarf gehört alles, was zum Familienunterhalt nach den §§ 1360, 1360a im weiteren Sinne zählt, so dass § 1357 auch auf Dauerschuldverhältnisse, mit denen ein wiederkehrender Bedarf gedeckt wird, anzuwenden ist. Daher können grundsätzlich auch Telefondienstverträge, die einen stationären Festnetzanschluss in der Ehewohnung betreffen, als Rechtsgeschäft i.S.d. § 1357 einzuordnen sein[39]. Fraglich ist jedoch, ob die Beanspruchung durch B, die zu derart hohen Telefonkosten geführt hat, noch als angemessen qualifiziert werden kann. Die Frage der Angemessenheit ist nach der für Dritte erkennbaren Lebensführung der Ehegatten zu beurteilen[40]. Grundsätzlich ist auch bei Dauerschuldverhältnissen im Hinblick auf die Erkennbarkeit des Gläubigers auf den Zeitpunkt des Vertragsschlusses abzustellen[41]. Allerdings liegt, selbst wenn bei Begründung des Vertragsverhältnisses noch von einer Nutzung ausgegangen werden kann, die sich innerhalb des familiären Rahmens bewegt, ein angemessenes Geschäft i.S.v. § 1357 nicht vor, wenn die familienindividuellen Verhältnisse exorbitant überstiegen werden. Billigerweise darf ein Diensteanbieter dann nicht die Erwartung hegen, über § 1357 noch einen weiteren Gläubiger zu erhalten[42]. Auch hier durfte der Diensteanbieter billigerweise nicht darauf vertrauen, über § 1357 auch K in Anspruch nehmen zu können. Während vorliegend die Kosten anfänglich ca. 150,– € nicht überstiegen, erfolgte durch die häufigere Inanspruchnahme des B eine plötzliche, exorbitante Kostensteigerung auf 3500,– €, so dass hier nicht mehr von einem angemessenen Geschäft zur Deckung der Lebensgrundlage auszugehen ist.

B. Ergebnis

Da die Voraussetzungen des § 1357 nicht erfüllt sind, ist K über § 1357 durch das von B abgeschlossene Rechtsgeschäft mit T nicht mitverpflichtet. Ein Zahlungsanspruch des T gegen K aus § 611 besteht folglich nicht.

4. Teil: Rechtsbeziehung zwischen V und den Eheleuten F und P

Fraglich ist, welche Ansprüche dem V bezüglich der Bezahlung der Spülmaschine im Wert von 300,– € zustehen könnten.

A. Zahlungsanspruch des V gegen F aus einem Kaufvertrag i.S.d. § 433 II

Dem V könnte gegen F ein Zahlungsanspruch in Höhe von 300,– € für die gelieferte Spülmaschine aus einem Kaufvertrag i.S.d. § 433 II zustehen.

---

39 LG Stuttgart FamRZ 2001, 1610.
40 BGHZ 94, 1; BGH FamRZ 2004, 778.
41 BGH NJW 2004, 1590, 1592 f.
42 BGH NJW 2004, 1590, 1593.

Fall 5 *Sex sells, aber wer zahlt?*

Dies setzt voraus, dass zwischen ihnen einen wirksamer Kaufvertrag zustande gekommen ist. Fraglich ist jedoch bereits, ob die zwischen V und dem minderjährigen F getroffene Einigung i.S.d. §§ 145 ff. über den Kauf der Spülmaschine zum Preis von 300,- € wirksam ist.

I. Wirksamkeit des Kaufvertrages

288 Bedenken bestehen hier aufgrund der beschränkten Geschäftsfähigkeit des 17-jährigen F. An seiner beschränkten Geschäftsfähigkeit hat sich auch durch seine Heirat mit P nichts geändert.

Gemäß § 1633 ist zwar die Personensorge i.S.v. § 1626 I 2, 1. Alt. für einen Minderjährigen durch seine Eheschließung eingeschränkt, die Sorgerechtsinhaber, also i.d.R. die Eltern, behalten jedoch die Vermögenssorge i.S.v. § 1626 I 2, 2. Alt.[43]

Dies bedeutet, dass sich F ohne Zustimmung seiner Eltern nicht wirksam verpflichten konnte. Da eine Einwilligung i.S.d. § 107 durch B und K vor Abschluss des Kaufvertrages nicht vorgelegen hat, kommt es darauf an, ob B und K das Geschäft ihres Sohnes im Nachhinein genehmigt haben bzw. das noch tun können.

Von sich aus haben die Eltern des F das in Rede stehende Rechtsgeschäft nicht i.S.d § 108 genehmigt. Auf die Aufforderung des V, das Geschäft ihres Sohnes zu genehmigen, haben B und K nicht reagiert, wobei seit der Anfrage mittlerweile vier Wochen verstrichen sind. Dies hat nach § 108 II 2 zur Folge, dass die Genehmigung als endgültig verweigert gilt, da eine solche lediglich bis zum Ablauf von zwei Wochen nach Aufforderung durch den anderen Teil erklärt werden kann.

Der von F ohne Zustimmung seiner Eltern abgeschlossene Kaufvertrag ist folglich unwirksam.

II. Ergebnis

V hat gegen F keinen Zahlungsanspruch in Höhe von 300,- € aus § 433 II.

B. Zahlungsanspruch des V gegen P aus einem Kaufvertrag i.S.d. § 433 II

V könnte gegen P einen Anspruch auf Zahlung von 300,- € haben. Dies setzt voraus, dass zwischen ihnen ein wirksamer Kaufvertrag zustande gekommen ist bzw. dass sich eine Verpflichtung der P aus der Geschäftsbeziehung ihres Mannes mit V ergibt.

I. Stellvertretung durch F i.S.d. §§ 164 ff.

289 Da P selbst nicht an einem Vertragsabschluss beteiligt war, müsste sie von F i.S.d. §§ 164 ff. wirksam vertreten worden sein. F hat nicht in fremdem Namen gehandelt und eine Ausnahme vom Offenkundigkeitsprinzip ist vorliegend nicht einschlägig, so dass eine wirksame Vertretung durch F ausscheidet.

---

[43] Zum Inhalt der Personen- und Vermögenssorge, vgl. *Palandt/Diederichsen*, § 1626 Rn. 10 ff.; § 1633 Rn. 3.

II. Anspruch aus § 433 II i.V.m. § 1357

Denkbar ist jedoch, dass sich ein Zahlungsanspruch des V gegen P über § 1357 ergibt.

1. Anwendbarkeit

Dazu müsste § 1357 anwendbar sein.

a) Wirksame Ehe und kein Getrenntleben

Dies setzt voraus, dass zum Zeitpunkt des Vertragsschlusses mit V eine wirksame Ehe zwischen F und P bestanden hat und die Ehegatten darüber hinaus nicht i.S.v. § 1357 III i.V.m. § 1567 I getrennt gelebt haben.

Fraglich ist, ob F und P, trotz der Minderjährigkeit des F, rechtswirksam verheiratet sind. Unabhängig davon, dass B und K der Ehe nicht i.S.d. § 1303 III widersprochen haben, würde es für die Wirksamkeit einer Eheschließung ausreichen, wenn dabei die drei Mindestvoraussetzungen vorgelegen haben, also wenn sich zwei Personen verschiedenen Geschlechts[44] vor einem mitwirkungsbereiten Standesbeamten bei gleichzeitiger Anwesenheit gegenseitig den Eheschließungswillen erklärt haben, vgl. §§ 1310, 1311[45].

Es ist davon auszugehen, dass die drei Mindestvoraussetzungen einer wirksamen Ehe bei der Eheschließung durch F und P erfüllt waren und beide trotz der Minderjährigkeit des F wirksam verheiratet sind.

F und P lebten zudem zum Zeitpunkt des Kaufes auch nicht getrennt i.S.v. § 1357 III i.V.m. § 1567 I. Damit könnte die Anwendung des § 1357 grundsätzlich eröffnet sein.

b) Anwendbarkeit trotz Minderjährigkeit des handelnden Partners

Problematisch ist jedoch, ob § 1357 auch im Falle der Minderjährigkeit des handelnden Partners anwendbar ist.

Für eine Anwendung des § 1357 bei einem minderjährigen handelnden Ehegatten spricht der Rechtsgedanke des § 165.

Die Wirksamkeit einer Willenserklärung, die von oder gegenüber einem Vertreter abgegeben wird, ist nach § 165 nämlich nicht durch die beschränkte Geschäftsfähigkeit des Vertreters beeinträchtigt. Da es sich bei Geschäften i.S.d. § 1357 allerdings nicht um einen herkömmlichen Fall einer Stellvertretung handelt, scheidet die unmittelbare Anwendung des § 165 aus. Es besteht jedoch Einigkeit darüber, dass § 165 analog heranzuziehen ist[46], mit der Folge, dass § 1357 grundsätzlich auch anwendbar ist, wenn der handelnde Partner minderjährig ist, so dass zu prüfen ist, ob auch die übrigen Voraussetzungen für die Anwendung des § 1357 vorliegen.

2. Geschäft zur angemessenen Deckung des Lebensbedarfs

Es müsste sich beim Kauf der Spülmaschine um ein Geschäft zur angemessenen Deckung des Lebensbedarfs der Familie handeln, § 1357 I 1.

---

44 BVerfG NJW 1993, 643.
45 Zur Nichtehe: *Schlüter*, FamR, Rn. 26.
46 Vgl. *Schlüter*, FamR, Rn. 87 m.w.N.

Fall 5 *Sex sells, aber wer zahlt?*

Da zum Lebensbedarf alles gehört, was zur Führung des Haushalts notwendig ist und was zum Familienunterhalt im weiteren Sinne zählt, ist davon auch eine Spülmaschine umfasst, zumal F und P wegen ihres häufigen Besuchs ein derartiges Gerät gebrauchen können.

Zudem handelt es sich beim Kauf einer günstigen Spülmaschine zum Preis von 300,- € nicht schon um ein Geschäft größeren Umfangs, so dass nicht unbedingt die Abstimmung mit P erforderlich war und aus der Sicht des V auch die Angemessenheit zu bejahen ist.

3. Kein Ausschluss durch Eigengeschäft oder Beschränkung

293 Des Weiteren dürfte § 1357 nicht i.S.v. § 1357 I 2 a.E. ausgeschlossen oder i.S.d. § 1357 II 1 beschränkt sein.

Es liegt kein Eigengeschäft des F vor, da er unabhängig davon, dass er sich selbst nicht hätte wirksam verpflichten können, die Maschine nicht nur für sich, sondern für sich und seine Frau kaufen wollte. Eine wirksame Beschränkung oder Aufhebung der Befugnis i.S.v. § 1357 II 1 liegt ebenfalls nicht vor.

4. Rechtsfolge

294 Als Rechtsfolge ordnet § 1357 an sich eine gesamtschuldnerische Verpflichtung beider Ehegatten an. Da der Minderjährigenschutz i.S.d. §§ 107, 179 III, S. 2 dem § 1357 vorgeht[47], ist lediglich P über die §§ 1357, 433 II verpflichtet.

295 **Exkurs/Vertiefung:** Ob bei Geschäften i.S.d. § 1357, die der volljährige Partner vornimmt, auch der minderjährige Partner mitverpflichtet und – berechtigt ist, wird unterschiedlich beurteilt. Eine MA[48] bejaht dies, während die h.M. das aus Gründen des Minderjährigenschutzes zu Recht ablehnt[49].

III. Ergebnis

V kann folglich von P Zahlung von 300,- € für die gelieferte Spülmaschine verlangen.

Repetitorium

296 I. § 1357, auf den § 8 II LPartG verweist, hat unabhängig vom Güterstand der Ehegatten/Lebenspartner Geltung. Nach § 1357 soll die eheliche Haushaltsführung erleichtert werden, indem jeder Ehegatte berechtigt ist, Geschäfte zur angemessenen Deckung des Lebensbedarfs mit Wirkung auch für den anderen Ehegatten zu

---

47 *Palandt/Brudermüller*, § 1357 Rn. 19.
48 *Käppler*, AcP 179, 245, 277.
49 MüKo/*Wacke*, § 1357 Rn. 15.

besorgen. Zudem ist es Sinn und Zweck des § 1357, den mit einem Ehegatten kontrahierenden Gläubiger zu schützen.

Welcher Rechtsnatur § 1357 ist, wird unterschiedlich beurteilt[50].

II. Prüfungsschema zu § 1357:

1. **Anwendbarkeit**
   a) wirksame Ehe
   b) kein Getrenntleben
2. **Geschäft zur angemessenen Deckung des Lebensbedarfes**
   Zum Lebensbedarf gehört alles, was zur Führung des Haushalts notwendig ist und was zum Familienunterhalt nach den §§ 1360, 1360a im weiteren Sinne zählt: typische Haushaltsgeschäfte, die Anschaffung von Lebensmitteln und Kleidung, Wohnungsmiete, Versorgung mit Strom und Gas, ein Telefonanschluss, der Kauf von Kosmetika, Genussmitteln, Büchern, ein Arztbesuch oder Krankenhausaufenthalt (dazu noch unter III.)
   Für die Frage der **Angemessenheit** kommt es auf die für Dritte erkennbare Lebensführung der Ehegatten und nicht auf die wirklichen Vermögens- und Einkommensverhältnisse der Eheleute an.
3. **Kein Ausschluss**
   a) aufgrund erkennbaren Eigengeschäftes i.S.v. § 1357 I 2 a.E.
   b) durch Beschränkung i.S.v. § 1357 II 1
4. **Rechtsfolgen:**
   a) gesamtschuldnerische Verpflichtung i.S.v. §§ 421 ff.
   b) gemeinschaftliche Berechtigung i.S.v. § 428 bzw. § 432 (streitig)
   aber: keine dingliche Wirkung (streitig)

III. Während **ärztliche Behandlungen**, z.B. spezieller Zahnersatz oder Zusatzleistungen eines Krankenhauses, nur unter § 1357 fallen, wenn eine ausdrückliche Absprache zwischen den Ehegatten erfolgt ist, dient eine Behandlung, die unaufschiebbar und medizinisch indiziert ist, ohne Rücksicht auf die Höhe der mit ihr verbundenen Kosten, der angemessenen Deckung des Lebensbedarfes der Familie i.S.v. § 1357 I 1[51].

Nach § 1357 I 2, 2 Hs. greift § 1357 I jedoch nicht ein, sofern sich „aus den Umständen etwas anderes ergibt".

Neben dem erklärten bzw. erkennbar gewordenen abweichenden Willen des vertragsschließenden Ehegatten (z.B. bei Bestehen einer kostendeckenden Krankenversicherung) sind insoweit insbesondere auch die wirtschaftlichen Verhältnisse der Familie im Verhältnis zur Höhe der in Rede stehenden Kosten einzuordnen. Dies folgt aus der unterhaltsrechtlichen Komponente des § 1357. Sofern also die Leistungsfähigkeit der Familie durch die Bezahlung einer medizinisch indizierten, unaufschiebbaren ärztlichen Behandlung überschritten ist, kommt eine Mitverpflichtung des anderen Ehegatten nicht in Betracht[52].

---

50 Dazu m.w.N.: *Schlüter*, FamR, Rn. 87.
51 BGHZ 116, 184, 186 f. m.w.N.
52 Dazu: *Schlüter*, FamR, Rn. 88 m.w.N.

Fall 5 *Sex sells, aber wer zahlt?*

299 IV. Der gesetzliche Güterstand der Zugewinngemeinschaft basiert i.S.v. § 1363 auf dem Grundprinzip der Gütertrennung[53]. Es bestehen jedoch folgende Besonderheiten:
1. die Verpflichtungs- und Verfügungsbeschränkungen der §§ 1365, 1369
2. der Zugewinnausgleich bei Beendigung der Zugewinngemeinschaft gemäß den §§ 1363 II 2, 1371, 1372 ff.
3. die dingliche Surrogation des § 1370.

300 V. **Kontrollfragen**
1. Nennen Sie die Voraussetzungen des § 1357!
2. Kann § 1357 auch zu einer dinglichen Berechtigung führen?
3. Welche Rechtsfolgen löst § 1357 aus?
4. Ist § 1357 anwendbar, wenn ein minderjähriger Ehepartner ein Geschäft zur angemessenen Deckung des Lebensbedarfs abschließt?
5. Ist bei den §§ 1365, 1369 ein gutgläubiger Erwerb möglich?
6. Welche Theorien werden zur Rechtsnatur der §§ 1365, 1369 vertreten?
7. Welche Rechtswirkungen hat § 1370?

---

53 Zum Güterstand der Zugewinngemeinschaft: *Schlüter*, FamR, Rn. 101 ff.

Fall 6
Nicht ohne meine Partnerin

Michael Mahlow (M) lebt mit seiner Ehefrau Franziska (F) am Paul-Linke-Ufer in Berlin-Kreuzberg in einer Eigentumswohnung, die F gehört. Nach und nach stellt sich bei ihm das Gefühl ein, durch seine Heirat zu viel Freiheit verloren zu haben. Er glaubt, dass seine Frau, weil sie keine Kinder haben, zu sehr auf ihn bezogen sei. Zudem ist auch die Mutter der F, als letzte ihrer noch lebenden Verwandten, vor einigen Monaten verstorben. M, der als einziger Überlebender seiner Familie früh lernen musste, allein zurecht zu kommen, kann es nicht ertragen, dass er für seine Frau so viel Verantwortung übernehmen soll. Immer wieder nimmt er sich vor, sich von F zu trennen, ist dazu aber letztlich nicht in der Lage. Als bei M Prostatakrebs diagnostiziert und ihm die Endlichkeit des Lebens wieder einmal bewusst wird, beschließt er, seinen Traum zu verwirklichen und nach Kanada auszuwandern.

M veräußert unter Beachtung der vorgeschriebenen Form das ihm gehörende, in Lörrach gelegene, bebaute Grundstück, das entsprechend der gemeinsamen Lebensplanung der Alterssicherung dienen sollte, an seinen besten Freund und Steuerberater Simon Sommer (S). S sind die Vermögensverhältnisse der Mahlows genaustens bekannt, er glaubt allerdings, dass F der Veräußerung zugestimmt habe.

Der Verkehrswert des Grundstückes, den S und M von einem Bausachverständigen ermitteln lassen, beträgt 685 000,– €. Das Grundstück ist zugunsten der B-Bank mit einer Grundschuld in Höhe von 400 000,– € belastet, wobei M das Darlehen, das ihm die B-Bank gewährt hatte, bereits in Höhe von 220 000,– € getilgt hat.

S bezahlt an M 505 000,– € und übernimmt – wie es auch zwischen ihm und M in notariell beurkundeter Form vereinbart war – mit sofortiger Wirkung die persönliche Haftung für die noch offene Restschuld gegenüber der B-Bank. S stellt M außerdem im Innenverhältnis insoweit von jeder Verpflichtung frei.

Am 2. 10. 2004 wird S im Grundbuch als Eigentümer eingetragen.

Schließlich ist M soweit. Er reicht am 6. 10. 2004 einen Scheidungsantrag beim Familiengericht in Tempelhof-Kreuzberg ein.

Von F wird am 15. 10. 2004 zunächst die Genehmigung zum Grundstücksverkauf verweigert. In der Folgezeit, als sie glaubt, M dadurch zurück gewinnen zu können, widerruft sie die Verweigerung der Genehmigung dann allerdings.

M lässt sich jedoch nicht umstimmen. Um über noch mehr finanzielle Mittel zu verfügen, versucht M das einzige, was neben dem Lörracher Haus nicht seiner Frau gehört, nämlich eine Swatch-Uhrensammlung, deren objektiver Verkehrswert 15 000,– € beträgt, der allerdings ein Liebhaberwert in Höhe von 40 000,– € zukommt, zu veräußern. Nachdem sich dieses Vorhaben aber nicht kurzfristig realisieren lässt, gibt er es wieder auf.

Fall 6 *Nicht ohne meine Partnerin*

Auf dem Weg zum Flughafen, wo er die Maschine nach Vancouver besteigen will, wird das Taxi, in dem M sitzt, in einen schweren Autounfall verwickelt, an dessen Folgen M, der kein Testament hinterlassen hat, stirbt. Eine Woche später wird F der Scheidungsantrag zugestellt.

F verlangt nun von S gemäß § 985 das Lörracher Grundstück heraus.

Wie ist die Rechtslage?

Abwandlung:

Wie wäre die Rechtslage in folgendem Abwandlungsfall, in dem M sich bester Gesundheit erfreut und auch keinen Scheidungsantrag eingereicht hat:

M und S beantragen nach erfolgter wirksamer Auflassung i.S.v. § 925 die Eigentumsumschreibung. F, die mit der Veräußerung nicht einverstanden ist, legt dagegen Widerspruch ein. Sie begründet ihn damit, dass der Verkauf ihres Mannes sein ganzes Vermögen betreffe. Das Amtsgericht weist daraufhin die Anträge auf Eigentumsumschreibung zurück, woraufhin M Beschwerde einlegt. Das Landgericht ordnet durch Beschluss die Eintragung der Auflassung an. S wird in das Grundbuch eingetragen. F begehrt durch eine beim Oberlandesgericht zugelassene bevollmächtigte Rechtsanwältin im Wege der weiteren Beschwerde vor dem Oberlandesgericht die Anordnung eines Amtswiderspruches gegen die Eintragung. Hat F damit Erfolg, wenn S bei Abschluss des Kaufvertrages nicht wusste, dass das Grundstück nahezu das gesamte Vermögen des M darstellt, später dann aber – nach Eingang des Antrags auf Eigentumsumschreibung, aber vor Eintragung ins Grundbuch – davon erfährt?

Nicht ohne meine Partnerin **Fall 6**

Vorüberlegungen

I. Die erfolgreiche Lösung dieser Klausur setzt voraus, dass die Probleme, die im Zusammenhang mit der Anwendung des § 1365 bestehen, bekannt sind. Wichtige Argumentationshilfe für jeden insoweit existierenden Meinungsstreit ist die Ratio der §§ 1365, 1369.
Selbst, wenn man die Streitstände um § 1365 zuvor noch nicht kennt, lassen sie sich z.T. aus der Formulierung des Sachverhalts herauslesen. Hier heißt es z.B. in der Abwandlung, dass S bei Abschluss des Kaufvertrages nicht wusste, dass das Grundstück nahezu das gesamte Vermögen des M darstellt, später dann aber – nach Eingang des Antrags auf Eigentumsumschreibung aber vor Eintragung ins Grundbuch – davon erfährt. Daraus kann man schließen, dass es auf den Zeitpunkt der Kenntnis des S ankommen muss. Des Weiteren lässt sich folgern, dass für eine Ansicht der Eingang des Antrages auf Eigentumsumschreibung maßgeblich sein muss.

302

II. Im verfahrensrechtlichen Teil, sollte keine Scheu bestehen, mit dem Gesetz zu arbeiten und die entscheidungserheblichen Normen, wenn zuvor noch nicht bekannt, aus der GBO herauszulesen. Die Grundlage dafür sollte wieder das Grundschema jeder Rechtsbehelfsprüfung bilden:

Zulässigkeit: 1. Zuständiges Gericht
2. Statthafte Verfahrensart
3. Form/Frist
4. Beschwer

Was im Rahmen der Prüfung der **Begründetheit** zu erörtern ist, ergibt sich ebenfalls unmittelbar aus dem Sachverhalt und dem Gesetz: F geht gegen die Eintragung des S als Eigentümer vor. Folglich ist zwangsläufig die Frage zu klären, ob S im Grundbuch zu Recht als Eigentümer eingetragen wurde. Um den genauen Einstieg in die Begründetheitsprüfung zu finden, hilft dann § 53 S. 1 GBO, der die Voraussetzungen dafür nennt, wann ein Amtswiderspruch einzutragen ist.

III. **Zeitleiste:**

IV. **Zeitleiste (Abwandlung):**

Fall 6 *Nicht ohne meine Partnerin*

Gliederung

1. Teil: Herausgabeanspruch
A. Anspruch der F gegen S auf Herausgabe des Grundstückes gemäß § 985
   I. Eigentum der F
      1. Verlust des Eigentums an S
         a) Veräußerungsverbot gemäß § 1365 I
            aa) Anwendbarkeit
            bb) Gesamtvermögensgeschäft i.S.v. § 1365
                (1) Gesamttheorie
                (2) Einzeltheorie
                    (a) Wertevergleich
                        (aa) Wertermittlung des Vermögens des M
                        (bb) Berücksichtigung der Gegenleistung
                        (cc) Zwischenergebnis
                  (b) Subjektive Theorie
                (c) Ergebnis
            cc) Zustimmung der F
        b) Rechtsfolge
            aa) Gutgläubigkeit des S
                (1) §§ 1365, 1369 als relative Veräußerungsverbote
                (2) §§ 1365, 1369 als absolute Veräußerungsverbote
                (3) §§ 1365, 1369 weder als relative noch absolute Veräußerungsverbote
                (4) Diskussion
            bb) Ergebnis
      2. Anwendung des § 1933
   II. Besitz des S ohne Recht zum Besitz i.S.d. § 986
B. Ergebnis

2. Teil: Abwandlung
A. Zulässigkeit der weiteren Beschwerde
   I. Zuständiges Gericht
   II. Statthaftigkeit
   III. Form/Frist
   IV. Beschwer/Beschwerdebefugnis
   V. Ergebnis
B. Begründetheit
   I. Zustimmungsbedürftiges Rechtsgeschäft i.S.v. § 1365
      1. Kenntnis bis zum Vollzug des Rechtserwerbes
      2. Kenntnis bis zum Abschluss des Verpflichtungsgeschäftes (h.M.)
      3. Kenntnis bis zum Antragseingang beim Grundbuchamt
      4. Kenntnis zur Zeit der Abgabe der Willenserklärung
      5. Diskussion der Meinungen
      6. Zwischenergebnis
   II. Ergebnis

Lösung

1. Teil: Herausgabeanspruch

A. Anspruch der F gegen S auf Herausgabe des Grundstückes gemäß § 985

Ein Anspruch aus § 985 setzt voraus, dass F Eigentümerin des sich im Besitz des S befindlichen Hausgrundstückes wäre und jener kein Recht zum Besitz i.S.v. § 986 hätte.

> **Exkurs/Vertiefung:** § 985 gewährt einen aus dem Eigentum abgeleiteten dinglichen Anspruch in Bezug auf bewegliche und unbewegliche Sachen, der unter Ehegatten/Lebenspartnern durch die §§ 1361a/b, die HausratsVO bzw. §§ 13, 14, 17 ff. LPartG verdrängt wird[1].

I. Eigentum der F

Ursprünglich war M Eigentümer des Grundstückes. Da er kein Testament hinterlassen hat und keine Verwandten vorhanden sind, könnte seine Frau als Alleinerbin ihres Mannes i.S.v. § 1922 i.V.m. § 1931 II Eigentümerin des Grundstückes geworden sein. Voraussetzung dafür ist allerdings, dass das Grundstück überhaupt zum Nachlass des M gehört bzw., dass M zum Zeitpunkt seines Todes das ihm ursprünglich gehörende Grundstück nicht rechtswirksam veräußert hatte.

1. Verlust des Eigentums an S

M könnte sein Eigentum durch die Veräußerung gemäß den §§ 873, 925 an S verloren haben. Dies setzt voraus, dass sie sich in der Form des § 925 wirksam geeinigt hätten, die Eintragung in das Grundbuch erfolgt ist, vgl. § 873 und M zur Eigentumsübertragung berechtigt war[2].

M und S waren sich über den Eigentumsübergang einig, vgl. § 873 II, 1. Fall. Eine wirksame Auflassung i.S.d. §§ 873, 925 ist erfolgt. Des Weiteren wurde S am 2.10.2004 auch in das Grundbuch eingetragen.

Fraglich ist allerdings, ob M zur Eigentumsübertragung überhaupt berechtigt war. M war als Eigentümer grundsätzlich verfügungsbefugt und damit auch berechtigt, über das in seinem Eigentum stehende Grundstück zu verfügen. Eine Ausnahme besteht allerdings, wenn dieser Berechtigung eine Verfügungsbeschränkung entgegensteht.

a) Veräußerungsverbot gemäß § 1365 I

In Betracht kommt hier das Veräußerungsverbot des § 1365 I. Nach § 1365 I kann ein im Güterstand der Zugewinngemeinschaft lebender Ehegatte nur mit Zustimmung seines Partners über das gesamte Vermögen verfügen bzw. sich zu einer solchen Verfü-

---

[1] *Palandt/Bassenge*, § 985 Rn. 1 und 3.
[2] *Westermann*, SachenR, Rn. 313 ff.

Fall 6 *Nicht ohne meine Partnerin*

gung verpflichten. Fraglich ist daher, ob das Veräußerungsverbot des § 1365 I vorliegend anwendbar ist.

aa) Anwendbarkeit

308 Das Veräußerungsverbot des § 1365 I könnte vorliegend nur Anwendung finden, wenn zum Zeitpunkt der Veräußerung zwischen M und F eine wirksame Ehe bestanden hat und sie im Güterstand der Zugewinngemeinschaft i.S.d. § 1363 gelebt haben.

Zwischen M und F bestand eine wirksame Ehe. Da dem Sachverhalt nichts über eine abweichende ehevertragliche Regelung i.S.d. § 1408 zu entnehmen ist, lebten die Eheleute auch im gesetzlichen Güterstand der Zugewinngemeinschaft.

Somit ist § 1365 grundsätzlich anwendbar.

bb) Gesamtvermögensgeschäft i.S.v. § 1365

Des Weiteren müsste ein Gesamtvermögensgeschäft i.S.d. § 1365 vorgelegen haben. Fraglich ist, ob M mit der Verfügung über das Hausgrundstück eine Verfügung über sein Vermögen im Ganzen i.S.v. § 1365 I 1 getroffen hat.

(1) Gesamttheorie

309 Nach der Gesamttheorie ist § 1365 (entsprechend § 311 a.F.) nur auf Rechtsgeschäfte anzuwenden, die das Vermögen en bloc zum Gegenstand haben[3]. Danach hätte M kein Verfügungsgeschäft i.S.d. § 1365 abgeschlossen. Da eine derartige Auslegung sowohl den Absatz 2 des § 1365 also auch den § 1367 zwecklos erscheinen lassen würde und mit dem Gesetzeszweck (Erhaltung der wirtschaftlichen Existenzgrundlage der Familiengemeinschaft[4] und Schutz des Zugewinnausgleichsanspruches des nicht verfügenden Ehegatten[5]) nicht in Einklang gebracht werden kann, ist mit der herrschenden Meinung die sog. Einzeltheorie anzuwenden.

(2) Einzeltheorie

310 Nach der sog. Einzeltheorie[6] genügt es, dass die Verpflichtung oder Verfügung im Wesentlichen das ganze Vermögen eines Ehegatten betrifft, also nach der Veräußerung nur Gegenstände von verhältnismäßig untergeordneter Bedeutung übrig bleiben.

Es genügt insofern sogar eine Verpflichtung oder Verfügung über einen einzelnen Gegenstand, sofern er (nahezu) das ganze Vermögen des verfügenden Ehegatten ausmacht. Um zu erkennen, ob durch das in Rede stehende Rechtsgeschäft über (nahezu) das ganze Vermögen verfügt wurde, ist ein Wertevergleich zwischen dem Ausgangsvermögen und dem nach Übertragung der Vermögensstücke verbleibenden Restvermögen vorzunehmen[7].

---

3 *Rittner*, FamRZ 1961, 1 ff. m.w.N.
4 BGHZ 77, 293, 297; 101, 225, 228; 132, 218, 221; 143, 356, 359; OLG Celle NJW-RR 2001, 866.
5 BGHZ 77, 293, 297; 101, 225, 228; BGH NJW 2000, 1947, 1948 m.w.N.
6 BGHZ 35, 135, 143 ff.; 43, 174; 77, 293, 295; BGH FamRZ 1989, 475; OLG Ffm, FamRZ 1986, 275; OLG Celle, FamRZ 1987, 942; *Erman/Heckelmann*, § 1365 Rn. 8 m.w.N.
7 Zum Ganzen: *Schlüter*, FamR, Rn. 106 ff.

(a) Wertevergleich

Im Rahmen des Wertevergleichs zeigt sich dann, ob der Ehegatte auch nach Übertragung der Vermögensgegenstände noch über ausreichend finanzielle Mittel verfügt, wobei davon auszugehen ist, dass bei einem kleinen Vermögen (bis etwa 50 000,– €) das Geschäft zustimmungsbedürftig ist, sofern dem Ehegatten nach der Veräußerung weniger als 15% seines gesamten Vermögens verbleiben[8]. Bei einem größeren Vermögen ist die Grenze bei 10% des ursprünglichen Gesamtvermögens anzusetzen[9]. **311**

(aa) Wertermittlung des Vermögens des M

Fraglich ist daher, wie hoch das Vermögen des M vor dem in Rede stehenden Rechtsgeschäft war. Das Vermögen des M bestand aus dem Lörracher Grundstück und der Swatchuhrensammlung. **312**

Der Verkehrswert des Lörracher Grundestücks beträgt 685 000,– €. Davon abzuziehen ist die Grundschuld in Höhe von 400 000,– €, da sie den Wert des Grundstücks als dingliche Belastung schmälert[10], so dass der Grundstücksvermögenswert mit 285 000,– € anzusetzen ist.

Fraglich ist, ob auch die erfolgte Tilgung in Höhe von 220 000,– € zu berücksichtigen ist. M ist zugleich persönlicher und dinglicher Schuldner. Bei einer teilweisen Tilgung seiner Schulden, wie hier bei der Zahlung von 220 000,– €, ist i.d.R. von einer Zahlung nur auf die persönliche Schuld auszugehen[11].

Somit hat M nicht auf die Grundschuld geleistet. Diese wandelte sich – mangels Akzessorietät – nicht in eine Eigentümergrundschuld um. Die Grundschuld besteht daher noch in voller Höhe. Für die Wertermittlung bleibt die Tilgung folglich unberücksichtigt.

Da M nach der Veräußerung nur noch ein Vermögen in Höhe eines Verkehrswerts von 15 000,– € in Form der Swatch-Uhrensammlung zur Verfügung stand, stellt der veräußerte Einzelgegenstand mehr als 90 % seines Vermögens dar.

Etwas anderes könnte sich jedoch ergeben, wenn man auf den Liebhaberwert abstellen würde. Ein Abstellen auf den Liebhaberwert wäre jedoch bereits insofern nicht angemessen, als dieser Wert objektiv nicht realisierbar ist. Auch wenn die Swatch-Uhrensammlung einen Verkehrswert hätte, der die Grenze von 10% übersteigen würde, dürfte dies unter Berücksichtigung einer wertenden Entscheidung zu einer Unwirksamkeit hinsichtlich des verkauften Einzelgegenstands nach § 1365 führen: Eine Uhrensammlung wird wohl nur schwerlich en bloc veräußerbar sein. Vielmehr werden in der Regel nur einzelne wertvolle Stücke verkäuflich sein, so dass der realisierbare Wert wiederum unter die 10%-Grenze sinken kann.

---

8 BGHZ 77, 293; BGH NJW 1991, 1739 f.; *Schellhammer*, Rn. 107.
9 BGHZ 77, 293, 296 ff.; BGH NJW 1991, 1739, 1740; MüKo/*Gernhuber*, § 1365 Rn. 24; *Schellhammer*, Rn. 107 m.w.N.
10 BGHZ 77, 293, 296.
11 *Palandt/Bassenge*, § 1191 Rn. 42.

Fall 6 *Nicht ohne meine Partnerin*

(bb) Berücksichtigung der Gegenleistung

313 Zu einem Vermögensverlust auf Seiten des M bzw. auf Seiten der ehelichen Lebensgemeinschaft ist es hier jedoch nicht gekommen, da S dem M einen Kaufpreis bezahlt hat, der unter Berücksichtigung der wertmäßig noch bestehenden Belastungen letztlich genau dem durch einen Bausachverständigen ermittelten objektiven Verkehrswert des Lörracher Grundstücks entspricht. Fraglich ist daher, ob es i.S.v. § 1365 zu berücksichtigen ist, wenn der veräußernde Ehegatte eine Gegenleistung erhält, insbesondere, wenn diese wirtschaftlich vollwertig ist.

Da es nach dem Wortlaut des Gesetzes lediglich auf die Verfügung ankommt und eine etwaige wirtschaftliche Einbuße bzw. auch ein entsprechender Zugewinn unerwähnt bleibt, hat eine etwaig geleistete Gegenleistung im Falle des § 1365 unberücksichtigt zu bleiben[12]. Maßgeblich ist im Fall des § 1365 lediglich die Verfügung, nicht aber das Gegengeschäft.

Für diese Auffassung spricht zudem § 1365 II, der klarstellt, dass auch solche Geschäfte der Zustimmungsbedürftigkeit unterstehen, die den Grundsätzen einer ordnungsgemäßen Verwaltung entsprechen. Würde man bei entsprechender Gegenleistung die Zustimmungsbedürftigkeit entfallen lassen, wäre § 1365 II praktisch oftmals sinnlos. Der von S gezahlte Kaufpreis bleibt daher unberücksichtigt.

> **Exkurs/Vertiefung:** Da i.S.d. § 1365 nur das Aktivvermögen gemeint ist, kann diese Vorschrift auch bei überschuldeten Ehegatten Anwendung finden[13].
> In den Wertevergleich sind künftige Arbeits- und Renteneinkommen[14] nicht einzubeziehen. Bei einer Belastung eines Grundstückes (z.B. der Bestellung eines Grundpfandrechtes), das (nahezu) das ganze Vermögen ausmacht, liegt ein Gesamtvermögensgeschäft i.S.v. § 1365 vor, wenn die Belastung den Verkehrswert des Grundstücks im Wesentlichen aufzehrt bzw. ausschöpft (Erschöpfungstheorie)[15].

(cc) Zwischenergebnis

314 Obwohl hier also nur die Veräußerung eines einzelnen Gegenstandes in Rede steht, ist hier nach der Einzeltheorie § 1365 anzuwenden, da nach erfolgter Veräußerung lediglich Gegenstände von untergeordnetem Wert verbleiben würden und das Hausgrundstück mithin im Wesentlich das gesamte Vermögen des M darstellt.

Um den Anwendungsbereich des § 1365 jedoch nicht zu stark auszuweiten, ist bei der Veräußerung eines einzelnen Vermögensgegenstandes aus Gründen des Verkehrsschutzes, der beim Einzelerwerb im Verhältnis zum Familienschutz vorrangig ist, die sog. subjektive Theorie anzuwenden[16].

---

12 BGHZ 35, 145; 43, 174, 176; *Palandt/Brudermüller*, § 1365 Rn. 5.
13 BGH FamRZ 2000, 744.
14 BGH NJW 1987, 2673; FamRZ 1996, 792, 793.
15 BGH NJW 1993, 2441; *Schellhammer*, Rn. 107 m.w.N.
16 BGHZ 43, 174, 177; 64, 246; 123, 93, 95; BGH NJW 1980, 2350; OLG Celle FamRZ 1987, 942; OLG Ffm FamRZ 1986, 275; *Palandt/Brudermüller*, § 1365 Rn. 9 m.w.N.

(b) Subjektive Theorie

Nach der subjektiven Theorie muss der Erwerber eines einzelnen Vermögensgegenstandes positiv wissen, dass er „nahezu das gesamte Vermögen" erwirbt bzw. er muss die Umstände kennen, aus denen sich dies ergibt[17]. Die subjektive Theorie verschafft insofern insbesondere auch dem Grundsatz des § 1364 Geltung, der zeigt, dass sich der Gesetzgeber im Prinzip für die Verfügungs- und Verwaltungsfreiheit jedes Ehegatten entschieden hat.

S war der beste Freund und Steuerberater des M und über dessen Vermögensverhältnisse genaustens informiert.

(c) Ergebnis

Somit ist das Verfügungsgeschäft des M als Gesamtvermögensgeschäft i.S.v. § 1365 zu qualifizieren.

cc) Zustimmung der F

Fraglich ist des Weiteren, ob F diesem Gesamtvermögensgeschäft ihres Mannes zugestimmt hat. Vor dem Vertragsschluss hat F nicht eingewilligt, so dass es gemäß § 1366 I auf ihre Genehmigung ankommt. Zunächst hatte F ihre Genehmigung verweigert, die Verweigerung hatte sie zu einem späteren Zeitpunkt jedoch widerrufen, so dass sich die Frage stellt, ob die Verweigerung einer Genehmigung widerruflich ist.

Wegen ihrer rechtsgestaltenden Wirkung ist die Verweigerung einer Genehmigung grundsätzlich nicht widerruflich[18]. Ein jederzeit formlos möglicher Widerruf brächte die Gefahr erheblicher Beweisschwierigkeiten mit sich und liefe dem Grundsatz der Rechtsklarheit und Rechtssicherheit zuwider. Dem Zustimmungsberechtigten bleibt somit nur die Möglichkeit, eine Genehmigungserklärung bzw. ihren Widerruf bei Vorliegen der Voraussetzungen der §§ 119 ff. anzufechten. Hier sind die §§ 119 ff. jedoch nicht einschlägig, da es am Vorliegen eines Anfechtungsgrundes fehlt.

Da auch eine Ersetzung der Zustimmung gemäß § 1365 II vorliegend nicht gegeben ist, fehlt die i.S.d. § 1365 erforderliche Zustimmung.

b) Rechtsfolge

Gemäß § 1366 IV ist ein i.S.v. § 1365 zustimmungspflichtiges Rechtsgeschäft bei verweigerter Genehmigung unwirksam. Folglich ist die von M getroffene Verfügung über das Hausgrundstück gemäß § 1366 IV unwirksam.

aa) Gutgläubigkeit des S

Fraglich ist jedoch, ob sich, aufgrund der Gutgläubigkeit des S, hinsichtlich der Zustimmung durch F etwas anderes ergeben könnte.

Diese Frage ist unmittelbar davon abhängig, welcher Rechtsnatur das Veräußerungsverbot des § 1365 ist.

---

17 BGH NJW 1993, 2441.
18 BGHZ 40, 156, 164; BGH NJW 1994, 1785; *Palandt/Brudermüller*, § 1365 Rn. 18.

Fall 6 *Nicht ohne meine Partnerin*

(1) §§ 1365, 1369 als relative Veräußerungsverbote

319   Teilweise werden die §§ 1365, 1369 als relative Veräußerungsverbote angesehen mit der Konsequenz, dass der gute Glaube des Geschäftspartners an die Verfügungsbefugnis über § 135 II geschützt wäre[19]. S könnte sich demgemäß auf seinen guten Glauben berufen und würde, trotz Nichtberechtigung des M, Eigentum erwerben.

(2) §§ 1365, 1369 als absolute Veräußerungsverbote

320   Nach bisher h.M. ist es dagegen unerheblich, ob der Erwerber gutgläubig war, da es sich bei den §§ 1365, 1369 um absolute Veräußerungsverbote handele, so dass § 135 II nicht anwendbar sei[20]. Nach dieser Ansicht wäre S nicht Eigentümer geworden.

(3) §§ 1365, 1369 weder als relative noch absolute Veräußerungsverbote

321   Wieder andere sehen die §§ 1365, 1369 als dritte Kategorie: diese Normen sollen eine Beschränkung des rechtlichen Könnens darstellen[21]. Die Parallele zu den §§ 107 ff. und §§ 177 ff. würde zeigen, dass die §§ 1365, 1369 weder relative noch absolute Veräußerungsverbote seien, sondern die Wirksamkeit des Rechtsgeschäftes von der Zustimmung des anderen Ehegatten abhängig machten, so dass der gute Glaube des Dritten nicht geschützt sei und § 135 II nicht einmal entsprechend anwendbar sei[22]. Auch nach dieser Ansicht wäre ein Eigentumserwerb des S trotz guten Glaubens nicht möglich.

(4) Diskussion

322   Für die beiden Ansichten, die einen gutgläubigen Erwerb ablehnen, spricht bereits der Schutzzweck der §§ 1365, 1369, der in der Erhaltung der wirtschaftlichen Lebensgrundlage der Ehe bzw. Familie[23] und in der Sicherung des späteren Zugewinnausgleichsanspruches des anderen Ehegatten[24] zu sehen ist. Dieser ist nur zu erreichen, wenn ein gutgläubiger Erwerb ausgeschlossen ist. Denn allein, wenn die Möglichkeit eines gutgläubigen Erwerbs nicht besteht, kann erreicht werden, dass das Vermögen der Familie vor Verfügungen eines Ehegatten geschützt wird, so dass die vermögensrechtliche Existenz der ehelichen Lebensgemeinschaft sowie ein späterer Zugewinnausgleich gewährleistet ist[25].

Zudem spricht mittelbar auch § 1368 dafür, einen gutgläubigen Erwerb auszuschließen. Aus dem Wortlaut des § 1368 („ist auch der andere Ehegatte berechtigt") lässt sich schließen, dass der verfügende Ehegatte „erst recht" dazu berechtigt sein soll, die sich aus der Unwirksamkeit der Verfügung ergebenden Rechte geltend zu machen. Wenn sich allerdings auch der handelnde Ehegatte auf die Unwirksamkeit berufen kann,

---

[19] *Frank*, NJW 1959, 135 ff.
[20] BGHZ 40, 218 = FamRZ 1964, 25 = NJW 1964, 347; *Palandt/Brudermüller*, § 1365 Rn. 14; *Schwab*, FamR, Rn. 230 ff.
[21] *Schellhammer*, Rn. 98 f.; *Rauscher*, FamR, Rn. 382; *Schlüter*, FamR, Rn. 105.
[22] *Schellhammer*, Rn. 99.
[23] BGHZ 40, 218; 101, 225; BGH FamRZ 1987, 909; 2000, 744.
[24] BGHZ 77, 293, 297; 101, 225, 228; BGH NJW 2000, 1947, 1948 m.w.N.
[25] BGHZ 40, 218.

spricht dies gegen ein relatives, d.h. nur den Schutz des anderen Ehegatten bezweckendes Veräußerungsverbot[26].

Ein gutgläubiger Erwerb ist folglich bei Rechtsgeschäften i.S.d. § 1365 abzulehnen.

bb) Ergebnis

S ist somit mit Eintragung am 2. 10. 2004 nicht Eigentümer geworden und M ist bis zu seinem Tode Eigentümer des Grundstücks geblieben.

2. Anwendung des § 1933

Da M verstorben ist, ohne ein Testament errichtet zu haben und er als einziger Überlebender seiner Familie auch keine Verwandten hinterlassen hat, wäre F als Ehefrau des M seine Alleinerbin. Sie wäre damit im Wege der Universalsukzession gemäß den §§ 1922, 1931 II an sich zum Zeitpunkt des Todes ihres Mannes auch Eigentümerin des Grundstückes geworden. **323**

Fraglich ist aber, ob hier ein Ausschluss des Ehegattenerbrechts nach § 1933 vorliegen könnte:

Dazu müssten die von § 1933 normierten Tatbestandsmerkmale kumulativ vorliegen. Es müssten also erstens die Voraussetzungen einer Scheidung erfüllt, sowie zweitens die Scheidung durch den Erblasser zum Zeitpunkt seines Ablebens beantragt worden sein. **324**

Antragstellung i.S.v. § 1933 liegt i.S.d. §§ 622, 630, 631 ZPO erst nach Rechtshängigkeit (§ 262 S. 2 ZPO) vor, so dass der Scheidungsantrag an den Antragsgegner/die Antragsgegnerin zugestellt sein muss, vgl.: §§ 622 II, 261 I, 253[27]. Da der Scheidungsantrag erst eine Woche nach dem Tod des M seiner Frau F zugestellt wurde, mithin erst zu diesem Zeitpunkt rechtshängig wurde, ist ihr Erbrecht nicht ausgeschlossen.

Im Übrigen kann auch nicht unproblematisch vom Vorliegen der Scheidungsvoraussetzungen der §§ 1564 ff. ausgegangen werden, so dass der Ausschluss des Ehegattenerbrechts i.S.d. § 1933 nicht greift.

F ist somit gemäß den §§ 1922, 1931 II Alleinerbin des M geworden und folglich Eigentümerin des Grundstücks.

II. Besitz des S ohne Recht zum Besitz i.S.d. § 986

Fraglich ist, ob S, der als tatsächlicher Sachherrschaftsinhaber nach § 854 im Besitz des streitgegenständlichen Hausgrundstückes ist, ein Recht zum Besitz i.S.v. § 986 hat. **325**

Zugunsten des S kommt hier ein Recht zum Besitz – etwa aus dem Kaufvertrag mit M – nach § 986 I 1 nicht in Betracht, da sich M wegen § 1365 I auch nicht wirksam verpflichten konnte und mithin auch der zwischen M und S ohne Zustimmung der F geschlossene Kaufvertrag unwirksam war.

---

26 *Schlüter*, FamR, Rn.105.
27 BGHZ 111, 329; BayObLGE 90, 20.

Fall 6   *Nicht ohne meine Partnerin*

B. Ergebnis

F hat folglich gegen S einen Anspruch auf Herausgabe des Grundstücks aus § 985.

2. Teil: Abwandlung

Die weitere Beschwerde der F hätte Erfolg, wenn sie zulässig und begründet ist.

A. Zulässigkeit der weiteren Beschwerde

Fraglich ist zunächst, ob die von F eingelegte weitere Beschwerde zulässig ist.

I. Zuständiges Gericht

326 Dazu müsste sie vor dem zuständigen Gericht eingelegt worden sein. Gemäß § 79 GBO entscheidet das Oberlandesgericht über eine weitere Beschwerde, so dass F das zuständige Gericht angerufen hat.

II. Statthaftigkeit

327 Darüber hinaus müsste die weitere Beschwerde als statthafter Rechtsbehelf anzusehen sein. Im Sinne von § 78 GBO ist die weitere Beschwerde als Rechtsmittel statthaft, wenn sie sich gegen eine Entscheidung des Beschwerdegerichts richtet, die auf einer Rechtsverletzung beruht. Von einer Rechtsverletzung ist gemäß § 546 ZPO auszugehen, wenn eine Rechtsnorm nicht oder nicht richtig angewendet wurde[28].

Vorliegend geht F im Wege der weiteren Beschwerde gegen einen Beschluss des Landgerichts vor, aufgrund dessen die Anordnung der Eigentumseintragung des S erfolgen soll. Sie geht dabei davon aus, dass die Eigentumsumschreibung nicht hätte vorgenommen werden dürfen, da ihr Mann über nahezu sein gesamtes Vermögen verfügt hat. Damit rügt F, dass die Entscheidung des Landgerichts als Beschwerdegericht i.S.v. § 72 GBO unter Verstoß gegen die gesetzlichen Vorschriften der §§ 1365, 1366 getroffen wurde, so dass die weitere Beschwerde hier statthaft ist.

III. Form/Frist

328 Die an keine Frist gebundene weitere Beschwerde muss zudem der Form des § 80 I 1, 2 GBO genügen.

F hat durch eine beim Oberlandesgericht zugelassene bevollmächtigte Rechtsanwältin die weitere Beschwerde eingelegt, so dass davon auszugehen ist, dass dies i.S.v. § 80 I GBO durch Einreichung einer anwaltlich unterzeichneten Beschwerdeschrift geschehen ist und die Formvorschriften des § 80 I GBO erfüllt sind.

---

28 Vgl. im Einzelnen dazu: *Thomas/Putzo/Reichold*, ZPO, § 546 Rn. 1 ff.

IV. Beschwer/Beschwerdebefugnis

F müsste auch beschwerdeberechtigt sein. Dies ist der Fall, da sie auf Grund ihrer Rechte aus den §§ 1365, 1368 durch die angegriffene Entscheidung unmittelbar benachteiligt ist.

V. Ergebnis

Die weitere Beschwerde ist folglich zulässig.

B. Begründetheit

Die zulässige weitere Beschwerde ist begründet, wenn die Eintragung eines Amtswiderspruches gemäß § 53 I 1 GBO vorzunehmen ist. Dies wäre dann der Fall, wenn S nicht als Eigentümer hätte eingetragen werden dürfen, mithin die Eintragung durch das Grundbuchamt unter Verletzung gesetzlicher Vorschriften vorgenommen wurde, vgl. auch die §§ 78 GBO, 536 ZPO.

Maßgeblich ist insofern, ob die Übereignung des Grundstückes von M an S wirksam war. Der Wirksamkeit könnte es entgegenstehen, wenn die Übereignung des Grundstückes von M an S i.S.d. § 1365 I 2 der Zustimmung der F bedurft hätte und diese nicht erteilt wurde. Fraglich ist daher zunächst, ob hier ein zustimmungsbedürftiges Rechtsgeschäft i.S.v. § 1365 I 2 vorgelegen hat.

I. Zustimmungsbedürftiges Rechtsgeschäft i.S.v. § 1365

M und F lebten im Zeitpunkt des Kaufvertrages über das Hausgrundstück im Güterstand der Zugewinngemeinschaft, so dass § 1365 grundsätzlich Anwendung finden könnte.

Wie bereits gezeigt, ist § 1365 nach der Einzeltheorie auch bei der Veräußerung eines einzelnen Gegenstandes anwendbar, wenn der Erwerber im Sinne der subjektiven Theorie weiß oder wissen muss, dass es sich bei dem in Rede stehenden Gegenstand um (nahezu) das ganze Vermögen seines Vertragspartners handelt.

Da S zum Zeitpunkt des Abschlusses des Verpflichtungsgeschäftes noch keine Kenntnis davon hatte, dass es sich bei der Veräußerung des Hausgrundstückes um ein Gesamtvermögensgeschäft handelte, jedoch noch vor Eintragung ins Grundbuch davon erfuhr, bleibt fraglich, welcher Zeitpunkt bei Anwendung der subjektiven Theorie für die Kenntnis des Erwerbers von den Vermögensverhältnissen maßgeblich ist.

Zu dieser Frage werden unterschiedliche Ansichten vertreten.

1. Kenntnis bis zum Vollzug des Rechtserwerbes

Teilweise wird die Ansicht vertreten, dass die Kenntniserlangung bis zum Vollzug des Rechtserwerbes schade. Bei einem Grundstückskauf müsste also § 1365 angewendet werden, wenn der Erwerber vor der Eintragung in das Grundbuch davon erfahren hätte, dass es sich bei dem Grundstück um nahezu das ganze Vermögen des verfügenden

Ehegatten handele[29]. Nach dieser Meinung wären vorliegend sowohl der Kaufvertrag als auch der Eigentumsübergang auf S ohne Zustimmung der F unwirksam.

2. Kenntnis bis zum Abschluss des Verpflichtungsgeschäftes (h.M.)

333 Die herrschende Meinung geht dagegen davon aus, dass entscheidender Zeitpunkt für die Kenntnis des Geschäftspartners in Bezug darauf, dass ein Gesamtvermögensgeschäft des handelnden Ehegatten vorliege, der Abschluss des Verpflichtungsgeschäftes sei[30]. Da S beim Abschluss des Kaufvertrages keine Kenntnis davon hatte, dass das fragliche Rechtsgeschäft ein Gesamtvermögensgeschäft des M darstellte, wäre nach dieser Ansicht das Verpflichtungsgeschäft wirksam zustande gekommen. Damit bedürfte dann auch das Erfüllungsgeschäft keiner Zustimmung, selbst wenn der Erwerber inzwischen Kenntnis von den Vermögensverhältnissen erlangt hätte. Gestützt wird dies auf die systematische Betrachtung, dass die Erfüllung i.S.d. § 1365 I 2 nur dann zustimmungsbedürftig sei, wenn bereits ein wegen der fehlenden Zustimmung des Ehegatten unwirksames Verpflichtungsgeschäft i.S.d. § 1365 I 1 vorliegt[31]. Kam es jedoch in Anwendung der subjektiven Theorie zum Abschluss eines wirksamen Verpflichtungsgeschäftes, weil der Vertragspartner keine Kenntnis von den Vermögensverhältnissen des handelnden Ehegatten hatte, so muss auch das Zustimmungsbedürfnis für das Erfüllungsgeschäft entfallen[32].

3. Kenntnis bis zum Antragseingang beim Grundbuchamt

334 Im Sinne einer anderen Auffassung soll es für die Wirksamkeit des in Rede stehenden Rechtsgeschäftes aufgrund der Wertungen der §§ 878, 883 II, 892 II i.V.m. § 17 GBO auf den Zeitpunkt ankommen, in dem der Antrag auf Eintragung einer Auflassungsvormerkung oder auf Eigentumsumschreibung beim Grundbuchamt eingeht[33]. Da S erst nach Antragseingang beim Grundbuchamt erfahren hat, dass das Grundstück nahezu das gesamte Vermögen des M darstellt, hätte er auch nach dieser Ansicht rechtswirksam Eigentum am Grundstück erwerben können.

4. Kenntnis zur Zeit der Abgabe der Willenserklärung

335 Nach einer weiteren Ansicht ist für die Kenntnis des Erwerbers auf den Zeitpunkt abzustellen, zu welchem er noch über die Vornahme des Rechtsgeschäftes entscheiden kann, also auf den Zeitpunkt der Abgabe seiner Willenserklärung[34]. Da S bei Abschluss des Kaufvertrages nicht wusste, dass das Grundstück nahezu das gesamte Vermögen des M darstellt, wäre ein Eigentumserwerb des S auch nach dieser Ansicht möglich gewesen.

---

29 OLG Saarbrücken, FamRZ 1984, 587; *Lange*, JuS 1974, 766, 769 f.
30 BGHZ 106, 253; BGH FamRZ 1990, 970; BayObLG FamRZ 2001, 42; *Palandt/Brudermüller*, § 1365 Rn. 10; *Schlüter*, FamR, Rn. 113 m.w.N.
31 *Schlüter*, FamR, Rn. 113 m.w.N.
32 *Giesen*, FamR, Rn. 277.
33 OLG Ffm, FamRZ 1986, 275; LG Oldenburg, FamRZ 1979, 430; *Bosch*, FamRZ 1984, 588; *Schlüter*, FamR, Rn. 113.
34 *Staudinger/Thiele*, § 1365 Rn. 24.

5. Diskussion der Meinungen

Allein die Ansicht, die als maßgeblichen Zeitpunkt für die Kenntnis des Erwerbers auf den Abschluss des Verpflichtungsgeschäftes abstellt, vermag zu überzeugen. **336**

Jede andere Auffassung würde dem von der subjektiven Theorie verfolgten Zweck des Verkehrsschutzes nicht gerecht werden. Dem Schutz des Vertragspartners wäre nicht ausreichend Rechnung getragen, wenn das zunächst erlangte wirksame Verpflichtungsgeschäft durch eine nachträglich erlangte Kenntnis wieder unwirksam würde. Der Vertragspartner könnte ansonsten wegen der Möglichkeit der nachträglichen Kenntniserlangung nicht auf die Rechtsbeständigkeit des Erfüllungsanspruches vertrauen.

Zudem würde das Regel-Ausnahme-Verhältnis zwischen § 1364 und § 1365 verkehrt. Grundsätzlich hat sich der Gesetzgeber nämlich im Rahmen des Güterstandes der Zugewinngemeinschaft für die Verfügungsfreiheit jedes einzelnen Ehegatten entschieden, da i.S.d. § 1364 jeder Ehegatte sein Vermögen selbst verwalten soll. Könnte sich nun aber der Erwerber nicht auf seinen Kenntnisstand bei Abschluss des Verpflichtungsgeschäftes verlassen, müsste er, entgegen der Regel des § 1364, jedes bedeutendere Rechtsgeschäft mit einem Ehegatten von der Zustimmung des anderen Ehegatten abhängig machen, da er sonst nicht sicher sein könnte, dass das Verpflichtungsgeschäft auch erfüllt wird. § 1365 I 2 kann daher nicht losgelöst von § 1365 I 1 gesehen werden. Nach allem ist daher der herrschenden Meinung Folge zu leisten. Demnach würde das zustimmungsfreie Verpflichtungsgeschäft in Form des Kaufvertrages nicht durch die nachträgliche Kenntnis des S unwirksam.

6. Zwischenergebnis

S hat folglich wegen seiner fehlenden Kenntnis von den Vermögensverhältnissen des M zum Zeitpunkt des Verpflichtungsgeschäftes einen wirksamen Kaufvertrag mit M abgeschlossen. Auf der Grundlage dieses wirksamen Vertrages wurde auch das Erfüllungsgeschäft ordnungsgemäß abgewickelt, so dass S mit Eintragung im Grundbuch wirksam Eigentum erworben hat.

II. Ergebnis

Das Grundbuchamt hat bei der Eintragung des S folglich keine gesetzlichen Vorschriften verletzt. Die zulässige weitere Beschwerde ist mithin unbegründet.

Fall 6   *Nicht ohne meine Partnerin*

Repetitorium

337 **I. Die Verpflichtungs- und Verfügungsbeschränkungen i.S.d. §§ 1365, 1369**
Ratio: Erhaltung der wirtschaftlichen Existenzgrundlage der Familiengemeinschaft[35] und Schutz des Zugewinnausgleichsanspruches des nicht verfügenden Ehegatten[36].
Qualifizierung der §§ 1365, 1369: Umstritten ist, welcher Rechtsnatur die §§ 1365, 1369 sind. Davon hängt ab, ob – trotz Vorliegen der Voraussetzungen der §§ 1365, 1369 – ein gutgläubiger Erwerb möglich ist.

1. §§ 1365, 1369 als relative Veräußerungsverbote
Teilweise werden die §§ 1365, 1369 als relative Veräußerungsverbote angesehen mit der Konsequenz, dass der gute Glaube des Geschäftspartners an die Verfügungsbefugnis über § 135 II geschützt wäre[37].

2. §§ 1365, 1369 als absolute Veräußerungsverbote
Nach bisher h.M. ist es dagegen unerheblich, ob der Erwerber gutgläubig war, da es sich bei den §§ 1365, 1369 um absolute Veräußerungsverbote handele, so dass § 135 II nicht anwendbar sei[38].

3. §§ 1365, 1369 weder als relative noch absolute Veräußerungsverbote
Wieder andere sehen die §§ 1365, 1369 als dritte Kategorie, da diese Normen eine Beschränkung des rechtlichen Könnens darstellen sollen[39]. Die Parallele zu den §§ 107 ff. und §§ 177 ff. zeige, dass die §§ 1365, 1369 weder relative noch absolute Veräußerungsverbote seien, sondern die Wirksamkeit des Rechtsgeschäftes von der Zustimmung des anderen Ehegatten abhängig machten, so dass der gute Glaube des Dritten nicht geschützt sei und § 135 II nicht einmal entsprechend anwendbar sei[40].

Argumente für die Ansichten, die einen gutgläubigen Erwerb ablehnen:
Der Schutzzweck der §§ 1365, 1369 (s.o. unter: Ratio) kann nur erreicht werden, wenn ein gutgläubiger Erwerb nicht möglich ist.

Mittelbar spricht auch § 1368 dafür, die §§ 1365, 1369 als absolute Veräußerungsverbote anzusehen: Nach § 1368 kann der zustimmungsberechtigte Ehegatte die sich aus der Unwirksamkeit der Verfügung ergebenden Rechte gegen den Dritten geltend machen. Erst recht muss dies für den ohne Zustimmung des Partners verfügenden Ehegatten gelten. Kann sich der handelnde Ehegatte aber selbst gegenüber dem Dritten auf die Unwirksamkeit der Verfügung berufen, so spricht dies gegen ein relatives Veräußerungsverbot, das nur zwischen den Ehegatten Geltung hätte.

---

35 BGHZ 77, 293, 297; 101, 225, 228; 132, 218, 221; 143, 356, 359; OLG Celle NJW-RR 2001, 866.
36 BGHZ 77, 293, 297; 101, 225, 228; BGH NJW 2000, 1947, 1948 m.w.N.
37 *Frank*, NJW 1959, 135 ff.
38 BGHZ 40, 218 = FamRZ 1964, 25 = NJW 1964, 347; *Palandt/Brudermüller*, § 1365 Rn. 14; *Schwab*, FamR, Rn. 230 ff.
39 *Schellhammer*, Rn. 98 f.; *Rauscher*, FamR, Rn. 382; *Schlüter*, FamR, Rn. 105.
40 *Schellhammer*, Rn. 99.

II. Voraussetzungen und Rechtsfolge des § 1365   338
1. Anwendbarkeit
- wirksame Ehe/Lebenspartnerschaft
- Güterstand der Zugewinngemeinschaft

2. Gesamtvermögensgeschäft i.S.v. § 1365
Nach § 1365 ist ein Verfügungsgeschäft (bzw. die Verpflichtung dazu) zustimmungsbedürftig, sofern es das Vermögen im Ganzen betrifft. Streitig ist, ob die Zustimmung des Partners auch erforderlich ist, wenn über einzelne Vermögensgegenstände verfügt wird, die (nahezu) das gesamte Vermögen des handelnden Ehegatten ausmachen.

a) Gesamttheorie
§ 1365 ist nur auf Rechtsgeschäfte anzuwenden, die das Vermögen en bloc betreffen.

Argumente dagegen: §§ 1365 II, 1367 wären zwecklos, Widerspruch zu Sinn und Zweck der §§ 1365, 1369

b) Einzeltheorie
Nach ständiger BGH-Rechtsprechung[41] genügt es, dass die Verpflichtung oder Verfügung im Wesentlichen das ganze Vermögen des Ehegatten betrifft, also nach der Veräußerung nur Gegenstände von verhältnismäßig untergeordneter Bedeutung übrig bleiben. Die Zustimmung des Partners ist daher auch bei der Verfügung über einen einzelnen Gegenstand erforderlich, sofern er (nahezu) das ganze Vermögen des handelnden Ehegatten ausmacht.

Wertevergleich: Im Rahmen eines Wertevergleichs zeigt sich, ob der kontrahierende Ehegatte auch nach Übertragung des Vermögensgegenstandes bzw. der Vermögensgegenstände noch über ausreichend finanzielle Mittel verfügt, wobei davon auszugehen ist, dass bei einem kleinen Vermögen (bis etwa 50 000,– €) das Geschäft zustimmungsbedürftig ist, sofern dem Ehegatten nach der Veräußerung weniger als 15% seines gesamten Vermögens verbleiben. Bei einem größeren Vermögen ist die Grenze bei 10% des ursprünglichen Gesamtvermögens anzusetzen.

Da **i.S.d. § 1365 nur** das **Aktivvermögen** gemeint ist, kann diese Vorschrift auch bei überschuldeten Ehegatten Anwendung finden[42].

Beim **Wertevergleich** zu berücksichtigen:
- Dingliche Belastungen eines Grundstücks sind vom Vermögenswert abzuziehen, da sie das Vermögen schmälern[43].
- **Nicht:** künftige Arbeits- und Renteneinkommen[44].

---

41 Seit: BGHZ 35, 135, 143.
42 BGH FamRZ 2000, 744.
43 BGHZ 77, 293, 296.
44 BGH NJW 1987, 2673; BGH FamRZ 1996, 792, 793.

Fall 6   *Nicht ohne meine Partnerin*

- **Nicht: die Berücksichtigung einer Gegenleistung**[45] (str.).
  Argumente dagegen: der Wortlaut des § 1365: Danach kommt es lediglich auf die Verfügung an, eine etwaige wirtschaftliche Einbuße bzw. auch ein entsprechender Zugewinn wird nicht erwähnt.
  § 1365 II, der klarstellt, dass auch solche Geschäfte der Zustimmungsbedürftigkeit unterstehen, die den Grundsätzen einer ordnungsgemäßen Verwaltung entsprechen.

Beim Erwerb eines einzelnen Vermögensgegenstandes ist aus Gründen des Verkehrsschutzes zusätzlich die **subjektive Theorie** anzuwenden, nach der der Erwerber positiv wissen muss, dass es sich um „nahezu das gesamte Vermögen" handelt bzw. er die zu Grunde liegenden Umstände kennt.

Umstritten ist, welcher **Zeitpunkt bei Anwendung der subjektiven Theorie für die Kenntnis des Erwerbers** von den Vermögensverhältnissen maßgeblich ist, was wegen des gestreckten Erwerbstatbestandes insbesondere beim Erwerb von Grundstücken relevant ist:

- **Kenntnis bis zum Vollzug des Rechtserwerbes:**
  Teilweise wird die Ansicht vertreten, dass die Kenntniserlangung bis zum Vollzug des Rechtserwerbes schade. Bei einem Grundstückskauf müsste also § 1365 angewendet werden, wenn der Erwerber vor der Eintragung in das Grundbuch davon erfahren hätte, dass es sich bei dem Grundstück um nahezu das ganze Vermögen des verfügenden Ehegatten handele[46].

- **Kenntnis bis zum Abschluss des Verpflichtungsgeschäftes (h.M.)**
  Die herrschende Meinung geht davon aus, dass entscheidender Zeitpunkt für die Kenntnis des Geschäftspartners in Bezug darauf, dass ein Gesamtvermögensgeschäft des handelnden Ehegatten vorliege, der Abschluss des Verpflichtungsgeschäftes sei[47]. Wenn das Verpflichtungsgeschäft wirksam zustande gekommen wäre, bedürfte auch das Erfüllungsgeschäft keiner Zustimmung, selbst wenn der Erwerber inzwischen Kenntnis von den Vermögensverhältnissen erlangt hätte. Gestützt wird dies auf die systematische Betrachtung, dass die Erfüllung i.S.d. § 1365 I 2 nur dann zustimmungsbedürftig sei, wenn bereits ein, wegen der fehlenden Zustimmung des Ehegatten, unwirksames Verpflichtungsgeschäft i.S.d. § 1365 I 1 vorliegt. Kam es jedoch in Anwendung der subjektiven Theorie zum Abschluss eines wirksamen Verpflichtungsgeschäftes, weil der Vertragspartner keine Kenntnis von den Vermögensverhältnissen des handelnden Ehegatten hatte, so muss auch das Zustimmungserfordernis für das Erfüllungsgeschäft entfallen.

- **Kenntnis bis zum Antragseingang beim Grundbuchamt**
  Im Sinne einer anderen Auffassung soll es für die Wirksamkeit des in Rede stehenden Rechtsgeschäftes aufgrund der Wertungen der §§ 878, 883 II, 892 II i.V.m. § 17 GBO auf den Zeitpunkt ankommen, in dem der Antrag auf

---

45 BGHZ 35, 135, 145; 43, 174, 176; *Palandt/Brudermüller*, § 1365 Rn. 5.
46 OLG Saarbrücken FamRZ 1984, 587; *Lange*, JuS 1974, 766, 769 f.
47 BGHZ 106, 253; BGH FamRZ 1990, 970; BayObLG FamRZ 2001, 42; *Palandt/Brudermüller*, § 1365 Rn. 10; *Schlüter*, FamR, Rn. 113 m.w.N.

Eintragung einer Auflassungsvormerkung oder auf Eigentumsumschreibung beim Grundbuchamt eingeht[48].

- **Kenntnis zur Zeit der Abgabe der Willenserklärung**
Nach einer weiteren Ansicht ist für die Kenntnis des Erwerbers auf den Zeitpunkt abzustellen, zu welchem er noch über die Vornahme des Rechtsgeschäftes entscheiden kann, also auf den Zeitpunkt der Abgabe seiner Willenserklärung[49].

Argumente für die h.M.: Verkehrsschutz: wegen der Möglichkeit der nachträglichen Kenntniserlangung könnte der Erwerber nicht auf die Rechtsbeständigkeit des Erfüllungsanspruches vertrauen.

Zudem würde ansonsten das Regel-Ausnahme-Verhältnis zwischen § 1364 und § 1365 verkehrt.

Zur **Belastung eines Grundstückes mit einem dinglichen Recht:** Vom Wortlaut her ist § 1365 auch anzuwenden, wenn z.B. ein Grundstück, das (nahezu) das gesamte Vermögen eines Ehegatten darstellt, mit einer Grundschuld, die nur einen geringen Teil des Grundstückswertes ausmacht, belastet wird, da auch dann eine Verfügung vorliegt. Nach überwiegender Auffassung soll § 1365 jedoch in diesem Falle teleologisch reduziert werden. Eine derartige Belastung ist nur dann zustimmungsbedürftig, wenn sie den Wert des Gegenstandes im Wesentlichen erschöpft, sog. **Erschöpfungstheorie**[50].

3. Zustimmung des anderen Ehegatten/Lebenspartners
Wegen der rechtsgestaltenden Wirkung ist die Verweigerung einer Genehmigung grundsätzlich nicht widerruflich[51].

4. Rechtsfolge: § 1366 (zur Konvaleszenz und zum Revokationsrecht i.S.v. § 1368, vgl. Repetitorium Fall 7)

III. Neben den materiell-rechtlichen Voraussetzungen zur Eigentumsübertragung an Grundstücken treten auch die formellrechtlich für das Grundbuchverfahren erforderlichen Schritte. Zum Verständnis hilft die Kenntnis der: §§ 13, 19, 29, 39 und §§ 20, 40 GBO[52].

Ein Berührungspunkt mit dem Familienrecht ergibt sich z.B. bei der Frage, welcher **Zeitpunkt bei Anwendung der subjektiven Theorie für die Kenntnis des Erwerbers** von den Vermögensverhältnissen maßgeblich ist, da insoweit auch vertreten wird, dass der Zeitpunkt des Antragseingangs der entscheidende sei[53].

Ein Berührungspunkt mit Erbrecht besteht insofern, als die **Voreintragung einer Erbengemeinschaft im Grundbuch nicht erforderlich ist, vgl. § 40 GBO.**

339

---

48 OLG Ffm FamRZ 1986, 275; LG Oldenburg FamRZ 1979, 430; *Bosch*, FamRZ 1984, 588; *Schlüter*, FamR, Rn. 113.
49 *Staudinger/Thiele*, § 1365 Rn. 24.
50 BGH NJW 1993, 2441; *Schellhammer*, Rn. 107 m.w.N.
51 BGHZ 40, 156, 164; BGH NJW 1994, 1785; *Palandt/Brudermüller*, § 1365 Rn. 18.
52 Vgl. *Westermann*, SachenR, Rn. 318 f.
53 Vgl. *Schlüter*, FamR, Rn. 113.

Fall 6 *Nicht ohne meine Partnerin*

340 IV. Kontrollfragen
1. Wie sind die Verpflichtungs- und Verfügungsbeschränkungen der §§ 1365, 1369 zu qualifizieren? Welche Rechtsfolgen ergeben sich daraus?
2. Wann liegt i.S.d. § 1365 ein zustimmungsbedürftiges Rechtsgeschäft vor?
3. Was besagt die sog. Einzeltheorie?
4. Was ist in den Wertevergleich, der i.R.d. § 1365 vorzunehmen ist, einzubeziehen?
5. Warum kann der Zeitpunkt, zu dem der Erwerber davon Kenntnis erlangt, dass ein Gesamtvermögensgeschäft i.S.d. § 1365 in Rede steht, erheblich sein? Welche Ansichten werden in Bezug auf den Zeitpunkt vertreten?

Fall 7

Der Spatz in der Hand ist besser als der Kuckuck auf dem Dach

1. Teil:

Lars Leber (L), der mit Erika Leber (E) verheiratet ist, nimmt bei der B-Bank im Januar 2002 ein Darlehen in Höhe von 200 000 € auf, um sein Reisebüro weiter auszubauen und es mit neuen Rechnern auszustatten. Während er daran glaubt, dass sein Dienstleistungsangebot gegen die im Internet angebotenen Reisemöglichkeiten konkurrieren kann, sehen die Kunden das anders.

340

Als das Darlehen im August 2004 fällig ist, kann er es nicht zurückerstatten. Die B-Bank erwirkt daraufhin einen Titel gegen ihn und betreibt die Zwangsvollstreckung in sein Vermögen.

Die B-Bank lässt u.a. einen Nepal-Teppich im Wert von 5500,- €, der im Wohnzimmer der Lebers lag, drei fünfarmige Silberleuchter im Wert von 6000,- € und ein frühes Selbstbildnis von Frieda Kahlo, ebenfalls aus dem gemeinsamen Haushalt der Lebers, pfänden. Obwohl die Eheleute dem Gerichtsvollzieher mitteilen, dass das Gemälde Erikas Mutter gehört hatte und E es von ihrer Mutter, die 1998 verstorben war, geerbt hat, nahm er das Bild mit.

E, die die gepfändeten Gegenstände zurückerhalten will, wendet sich daraufhin an ihre Rechtsanwältin Dr. Karin Waage. Von ihr befragt, macht E folgende Angaben:
Den von der Bank gepfändeten Teppich habe ihr Mann 1992 auf einer Türkei-Reise, die er gemeinsam mit ihr unternommen habe, erworben und sich dann liefern lassen. Sie seien damals sehr froh gewesen, diesen Teppich so günstig zu finden, da der bisherige Wohnzimmerteppich, den ihr Mann mit in die Ehe gebracht hatte, kurz zuvor bei einem Brand so stark beschädigt worden sei, dass sie ihn entsorgen mussten. Von einer Schenkung des Teppichs an sie sei weder damals noch später die Rede gewesen. Ihrer Ansicht nach müssten aber die Haushaltsgegenstände ihres Mannes aufgrund ihrer Ehe auch ihr gehören.

Die drei silbernen Leuchter habe L bereits vor ihrer Ehe besessen und, so viel sie wisse, von einem Großonkel erhalten. Dennoch wolle sie dagegen vorgehen, dass man ihr den Familienbesitz einfach so „rauben" würde. Dass der Gerichtsvollzieher sich zum Handlanger der B-Bank habe machen lassen und für jedwedes Argument verschlossen war, hätte man ja auch schon gemerkt, als er das Bild einfach mitgenommen habe.

Das Gemälde Frieda Kahlos sei nämlich ihr eigenes. Entsprechende Eigentumsnachweise hatte E auch dabei.

Auf Rückfrage Dr. Waages erklärt E, dass sie und ihr Mann keinen Ehevertrag geschlossen hätten.

Dr. Waage verspricht, binnen 14 Tagen schriftlich zur Rechtslage in Bezug auf alle angesprochenen Fragen Stellung zu nehmen und insbesondere mitzuteilen, welche

Fall 7 *Der Spatz in der Hand ist besser als der Kuckuck auf dem Dach*

vollstreckungsrechtlichen Rechtsbehelfe gegen die Pfändung in Betracht kommen. Für Rückfragen stehe sie dann selbstverständlich zur Verfügung.

In einem Rechtsgutachten ist das Schreiben an E vorzubereiten. Die von ihr gemachten Aussagen sind inhaltlich als richtig zu unterstellen.

2. Teil:

Als E im Januar 2005 bei einem Autounfall ums Leben kommt, erfährt L, der ihr Alleinerbe ist, dass sie im März 2004 ein von den Eltern ererbtes Grundstück in Berlin-Wannsee an einen befreundeten Makler, Markus Mehner (M), veräußert hatte. Die Umschreibung war im Dezember 2004 erfolgt.

Er findet darüber hinaus auch noch die Fotokopie eines Briefes vom Februar 2002, in dem E an M schreibt, dass sie an ihn nur verkaufen werde, wenn er einen Großteil des Kaufpreises so schnell wie möglich bar bezahle, da sie auf das Geld dringend angewiesen sei. Sie teilte ihm darin außerdem auch mit, dass sie außer diesem verkauften Grundstück nahezu kein sonstiges Vermögen besitze.

L wendet sich ebenfalls an einen Rechtsanwalt. Er erklärt ihm, dass er Kauf und Veräußerung niemals genehmigen werde und will wissen, ob er einen Anspruch auf Berichtigung des Grundbuches habe. Wie wird die Antwort des Rechtsanwalts lauten?

Der Spatz in der Hand ist besser als der Kuckuck auf dem Dach **Fall 7**

Vorüberlegungen

I. Gefragt ist hier im 1. Teil nach den rechtlichen Möglichkeiten, die bestehen, wenn der Gerichtsvollzieher eine Pfändung vornimmt. Zu wählen ist daher ein prozessualer Aufbau. 341

II. Bei einem prozessualen Aufbau muss es sowohl eine Prüfung der **Zulässigkeit** des jeweiligen Rechtsbehelfs als auch der **Begründetheit** geben.
Im Rahmen der Zulässigkeitsprüfung hilft es, sich das Grundschema jeder Rechtsbehelfsprüfung (wie z.B. auch der des verwaltungsrechtlichen Widerspruches) vor Augen zu führen. Es sollten daher die Punkte:
  1. **Zuständiges Gericht**
  2. **Statthafte Verfahrensart**
  3. **Form/Frist**
  4. **Beschwer**
behandelt werden.

III. Im Rahmen der Prüfung der Begründetheit ist insbesondere auf die Gewahrsams- und Eigentumsvermutung der § 739 ZPO, § 1362, die Ehewirkungen der §§ 1357 und die Besonderheiten der Zugewinngemeinschaft gemäß den §§ 1365, 1369, 1370 einzugehen.

IV. Die Prüfung der Herausgabe der gepfändeten Gegenstände muss nicht in Bezug auf jeden einzelnen der in Rede stehenden Gegenstände getrennt erfolgen. Hier bietet es sich an, aus Effektivitätsgründen die Gegenstände, die L gehören, in einer Prüfung zusammen zu fassen. In prozessualer Hinsicht wäre ein Verweis auf § 260 ZPO sachgerecht, was aber im 1. Staatsexamen nicht unbedingt erwartet werden kann.

Gliederung

1. Teil: Vorgehen der E gegen die Zwangsvollstreckungsmaßnahmen 342

A. Vollstreckungserinnerung gemäß § 766 ZPO hinsichtlich des Teppichs und der Silberleuchter
  I. Zulässigkeit
    1. Zuständigkeit des Gerichts
    2. Statthaftigkeit
    3. Form/Frist
    4. Beschwer/Erinnerungsbefugnis
    5. Ergebnis
  II. Begründetheit
  III. Ergebnis

B. Drittwiderspruchsklage nach § 771 ZPO hinsichtlich des Teppichs und der Silberleuchter
  I. Zulässigkeit
    1. Zuständiges Gericht
    2. Allgemeine Prozessvoraussetzungen

Fall 7 *Der Spatz in der Hand ist besser als der Kuckuck auf dem Dach*

       3. Statthaftigkeit
       4. Objektive Klageverbindung i.S.v. § 260 ZPO
  II. Begründetheit
       1. Miteigentum am Nepal Teppich
          a) Miteigentumserwerb über § 1357
             aa) Minderansicht
             bb) Herrschende Meinung
             cc) Diskussion
             dd) Ergebnis
          b) Anwendung des § 1370
       2. Miteigentum an den silbernen Leuchtern
       3. Zwischenergebnis
  III. Ergebnis

C. Vollstreckungserinnerung i.S.v. § 766 ZPO hinsichtlich der Pfändung des Gemäldes
  I. Begründetheit
  II. Ergebnis

D. Drittwiderspruchsklage nach § 771 ZPO hinsichtlich des Gemäldes
  I. Begründetheit
  II. Ergebnis

2. Teil: Grundbuchberichtigungsanspruch des L

A. Anspruch auf Grundbuchberichtigung aus § 894
  I. Unrichtiges Grundbuch
       1. Eigentumslage hinsichtlich des Grundstückes
          a) Veräußerungsverbot des § 1365 I
             aa) Anwendbarkeit
             bb) Gesamtvermögensgeschäft i.S.d. § 1365
             cc) Rechtsfolge
          b) Konvaleszenz
             aa) Überwindung der Unwirksamkeit nach § 185 II 1, 3. Fall
                 (1) Konvaleszenz bei Tod des vertragsschließenden Ehegatten
                 (2) Keine Konvaleszenz bei Tod des vertragsschließenden Ehegatten
                 (3) Diskussion
             bb) Ergebnis
       2. Eigentum des M
  II. Zwischenergebnis

B. Ergebnis

Lösung

1. Teil: Vorgehen der E gegen die Zwangsvollstreckungsmaßnahmen

A. Vollstreckungserinnerung gemäß § 766 ZPO hinsichtlich des Teppichs und der Silberleuchter

Fraglich ist zunächst, ob E der Rechtsbehelf der Erinnerung den gewünschten Erfolg – Freigabe des gepfändeten Nepal-Teppichs und der gepfändeten Silberleuchter – ermöglichen könnte. Dies setzt voraus, dass die Vollstreckungserinnerung vorliegend zulässig und begründet wäre.

I. Zulässigkeit

Die Vollstreckungserinnerung müsste zunächst zulässig sein.

1. Zuständigkeit des Gerichts

Dies setzt voraus, dass die Erinnerung bei dem zuständigen Gericht eingelegt wird. 343

Die sachliche und örtliche Zuständigkeit des Gerichtes ergibt sich aus den §§ 766, 764 II, 802 ZPO. Im Sinne dieser Normen besteht eine ausschließliche Zuständigkeit des Amtsgerichts als Vollstreckungsgericht am Wohnsitz des Vollstreckungsschuldners[1], also am Wohnsitz des L.

2. Statthaftigkeit

Darüber hinaus müsste die Erinnerung auch der statthafte Rechtsbehelf sein. 344

Nach § 766 I ZPO ist die Erinnerung statthaft, wenn der Schuldner oder ein Dritter die Art und Weise der Zwangsvollstreckung, mithin die Maßnahmen des Gerichtsvollziehers, rügt. Mit der Erinnerung wird also die Verfahrensfehlerhaftigkeit einer Vollstreckungsmaßnahme geltend gemacht[2]. E, die nicht Vollstreckungsschuldnerin, sondern im Rahmen der Zwangsvollstreckung Dritte ist[3], möchte die Verletzung ihres Mitgewahrsams an den Gegenständen des ehelichen Haushaltes geltend machen, die der Gerichtsvollzieher mitgenommen hat. Damit rügt sie die Art und Weise der Zwangsvollstreckung, mithin ist die Erinnerung statthaft.

3. Form/Frist

Die nach allgemeiner Ansicht an keine Frist gebundene Erinnerung[4] muss der Form 345
des § 569 II, III ZPO analog genügen. Die Erinnerung ist daher schriftlich mit eigenhändiger Unterschrift einzulegen oder zu Protokoll der Geschäftsstelle zu erklären[5].

---

1 Vgl. auch: *Thomas/Putzo*, ZPO, § 764 Rn. 1 ff.
2 *Zöller/Stöber*, ZPO, § 766 Rn. 10.
3 *Thomas/Putzo*, ZPO, § 704 Vorbem III Rn. 10 ff.
4 *Thomas/Putzo*, ZPO, § 766 Rn. 20.
5 Vgl. im Einzelnen: *Zöller*, ZPO, § 766 Rn. 21 und *Thomas/Putzo*, ZPO, § 569 Rn. 9 ff. m.w.N.

Fall 7 *Der Spatz in der Hand ist besser als der Kuckuck auf dem Dach*

4. Beschwer/Erinnerungsbefugnis

346 Des Weiteren müsste E beschwert bzw. erinnerungsbefugt sein[6].

Als Dritte ist E nur beschwert, wenn sie die Verletzung von Verfahrensvorschriften rügen kann, die auch ihrem Schutz dienen. Als nicht herausgabebereite Dritte ergibt sich die Erinnerungsbefugnis der E aus § 809 ZPO.

347 **Exkurs/Vertiefung:** Je nach Fallgestaltung und Sachverhaltsformulierung kann im Einzelfall auch noch auf das **Rechtsschutzbedürfnis** einzugehen sein.
Für den Schuldner und Dritte, die unmittelbar betroffen sind, liegt es grundsätzlich von Beginn der Zwangsvollstreckung an bis zum Ende der einzelnen Vollstreckungsmaßnahme vor. In Ausnahmefällen kann es auch schon bestehen, wenn eine Vollstreckungsmaßnahme unmittelbar bevorsteht oder nachwirkt. Es ist auch nicht ausgeschlossen, wenn der Erinnerungsführer auch Klage aus § 771 erheben könnte. **Für den Gläubiger** besteht das Rechtschutzbedürfnis, sobald die vollstreckbare Ausfertigung i.S.v. § 724 ZPO erteilt ist[7].

5. Ergebnis

Eine Erinnerung der E ist damit zulässig.

II. Begründetheit

348 Fraglich ist, ob die zulässige Erinnerung auch begründet ist. Die Erinnerung ist begründet, wenn die Pfändung des Teppichs und der Silberleuchter tatsächlich als verfahrensfehlerhafte Vollstreckungsmaßnahmen einzuordnen wären.

Nach den §§ 808, 809 ZPO dürfen bewegliche Sachen, die sich im Mitgewahrsam eines Dritten befinden – wie hier: die Silberleuchter und der Teppich – nur mit dessen Einverständnis gepfändet werden. Ein Einverständnis der E lag hier jedoch gerade nicht vor.

Als Ehefrau des Vollstreckungsschuldners L ist E allerdings nicht wie eine beliebige Dritte zu behandeln.

Nach § 739 ZPO gilt nämlich derjenige Ehepartner, dessen Eigentum nach § 1362 vermutet wird, für die Durchführung der Zwangsvollstreckung als alleiniger Gewahrsamsinhaber, so dass es weder auf das Einverständnis des anderen Ehegatten ankäme, noch jener die Verletzung des Mitgewahrsams rügen könnte. Durch § 739 ZPO ist der Pfändungsvorgang damit verfahrensfehlerfrei, wenn die Vermutung des § 1362 I eingreift.

Nach § 1362 werden Gegenstände, die sich im Besitz eines oder beider Ehegatten befinden und nicht ausschließlich zum persönlichen Gebrauch des am Vollstreckungsverfahren nicht unmittelbar beteiligten Ehegatten bestimmt sind, vgl. § 1362 II, als Eigentum des schuldenden Ehegatten angesehen, sofern die Eheleute nicht getrennt leben.

---

6 Zur Beschwer/Erinnerungsbefugnis: vgl. *Wittschier*, JuS 1999, 585 ff.
7 *Thomas/Putzo*, ZPO, § 766 Rn. 21 f. m.w.N.

Da E und L nicht getrennt leben und weder die Silberleuchter noch der Nepal-Teppich ausschließlich dem persönlichen Gebrauch der E zuzuordnen sind, greift die Eigentumsvermutung des § 1362 und damit auch die Gewahrsamsvermutung des § 739 ZPO ein. L gilt mithin als alleiniger Gewahrsamsinhaber und E kann nicht die Verletzung des Mitgewahrsams rügen.

> **Exkurs/Vertiefung:** Die von § 1006 I abweichende widerlegliche Eigentumsvermutung des § 1362 trägt der Tatsache Rechnung, dass durch die Lebensgemeinschaft von Ehegatten die Eigentums- und Besitzverhältnisse für außenstehende Dritte und insbesondere für die Gläubiger eines Ehegatten schwer durchschaubar sind[8].

349

III. Ergebnis

Die Vollstreckungserinnerung ist somit unbegründet und hat im Falle der Pfändung der Silberleuchter und des Teppichs keine Aussicht auf Erfolg.

B. Drittwiderspruchsklage nach § 771 ZPO hinsichtlich des Teppichs und der Silberleuchter

Fraglich ist, ob E in Bezug auf den Teppich und die Silberleuchter mit der Drittwiderspruchsklage i. S. d. § 771 ZPO Erfolg hätte. Dies setzt voraus, dass diese prozessuale Gestaltungsklage[9] zulässig und begründet ist.

I. Zulässigkeit

Fraglich ist, ob die Klage zulässig ist.

1. Zuständiges Gericht

E müsste sich an das zuständige Gericht wenden.

350

Nach den §§ 771 I, 802 ZPO ist das Gericht (Vollstreckungsgericht) ausschließlich örtlich zuständig, in dessen Bezirk die Zwangsvollstreckung erfolgt.

> **Exkurs/Vertiefung:** Bei einer Drittwiderspruchsklage ist die örtliche Zuständigkeit gemäß den §§ 771, 802 ZPO ausschließlich, so dass die §§ 12, 13 ZPO nicht anzuwenden sind.

351

Die sachliche Zuständigkeit richtet sich nach den §§ 23 Nr. 1, 71 I GVG, § 6 ZPO. Sowohl die Silberleuchter als auch der Teppich haben einen Wert von über 5000,– €, so dass (unabhängig von § 5 ZPO) der Streitwert der Klage über 5000,– € liegt und, i.S.v. § 23 Nr. 1 a), das Landgericht sachlich zuständig ist.

---

8 Vgl. zum Ganzen: *Schlüter*, FamR, Rn. 165 ff.
9 *Thomas/Putzo*, ZPO, § 771 Rn. 1; *Zöller/Herget*, ZPO, § 771 Rn. 4 m.w.N.

Fall 7   *Der Spatz in der Hand ist besser als der Kuckuck auf dem Dach*

2. Allgemeine Prozessvoraussetzungen

352 Es ist davon auszugehen, dass auch die übrigen allgemeinen Prozessvoraussetzungen, wie z.B. Partei- und Prozessfähigkeit i. S. d. §§ 50 ff. ZPO erfüllt sind[10]. Das Rechtsschutzbedürfnis für die Klage besteht ebenfalls, da die Zwangsvollstreckung bereits vor Klageerhebung begonnen hatte[11].

3. Statthaftigkeit

353 Des Weiteren müsste die Drittwiderspruchsklage statthaft sein. Dies ist der Fall, wenn sich ein Dritter, unter Berufung auf ein die Veräußerung hinderndes Recht, gegen die Vollstreckung in einen bestimmten Gegenstand wendet, § 771 I ZPO. Sofern E vorträgt, dass ihr an den Silberleuchtern und dem Nepal-Teppich ein die Veräußerung hinderndes Recht, wie z.B. Miteigentum zustehe, ist die Drittwiderspruchsklage die statthafte Klageart[12].

4. Objektive Klageverbindung i.S.v. § 260 ZPO

354 Wenn E die Herausgabe mehrerer Gegenstände, hier der Silberleuchter und des Teppichs, erstrebt, besteht eine Mehrheit von Streitgegenständen[13]. Es ist insoweit jedoch i.S.d. § 260 ZPO eine objektive Klageverbindung möglich, da die Prozessparteien (E auf Klägerseite und die B-Bank als Vollstreckungsgläubigerin auf der Beklagtenseite) identisch sind, dasselbe Prozessgericht zuständig und dieselbe Prozessart zulässig ist.

II. Begründetheit

Fraglich ist, ob die zulässige Drittwiderspruchsklage i.S.d. § 771 auch begründet ist. Dies setzt voraus, dass E tatsächlich ein die Veräußerung hinderndes Recht zusteht. Als solches könnte hier Miteigentum an dem Teppich und den Silberleuchtern in Betracht kommen.

1. Miteigentum am Nepal Teppich

Nach den Angaben der E war ihr der Nepal Teppich zu keinem Zeitpunkt schenkweise von ihrem Mann übereignet worden.

a) Miteigentumserwerb über § 1357

355 Zu prüfen ist aber, ob sich aus § 1357 ein Erwerb von Miteigentum ergeben könnte.

Nach § 1357 soll die eheliche Haushaltsführung – unabhängig vom jeweiligen Güterstand – insofern erleichtert werden, als jeder Ehegatte berechtigt ist, Geschäfte zur angemessenen Deckung des Lebensbedarfs mit Wirkung auch für den anderen Ehegatten zu besorgen[14].

---

10 Zu den allgemeinen Prozessvoraussetzungen, vgl. *Thomas/Putzo*, ZPO, 15 vor § 253.
11 Vgl. dazu: *Prütting/Weth*, JuS 1988, 505, 508.
12 Zur Zulässigkeit bei Klagen i.S.d. § 771, vgl. *Thomas/Putzo*, ZPO, § 771 Rn. 8 ff.
13 Im Einzelnen dazu: *Thomas/Putzo*, ZPO, Einl II Rn. 17.
14 Vgl. auch: *Schlüter*, FamR, Rn. 85; *Soergel/Lange*, § 1357 Rn. 1.

Grundsätzlich ist § 1357 hier anwendbar, da L und E zum Zeitpunkt des Teppicherwerbs verheiratet waren und nicht i.S.v. § 1357 III i.V.m. § 1567 I getrennt gelebt haben. Der Kauf und Erwerb des Teppichs lässt sich zudem als Geschäft zur angemessenen Deckung des Lebensbedarfs einordnen. Des Weiteren ist § 1357 auch nicht i.S.v § 1357 I 2 a.E. ausgeschlossen oder i.S.d. § 1357 II 1 beschränkt.

Fraglich ist dennoch, ob E über § 1357 Miteigentümerin des Teppichs geworden sein kann.

Die Bedeutung des § 1357 für die dingliche Rechtslage ist umstritten.

aa) Minderansicht

Nach früherer Rechtsprechung und Teilen der Literatur lässt sich über § 1357 auch ein Miteigentumserwerb des nicht handelnden Ehegatten begründen[15].
Die Haftungsgemeinschaft auf der einen Seite habe die Erwerbsgemeinschaft auf der anderen Seite zur Folge. Der Miteigentumserwerb sei der Ausgleich für den gesetzlichen Schuldbeitritt durch den nicht handelnden Ehegatten[16]. Folglich könnte E nach dieser Ansicht Miteigentum erworben haben.

356

bb) HM

Nach der h.M. und Rechtsprechung ist § 1357 dagegen für die dingliche Rechtslage bedeutungslos[17]. Diese Vorschrift würde nur die schuldrechtliche Seite betreffen. Wer Eigentümer der für den Haushalt angeschafften Gegenstände werde, bestimme sich allein nach den §§ 929 ff.[18]. Ein Eigentumserwerb der E käme nach dieser Ansicht folglich nicht in Betracht.

357

cc) Diskussion

Aus dem Wortlaut des § 1357 I 2 („berechtigt und verpflichtet") ergibt sich nicht, dass durch die Erfüllung eines unter § 1357 I 1 fallenden Geschäfts die Ehegatten die in Rede stehenden Gegenstände kraft Gesetzes zu Miteigentum erwerben.

358

Auch der Blick auf das eheliche Güterrecht spricht gegen eine dingliche Wirkung des § 1357. Die systematische Stellung des § 1357 zeigt, dass er auf alle Güterstände anzuwenden ist.

Da nun aber weder der gesetzliche Güterstand noch der Güterstand der Gütertrennung einen gemeinsamen Vermögenserwerb der Ehegatten kraft Gesetzes kennt, spricht dies ebenfalls gegen eine dingliche Wirkung des § 1357. Zudem könnte es zum Widerspruch mit der Regelung des § 1370 kommen. Nach § 1370 werden Haushaltsgegenstände, die an Stelle von nicht mehr vorhandenen oder wertlos gewordenen Gegenständen angeschafft werden, Eigentum desjenigen Ehegatten, dem die nicht mehr vorhandenen oder wertlos gewordenen Gegenstände gehört haben.

---

15 *Schwab*, FamR, Rn. 161; *Lüke*, AcP 178, 1, 20; OLG Schleswig FamRZ 1989, 88; LG Münster MDR 1989, 270 = NJW-RR 1989, 391.
16 OLG Schleswig FamRZ 1989, 88; LG Münster MDR 1989, 270 = NJW-RR 1989, 391.
17 BGH FamRZ 1991, 923; *Gernhuber/Coester-Waltjen*, § 19 IV 9; *Käppler*, AcP 179, 245, 258 ff.; *Walter*, JZ 1981, 601, 607 f.; *Schlüter*, FamR, Rn. 89.
18 BGH NJW 1991, 2283; *Palandt/Brudermüller*, § 1357 Rn. 20; MüKo/*Wacke*, § 1357 Rn. 37 f.

Fall 7   *Der Spatz in der Hand ist besser als der Kuckuck auf dem Dach*

Mit der h.M. ist daher davon auszugehen, dass § 1357 nur schuldrechtliche Wirkung hat und sich der Eigentumserwerb nach den §§ 929 ff. vollzieht.

dd) Ergebnis

Ein Miteigentum der E am Nepal-Teppich über § 1357 scheidet damit aus.

b) Anwendung des § 1370

359   Zwar ist es grundsätzlich möglich, dass E durch entsprechende Einigung aufgrund der §§ 929 ff. Miteigentümerin an dem Teppich geworden wäre, dem könnte hier aber § 1370 entgegenstehen. Nach § 1370 findet, wie bereits erwähnt, eine dingliche Surrogation in der Form statt, dass Haushaltsgegenstände, die als Ersatz für wertlose oder nicht mehr vorhandene Gegenstände angeschafft werden, in das Eigentum desjenigen Ehegatten fallen, dem die nicht mehr vorhandenen bzw. wertlos gewordenen Haushaltsgegenstände gehört haben[19].

Unter Haushaltsgegenständen sind ebenso wie bei § 1369 Gegenstände zu verstehen, die dem ehelichen Haushalt dienen, so dass auch ein Nepal-Teppich als solcher qualifiziert werden kann.

Da der Nepal-Teppich als Ersatz für einen alten, verbrannten Wohnzimmerteppich dienen sollte, der im Eigentum des L stand, steht auch der Nepal Teppich in seinem Alleineigentum.

Damit steht der E in Bezug auf den Teppich kein die Veräußerung hinderndes Recht zu, so dass die Drittwiderspruchsklage insoweit unbegründet ist.

2. Miteigentum an den silbernen Leuchtern

360   Auch in Bezug auf die silbernen Leuchter besteht kein Miteigentum der E. Da die Eheleute im Güterstand der Zugewinngemeinschaft leben, ist § 1363 II anwendbar, so dass die Vermögensmassen auch nach der Eheschließung getrennt blieben. Da die silbernen Leuchter bereits vor Eheschließung im Alleineigentum des L standen und sich daran durch die Eheschließung nichts geändert hat, steht der E auch insoweit kein die Veräußerung hinderndes Recht i.S.d. § 771 ZPO zu.

3. Zwischenergebnis

Eine Drittwiderspruchsklage ist daher sowohl in Bezug auf die silbernen Leuchter als auch in Bezug auf den Nepal-Teppich unbegründet.

III. Ergebnis

Eine Drittwiderspruchsklage der E bezüglich der Silberleuchter und des Nepal-Teppichs hätte daher keine Aussicht auf Erfolg.

---

19 Vgl. zum Ganzen: *Schlüter*, FamR, Rn. 104.

Der Spatz in der Hand ist besser als der Kuckuck auf dem Dach **Fall 7**

C. Vollstreckungserinnerung i.S.v. § 766 ZPO hinsichtlich der Pfändung des Gemäldes

Fraglich ist, ob E mit dem vollstreckungsrechtlichen Rechtsbehelf der Erinnerung gegen die Pfändung des Frieda Kahlo Gemäldes vorgehen könnte.

Damit das Rechtsmittel der Erinnerung i.S.d. § 766 ZPO Erfolg hätte, müsste das zulässige Rechtsmittel der Erinnerung (vgl. zur Zulässigkeit die obigen Ausführungen) begründet sein.

I. Begründetheit

Die Erinnerung ist begründet, wenn die Pfändung des Gemäldes tatsächlich als verfahrensfehlerhafte Vollstreckungsmaßnahme einzuordnen wäre.

361

Nach den §§ 808, 809 ZPO dürfen bewegliche Sachen, die sich im Mitgewahrsam eines Dritten befinden, nur mit dessen Einverständnis gepfändet werden, wobei bei Ehegatten § 739 ZPO zu beachten ist.

Nach § 739 ZPO gilt derjenige Ehepartner, dessen Eigentum nach § 1362 vermutet wird, für die Durchführung der Zwangsvollstreckung als alleiniger Gewahrsamsinhaber, so dass der Pfändungsvorgang verfahrensfehlerfrei ist, wenn die Vermutung des § 1362 I eingreift.

Da E und L nicht getrennt leben und auch das Gemälde nicht ausschließlich dem persönlichen Gebrauch der E zuzuordnen ist, greift die Eigentumsvermutung des § 1362 ein. Die Verletzung des Mitgewahrsams ist daher unerheblich, die Erinnerung folglich unbegründet.

II. Ergebnis

Die Vollstreckungserinnerung hat somit auch in Bezug auf die Pfändung des Gemäldes keine Aussicht auf Erfolg.

> **Exkurs/Vertiefung:** I.S.d. §§ 808 ff. hat der Gerichtsvollzieher zur Vereinfachung der Zwangsvollstreckung nur zu prüfen, ob sich die zu pfändende Sache im Gewahrsam des Schuldners oder des Dritten befindet. Auf die Eigentumsverhältnisse kommt es grundsätzlich nicht an. Sofern der Schuldner oder ein Dritter materielle Einwendungen geltend machen möchte, kann er dies im Erkenntnisverfahren, nicht jedoch im Zwangsvollstreckungsverfahren tun. Das Vollstreckungsorgan hat materiell-rechtliche Einwendungen des Schuldners gegen den im Urteil titulierten Anspruch im Erinnerungsverfahren nicht zu prüfen[20].

362

D. Drittwiderspruchsklage nach § 771 ZPO hinsichtlich des Gemäldes

Fraglich ist, ob E mit der Drittwiderspruchsklage in Bezug auf das Gemälde Erfolg hätte. Auch dies setzt voraus, dass die zulässige Klage begründet ist.

---

20 *Zöller/Stöber*, ZPO, § 766 Rn. 7.

Fall 7 *Der Spatz in der Hand ist besser als der Kuckuck auf dem Dach*

I. Begründetheit

363 Die Drittwiderspruchsklage ist begründet, wenn E ein die Veräußerung hinderndes Recht zusteht. Als solches kommt hier das Alleineigentum an dem Gemälde in Betracht.

E ist Alleineigentümerin des Gemäldes. Sie hat es im Wege der Universalsukzession nach § 1922 von ihrer Mutter geerbt und kann dies auch entsprechend beweisen.

Eine Drittwiderspruchsklage ist daher, was das Gemälde betrifft, begründet.

II. Ergebnis

Die Drittwiderspruchsklage der E in Bezug auf das Gemälde wird daher Erfolg haben.

2. Teil: Grundbuchberichtigungsanspruch des L

A. Anspruch des L gegen M auf Grundbuchberichtigung aus § 894

Fraglich ist, ob L gegen M ein Anspruch auf Grundbuchberichtigung aus § 894 zusteht. Gemäß § 894 steht demjenigen, dessen Recht im Grundbuch nicht oder nicht richtig eingetragen ist, gegen denjenigen, der im Grundbuch fälschlicherweise als Berechtigter ausgewiesen ist, ein Grundbuchberichtigungsanspruch zu[21].

I. Unrichtiges Grundbuch

364 Ein Grundbuchberichtigungsanspruch des L gegen M setzt mithin voraus, dass das Grundbuch unrichtig ist, also der Grundbuchinhalt nicht mit der tatsächlichen, materiellen Rechtslage übereinstimmt.

Die Eintragung des M als Eigentümer würde eine Abweichung von der tatsächlichen materiellen Rechtslage darstellen, wenn E ihr Eigentum nicht i.S.d. §§ 873, 925 wirksam übertragen hat bzw. nicht wirksam übertragen konnte.

1. Eigentumslage hinsichtlich des Grundstückes

Ursprünglich war E Eigentümerin des Grundstückes. Sie könnte ihr Eigentum jedoch wirksam auf M übertragen haben.

Einigung und Eintragung i.S.d. §§ 873, 925 sind zwar erfolgt, problematisch ist allerdings, ob E zur Übertragung des Grundstückes berechtigt war.

a) Veräußerungsverbot des § 1365 I

365 Dem könnte § 1365 entgegenstehen. Nach § 1365 kann sich ein im gesetzlichen Güterstand lebender Ehegatte nur mit Einwilligung des anderen Ehegatten verpflichten, über sein Vermögen im Ganzen zu verfügen.

---

21 Im Einzelnen: *Westermann*, SachenR, Rn. 332 ff.

Sofern er sich ohne Zustimmung verpflichtet hat, kann der handelnde Ehegatte nur die Verpflichtung erfüllen, wenn der andere Ehegatte einwilligt.

Fraglich ist, ob § 1365 hier anwendbar ist.

aa) Anwendbarkeit

Da zwischen L und E eine wirksame Ehe besteht und sie auch keine ehevertragliche Regelung getroffen haben, mithin im Güterstand der Zugewinngemeinschaft leben, ist § 1365 vorliegend anwendbar. **366**

bb) Gesamtvermögensgeschäft i.S.d. § 1365

Des Weiteren müsste ein Gesamtvermögensgeschäft i.S.d. § 1365 vorgelegen haben. Es müsste sich bei der Eigentumsübertragung um eine Verfügung über nahezu das ganze Vermögen der E i.S.v. § 1365 gehandelt haben. Hier hat E jedoch nur über einen Einzelgegenstand, nämlich ihr Grundstück in Berlin-Wannsee verfügt, so dass sich die Frage stellt, ob § 1365 dennoch anwendbar ist. **367**

Während nach der Gesamttheorie § 1365 nur Anwendung finden soll, wenn Rechtsgeschäfte in Rede stehen, die das Vermögen en bloc zum Gegenstand haben[22], was allerdings mit dem Schutzzweck der §§ 1365, 1369 (Erhaltung der wirtschaftlichen Existenzgrundlage der Familie und Schutz des Zugewinnausgleichsanspruches des Partners[23]) nicht in Einklang zu bringen ist, reicht es nach der sog. Einzeltheorie[24] aus, dass die Verpflichtung oder Verfügung im Wesentlichen das ganze Vermögen des Ehegatten betrifft. Dazu treten muss allerdings aus Gründen des Verkehrsschutzes das positive Wissen des Geschäftspartners, dass es sich um ein Gesamtvermögensgeschäft handelt (subjektive Theorie[25]). Vorliegend wusste M aufgrund des Briefes der E bereits vor Abschluss des Kaufvertrages, dass bei Verkauf und Übereignung nahezu das ganze Vermögen der E zur Disposition stand.

cc) Rechtsfolge

Folglich waren sowohl Kaufvertrag als auch Eigentumsübertragung zustimmungsbedürftig i.S.d. § 1365. Da L jedoch zuvor nicht eingewilligt hatte und er die Rechtsgeschäfte auch im Nachhinein nicht i.S.d. § 1366 I genehmigt hat und dies auch nicht mehr tun wird, sind sie nach § 1366 IV unwirksam. **368**

b) Konvaleszenz

Fraglich ist jedoch, ob mit dem Tode der E Konvaleszenz eingetreten ist. Schwebend unwirksame Verträge konvaleszieren dann, wenn während des Schwebezustandes der Schutzzweck jener Norm entfällt, welche die schwebende Unwirksamkeit bewirkt, so dass die Konvaleszenz die Wirksamkeit der bis dato schwebend unwirksamen Verträge **369**

---

22 *Rittner*, FamRZ 1961, 1 ff. m.w.N.
23 BGHZ 77, 293, 297; 101, 225, 228; 132, 218, 221; 143, 356, 359; OLG Celle NJW-RR 2001, 866.
24 BGHZ 35, 135, 143 ff.; 43, 174; 77, 293, 295; BGH FamRZ 1989, 475; BGH Ffm FamRZ 1986, 275; OLG Celle FamRZ 1987, 942; *Erman/Heckelmann*, § 1365 Rn. 8 m.w.N.
25 BGHZ 43, 177; 64, 246; 123, 93, 95; BGH NJW 1980, 2350; OLG Celle, FamRZ 1987, 942; OLG Ffm FamRZ 1986, 275; *Palandt/Brudermüller*, § 1365 Rn. 9 m.w.N.

bewirkt[26]. Auch bei Rechtsgeschäften i.S.d. §§ 1365, 1369 kann mithin Konvaleszenz eintreten, wenn während des Schwebezustandes das Zustimmungserfordernis durch Tod des zustimmungsberechtigten Ehegatten entfällt[27]. Fraglich ist, ob auch beim Tode des vertragsschließenden Ehegatten Konvaleszenz eintreten kann.

aa) Überwindung der Unwirksamkeit nach § 185 II 1, 3. Fall

370 Die Unwirksamkeit der Eigentumsübertragung könnte i.S.d. § 185 II 1, 3. Fall durch Konvaleszenz überwunden worden sein.

Nach dieser Norm wird eine Verfügung wirksam, wenn der Verfügende vom Berechtigten beerbt wird und dieser für die Nachlassverbindlichkeiten unbeschränkt haftet.

Ob eine nach § 1365 I unwirksame Verfügung dadurch wirksam wird, dass der zustimmungsberechtigte Ehegatte nach dem Tod des verfügenden Partner dessen Alleinerbe wird, lässt sich unterschiedlich beurteilen.

(1) Konvaleszenz bei Tod des vertragsschließenden Ehegatten

Stellt man darauf ab, dass mit dem Tod des Verfügenden die eheliche Lebensgemeinschaft aufgelöst wird und damit auch der Normzweck der Sicherung ihrer wirtschaftlichen Grundlage als Anknüpfungspunkt entfällt, muss es nicht nur beim Tod des zustimmungsberechtigten, sondern auch beim Tod des vertragsschließenden Ehegatten zur Heilung kommen[28].

Dagegen würde auch nicht die zweite Sicherungsfunktion des § 1365 (Schutz des Zugewinnausgleichanspruches) sprechen, da bei Alleinerbschaft auch kein Anspruch auf Zugewinnausgleich nach § 1371 besteht. Im Sinne dieser Auffassung wäre hier durch den Tod der vertragsschließenden E Konvaleszenz eingetreten, mit der Folge, dass das Rechtsgeschäft mit M endgültig wirksam und M Eigentümer des Grundstücks in Berlin-Wannsee geworden wäre.

(2) Keine Konvaleszenz bei Tod des vertragsschließenden Ehegatten

Nach anderer Ansicht müsse dagegen ein Ehegatte als künftiger Erbe des anderen geschützt sein und dies könne nur erreicht werden, in dem eine Konvaleszenz nicht möglich wäre[29]. Trotz des Todes der E wäre mithin keine Konvaleszenz eingetreten, so dass M ohne Zustimmung des L nicht rechtswirksam Eigentum an dem Grundstück erwerben konnte.

(3) Diskussion

Gegen die Meinung, die keine Konvaleszenz zulassen will, könnte zwar sprechen, dass es der Wortlaut des § 185 II 1, 3. Fall nahe legt, eine Heilung zuzulassen, wenn der vertragsschließende Ehegatte von seinem Partner/seiner Partnerin als Alleinerbe/Alleinerbin beerbt wird. Die allgemeinen Grundsätze zur Konvaleszenz zwingen aber im Zusammenhang mit systematischen Erwägungen dazu, eine Heilung hier nicht zuzu-

---

26 Zur Konvaleszenz: *Staudinger/Gursky*, § 185 Rn. 2.
27 *Schlüter*, FamR, Rn. 114.
28 OLG Celle, NJW-RR 1994, 646, 647.
29 So: OLG Karlsruhe, FamRZ 1978, 505.

lassen, da der Zweck des § 1365 (Erhaltung des Familienhabes und Sicherung des Zugewinnausgleichsanspruches) durch Anwendung des § 185 II 1, 3. Fall gefährdet wäre.

> **Exkurs/Vertiefung:** Ein nach den §§ 1365, 1369 unwirksames Rechtsgeschäft kann weder durch eine während des Schwebezustandes eintretende Scheidung, noch durch Tod des vertragsschließenden Ehegatten konvaleszieren. Dagegen tritt bei Tod des zustimmungsberechtigten Ehegatten Konvaleszenz ein[30] (str.).

371

bb) Ergebnis

Auf den vorliegenden Fall angewandt, bedeutet dies, dass die Verfügung der E mit ihrem Tod nicht wirksam geworden ist.

2. Eigentum des M

M ist mithin nicht Eigentümer des Grundstückes in Berlin-Wannsee geworden.

II. Zwischenergebnis

Das Grundbuch ist folglich unrichtig, da der ausgewiesene Eigentümer, M, mit dem tatsächlichen Eigentümer L als alleinerbendem Ehegatten der E i.S.d. §§ 1922, 1931 II, nicht übereinstimmt.

B. Ergebnis

Dem L steht folglich gegen M ein Grundbuchberichtigungsanspruch gemäß § 894 zu.

Repetitorium

I. Die widerlegliche Eigentumsvermutung des § 1362 bzw. **§ 8 LPartG** schützt den Gläubiger davor, dass der nicht schuldende Ehegatte/Lebenspartner (vor allem im Verfahren nach § 771 ZPO) unproblematisch Miteigentum geltend machen kann[31]. Die Pfändung an beweglichen Sachen würde allerdings dennoch daran scheitern, dass der Schuldner an der Sache zumeist nicht alleiniger Gewahrsamsinhaber ist, vgl. § 808 ZPO. Insoweit hilft **§ 739 ZPO**: Soweit die Eigentumsvermutung des § 1362 bzw. § 8 LPartG eingreift, gilt der schuldende Ehegatte/Lebenspartner im Rahmen der Zwangsvollstreckung unwiderleglich als alleiniger Gewahrsamsinhaber, so dass der Gerichtsvollzieher eine bewegliche Sache auch dann pfänden und nach § 883 ZPO wegnehmen kann, wenn sie sich im Mitbesitz beider Ehegatten/Lebenspartner bzw. im Alleinbesitz des nicht schuldenden Ehegatten/Lebenspartners befindet[32].

372

---

30 *Schlüter*, FamR, Rn. 114.
31 Vgl. zum Ganzen: *Schlüter*, FamR, Rn. 165 ff.
32 *Schlüter*, FamR, Rn. 167.

373 **II. Zum Revokationsrecht des Ehegatten und Lebenspartners i.S.v. § 1368 bzw. § 6 LPartG (gesetzliche Prozessstandschaft):**
In den folgenden Ausführungen steht „Ehegatte" stellvertretend für Ehegatte(n)/Lebenspartner.
§ 1368 berechtigt einen Ehegatten, der weder Einwilligung noch Genehmigung zu einem zustimmungsbedürftigen Verfügungsgeschäft seines Partners abgegeben hat, die sich aus der Unwirksamkeit einer Verfügung ergebenden Rechte des Partners gegen einen Dritten gerichtlich geltend zu machen. Der zustimmungsberechtigte Ehegatte erhält also keinen eigenen Anspruch, sondern ist lediglich berechtigt, im Wege der revokatorischen Klage als gesetzlicher Prozessstandschafter die Rechte des Partners im eigenen Namen prozessual geltend zu machen[33].
Ob der zustimmungsberechtigte Ehegatte auch Herausgabe an sich selbst verlangen kann, ist umstritten.
1. Herausgabe an den Eigentümer-Ehegatten
Nach einer Ansicht kann der übergangene Ehegatte als Prozessstandschafter nur Herausgabe an den Eigentümer-Ehegatten verlangen, da revokatorische Herausgabe grundsätzlich die Herausgabe in jener Form meine, in welcher sie vom verfügenden Ehegatten gefordert werden könnte. Der klagende Ehegatte könne daher nur (subsidiär) Herausgabe an sich selbst verlangen, wenn der Partner die Sache nicht übernehmen kann oder will[34].
2. Herrschende Meinung
Nach h.M. kann der übergangene Ehegatte im Hinblick auf den Schutzcharakter des § 1368 Herausgabe auch an sich selbst verlangen[35].
3. Kompromisslösung
Zum Teil wird auch die Ansicht vertreten, dass im Rahmen des § 1368 die Herausgabe nur an beide Ehegatten zu Mitbesitz oder an einen Sequester möglich ist[36].
4. Diskussion
Der Schutzcharakter des § 1368 gebietet es auch dem Nichteigentümer-Ehegatten, Herausgabe an sich selbst zu gewähren. Ansonsten würden die Regelungen der §§ 1368, 1369 ins Leere laufen, wenn der Eigentümer nicht bereit ist, die Sache zurückzunehmen.

III. Zur Konvaleszenz eines nach den §§ 1365, 1369 unwirksamen Rechtsgeschäftes:
1. Keine Heilung durch Scheidung[37]
2. Keine Heilung durch den Tod des vertragsschließenden Ehegatten (str.)[38]
3. Heilung durch Tod des zustimmungsberechtigten Ehegatten[39]

---

33 *Schlüter*, FamR, Rn. 117.
34 MüKo/*Gernhuber*, § 1368 Rn. 13 m.w.N.; *Gernhuber/Coester-Waltjen*, § 35 VI 3.
35 *Palandt/Brudermüller*, § 1368 Rn. 4; *Brox*, FamRZ 1961, 281, 286 f.; *Schlüter*, FamR, Rn. 117.
36 OLG Köln FamRZ 1959, 460.
37 BGH FamRZ 1983, 1101, 1102 = NJW 1984, 609, 610; *Reinicke*, NJW 1972, 1786, 1789; *Gernhuber/Coester-Waltjen*, § 35 IV 7; a.A. aber z.B.: OLG Celle FamRZ 2001, 1613, für den Fall, dass der Zugewinnausgleich verjährt ist.
38 Für Heilung: OLG Karlsruhe FamRZ 1978, 505, 506; gegen Heilung: OLG Celle NJW-RR 1994, 646, 647.
39 BGHZ 125, 355; NJW 1982, 1099.

IV. Versucht ein Gläubiger, seine Rechte aus dem unwirksamen Geschäft im Wege der Zwangsvollstreckung durchzusetzen, so gewährt das **Zustimmungserfordernis der §§ 1365, 1369** ein die **Veräußerung hinderndes Recht i.S.d. § 771 ZPO**.

V. **Kontrollfragen**
1. Was versteht man unter dinglicher Surrogation und wo ist sie geregelt?
2. Mit welchem vollstreckungsrechtlichen Rechtsbehelf lassen sich verfahrensfehlerhafte Vollstreckungsmaßnahmen rügen?
3. Wann ist eine Klage aus § 771 ZPO begründet?
4. Wenn der zustimmungsberechtigte Ehegatte bei einem nach den §§ 1365, 1369 unwirksamen Geschäft stirbt, tritt Konvaleszenz ein. Wie ist es, wenn der vertragsschließende Ehegatte stirbt?

Fall 8

Ich weiß was, was Du nicht weißt

375 Dr. Anton (A) überlegt gemeinsam mit dem Ehepaar Emil (E) und Marion Meyer (M), wie er deren Kinderwunsch trotz Unfruchtbarkeit des E verwirklichen kann. Schließlich kann er Sebastian Schmidt (S) als Samenspender gewinnen, mit dem er eine Anonymitätsabrede trifft. Die heterologe Insemination wird vorgenommen und Gregor (G) wird geboren. Als der 18-jährige G nach einem für E und M tödlich endenden Autounfall im Nachlass einen Hinweis findet, dass E nicht sein leiblicher Vater ist, beginnt er eine Therapie, um mit der Situation fertig werden zu können und zieht zu seinen nahezu mittellosen Großeltern (den Eltern der M). Ihm wird bereits ein halbes Jahr nach dem Tod seiner Eltern klar, dass er erst zur Ruhe kommen kann, wenn er weiß, von wem er wirklich abstammt. Außerdem möchte er seinen genetischen Vater auf Unterhalt in Anspruch nehmen, da ihm E und M kaum etwas hinterlassen haben und er nach seinem Schulabschluss ein Studium beginnen will. Als G den A aufsucht, meint jener, dass er sich an die Anonymitätsabrede halten müsse, die er mit dem Spender getroffen habe. Er ist nicht bereit, Auskunft zu erteilen bzw. Patientenunterlagen herauszugeben und sagt, dass er sich in einem etwaigen Prozess auf sein Zeugnisverweigerungsrecht berufen würde. Wie ist die Rechtslage?

Klären Sie bitte auch, ob G Anspruch auf Schadensersatz hat, wenn A die entsprechenden Patienten-Unterlagen, die bezüglich der Abstammung des G Klarheit verschaffen könnten, relativ kurzfristig nach der durchgeführten Insemination vernichtet hat. Etwaig bestehende Ansprüche, die aus der Verletzung einer Aufbewahrungspflicht aufgrund des einschlägigen Berufsrechts resultieren können, lassen Sie dabei bitte unberücksichtigt.

Als G schließlich Barbara Bauer (B) kennen und lieben lernt, findet er die innere Ruhe, die er solange in seinem Leben vermisst hat. Im Mai 2000 heiraten sie, schließen aber erst im Juli 2004 einen Ehevertrag, in dem sie vereinbaren, nun in Gütergemeinschaft leben zu wollen. B wird das Verwaltungsrecht übertragen, was auch so in das Güterrechtsregister eingetragen wird. Im Dezember 2004 veräußert B ohne Wissen ihres Mannes ein Grundstück, das sie viele Jahre vor ihrer Eheschließung von ihrem Großvater geerbt hatte, an Jochen Jauer (J), der schließlich auch ins Grundbuch eingetragen wird.

Als G vom Verkauf erfährt, verlangt er von J Herausgabe des Grundstücks. Steht ihm ein entsprechender Anspruch zu?

J hatte vor Erwerb des Grundstücks zwar das Grundbuch eingesehen, in der B als Alleineigentümerin eingetragen war, nicht aber das Güterrechtsregister.

Vorüberlegungen

I. Eine Schwierigkeit dieser Klausur besteht darin, zu erkennen, dass ein Recht auf Kenntnis der eigenen Abstammung aus dem allgemeinen Persönlichkeitsrecht i.S.v. Art. 1 I i.V.m. Art. 2 I GG herzuleiten ist, und zu wissen, wo dies im Klausuraufbau am sinnvollsten unterzubringen ist.

II. Es empfiehlt sich, zunächst zu überlegen, ob ein Primäranspruch in Betracht kommen könnte, bevor Sekundäransprüche geprüft werden. Zudem kann das Prüfungsschema in Bezug auf die Reihenfolge der zu prüfenden Anspruchsgrundlagen:
1. Vertrag
2. Vertragsähnlich/Vertrauen
3. Gesetz

hilfreich sein.

Gliederung

1. Teil: Heterologe Insemination
A. Ansprüche des G gegen A
   I. Anspruch des G gegen A auf Auskunft aus den §§ 311 I, 328 i.V.m. § 611
      1. Auskunftpflicht des A gegenüber M
      2. Eigener Anspruch des G gegen A
      3. Auswirkungen der Anonymitätsabrede
      4. Ergebnis
   II. Anspruch des G gegen A auf Schadensersatz in Form der Auskunftserteilung aus § 280 I
      1. Schuldverhältnis
      2. Pflichtverletzung
      3. Verschulden
      4. Rechtsfolge: Auskunft
   III. Anspruch des G gegen A aus § 823 I
      1. Rechtsgutsverletzung
      2. Verletzungshandlung
      3. Kausalität
      4. Rechtswidrigkeit
        a) Interesse des Verletzten G an der Namensnennung
        b) Interesse des A am Unterlassen der Namensnennung
        c) Güter- und Interessenabwägung
      5. Verschulden
      6. Schaden
      7. Rechtsfolge
   IV. Anspruch aus § 810
      1. Originalurkunde im Besitz eines anderen
      2. Rechtliches Interesse an der Einsicht

Fall 8 *Ich weiß was, was Du nicht weißt*

      3. Errichtung im eigenen Interesse bzw. rechtliche Beziehung zwischen Anspruchsteller und einem Dritten
      4. Ergebnis

B. Anspruch des G gegen A auf Schadensersatz wegen der vernichteten Unterlagen
    I. Anspruch des G gegen A auf Schadensersatz aus den §§ 280 I, III i.V.m. 283
    II. Anspruch des G gegen A auf Schadensersatz aus § 280 I
      1. Schuldverhältnis
      2. Pflichtverletzung
      3. Verschulden
      4. Rechtsfolge
        a) Schadensersatz in Bezug auf den materiellen Schaden i.S.d. §§ 249 I, 251 I
          aa) Unterhaltsanspruch des G gegen S
            (1) Unterhaltsbeziehung: Verwandtschaft
            (2) Bedürftigkeit
            (3) Leistungsfähigkeit
            (4) Reihen- /Rangfolge
            (5) Kein Ausschluss
          bb) Ergebnis
        b) Schadensersatz in Bezug auf den immateriellen Schaden i.S.d. § 253 II
    II. Anspruch des G gegen A aus § 823 I
      1. Haftungsbegründender Tatbestand
      2. Schaden
        a) Materieller Schaden
        b) Immaterieller Schaden
        c) Ergebnis

2. Teil: Rechtsverhältnisse zwischen G und J

A. Ansprüche des G gegen J auf Herausgabe des Grundstückes
    I. Anspruch des G gegen J aus § 985
      1. Eigentum des G
        a) Erwerb des Grundstückes
        b) Verlust des Eigentums durch Veräußerung an J
          aa) Eigentumserwerb des J i.S.d. §§ 873 I, 925
          bb) Eigentumserwerb des J i.S.d. §§ 873 I, 925 I, 892
      2. Ergebnis
    II. Anspruch des G gegen J auf Herausgabe aus § 812 I 1, 1. Fall
      1. Etwas erlangt
      2. Durch Leistung
      3. Ohne Rechtsgrund
        a) Kaufvertrag
        b) Objektive Rechtsordnung
      4. Zwischenergebnis

B. Ergebnis

Ich weiß was, was Du nicht weißt **Fall 8**

Lösung

1. Teil: Heterologe Insemination

A. Ansprüche des G gegen A

Fraglich ist, ob dem G gegen A ein Anspruch auf Auskunft über seine Abstammung bzw. auf Kenntnis seines biologischen Vaters zustehen könnte.

I. Anspruch des G gegen A auf Auskunft aus den §§ 311 I, 328 i.V.m. § 611

In Betracht kommen könnte ein vertraglicher Anspruch des G gegen A auf Nennung des Namens seines leiblichen Vaters aus den §§ 311 I, 328 i.V.m. § 611.

Zwischen G und A besteht keine unmittelbare vertragliche Beziehung.

Fraglich ist daher, ob sich aus dem (zumindest) mündlich zwischen A und M abgeschlossenen Behandlungsvertrag in Form eines Dienstvertrages[1] Rechte für G ableiten lassen.

Damit zugunsten des G eine Auskunftspflicht bestünde, müsste eine entsprechende Auskunftspflicht der M aus dem Behandlungsvertrag, der zwischen ihr und A besteht, resultieren. Maßgeblich ist daher, was Inhalt des Behandlungsvertrages ist.

1. Auskunftspflicht des A gegenüber M

Aufgrund des Behandlungsvertrages zwischen M und A i.S.v. § 611 besteht zur Sicherstellung der medizinischen Daten und Fakten eine umfassende Aufklärungs- und Dokumentationspflicht über alle Vorgänge, die im Zusammenhang mit der Betreuung bzw. Behandlung der M und damit auch mit der heterologen Insemination stehen[2].

Dazu gehört auch die Dokumentation des Namens des Samenspenders und, auf Verlangen der Patientin, eine entsprechende Auskunft. Ein Auskunftsanspruch der M gegen A kann mithin als Teil des Behandlungsvertrages angenommen werden.

2. Eigener Anspruch des G gegen A

Fraglich ist nun, ob sich auch eine Drittberechtigung des G herleiten lassen könnte.

Ein selbständiger Auskunftsanspruch des G gegenüber A wurde ausdrücklich nicht vereinbart.

Ein solcher könnte jedoch konkludent begründet worden sein. In Betracht käme ein Anspruch auf Auskunft über die §§ 311 I, 328 I.

Bei der Drittberechtigung ist zwischen dem echten Vertrag zugunsten Dritter i.S.d. § 328, dem unechten Vertrag zugunsten Dritter und dem Vertrag mit Schutzwirkung

---

1 Vgl. dazu: *Palandt/Weidenhoff*, Einf v. § 611 Rn. 18.
2 Vgl. dazu: *Palandt/Sprau*, § 823 Rn. 161 m.w.N.

Fall 8 *Ich weiß was, was Du nicht weißt*

zugunsten Dritter zu unterscheiden³. Beim echten (berechtigten) Vertrag zugunsten Dritter erwirbt der Dritte einen eigenen Leistungsanspruch gegen den Schuldner, während der Schuldner beim unechten (ermächtigenden) Vertrag zugunsten Dritter ermächtigt ist, mit befreiender Wirkung an den Dritten zu leisten, das Recht, die Leistung an den Dritten zu verlangen, jedoch allein dem Gläubiger zusteht. Der durch Rechtsfortbildung entstandene Vertrag mit Schutzwirkung zugunsten Dritter⁴ unterscheidet sich vom echten Vertrag zugunsten Dritter dadurch, dass der Dritte keinen eigenen Anspruch auf die Hauptleistung erwirbt, der Dritte aber insoweit in die vertraglichen Schutzpflichten einbezogen ist, als er, bei deren Verletzung durch den Schuldner, gegen diesen Schadensersatzansprüche geltend machen kann⁵.

381 In Betracht käme hier ein Anspruch aus einem Vertrag mit Schutzwirkung zugunsten Dritter, denn G sollte keinen Anspruch auf die Hauptleistung in Form der medizinischen Behandlung haben, sondern in die vertraglichen Schutzpflichten, also die Aufklärungs- und Dokumentationspflichten im Zusammenhang mit der heterologen Insemination einbezogen sein. Rechtsfolge eines Vertrages mit Schutzwirkung zugunsten Dritter wäre ein eigener vertraglicher Schadensersatzanspruch, der auf Auskunft gerichtet sein kann.

Fraglich ist, ob hier die Voraussetzungen eines Vertrages mit Schutzwirkung zugunsten Dritter erfüllt sind.

Voraussetzung eines Vertrages mit Schutzwirkung zugunsten Dritter ist, dass der Dritte bestimmungsgemäß mit der Leistung genauso in Berührung kommt wie der Gläubiger (Leistungsnähe)⁶. Darüber hinaus müsste eine sog. Gläubigernähe bestehen⁷; für den Schuldner müsste die Einbeziehung des Dritten in den Vertrag erkennbar⁸ und der Dritte müsste schutzbedürftig sein⁹.

382 G wurde im Rahmen einer heterologen Insemination seiner Mutter gezeugt und gehört damit zum geschützten Personenkreis, da er mit der Behandlung bestimmungsgemäß genauso in Berührung gekommen ist wie seine Mutter und diese für sein „Wohl und Wehe"¹⁰ verantwortlich ist. Eine Leistungs- und Gläubigernähe ist mithin zu bejahen. Dem A, der die heterologe Insemination durchgeführt hat, war dies auch bekannt. Von der Schutzbedürftigkeit eines Dritten ist nur auszugehen, wenn für die Ausdehnung des vertraglichen Schutzes insofern nach Treu und Glauben ein Bedürfnis besteht, als der Dritte ansonsten nicht ausreichend geschützt wäre, ihm also nicht ein inhaltsgleicher vertraglicher Anspruch zusteht¹¹. In diesem Sinne ist von der Schutzbedürftigkeit des G auszugehen, da G nicht anderweitig geschützt ist und ihm insbesondere ansonsten kein vertraglicher Schutz zukäme.

---

3 *Westermann/Bydlinski/Weber*, SchuldR AT, Rn. 15/1 ff.
4 Dazu: *Westermann/Bydlinski/Weber*, SchuldR AT, Rn. 16/4 ff.
5 Vgl. *Palandt/Heinrichs*, Einf v § 328 Rn. 1.
6 BGHZ 49, 350, 354; 70, 327, 329; 129, 136, 168.
7 Zur Gläubigernähe bzw. zum Einbeziehungsinteresse des Gläubigers bezüglich des Dritten: vgl. *Palandt/Heinrichs*, § 328 Rn. 17, 17a m.w.N.
8 BGHZ 49, 350, 354; 75, 321, 323.
9 MüKo/*Gottwald*, § 328 Rn. 117; zum Ganzen: *Palandt/Heinrichs*, § 328 Rn. 13 ff.
10 Vgl. BGHZ 51, 91, 96; 56, 273; BGH NJW 1970, 38, 40.
11 BGHZ 70, 327, 330; 129, 136, 169; BGH NJW 1996, 2927, 2929; OLG Köln NJW-RR 2003, 100, 101.

Hierfür spricht zudem, dass das Recht auf Kenntnis der eigenen Abstammung Teil des allgemeinen Persönlichkeitsrechts ist, das aus Art. 1 I u. 2 I GG hergeleitet wird[12] und dies ohne Zustimmung des Betroffenen weder eingeschränkt noch aufgehoben werden kann. Um dieses Recht durchsetzen zu können, ist zwangsläufig ein Auskunftsanspruch erforderlich, da es ansonsten für seinen Rechtsinhaber wirkungslos und somit wertlos wäre.

Entsprechend wäre dem G ein eigener Anspruch auf Auskunft als Ausfluss des Behandlungsvertrages i.S.v. § 611, der zwischen M und A bestand, zuzugestehen.

3. Auswirkungen der Anonymitätsabrede

Fraglich ist, ob aufgrund der Anonymitätsabrede, die A mit S getroffen hat, etwas anderes gelten muss, da durch die Anonymitätsabrede ausdrücklich jeglicher Auskunftsanspruch ausgeschlossen werden sollte.

Im Verhältnis zu G kann die Anonymitätsabrede keine Wirkung entfalten, da sie einen Vertrag zu Lasten des G darstellen würde. Verträge zu Lasten Dritter sind jedoch mit dem Grundsatz der Privatautonomie unvereinbar und unzulässig[13].

Darüber hinaus würde die Geheimhaltung des Spendernamens auch das Wohl des G gefährden, so dass eine derartige Abrede auch als sittenwidrig zu qualifizieren ist und sich ihre Unwirksamkeit folglich auch aus § 138 ergibt[14].

4. Ergebnis

Somit besteht ein eigener Anspruch des G gegen A auf Auskunft aus einem Vertrag mit Schutzwirkung zugunsten Dritter i.V.m. dem Behandlungsvertrag i.S.v. § 611, der zwischen M und A bestand.

II. Anspruch des G gegen A auf Schadensersatz in Form der Auskunftserteilung aus § 280 I

Des Weiteren könnte auch ein Anspruch des G gegen A auf Schadensersatz in Form der Auskunftserteilung aus § 280 I bestehen.

1. Schuldverhältnis

Voraussetzung dafür ist, dass zwischen A und G ein Schuldverhältnis besteht. Als Schuldverhältnis kommt jede rechtliche Sonderverbindung in Betracht, aus der sich Verbindlichkeiten ergeben können[15]. Der Behandlungsvertrag zwischen M und A, aus dem die Drittberechtigung des G resultiert, ließe sich als entsprechendes Schuldverhältnis qualifizieren.

---

12 BVerfGE 79, 256, 268 f.
13 BGHZ 54, 244, 247; 58, 216, 219; 61, 359, 361, 78, 369, 374 f.; *Palandt/Heinrichs*, Einf v § 328 Rn. 10 m.w.N.
14 *Harder*, JuS 1986, 505, 507.
15 Zum Begriff des Schuldverhältnisses im Einzelnen: *Palandt/Heinrichs*, Einl v § 241 Rn. 3 f.

Fall 8 *Ich weiß was, was Du nicht weißt*

2. Pflichtverletzung

385 A müsste darüber hinaus gegenüber G eine Pflichtverletzung begangen haben[16]. Indem er sich weigert, dem G Auskunft zu erteilen bzw. Patientenunterlagen herauszugeben, obwohl er, wie oben gesehen, dazu verpflichtet ist, hat A gegenüber G eine Pflichtverletzung begangen.

3. Verschulden

386 Diese Pflichtverletzung müsste A auch verschuldet haben. Von einem Verschulden ist i.S.d. §§ 276 ff. auszugehen, wenn der Schuldner vorsätzlich oder fahrlässig gehandelt hat. A wollte die Auskunft bewusst nicht erteilen und hat somit i.S.d. § 276 vorsätzlich gehandelt.

4. Rechtsfolge: Auskunft

387 Folglich ist A gegenüber G zum Schadensersatz nach den §§ 249 ff. verpflichtet. I.S.d. § 249 I ist als Naturalrestitution die Situation herzustellen, die ohne das schädigende Ereignis bestehen würde. Wenn A dem G die Auskunft nicht verweigert hätte, dann hätte G die gewünschte Information erhalten.

Dem G steht also gegen A ein Anspruch auf Schadensersatz in Form der Auskunftserteilung aus § 280 I zu.

III. Anspruch des G gegen A aus § 823 I

Darüber hinaus könnte dem G gegen A auch ein Anspruch auf Namensnennung aus § 823 I zustehen, wenn, durch das Handeln des A, G rechtswidrig und schuldhaft in seinen Rechten verletzt worden wäre[17].

1. Rechtsgutsverletzung

388 Als Rechtsgutsverletzung auf Seiten des G käme i.S.e. sonstigen Rechts nach § 823 I das allgemeine Persönlichkeitsrecht i.S.v. Art. 1 I i.V.m. Art. 2 I GG in Betracht.

Teil dieses Rechts ist auch das Recht auf Kenntnis der eigenen biologischen Abstammung[18].
Da G sich seine biologische Abstammung (ohne Mithilfe des A) nicht erschließen kann, ist von einer Rechtsgutverletzung des G auszugehen.

2. Verletzungshandlung

389 Erforderlich ist weiterhin eine Verletzungshandlung des A, die grundsätzlich in einem positiven Tun oder Unterlassen bestehen kann. Hier kommt als Verletzungshandlung die Weigerung des A in Betracht, den Namen des Samenspenders zu nennen, mithin ein Unterlassen.

---

16 Zur Terminologie des Begriffes „Pflichtverletzung": vgl. *Palandt/Heinrichs*, § 280 Rn. 3.
17 Zu den Voraussetzungen des Deliktstatbestandes des § 823: *Emmerich*, SchuldR BT, § 20 Rn. 7 ff.
18 Dazu im Zusammenhang mit dem Anfechtungsrecht des Kindes: *Schlüter*, FamR, Rn. 292.

Im Falle eines Unterlassens muss eine Rechtspflicht zum Handeln bestehen, deren Beachtung die Rechtsgutsverletzung verhindert hätte[19]. Eine solche Pflicht kann sich aus dem Gesetz, konkreten Lebensbeziehungen oder vorausgegangenem Tun ergeben[20]. Eine entsprechende Rechtspflicht könnte sich hier aus dem vorausgegangenen Tun des A ergeben. A hat den Samenspender für eine heterologe Insemination gewonnen und hat daneben einen Behandlungsvertrag mit der Mutter des G abgeschlossen. Sein Vorverhalten begründet damit die Rechtspflicht gegenüber G, die darin besteht, ihm Auskunft darüber zu erteilen, wer sein biologischer Vater ist. Eine Verletzungshandlung liegt mithin vor.

3. Kausalität

Die Verletzungshandlung müsste darüber hinaus kausal für die eingetretene Rechtsverletzung sein. Da erst die Weigerung des A die Rechtsverletzung hervorgerufen hat, ist diese von ihm auch äquivalent und adäquat kausal verursacht worden. **390**

4. Rechtswidrigkeit

Die Handlung des A müsste zudem rechtswidrig gewesen sein. **391**

Bei dem allgemeinen Persönlichkeitsrecht wird die Rechtswidrigkeit nicht schon durch die Verletzungshandlung indiziert, vielmehr muss sie im Rahmen einer allgemeinen Güter- und Interessenabwägung positiv festgestellt werden. Abzuwägen ist hier das Interesse des G an der Namensnennung mit dem Interesse des A an der Weigerung, den Namen zu nennen. Auf Seiten des Verletzten ist insbesondere relevant, in welche Sphäre seiner Persönlichkeit eingegriffen wurde und wie schwer der Eingriff ist. Auf Seiten des Schädigers ist insbesondere zu berücksichtigen, welches Motiv bzw. welcher Zweck dem Eingriff zugrunde liegt und die Art und Weise des Eingriffs[21].

a) Interesse des Verletzten G an der Namensnennung

Auf Seiten des G ist insbesondere zu berücksichtigen, dass es Teil des allgemeinen Persönlichkeitsrechts i.S.v. Art. 1 I i.V.m. Art. 2 I GG des G ist, seine Abstammung zu erfahren und seine verwandtschaftlichen Wurzeln zurückverfolgen zu können. **392**

Da außer A niemand in der Lage ist, ihm diese Kenntnis zu verschaffen, wiegt die Weigerung des A besonders schwer, da sie das Recht des G vollständig vereiteln würde.

b) Interesse des A am Unterlassen der Namensnennung

Zugunsten des A könnte hier sprechen, dass die Samenspende ein Arzt-Patienten-Verhältnis zu S begründet haben könnte, aus dem sich ein Zeugnisverweigerungsrecht des A i.S.v. § 383 Abs. 1 Nr. 6 ZPO ergeben würde, so dass A bei einer Namensnennung Gefahr laufen würde, sich nach § 203 I Nr. 1 StGB strafbar zu machen. **393**

---

19 Vgl. auch: OLG Nürnberg NJW-RR 2004, 1254.
20 *Palandt/Sprau*, § 823 Rn. 2.
21 *Palandt/Sprau*, § 823 Rn. 95 ff.

Fall 8 *Ich weiß was, was Du nicht weißt*

Unabhängig von der ärztlichen Schweigepflicht könnte A darüber hinaus auch über die mit S getroffene Anonymitätsabrede zur Geheimhaltung verpflichtet sein und sich bei einem Verstoß eventuell sogar schadensersatzpflichtig machen.

c) Güter- und Interessenabwägung

394 Im Rahmen der Güter- und Interessenabwägung kann die Anonymitätsabrede unberücksichtigt bleiben, weil sie – wie bereits erwähnt – gem. § 138 nichtig ist.

Fraglich ist nun aber, in welchem Verhältnis das Zeugnisverweigerungsrecht des A i.S.v. § 383 Abs. 1 Nr. 6 ZPO zum Interesse des G an der Auskunft steht.

Wenn man bedenkt, dass die Namensnennung durch A die einzige Möglichkeit für G darstellt, zu erfahren, wer sein biologischer Vater ist und die Weigerung dieses Recht vollständig vereiteln würde, überwiegt das Interesse des G an der Namensnennung.

Zwar ist das Zeugnisverweigerungsrecht des A Ausfluss des allgemeinen Persönlichkeitsrechts des S, der allein darüber entscheiden darf, welche Informationen über ihn weitergegeben werden sollen, aber auch das Recht des genetischen Vaters auf Anonymität muss hier zurücktreten. Denn durch die Samenspende übernimmt er die Verantwortung für ein leibliches Kind, was nicht durch Vertrag mit den anderen „Eltern" oder einem Arzt vollständig aufgehoben werden kann. Da in diesem Sinne schon S kein Recht zusteht, als leiblicher Vater seinen Namen verschweigen zu dürfen, lässt sich hier erst recht keine Schweigepflicht des Arztes herleiten.

395 **Exkurs/Vertiefung:** Das Recht des Kindes auf Kenntnis der eigenen Abstammung, das aus dem allgemeinen Persönlichkeitsrecht i.S.v. Art. 1 I i.V.m. Art. 2 I GG hergeleitet wird und grundsätzlich anerkannt ist[22], umfasst nicht nur das Recht auf Kenntnis der genetischen Vaterschaft, sondern auch auf Auskunft über die genetische Mutterschaft, was im Falle einer Geburt durch eine Leih- bzw. Ersatzmutter relevant werden kann[23].

Ein Auskunftsanspruch des Scheinvaters gegen die geschiedene Ehefrau als Kindesmutter auf Auskunft über die Identität des wirklichen Vaters besteht nicht[24].

Auch die drohende Schadensersatzpflicht des A gegenüber S kann zu keinem anderen Ergebnis führen, da auf Seiten des A auch insoweit ein schuldhaftes Vorverhalten vorliegt.

A hätte S darüber aufklären müssen, dass ihm kein Anspruch auf Geheimhaltung seines Namens gegenüber seinem Kind zusteht und eine Anonymitätsabrede somit rechtlich bedeutungslos ist. Auf ein Zeugnisverweigerungsrecht kann sich A daher nicht berufen.

Rechtswidrigkeit liegt folglich vor.

---

22 BVerfGE 79, 256; BVerfG FamRZ 1997, 869.
23 *Schlüter*, FamR, Rn. 268.
24 LG Heilbronn FamRZ 2005, 474.

5. Verschulden

A hat auch schuldhaft gehandelt, da er i.S.v. § 276 zumindest fahrlässig gehandelt hat, wenn er nicht erkannt hat, dass seine Weigerung G in dessen Rechten verletzt.

6. Schaden

Da G trotz Auskunftspflicht des A den Namen von S nicht erfahren hat, ist diese Unkenntnis als Schaden zu qualifizieren.

7. Rechtsfolge

Somit ist A dem G zum Schadensersatz nach den §§ 249 ff. verpflichtet.

Hätte A dem G die Auskunft nicht verweigert, so wäre dem G die gewünschte Information bekannt. Dem G steht also ein Anspruch auf Auskunftserteilung aus § 823 I i.V.m. den §§ 249 ff. zu.

IV. Anspruch aus § 810

G könnte gegen A auch aus § 810 einen Auskunftsanspruch haben, wenn A eine Urkunde in seinem Besitz hätte, die ein Rechtsverhältnis des G zu einem Dritten beurkundet.

1. Originalurkunde im Besitz eines anderen

A müsste eine für G fremde Urkunde im Besitz haben. Eine Urkunde ist eine verkörperte (schriftliche) Gedankenerklärung, die im Rechtsverkehr zum Beweis geeignet und bestimmt ist und den Aussteller erkennen lässt[25].

Die sich im Besitz des A befindlichen Patientenunterlagen sind für G fremd. Sie geben Auskunft über die Behandlung der Mutter, stellen also eine verkörperte Gedankenerklärung dar, die im Rechtsverkehr zum Beweis geeignet und bestimmt ist und stammen erkennbar von A, so dass sie folglich als Urkunde zu qualifizieren sind.

2. Rechtliches Interesse an der Einsicht

G müsste darüber hinaus ein rechtliches Interesse an der Einsicht haben.

Dieses ist immer dann gegeben, wenn die Einsicht der Förderung, Erhaltung oder Verteidigung rechtlich geschützter Interessen dient[26].

Ein solches Interesse kann bei der heterologen Insemination immer dann angenommen werden, wenn das durch die künstliche Befruchtung erzeugte Kind Auskunft über seinen genetischen Vater verlangt, da die Unterlagen des Arztes die rechtlich bedeutsame Abstammung des Kindes dokumentieren[27].

Somit ist das rechtliche Interesse des G an der Einsicht gegeben.

---

25 *Palandt/Heinrichs*, § 126 Rn. 2 ff. m.w.N.
26 *Palandt/Sprau*, § 810 Rn. 2.
27 *Kollhosser*, JA 1985, 553, 557 m.w.N.

3. Errichtung im eigenen Interesse bzw. rechtliche Beziehung zwischen Anspruchsteller und einem Dritten

401 Weiterhin müsste die Urkunde im Interesse des G errichtet worden sein bzw. ein Rechtsverhältnis zwischen G und einem Dritten beurkunden.

Patienten- bzw. Krankenunterlagen des Arztes werden auch im Interesse des Patienten und nicht nur als Gedankenstütze des Arztes errichtet[28], deshalb kann ein Anspruch des Patienten aus § 810 auf Vorlage zur Einsichtnahme bestehen, der auch auf den/die Erben übergehen kann, soweit nicht die ärztliche Schweigepflicht entgegensteht[29]. Als Erbe seiner Mutter, in deren Interesse die Unterlagen zumindest auch errichtet wurden, kann G daher gegen A aus § 810 vorgehen.

Zudem beurkunden die Patientenunterlagen die Abstammung des G von S, also eine rechtliche Beziehung zwischen ihm als Anspruchsteller und dem Dritten S.

Zwar lassen sich allein aus der Abstammung weder Rechte noch Pflichten herleiten, für das zukünftige Rechtsverhältnis, das durch eine Vaterschaftsfeststellungsklage begründet werden könnte, ist der Inhalt der Patientenkartei jedoch relevant. Folglich besteht zwischen dem Anspruchsteller G und dem in den Unterlagen bezeichneten Dritten S eine rechtliche Beziehung, so dass auch dieses Tatbestandsmerkmal erfüllt ist.

4. Ergebnis

Im Ergebnis besteht somit eine Vorlegungspflicht des A, mit der Folge, dass A dem G auch aufgrund von § 810 Auskunft erteilen bzw. Einsicht gewähren muss.

B. Anspruch des G gegen A auf Schadensersatz wegen der vernichteten Unterlagen

Fraglich ist, ob dem G gegen A darüber hinaus aufgrund der vernichteten Unterlagen, die dem A die begehrte Auskunftserteilung unmöglich machen, Schadensersatz zustehen könnte.

I. Anspruch des G gegen A auf Schadensersatz aus den §§ 280 I, III i.V.m. 283

402 In Betracht kommt ein Anspruch des G gegen A auf Schadensersatz aufgrund von Unmöglichkeit aus den §§ 280 I, III i.V.m. 283. Dies setzt allerdings voraus, dass der Schuldner, also A, von einer Leistungspflicht frei geworden sein müsste[30]. Wie oben gesehen, steht hier jedoch lediglich das Freiwerden von einer vertraglichen Schutzpflicht in Form der Aufklärungs- und Dokumentationspflicht in Rede, ein Schadensersatzanspruch aus den §§ 280 I, III i.V.m. 283 scheidet mithin aus.

---

28 BGHZ 72, 132.
29 BGH NJW 1983, 2627.
30 *Palandt/Heinrichs*, § 283 Rn. 3.

II. Anspruch auf Schadensersatz aus § 280 I

Ein Anspruch des G gegen A auf Schadensersatz könnte sich jedoch aus § 280 I ergeben. **403**

Dies setzt voraus, dass zwischen G und A ein Schuldverhältnis besteht und A eine Pflicht gegenüber G verletzt hat.

1. Schuldverhältnis

Da der zwischen M und A geschlossene Behandlungsvertrag dem G eigene Rechte einräumt, liegt ein vertragliches Schuldverhältnis vor (s.o.). **404**

2. Pflichtverletzung

Des Weiteren müsste es zu einer Pflichtverletzung auf Seiten des A gekommen sein. A hatte gegenüber G die Pflicht, Auskunft über die Identität des Samenspenders zu erteilen. Hierzu hätte er die Unterlagen über die heterologe Insemination aufbewahren müssen. Da er diese Unterlagen vernichtete, ist ihm die Auskunftserteilung nicht mehr möglich und er hat mithin eine Pflichtverletzung begangen. **405**

3. Verschulden

Das Verschulden des A wird bei Vorliegen der Voraussetzungen des § 280 I 1 vermutet. Es ist weiterhin nicht ersichtlich, dass A der Entlastungsbeweis nach § 280 I 2 gelingen könnte, zumal er mit grober Fahrlässigkeit (vgl. § 276) handelte, als er die Unterlagen vernichtete. **406**

4. Rechtsfolge

G hat gegen A einen Anspruch auf Ersatz des ihm durch die Pflichtverletzung entstandenen Schadens nach den §§ 249 ff.

Fraglich ist nun, ob G durch die Pflichtverletzung des A überhaupt einen materiellen Schaden erlitten hat.

a) Schadensersatz in Bezug auf den materiellen Schaden i.S.d. §§ 249 I, 251 I

Ein materieller Schaden könnte darin zu sehen sein, dass G keine Unterhaltsansprüche gegen seinen genetischen Vater geltend machen kann. **407**

Dies wäre allerdings nur dann als Schaden zu qualifizieren, wenn dem G tatsächlich ein Unterhaltsanspruch gegen S zusteht.

aa) Unterhaltsanspruch des G gegen S

G hätte dann einen Unterhaltsanspruch gegen S, wenn zwischen ihnen eine Unterhaltsbeziehung im Sinne einer Verwandtschaft bestünde, G unterhaltsbedürftig und S leistungsfähig ist.

(1) Unterhaltsbeziehung: Verwandtschaft

Zunächst einmal müsste zwischen G und S eine Unterhaltsbeziehung im Sinne einer Verwandtschaft nach § 1601 bestehen. Nach § 1601 sind Verwandte in gerader Linie **408**

Fall 8 *Ich weiß was, was Du nicht weißt*

verpflichtet, einander Unterhalt zu gewähren. Die Legaldefinition des Begriffes Verwandtschaft findet sich in § 1589. Danach sind Personen, deren eine von der anderen abstammt, in gerader Linie verwandt. In diesem Sinne könnte man S als Vater des G ansehen.

409 Ob dies vorliegend jedoch Gültigkeit haben kann ist insofern fraglich, als auch E i.S.v. § 1592 Nr. 1 als Vater des G qualifiziert werden könnte, da er zum Zeitpunkt der Geburt mit der M, der Mutter des G i.S.v. § 1591, verheiratet war.

§ 1592 enthält eine abschließende Aufzählung, wer statusrechtlich als Vater zu qualifizieren ist. Gemäß § 1592 Nr. 1 gilt als Vater des Kindes derjenige Mann, der zum Zeitpunkt der Geburt mit der Mutter des Kindes verheiratet war.

Bei einer heterologen Insemination kommt es damit nicht auf den Samenspender bzw. genetischen Vater an, sondern auf den mit der Mutter verheirateten Mann, so dass der verstorbene E derzeit als Vater des G zu qualifizieren ist

410 Die Vaterschaftsqualifikation des § 1592 ist zudem gemäß § 1599 solange bindend, wie es nicht zu einer wirksamen Vaterschaftsanfechtung gekommen ist.

Fraglich ist daher, ob G eine Vaterschaftsanfechtung durchführen könnte. Die Voraussetzungen für eine Vaterschaftsanfechtung finden sich in den §§ 1600 I, 1600a I, 1600b I 2. Danach wäre G im Sinne von § 1600 I Nr. 4 als volljähriges Kind (vgl. dazu § 1600a) anfechtungsberechtigt. Zudem dürfte auch die Anfechtungsfrist von 2 Jahren ab Kenntnis der Umstände, die gegen eine Vaterschaft sprechen, i.S.v. § 1600b I noch nicht abgelaufen sein. Da G erst bei Durchsicht des Nachlasses Kenntnis der Umstände erlangte, die gegen eine Vaterschaft des E sprechen und er bereits ein halbes Jahr danach alles Erforderliche in die Wege leitet, ist die Anfechtungsfrist auch noch nicht verstrichen.

Es wäre dem G also theoretischerweise möglich, nach einer erfolgten Anfechtung i.S.v. § 1600 d I die Vaterschaft seines genetischen Vaters S gerichtlich feststellen zu lassen[31].

(2) Bedürftigkeit

411 G müsste darüber hinaus bedürftig sein, wobei Bedürftigkeit i.S.v. § 1602 bedeutet, dass G außerstande sein müsste, sich selbst zu unterhalten, also mit eigenen Mitteln seinen Lebensunterhalt zu bestreiten. Zum Unterhalt gehört nach § 1601 II der gesamte Lebensbedarf, einschließlich der Kosten einer angemessenen beruflichen (Vor-)Bildung. G verfügt noch nicht über ein eigenes Einkommen oder sonstige finanzielle Mittel, so dass von seiner grundsätzlichen Bedürftigkeit auszugehen ist. Da G die Schule bzw. eine Berufsausbildung noch nicht beendet hat, kann er auch nicht auf eine Erwerbsobliegenheit verwiesen werden[32].

(3) Leistungsfähigkeit

412 S müsste des Weiteren nach § 1603 leistungsfähig sein. Leistungsfähigkeit liegt auf Seiten des Unterhaltsschuldners vor, wenn er i.S.v. § 1603 I durch seine Einkünfte bzw.

---

31 Im Einzelnen dazu: *Schlüter*, FamR, Rn. 283.
32 *Palandt/Diederichsen*, § 1602 Rn. 7 ff.

sein Vermögen mehr erwirtschaften kann, als er zur Deckung des eigenen Lebensbedarfes benötigt.

Fraglich ist nun, was gilt, wenn sich wegen Unkenntnis der Vermögensverhältnisse des biologischen Vaters nicht feststellen lässt, ob er leistungsfähig ist.

Insoweit könnte von Belang sein, dass der unverheiratete 18-jährige G, der sich in der allgemeinen Schulausbildung befindet und im Haushalt der Großeltern lebt, i.S.v. § 1603 II 2 als privilegiertes volljähriges Kind anzusehen sein könnte. Zwar setzt die Legaldefinition des Begriffes „privilegiertes volljähriges Kind" voraus, dass das Kind im Haushalt der Eltern lebt, da die Eltern des G jedoch verstorben sind, ist sein Einzug bei den Großeltern mit dem gesetzl. geregelten Fall vergleichbar. G ist mithin als privilegiertes volljähriges Kind zu qualifizieren[33].

Gegenüber minderjährigen Kindern und auch gegenüber privilegierten volljährigen Kindern trifft die Eltern eine gesteigerte Erwerbsobliegenheit i.S.v. § 1603 II, d.h., dass die Eltern alle verfügbaren Mittel gleichmäßig einsetzen müssen, um den eigenen Unterhalt und den der Kinder zu erwirtschaften. Selbst wenn S daher nicht in vollem Umfang leistungsfähig wäre, würde dem G wenigstens die Vermutung eines fiktiven Einkommens zugute kommen[34].

Die Leistungsfähigkeit des S kann daher unterstellt werden.

(4) Reihen- /Rangfolge

Die Reihenfolge der Unterhaltsberechtigung bestimmt sich nach den §§ 1606 ff. Die Eltern haften demgemäß als nächste Verwandte der aufsteigenden Linie i.S.v. § 1606 II für den Unterhalt ihrer Kinder. Unabhängig davon, dass die Großeltern des G ohnehin nahezu mittellos sind und es entsprechend an ihrer Leistungsfähigkeit fehlen wird, kann G auch nicht darauf verwiesen werden, sich zunächst an sie zu wenden. **413**

(5) Kein Ausschluss

Ein Ausschlussgrund für den Unterhaltsanspruch des G i.S.d. §§ 1611, 1613, 1615 ist ebenfalls nicht ersichtlich. **414**

bb) Ergebnis

Dem G hätte folglich ein Unterhaltsanspruch gegen seinen genetischen Vater S zugestanden, so dass A somit in Höhe des vereitelten Unterhaltsanspruches i.S.d. §§ 280 I, 249 I, 251 I gegenüber G schadensersatzpflichtig ist.

b) Schadensersatz in Bezug auf den immateriellen Schaden nach § 253 II

G könnte darüber hinaus auch einen immateriellen Schaden erlitten haben, weil die Feststellung seiner Abstammung vereitelt wurde. **415**

Nach § 253 I wird der immaterielle Schadensersatz jedoch nicht ohne gesetzliche Grundlage geschuldet und da die besonderen Voraussetzungen des § 253 II nicht vorliegen, scheidet ein Ersatzanspruch wegen eines immateriellen Schadens allein auf Grundlage des § 253 aus.

---

33 Vgl. dazu: OLG Dresden FamRZ 2002, 695.
34 Dazu im Einzelnen: *Palandt/Diederichsen*, § 1603 Rn. 34 ff.

Fall 8 *Ich weiß was, was Du nicht weißt*

416 **Exkurs/Vertiefung:** Zwar besteht ein Anspruch auf Ersatz des ideellen Schadens nach der ständigen Rechtsprechung des BGH auch bei einer schwer wiegenden Beeinträchtigung des Allgemeinen Persönlichkeitsrechts. Der BGH leitet diesen Anspruch aber jetzt unmittelbar aus § 823 i.V.m. Art. 1 I und Art. 2 I GG ab und stützt ihn nicht mehr auf eine Analogie zu § 847 a.F. Deshalb hat der Gesetzgeber das allgemeine Persönlichkeitsrecht nicht in die Regelung des § 253 II mit einbezogen[35].

II. Anspruch des G gegen A aus § 823 I

Weiterhin könnte G gegen A ein Schadensersatzanspruch aus § 823 I zustehen, wenn A rechtswidrig und schuldhaft die Rechte des G verletzt hätte und dem G ein Schaden entstanden wäre.

1. Haftungsbegründender Tatbestand

417 A hat G kausal und objektiv zurechenbar in seinem Recht auf Kenntnis der eigenen Abstammung rechtswidrig und schuldhaft verletzt (s.o.).

2. Schaden

Dieser Eingriff in das allgemeine Persönlichkeitsrecht müsste bei G einen Schaden hervorgerufen haben.

a) Materieller Schaden

418 Als materieller Schaden kämen vereitelte Unterhaltsansprüche des G gegen S in Betracht.

Fraglich ist nun, ob dieser Unterhaltsschaden auch vom Schutzzweck der Norm mitumfasst ist (haftungsausfüllende Kausalität)[36]. Gegenstand des allgemeinen Persönlichkeitsrechtes ist das Recht des Einzelnen auf Achtung seiner individuellen Persönlichkeit gegenüber dem Staat und im privaten Bereich[37]. Dazu gehört auch der Schutz, zur eigenen Persönlichkeitsentwicklung Kenntnis über die eigene Abstammung zu erlangen. Dabei geht es aber nicht darum, ob die Durchsetzung etwaiger Unterhaltsansprüche oder Erbschaftsansprüche vereitelt wird. Dies stellt bloß eine reflexartige Folge dar, die sich aus der Ungewissheit der eigenen Abstammung ergibt. Somit ist G durch den Eingriff kein von § 823 I gedeckter materieller Schaden entstanden.

b) Immaterieller Schaden

419 Fraglich ist, ob G über § 823 durch Zahlung eines Schmerzensgeldes Ersatz des immateriellen Schadens erhalten könnte. Nach der ständigen Rechtsprechung des BGH ist ein Ersatz des ideellen Schadens bei einer schwer wiegenden Beeinträchtigung des Allgemeinen Persönlichkeitsrechts anerkannt. Der BGH leitet diesen Anspruch unmittelbar aus § 823 i.V.m. Art. 1 I und Art. 2 I GG ab und stützt ihn nicht mehr auf eine

---

35 Zum Ganzen: *Palandt/Heinrichs*, § 253 Rn. 10 m.w.N.
36 Vgl. *Palandt/Heinrichs*, Vorb v § 249 Rn. 62 ff.
37 *Emmerich*, SchuldR BT, § 22 Rn. 14 ff. m.w.N.

Analogie zu § 847 a.F. Voraussetzung ist allerdings, dass es sich um einen schweren Eingriff handelt und dass Genugtuung nicht anderweitig erlangt werden kann.

Hier liegt ein besonders schwerer Eingriff vor, da es dem G faktisch unmöglich gemacht wurde, seine Abstammung vollständig aufzuklären. Da somit in keiner anderen Weise Genugtuung erlangt werden kann, ist vorliegend ein Anspruch auf Schmerzensgeld begründet.

c) Ergebnis

Somit besteht ein Anspruch des G gegen A auf Zahlung von Schmerzensgeld aus § 823 I i.V.m. Art. 1 I und Art. 2 I GG.

2. Teil: Rechtsverhältnisse zwischen G und J

A. Ansprüche des G gegen J auf Herausgabe des Grundstückes

Fraglich ist, welche Ansprüche dem G gegen J auf Herausgabe bzw. Räumung des Grundstückes zustehen könnten.

I. Anspruch des G gegen J aus § 985

G könnte gegen J einen Anspruch auf Herausgabe des Grundstückes aus § 985 haben, wenn G Eigentümer und J Besitzer des Grundstückes ist und J darüber hinaus kein Recht zum Besitz i.S.v. § 986 hätte.

1. Eigentum des G

Fraglich ist zunächst, ob G Eigentümer des Grundstückes ist.

a) Erwerb des Grundstückes

Ursprünglich stand das Grundstück im Alleineigentum der B. Daran änderte sich auch durch die Heirat mit G im Mai 2000 nichts.

420

Zum Zeitpunkt der Eheschließung bestand zwischen den Eheleuten keine Vereinbarung über das Güterrecht, daher lebten sie im gesetzlichen Güterstand der Zugewinngemeinschaft, bei dem G und B i.S.v. § 1363 II Alleineigentümer ihrer in die Ehe eingebrachter Güter blieben.

Fraglich ist allerdings, wie es sich auswirkt, dass im Juli 2002 zwischen G und B ein Ehevertrag geschlossen wurde, in dem sie Gütergemeinschaft vereinbart haben.

Eine solche Vereinbarung ist nach § 1415 möglich mit der Folge, dass die Vermögensmassen beider Eheleute mit Ausnahme des Sonderguts (§ 1417) und Vorbehaltsguts (§ 1418) nach § 1416 I kraft Gesetzes gemeinschaftliches Vermögen werden (Gesamtgut).

Auch das vor der Ehe allein der B gehörende, durch Erbschaft erlangte Grundstück, könnte gemeinschaftliches Vermögen beider Ehegatten geworden sein, sofern es nicht nach den §§ 1418 I, II Nr. 2 als Vorbehaltsgut zu qualifizieren ist.

Fall 8 *Ich weiß was, was Du nicht weißt*

Ein durch Erbschaft erlangter Gegenstand wird nur dann Vorbehaltsgut i.S.v. § 1418 II Nr. 2, wenn der Erblasser eine entsprechende Bestimmung getroffen hat.

Da B's Großvater keine Bestimmung für den Fall getroffen hat, das G und B den Güterstand der Gütergemeinschaft wählen, fällt das Grundstück nicht in das Vorbehaltsgut der B. G wurde daher zum Zeitpunkt des Vertragsabschlusses gesamthänderischer Eigentümer des Grundstücks.

b) Verlust des Eigentums durch Veräußerung an J

G könnte das Eigentum an J verloren haben, wenn die durch B vorgenommene Veräußerung des Grundstückes an J wirksam war.

aa) Eigentumserwerb des J nach den §§ 873 I, 925

421 Voraussetzung dafür ist, dass sich J mit B i.S.v. § 873 I in der Form des § 925 über den Eigentumsübergang geeinigt hätte, J in das Grundbuch eingetragen worden wäre und B verfügungsberechtigt war.

Von einer notariellen Einigung i.S.d. §§ 873 I, 925 (Auflassung) ist auszugehen und auch die Eintragung des J ins Grundbuch ist erfolgt. Problematisch ist jedoch, ob B zur Verfügung berechtigt war. Dem könnte entgegenstehen, dass das Grundstück im gemeinschaftlichen Eigentum von G und B stand.

Zwar war B in das Güterrechtsregister als Alleinverwalterin eingetragen, was nach § 1421 S. 1 zulässig ist, jedoch benötigt B nach § 1424 S. 1 bei einer Verfügung über ein Grundstück die Einwilligung ihres Ehegatten G.

B war demnach nicht berechtigt, das Grundstück ohne Zustimmung ihres Mannes an J zu veräußern, so dass J das Grundstück nicht gemäß den §§ 873 I, 925 I erwerben konnte.

bb) Eigentumserwerb des J nach den §§ 873 I, 925 I, 892

422 Fraglich ist, ob J über einen Erwerb vom Nichtberechtigten i.S.d. §§ 873 I, 925 I, 892 Eigentümer geworden sein könnte. Die Voraussetzungen des Erwerbstatbestandes vom Berechtigten, also Einigung und Eintragung liegen, wie oben gesehen, i.S.e. Verkehrsgeschäftes vor. Darüber hinaus war das Grundbuch auch insofern unrichtig, als es B als Alleineigentümerin und damit als Berechtigte legitimierte.

Fraglich ist jedoch, ob J gutgläubig war, also ob er Kenntnis von der Unrichtigkeit des Grundbuchs hatte. Positive Kenntnis von der Unrichtigkeit des Grundbuchs hatte J nicht. U.U. könnte sich aber die Eintragung der Gütergemeinschaft in das Güterrechtsregister über § 1412 I zu seinen Lasten auswirken. Gemäß § 1412 I kann ein Ehegatte gegenüber einem Dritten Einwendungen gegen ein Rechtsgeschäft geltend machen, sofern zum Zeitpunkt der Vornahme des Rechtsgeschäftes die entsprechende Tatsache eingetragen oder dem Dritten bekannt war.

423 Es ist nicht davon auszugehen, dass J von dem zwischen B und G vereinbarten Güterstand der Gütergemeinschaft wusste. Da sich aber aus dem Güterrechtsregister[38] ergibt, dass B und G zum Zeitpunkt des Grundstückskauf- und übereignungsgeschäftes

---

38 Zum Güterrechtsregister: *Schlüter*, FamR, Rn. 95 ff.

im Güterstand der Gütergemeinschaft gelebt haben und damit die Beschränkung des § 1424 S.1 gilt, könnte J auch ohne tatsächlichen Einblick in das Register als bösgläubig anzusehen sein. Grundsätzlich liegt auch grobe Fahrlässigkeit des Dritten i.S.v. § 932 II vor, wenn die Gütergemeinschaft im Güterrechtsregister eingetragen ist[39].

Die Vorschriften über den Erwerb kraft guten Glaubens i.S.d. §§ 892, 932 f. bleiben jedoch von § 1412 unberührt[40]. Sofern also der verwaltende Ehegatte den §§ 1423–1425 zuwider handelt, gelten für den Schutz Dritter die allgemeinen Vorschriften über den Rechtserwerb vom Nichtberechtigten, so dass bei § 892 insbesondere maßgebend ist, ob der Verfügende als Alleineigentümer eingetragen ist und der Dritte weiß, dass jener in Gütergemeinschaft lebt[41]. Ansonsten würde die gesetzliche Vermutung des § 891 I von der Vollständigkeit des Grundbuchs unterlaufen. Zudem ist auch G nicht schutzlos, da er jederzeit einen Widerruf in das Grundbuch hätte eintragen lassen können, was einen gutgläubigen Erwerb verhindert hätte.

Da B als Alleineigentümerin ins Grundbuch eingetragen war und J auch nicht wusste, dass B mit G im Güterstand der Gütergemeinschaft lebt, kann trotz der Eintragung im Güterrechtsregister von der Gutgläubigkeit des J ausgegangen werden.

J hat demnach nach den §§ 873 I, 925 I, 892 Eigentum am Grundstück erlangt.
G hat folglich sein gesamthänderisches Eigentum am Grundstück verloren.

> **Hinweis zur Lösung:** Anders als bei den Verpflichtungs- und Verfügungsbeschränkungen der §§ 1365, 1369, die im Rahmen des Güterstandes der Zugewinngemeinschaft gelten und bei denen der gute Glaube des Dritten nach h.M. nicht geschützt ist, geht bei dem Güterstand der Gütergemeinschaft der Verkehrsschutz insofern vor, als hier ein gutgläubiger Erwerb vom Nichtberechtigten nach den allgemeinen Vorschriften möglich ist.
> Zum einen wird die Entscheidung zugunsten des Wahlgüterstandes: Gütergemeinschaft von den Ehegatten bewusst (vor dem Notar, vgl. § 1410) getroffen, während die Zugewinngemeinschaft von Gesetzes wegen eintritt, zum anderen muss das gesetzgeberische Ziel der §§ 1365, 1369, das u.a. in der Sicherung des Zugewinnausgleichsanspruches zu sehen ist, bei der Gütergemeinschaft nicht erreicht werden, da die Auseinandersetzung hier auf andere Art und Weise stattfindet[42].

424

2. Ergebnis

G steht gegen J somit kein Anspruch auf Herausgabe bzw. Räumung des Grundstücks aus § 985 zu.

II. Anspruch des G gegen J auf Herausgabe aus § 812 I 1 1. Fall

G könnte gegen J jedoch ein Anspruch gemäß § 812 I 1, 1. Fall auf Herausgabe des Grundstückes zustehen. Dies setzt voraus, dass J das Grundstück aufgrund einer Leistung des G ohne Rechtsgrund erlangt hätte.

---

39 *Palandt/Brudermüller*, § 1424 Rn. 5.
40 *Soergel/Gaul*, § 1412 Rn. 16; MüKo/*Kanzleiter*, § 1412 Rn. 10; *Erman/Heckelmann*, § 1412 Rn. 4.
41 *Palandt/Brudermüller*, § 1422 Rn. 5.
42 Zur Gütergemeinschaft: *Schlüter*, FamR, Rn. 152 ff.; zur Auseinandersetzung bei Beendigung der Gütergemeinschaft: *Schlüter*, FamR, Rn. 164.

Fall 8 *Ich weiß was, was Du nicht weißt*

1. Etwas erlangt

J hat Eigentum und Besitz an dem Grundstück erlangt.

2. Durch Leistung

Dies müsste durch Leistung des G geschehen sein.

Zwar hat G selbst keine Leistung erbracht, sondern es ist durch bewusstes und zweckgerichtetes Handeln seiner Ehefrau B zu einer Vermögensvermehrung bei J gekommen. Jedoch können G und B in Bezug auf das ihnen als gesamthänderisches Eigentum zustehende Grundstück nicht wie beliebige Dritte behandelt werden. Dies zeigt auch das in § 1428 normierte Revokationsrecht, welches G berechtigt, bei Verfügungen, die ohne seine Zustimmung vorgenommen wurden, im eigenen Namen gegen den Dritten vorzugehen[43]. Somit kann G hier behandelt werden, als habe er selbst geleistet.

3. Ohne Rechtsgrund

J müsste das Grundstück darüber hinaus auch ohne Rechtsgrund erlangt haben.

a) Kaufvertrag

Fraglich ist, ob insoweit auf das zugrunde liegende Kausalgeschäft abgestellt werden könnte.

Da B sich ohne Einwilligung des G nach § 1424 1 a.E. nicht zu einer Verfügung über das Grundstück verpflichten konnte, war der Kaufvertrag mit J zunächst schwebend unwirksam und ist i.S.d. §§ 1427 I, 1366 IV durch die verweigerte Genehmigung endgültig unwirksam geworden. Hieraus ergibt sich also kein Rechtsgrund für J.

b) Objektive Rechtsordnung

Damit ein Rechtsgrund i.S.d. §§ 812 ff. vorliegt, ist jedoch nicht notwendigerweise das Bestehen einer Vertragsbeziehung erforderlich. Es ist ausreichend, dass die Rechtsordnung ein Behaltendürfen gestattet bzw. das Gesetz die Sachgüter einer Person endgültig zuweist. Voraussetzung eines jeden bereicherungsrechtlichen Anspruches ist mithin lediglich das Fehlen eines die Vermögensverschiebung objektiv rechtfertigenden Grundes[44]. Ein Rechtsgrund kann sich somit auch aus der objektiven Rechtsordnung ergeben. In Betracht kommt hier daher die Regelung des § 892 als Rechtsscheinstatbestand, denn das, was ein Dritter gutgläubig erwirbt, soll er auch endgültig behalten dürfen und nicht mehr an den ursprünglichen Eigentümer herausgeben müssen.

Somit liegt ein Rechtsgrund vor.

4. Zwischenergebnis

Da J das Eigentum mit Rechtsgrund erlangte, ist auch kein Anspruch des G aus § 812 I 1, 1. Fall gegeben.

---

43 *Palandt/Brudermüller*, § 1428 Rn. 1.
44 *Palandt/Sprau*, § 812 Rn. 68 ff. m.w.N.

B. Ergebnis

G stehen gegen J keine Ansprüche auf Herausgabe des Grundstückes zu. Er kann sich nur an seine Frau B mit einem Anspruch aus § 816 I 1 auf Herausgabe des Erlöses ins gemeinschaftliche Vermögen halten. Diesen Anspruch kann er nach § 1428 trotz des Alleinverwaltungsrechts der B selbständig geltend machen.

Repetitorium

I. Zum Ehegüterrecht:
Im BGB und im LPartG sind die folgenden **drei Güterstände** normiert:
1. als gesetzlicher Güterstand: die **Zugewinngemeinschaft**. Sofern die Ehegatten/Lebenspartner nicht durch einen notariell geschlossenen Ehevertrag etwas Abweichendes vereinbart haben, leben sie im Güterstand der Zugewinngemeinschaft, vgl.: §§ 1408, 1410, 6, 7, LPartG.
2. als subsidiärer gesetzlicher Güterstand (also, wenn die Eheleute die Zugewinngemeinschaft ausgeschlossen haben, ohne etwas anderes zu vereinbaren): die **Gütertrennung, § 1414.**
Dabei bleiben die Vermögensmassen der Ehegatten/Lebenspartner getrennt. Jeder Ehegatte/Lebenspartner ist hinsichtlich seines Vermögens unbeschränkt verwaltungs- und verfügungsbefugt und bei Scheidung erfolgt grundsätzlich keine Auseinandersetzung. Insbesondere in diesem Güterstand erlangt die Rechtsfigur der „unbenannten Zuwendung" Bedeutung.
3. die **Gütergemeinschaft i.S.d. §§ 1415–1518.**
Bei der Gütergemeinschaft existieren verschiedene Vermögensmassen:

a) Gesamtgut
Vermögen, das als Gesamtgut behandelt wird, ist gemäß § 1416 gemeinschaftliches Vermögen der beiden Ehegatten. Die Ehegatten bilden insoweit eine sog. Gesamthandsgemeinschaft. Das Gesamtgut wird,– soweit vertraglich nichts Abweichendes bestimmt wurde – auch gemeinschaftlich verwaltet (§§ 1421 ff.; 1450 ff.).

b) Sondergut
Kraft Gesetzes sind vom Gesamtgut gemäß § 1417 I, II einzelne Vermögenswerte ausgenommen:
- z.B. unpfändbare Lohn- und Gehaltsansprüche, Urheberrechte[45].
- Sie verbleiben im Alleineigentum des betreffenden Ehegatten, der sein Sondergut gemäß § 1417 III selbständig verwaltet.

c) Vorbehaltsgut
Durch Ehevertrag können bestimmte Vermögenswerte vom Gesamtgut ausgenommen werden.
Gemäß § 1418 II Nr. 3 fallen darunter auch solche Gegenstände, die ein Ehegatte unentgeltlich (z.B. von Todes wegen oder durch Erbschaft) von einem

---
45 *Palandt/Brudermüller*, § 1417 Rn. 2 f.

Fall 8   *Ich weiß was, was Du nicht weißt*

Dritten mit der ausdrücklichen Bestimmung erhält, dass der Gegenstand in das Vorbehaltsgut fallen soll. Gegenstände, die Ersatzstücke für unter Vorbehalt stehende Güter sind, fallen kraft dinglicher Surrogation gemäß § 1418 II Nr. 3 ebenfalls ins Vorbehaltsgut.

430 **II. Zum Unterhalt gegenüber volljährigen Kindern**[46]:
Grundsätzlich ist ein volljähriges Kind gehalten, seinen Unterhaltsbedarf durch eine Erwerbstätigkeit selbst sicherzustellen, wobei auch einfachste Hilfsarbeitertätigkeiten ausgeführt werden müssen.

Soweit der Volljährige aber arbeitsunfähig erkrankt oder sich noch in der ersten angemessen Berufsausbildung, entsprechend Eignungen und Neigungen befindet, kann er Unterhalt verlangen, wobei er die Ausbildung zielstrebig und ernsthaft betreiben muss. Hierbei hat er einen eigenen Entscheidungsspielraum. Vorübergehendes Versagen, ein Fachrichtungswechsel zu Beginn der Ausbildung, während der Orientierungsphase und unverschuldete Verzögerungen sind hinzunehmen, nicht dagegen ein sog. Bummelstudium[47].

Nach Abschluss einer angemessenen Berufsausbildung besteht keine Unterhaltsverpflichtung für die Finanzierung eines Zweitstudiums, soweit nicht ausnahmsweise die Eltern den Volljährigen in einen ungeeigneten Beruf gedrängt haben oder sonstige schwer wiegende Gründe vorliegen. Eine Ausbildungsvergütung, die der Unterhaltsberechtigte erhält, muss er sich allerdings z.T. in Abzug bringen lassen.

Grundsätzlich können Eltern wählen, ob sie Bar- oder Naturalunterhalt gewähren wollen und haben somit ein entsprechendes Aufenthaltsbestimmungsrecht, wobei keine schwer wiegenden Gründe vorliegen dürfen, die es dem Kind unmöglich machen, den angebotenen Naturalunterhalt anzunehmen.

Unter sog. „**privilegierten" Volljährigen i.S.v. § 1603 II 2** versteht man Kinder, die noch unverheiratet sind, das 21. Lebensjahr nicht vollendet haben, sich in allgemeiner Schulausbildung befinden und im Haushalt eines Elternteils leben. Für „privilegierte Volljährige" gilt eine gesteigerte Unterhaltspflicht der Eltern, so dass diese Kinder unter Berücksichtigung des notwendigen Selbstbehalts der Eltern wie minderjährige Kinder behandelt werden müssen. Anders als bei den minderjährigen Kindern, haften jedoch ab Volljährigkeit beide Elternteile für die Höhe des Unterhaltsbedarfs des Kindes grundsätzlich entsprechend ihrer jeweiligen Einkommens- und Vermögensverhältnissen[48].

431 **III. Verwandtenunterhalt:** I.S.d. § 1601 sind nicht nur Eltern für ihre Kinder unterhaltspflichtig, sondern auch umgekehrt Kinder für ihre Eltern. Zudem können ebenso zwischen Großeltern und Enkeln Unterhaltspflichten bestehen[49]. Vorrangig haftet immer – sofern vorhanden – der Ehegatte des Berechtigten, § 1608, 1584. Falls der Ehegatte nicht leistungsfähig ist oder aber eine erschwerte Durchsetzbarkeit vorliegt, schulden die Kinder Unterhalt, vgl. §§ 1584, 1608, 1607 II. Nachrangig haften anteilig die Enkel bzw. Großeltern, § 1606 I, III 1.

---

46 *Vorwerk*, Prozessformularbuch, Kap. 95 Rn. 234 ff. m.w.N.
47 BGH FamRZ 1987, 470.
48 Vgl. dazu auch: *Müller*, Beratung im FamR, Rn. 835.
49 *Vorwerk*, Prozessformularbuch, Kap. 95 Rn. 261 m.w.N.

Exkurs/Vertiefung: Wie das BVerfG in seiner Entscheidung vom 7. 6. 2005 (1 BvR 1508/96) klargestellt hat, können erwachsene Kinder nicht dazu verpflichtet werden, ein zinsloses Darlehen des Sozialamtes anzunehmen und dafür eine Grundschuld auf den eigenen Miteigentumsanteil zugunsten des Sozialamtes zu bestellen. Das Sozialamt wollte auf diese Weise die Leistungsfähigkeit der Tochter herstellen, um dann entsprechend Regress nehmen zu können. Nach Ansicht des BVerfG sei dadurch jedoch die von Art. 2 Abs. 1 GG geschützte finanzielle Dispositionsfreiheit der Tochter in verfassungswidriger Weise eingeschränkt[50].

432

IV. Kontrollfragen

433

1. Gibt es einen Anspruch auf Kenntnis der eigenen Abstammung? Wenn ja woraus?
2. Gegen welche Personen kann ein solcher Anspruch bestehen?
3. Kann der Samenspender durch eine Anonymitätsabrede wirksam die Nennung seines Namens verhindern?
4. Bestehen Unterhaltsansprüche des durch heterologe Insemination gezeugten Kindes gegen den Samenspender?
5. Wie ist das Verhältnis zwischen Güterrechtsregister und Grundbuch bei widersprüchlichen Eintragungen?
   a) Geht der Gutglaubensschutz von § 892 vor oder können sich die Eheleute auf § 1412 I berufen?
   b) Wie kann ein Ehegatte den gutgläubigen Erwerb Dritter verhindern, wenn sein Partner fälschlicherweise als Alleineigentümer im Grundbuch eingetragen ist?

---

50 1 BvR 1508/96 Rn. 35: http://www.bundesverfassungsgericht.de/entscheidungen/frames/rs20050607_1bvr150896.

Fall 9

Geschenkt ist geschenkt und wieder holen ist gestohlen?

434 Frauke Federer (F) und Malte Müller (M) lernen sich im Meditationskurs kennen und stellen recht schnell fest, dass sie seelenverwandt sind. F zieht im Jahr 1990 zu M. F erledigt den größten Teil der Hausarbeit und arbeitet halbtags in einer Dermatologie-Praxis, während M bei einer Bank angestellt ist. F und M sammeln das von ihnen nicht benötigte Geld auf einem gemeinsamen Sparkonto. Nachdem F von einem ihr kaum bekannten Großonkel unerwartet Geld erbt und auch nach Abzug der Erbschaftssteuern noch eine größere Summe übrig bleibt, erwirbt sie im März 1999 ein Grundstück und errichtet darauf in den Jahren 2000/2001 ein großes Einfamilienhaus. M hilft ihr dabei durch eigene Mitarbeit und bezahlt eine Badezimmerrenovierung im Wert von 2000,– €. Seine erwachsenen Söhne, die aus einer früheren Verbindung des M stammen, führen unentgeltlich Mal- und Tapezierarbeiten aus.

Nachdem F und M im Oktober 2001 in das neue Haus gezogen sind, errichtet F ein Testament, in dem sie M ein lebenslanges, unentgeltliches Wohnrecht vermacht.

In der Folgezeit streiten sich F und M immer häufiger. Insbesondere kann es M nicht ertragen, wie gut sich F mit seinen Söhnen versteht. Er unterstellt ihr in seiner Eifersucht immer wieder sexuelle Kontakte zu ihnen. F erträgt diese Vorwürfe nur schwer, weil sie jeglicher Grundlage entbehren, da sie ihm tatsächlich kein einziges Mal untreu war. F und M trennen sich schließlich im August 2004.

M, der in der ganzen Zeit mietfrei im Haus gewohnt hat und nun an dem Wohnrecht nicht mehr interessiert ist, will wissen, ob er wegen seiner Aufwendungen beim Hausbau einen Ausgleich verlangen kann. Er meint, dass es nur Recht und billig sei, wenn er diese Art von „Geschenke" zurückerhielte.

Abwandlung 1:

Wie wäre folgender Fall zu beurteilen:

F und M hätten geheiratet und würden gemeinsam mit M's damals minderjährigen Sohn Sebastian und F's ebenfalls damals minderjähriger Tochter T (jeweils Kinder aus erster Ehe) seit nunmehr 18 Jahren einen gut funktionierenden Familienverband bilden. Als S in einen Verkehrsunfall verwickelt wird, bei dem er am Steuer saß und T seine Beifahrerin war, verklagt der Unfallgegner Ulf Umland (U) S auf Schadensersatz und benennt T als Zeugin für das Verschulden des S.

Steht T ein Zeugnisverweigerungsrecht zu?

Abwandlung 2:

Wie wäre es, wenn F und M geheiratet hätten und F wenige Tage nach der Eheschließung mit M den hälftigen Miteigentumsanteil an dem von beiden bewohnten Haus „unentgeltlich" – was auch so im notariellen Vertrag festgeschrieben ist – auf ihren

Geschenkt ist geschenkt und wieder holen ist gestohlen? **Fall 9**

Mann übertragen hat. Als sich beide schließlich trennen und sich auch scheiden lassen, will F, die im Haus verbleiben möchte, den übertragenen Anteil wiederhaben. M verweigert die Rückübertragung. Hat F gegen M einen entsprechenden Anspruch?

Fall 9 *Geschenkt ist geschenkt und wieder holen ist gestohlen?*

Vorüberlegungen

435 **I.** Die rechtliche Behandlung der nicht ehelichen (eheähnlichen) Lebensgemeinschaft ist insofern als Examensthema interessant, als sie weder definiert, noch grundsätzlich gesetzlich geregelt ist, so dass im Fall der Trennung der Partner Auseinandersetzungsschwierigkeiten bestehen und alle möglichen denkbaren Ausgleichsmöglichkeiten des Zivilrechts heranzuziehen und zu erörtern sind.

II. Bei der Lösung dieser Klausur bietet es sich insbesondere im Hinblick auf die Frage eines Ausgleichsanspruches unter nicht ehelichen Partnern und in Bezug auf die Frage eines Zeugnisverweigerungsrechtes gegenüber Stiefgeschwistern an, unter Ausblendung des rein juristischen Blickwinkels zu überlegen, welche Lösung nach dem spontanen Rechtsempfinden für richtig und fair befunden wird und dann stringent darauf hin zu arbeiten. Es lassen sich unterschiedliche Ansichten vertreten und insofern ist wichtig, den einmal eingeschlagenen Weg konsequent zu verfolgen.

Gliederung

436 **1. Teil: Ausgangsfall**

A. Anspruch des M gegen F aus einem Dienst- bzw. Arbeitsvertrag i.S.d. §§ 611, 612 I

B. Ausgleichsansprüche des M gegen F bezüglich der erbrachten Arbeitsleistung aufgrund analoger Anwendung eherechtlicher Vorschriften
  I. Anspruch des M gegen F aus den §§ 1372, 1378 I analog
  II. Analoge Anwendung der §§ 1569 ff., §§ 1587 ff.
  III. Ergebnis

C. Ansprüche des M gegen F aus einem Verlöbnis
  I. Anspruch des M gegen F aus § 1298 I
    1. Vorliegen eines Verlöbnisses und Leistungen in Erwartung der künftigen Ehe
    2. Analoge Anwendung des § 1298 I
  II. Anspruch des M gegen F aus § 1301

D. Ansprüche des M gegen F gemäß den §§ 730 ff., insbesondere aus § 734
  I. Die nicht eheliche Lebensgemeinschaft als BGB-Innengesellschaft i.S.v. § 705
    1. Mindermeinung
    2. Herrschende Meinung
    3. Diskussion
  II. Ergebnis

E. Anspruch des M gegen F aus einem Darlehensvertrag gemäß § 488 I 2

F. Anspruch des M gegen F aus den §§ 530, 531, 812, 818

G. Anspruch des M gegen F aus den §§ 662, 670

H. Anspruch des M gegen F aus § 313

I. **Anspruch des M gegen F aus den §§ 670, 677, 683**
J. **Kondiktionsansprüche des M gegen F gemäß den §§ 812 ff.**
    I. Anspruch des M gegen F gemäß § 812 I 1, 1. Fall (Leistungskondiktion)
       1. Etwas erlangt
       2. Durch Leistung
       3. Ohne Rechtsgrund
       4. Ergebnis
   II. Anspruch des M gegen F aus § 812 I 2, 1. Fall
   III. Anspruch des M gegen F aus § 812 I 2, 2. Fall
   IV. Ergebnis

2. Teil: Abwandlung 1

A. **Zeugnisverweigerungsrecht der T**
    I. Zeugnisverweigerungsrecht aus § 383 I Nr. 3 ZPO
      1. Definition: Verwandtschaft/Schwägerschaft – Anwendung des Art. 51 EGBGB
      2. Anwendung der §§ 1589, 1590
   II. Ergebnis zum Zeugnisverweigerungsrecht aus § 383 I Nr. 3 ZPO
   III. Analoge Anwendung des § 383 I Nr. 3 ZPO
B. **Ergebnis**

3. Teil: Abwandlung 2

A. **Anspruch der F gegen M auf Rückgewähr des Eigentumsanteils**
    I. Anspruch der F gegen M aus den §§ 1372, 1378 I
   II. Anspruch der F gegen M aus den §§ 812 ff.
      1. Anspruch der F gegen M aus § 812 I 1, 1. Fall
      2. Anspruch der F gegen M aus § 812 I 2, 2. Fall
   III. Anspruch der F gegen M aus den §§ 531 II, 812 I 2, 1. Fall
   IV. Anspruch der F gegen M aus § 313 I, II i.V.m. § 313 III
B. **Ergebnis**

Fall 9 *Geschenkt ist geschenkt und wieder holen ist gestohlen?*

Lösung

1. Teil: Ausgangsfall

A. Anspruch des M gegen F aus einem Dienst- bzw. Arbeitsvertrag i.S.d. §§ 611, 612 I

437 Fraglich ist, ob M gegen F einen Zahlungsanspruch in Bezug auf seine erbrachte Arbeitsleistung aus einem Dienst- bzw. Arbeitsvertrages gemäß den §§ 611, 612 I geltend machen kann.

Dies setzt voraus, dass zwischen ihnen ein entsprechender Vertrag zustande gekommen ist.

Ausdrücklich wurde zwischen M und F kein Arbeitsvertrag geschlossen. Denkbar ist jedoch, dass ein solcher Vertrag stillschweigend durch konkludentes Verhalten zustande gekommen ist. Voraussetzung dafür ist, dass zwischen M und F ein Über-/Unterordnungsverhältnis in weisungsgebundener Stellung existierte.

Da laut Sachverhalt nicht davon auszugehen ist, dass die Arbeit des M über das hinausging, was üblicherweise im Rahmen einer gemeinsamen Haushaltsführung erbracht wird und entsprechend auch kein Über-/Unterordnungsverhältnis zwischen M und F bestand, scheidet ein Anspruch des M gegen F aus einem Dienst- oder Arbeitsvertrag i.S.d. §§ 611, 612 I aus.

B. Ausgleichsansprüche des M gegen F bezüglich der erbrachten Arbeitsleistung aufgrund analoger Anwendung eherechtlicher Vorschriften

Ein Ausgleichsanspruch des M gegen F ließe sich möglicherweise über eine analoge Anwendung eherechtlicher Vorschriften herleiten.

I. Anspruch des M gegen F aus den §§ 1372, 1378 I analog

438 Denkbar wäre ein Ausgleichsanspruch analog den §§ 1372, 1378 I aufgrund der Beendigung der nicht ehelichen Lebensgemeinschaft.

Dies setzt voraus, dass die rechtliche Situation, wie sie bei einer nicht ehelichen Lebensgemeinschaft vorliegt, mit dem Eherecht, also insbesondere der Zugewinngemeinschaft, vergleichbar ist und insoweit eine planwidrige Regelungslücke besteht.

Anders als bei der Ehe, bei der sich die Ehegatten mit einem lebenslangen Bindungswillen zusammenfinden, ist für die nicht eheliche Lebensgemeinschaft kennzeichnend, dass die Partner sich vorbehalten, jederzeit frei darüber entscheiden zu können, ob sie die Gemeinschaft fortsetzen wollen oder nicht[1]. Es fehlt daher bei einer nicht ehelichen Lebensgemeinschaft an der mit einer Ehe vergleichbaren Situation, zumal insbesondere Art. 6 I GG die Gleichstellung eheähnlicher Lebensgemeinschaften mit der Ehe verbietet[2].

---

1 *Schlüter*, FamR, Rn. 493.
2 BGH NJW 1980, 124.

Der Anspruch auf Zugewinnausgleich analog den §§ 1372, 1378 I besteht folglich im vorliegenden Fall nicht zugunsten des M.

II. Analoge Anwendung der §§ 1569 ff., §§ 1587 ff.

Aus den soeben aufgeführten Gründen ist auch keine analoge Anwendung anderer eherechtlicher Vorschriften wie der §§ 1569 ff., oder §§ 1587 ff. auf die nicht eheliche Lebensgemeinschaft möglich.

III. Ergebnis

Folglich kann M gegen F aus den Eherechtsvorschriften keine Ansprüche herleiten.

C. Ansprüche des M gegen F aus einem Verlöbnis

Fraglich ist, ob M gegen F unmittelbar oder analog Ansprüche aus einem Verlöbnis geltend machen könnte

I. Anspruch des M gegen F aus § 1298 I

In Betracht käme insbesondere ein Anspruch des M gegen F aus § 1298 I.

1. Vorliegen eines Verlöbnisses und Leistungen in Erwartung der künftigen Ehe

Voraussetzung für einen Ersatzanspruch aus § 1298 I 1 ist, dass M mit F verlobt war und er Leistungen in Erwartung der künftigen Ehe erbracht hat.

Unter Verlöbnis versteht man allgemein das ernsthafte gegenseitig abgegebene Versprechen zweier Personen, künftig die Ehe oder Lebenspartnerschaft miteinander eingehen zu wollen und das dadurch begründete familienrechtliche Gemeinschaftsverhältnis[3].

Dem Sachverhalt ist weder zu entnehmen, dass F und M sich die Eingehung einer Ehe versprochen haben, noch dass M in Erwartung dieses Rechtsinstitutes bestimmte Arbeitsleistungen erbracht hat. Ein Anspruch aus § 1298 I 1 scheidet folglich aus.

2. Analoge Anwendung des § 1298 I

Fraglich ist, ob hier insoweit eine analoge Anwendung des § 1298 I in Betracht kommt. Dies setzt wiederum voraus, dass die jeweiligen Interessenlagen vergleichbar wären. Parallel zur Problematik der analogen Anwendung der eherechtlichen Vorschriften ist dies jedoch abzulehnen. Während ein Verlöbnis die Absicht voraussetzt, zu einem späteren Zeitpunkt heiraten zu wollen, ist die nicht eheliche Lebensgemeinschaft gerade dadurch gekennzeichnet, dass die Partner entweder nicht heiraten wollen, oder sich die Entscheidung hierüber zumindest noch vorbehalten. Diese Einstellung widerspricht

---

3 BGH NJW 1992, 427 = JZ 1992, 1023; *Palandt/Brudermüller*, Einf v § 1297 Rn. 1; § 1 LPartG Rn. 7.

Fall 9 *Geschenkt ist geschenkt und wieder holen ist gestohlen?*

aber dem Wesen einer Verlobung[4]. Damit scheidet ein Ersatzanspruch i.S.v. § 1298 I analog aus.

II. Anspruch des M gegen F aus § 1301

442 Da es bereits an einem Verlöbnis zwischen M und F fehlt und eine nicht eheliche Lebensgemeinschaft nicht mit einem Paar, das sich versprochen hat, künftig die Ehe einzugehen, vergleichbar ist, scheidet auch ein Anspruch auf Rückgabe der Geschenke aus § 1301 aus.

D. Ansprüche des M gegen F gemäß den §§ 730 ff., insbesondere aus § 734

Zu prüfen ist, ob M gegen F gesellschaftsrechtliche Ansprüche gemäß den §§ 730 ff. zustehen könnten, wobei insbesondere ein Anspruch der F auf Verteilung des Überschusses aus § 734 in Betracht kommt.

Voraussetzung dafür ist, dass die Zusammenlebenden eine Innengesellschaft gegründet haben.

I. Die nicht eheliche Lebensgemeinschaft als BGB-Innengesellschaft i.S.v. § 705

443 Wesentlich für die Annahme einer solchen Innengesellschaft ist eine entsprechende Vereinbarung, in der sich die Zusammenlebenden als Gesellschafter verpflichtet haben, einen gemeinsamen Zweck erreichen zu wollen und ihn in der durch den Vertrag bestimmten Weise zu fördern, vgl. § 705. Eine solche Vereinbarung kann auch konkludent erfolgen[5]. Ob ein konkludenter Vertragsschluss bereits in der Begründung einer nicht ehelichen Lebensgemeinschaft gesehen werden kann, wird unterschiedlich beurteilt.

1. Mindermeinung

444 Zum Teil wird in der Begründung einer nicht ehelichen Lebensgemeinschaft bereits der konkludente Abschluss eines Gesellschaftsvertrages mit dem Gesellschaftszweck des Zusammenlebens, bestehend aus dem Miteinanderwohnen und gemeinsamen Wirtschaften, erblickt[6].

Demgemäß ließe sich aus dem Zusammenleben von M und F in Form einer nicht ehelichen Lebensgemeinschaft eine BGB-Innengesellschaft herleiten.

2. Herrschende Meinung

445 Die herrschende Meinung sieht das anders. Allein dadurch, dass zwei Menschen zusammen ziehen und einen gemeinsamen Haushalt führen, könne noch nicht der rechtsgeschäftliche Wille gesehen werden, sich rechtlich zu binden und die Beziehung um-

---

4 OLG Celle NJW 1983, 1065.
5 *Schlüter*, FamR, Rn. 501.
6 LG München, NJW-RR 1993, 334; LG Bonn, NJW-RR 1989, 1498; MüKo/*Wacke*, nach § 1302 Rn. 19.

fassend dem Gesellschaftsrecht zu unterstellen[7]. Es sei nämlich üblich, dass sich nicht eheliche Paare aufgrund ihrer persönlichen Beziehungen, die auch das wirtschaftliche Handeln der Partner zu bestimmen pflegen, bei der Schaffung von Werten gegenseitig unterstützen, ohne dafür eigene Vorteile zu erwarten[8]. Grundsätzlich sei eine Anwendung der §§ 705 ff. jedoch möglich, wenn ein über das bloße Zusammenleben hinausgehender Zweck vereinbart wird[9]. Bei dem Erwerb eines bestimmten Vermögensgegenstandes könne ein Ausgleich nach gesellschaftsrechtlichen Regeln i.S.d. §§ 730 ff. stattfinden, wenn beide Partner einen gemeinsamen Vermögenswert schaffen wollten, der nicht nur gemeinsam von ihnen benutzt, sondern nach ihrer Vorstellung auch beiden gemeinsam gehören sollte[10].

Im vorliegenden Fall hatten die Partner gerade nicht die Absicht, gemeinsam einen Vermögenswert zu schaffen. Haus und Grundstück sollten zwar gemeinsam zum Wohnen genutzt werden, blieben aber im Alleineigentum der F, die dem M lediglich testamentarisch ein Wohnrecht einräumte. Im vorliegenden Fall könnte man demnach i.S.d. herrschenden Meinung die nicht eheliche Lebensgemeinschaft zwischen M und F nicht als BGB-Innengesellschaft qualifizieren.

3. Diskussion

Für die herrschende Meinung spricht bereits der Blick auf das Gesellschaftsrecht. Allein die Entscheidung, wie Eheleute zusammenzuleben und gemeinsam die dafür nötige Grundlage zu schaffen, ist kein ausreichender Gesellschaftszweck. Die Annahme einer Gesellschaft für den Fall, dass gerade kein über das nicht eheliche Zusammenleben geschaffener Sonderzweck vereinbart ist, würde auf eine Willensfiktion hinauslaufen und hätte einen so umfassenden Vermögensausgleich auf der Basis der während des Bestehens der Partnerschaft erbrachten Leistungen und noch „ausstehender Beiträge" zur Folge, wie er nicht einmal bei der Auflösung einer Ehe durchzuführen ist[11].

446

Eine Innengesellschaft kann deshalb nur angenommen werden, wenn es um die eigentumsrechtliche Zuordnung einzelner bedeutungsvoller Vermögensgegenstände geht, die durch die Leistungen beider Partner in der Zeit des Zusammenlebens erwirtschaftet wurden[12].

Hier fehlt es an einem solchen Zweck. Es sollte vorwiegend kein gemeinsamer wirtschaftlicher Wert geschaffen werden, wie bereits die Tatsache zeigt, dass F die gesamte Summe zum Hausbau allein entrichtet hat und Haus und Grundstück in ihrem Alleineigentum stehen.

---

7 *Schlüter*, FamR, Rn. 501.
8 BGH MDR 1992, 679.
9 BGHZ 77, 55, 56 ff.; BGH NJW 1983, 2375.
10 BGHZ 77, 55 f.; 84, 388; 390; BGH FamRZ 2003, 1542; OLG Schleswig, FamRZ 2002, 884, 885.
11 *Schlüter*, FamR, Rn. 501.
12 Wie z.B. ein gemeinsam errichtetes Haus, BGH NJW 1992, 906.

Fall 9 *Geschenkt ist geschenkt und wieder holen ist gestohlen?*

II. Ergebnis

Mit der herrschenden Meinung ist daher davon auszugehen, dass allein das bloße Zusammenleben als Partner einer nicht ehelichen Lebensgemeinschaft nicht für die Annahme einer BGB-Innengesellschaft ausreicht. Vorliegend lässt sich somit, trotz Mithilfe beim Hausbau und Übernahme der Renovierungskosten durch M, keine Innengesellschaft und damit auch kein gesellschaftsrechtlicher Ausgleichsanspruch i.S.d. §§ 730 ff. herleiten.

E. Anspruch des M gegen F aus einem Darlehensvertrag gemäß § 488 I 2

447 Da zwischen M und F keine Kreditabrede existiert und auch nach den Gesamtumständen kein Anhaltspunkt dafür besteht, dass F dem M zur Rückgewähr der empfangenen Vermögensvorteile, insbesondere auch nicht in Bezug auf die Badezimmerrenovierung im Wert von 2000.– €, im Sinne einer Darlehensnehmerin verpflichtet sein sollte[13], scheidet ein Anspruch aus § 488 I 2 ebenfalls aus[14].

F. Anspruch des M gegen F aus den §§ 530, 531, 812, 818

448 Zu prüfen ist, ob ein Anspruch des M wegen Widerrufes einer Schenkung besteht. Dies setzt voraus, dass sich M und F darüber geeinigt hätten, dass M seine Leistung als Zuwendung i.S.d. § 516 erbringen und diese Zuwendung unentgeltlich erfolgen sollte.

Da eine ausdrückliche Schenkungsabrede vorliegend nicht getroffen wurde, müsste sich aus dem Verhalten von M und F ergeben, dass sie sich rechtsverbindlich über die Unentgeltlichkeit der empfangenen Zuwendungen geeinigt haben. Bei nicht ehelichen Lebensgemeinschaften sind Zuwendungen, die im Rahmen des Zusammenlebens und -wirtschaftens üblicherweise erbracht werden, nicht gleichzeitig auch als rechtsgeschäftliche Einigung über die Unentgeltlichkeit zu verstehen. Sie erfolgen i.d.R. vielmehr zur Verwirklichung oder Ausgestaltung der Lebensgemeinschaft, stehen in einer Art Austauschverhältnis und haben keinen Schenkungscharakter[15].

Zwar handelt es sich vorliegend um größere, nicht auf die tagtägliche Lebensführung ausgerichtete Zuwendungen, die Gesamtumstände des Einzelfalles lassen aber auch hier keinen anderen Schluss zu.

Zwischen M und F hat ein umfassendes Gemeinschafts- und Austauschverhältnis bestanden. Dies lässt sich daran erkennen, dass beide nicht nur seit Jahren zusammen gewohnt und gewirtschaftet haben, sondern F den M auch mietfrei in ihrem Haus wohnen ließ und ihm darüber hinaus testamentarisch ein lebenslanges Wohnrecht zugesichert hat.

Um vor diesem Hintergrund, im Unterschied zu allen übrigen erbrachten Leistungen, die Beiträge, die M im Rahmen des Hausbaus geleistet hat, als unentgeltlich im Sinne

---

13 Vgl. dazu auch: *Schlüter*, FamR, Rn. 503.
14 Vgl. zur Zurückhaltung des BGH in Bezug auf konkludent geschlossene Verträge: BGH FamRZ 1981, 530; BGH NJW 1983, 1055.
15 Vgl. auch: OLG Düsseldorf FamRZ 1997, 1110.

einer Schenkungsabrede zu qualifizieren, müsste eine ausdrückliche Vereinbarung vorliegen, woran es hier jedoch fehlt.

Darüber hinaus fehlt es aber auch an einem Widerrufsgrund i.S.d. § 530 I. Die Auflösung der nicht ehelichen Lebensgemeinschaft ist nicht als grober Undank zu werten. Etwas anderes könnte höchstens gelten, wenn sich ein Partner die Zuwendungen in einem Zeitpunkt gewähren lässt, zu dem er ohne das Wissen seines Partners eine neue Beziehung eingegangen ist[16]. Dies ist hier aber nicht der Fall. Vorliegend war F dem M vielmehr für die Dauer ihrer Partnerschaft treu.

> **Exkurs/Vertiefung:** Der BGH tendiert dazu, auch bei nicht ehelichen Lebensgemeinschaften auf die Rechtsfigur der unbenannten Zuwendung zurückzugreifen und einen Schenkungswiderruf entsprechend mit der Begründung abzulehnen, dass Zuwendungen, die zur Gestaltung der gemeinsamen Lebensführung dienen, nicht als Schenkungen, sondern als Gegenleistungen zu den Beiträgen des Partners zu betrachten seien[17].

449

G. Anspruch des M gegen F aus den §§ 662, 670

Ein Anspruch des M gegen F aus den §§ 662, 670 ließe sich lediglich dann herleiten, wenn Aufwendungen gemacht worden wären, die im alleinigen Interesse des anderen Partners stünden. Dies ist vorliegend aber nicht der Fall, da sämtliche Aufwendungen, zumindest für die Dauer des Zusammenlebens, beiden zugute gekommen sind.

450

H. Anspruch des M gegen F aus § 313

Fraglich ist, ob zugunsten des M ein Anspruch aus § 313 eingreifen könnte. Ein Anspruch aus Störung der Geschäftsgrundlage i.S.d. § 313 I setzt zunächst voraus, dass zwischen den Parteien überhaupt ein Vertrag geschlossen wurde. § 313 ermöglicht es, sich unter bestimmten Voraussetzungen in Abweichung vom Grundsatz: „pacta sunt servanda" von den eingegangenen Verpflichtungen zu lösen. Eine nicht eheliche Lebensgemeinschaft ist jedoch keine Rechtsgemeinschaft, von der man sich über § 313 lösen könnte[18]. Da die Partner einer nicht ehelichen Lebensgemeinschaft keinen Rechtsbindungswillen haben bzw. wollen, verwirklicht sich, wenn sie auseinander gehen, bloß das bewusst eingegangene Risiko der Beendigung ihrer Verbindung, was nicht zu Ansprüchen aus § 313 führen kann.

451

Ein Anspruch aus § 313 scheidet daher aus.

I. Anspruch des M gegen F aus den §§ 670, 677, 683

Voraussetzung für einen Aufwendungsersatzanspruch aus GoA i.S.d. §§ 670, 677, 683 ist, dass M mit seinen Leistungen am Hausbau ein fremdes Geschäft ohne Auftrag oder sonstige Berechtigung geführt hätte.

452

---

16 Vgl. dazu: OLG Hamm NJW 1978, 224 ff.
17 BGHZ 87, 145 f.; 116, 178, 180 f.; a.A.: *Gernhuber/Coester-Waltjen*, § 19 V 4; *Schlüter*, FamR, Rn. 506 m.w.N.
18 BGH NJW 1997, 3371, 3372 = BGH FamRZ 1997, 1533.

Fall 9 *Geschenkt ist geschenkt und wieder holen ist gestohlen?*

Selbst wenn man hier von einem sog. „Auch-fremden-Geschäft" ausgehen könnte[19], da die Arbeiten und die Übernahme der Badezimmer-Renovierungskosten zugleich im Interesse des M und der F lagen, fehlt es an dem Tatbestandsmerkmal „ohne Auftrag oder sonstige Berechtigung". M hat durch seine Leistungen einen eigenen Beitrag im Rahmen der nicht ehelichen Lebensgemeinschaft geleistet. Seine Berechtigung ergibt sich daher aus dem Benutzungs- und Gemeinschaftsverhältnis, das aus der nicht ehelichen Lebensgemeinschaft resultiert[20].

J. Kondiktionsansprüche des M gegen F gemäß den §§ 812 ff.

Fraglich ist, ob M gegen F Kondiktionsansprüche zustehen könnten.

I. Anspruch des M gegen F gemäß § 812 I 1, 1. Fall (Leistungskondiktion)

In Betracht käme ein Anspruch des M gegen F aus § 812 I 1, 1. Fall.

1. Etwas erlangt

453 Dies setzt voraus, dass F etwas erlangt hätte.

F hat durch die Mitarbeit des M sein Arbeitskraft erlangt bzw. sich entsprechende anderweitige Aufwendungen erspart[21].

2. Durch Leistung

454 Da M diese Zuwendung erbracht hat, um das der F gehörende Einfamilienhaus in seinem Wohnwert zu erhöhen, liegt darin eine bewusste und zweckgerichtete Mehrung fremden Vermögens.

Die Mal- und Tapezierarbeiten der Söhne kann sich M allerdings nicht als eigene Leistung zurechnen lassen.

3. Ohne Rechtsgrund

455 Fraglich ist, ob die Leistung des M ohne Rechtsgrund erbracht worden ist. Damit ein Rechtsgrund i.S.d. §§ 812 ff. vorliegt, ist nicht notwendigerweise das Bestehen einer Vertragsbeziehung erforderlich. Es ist insoweit ausreichend, dass die Rechtsordnung ein Behaltendürfen gestattet. Voraussetzung eines jeden bereicherungsrechtlichen Anspruches ist mithin das Fehlen eines die Vermögensverschiebung objektiv rechtfertigenden Grundes[22].

In diesem Sinne könnte die nicht eheliche Lebensgemeinschaft als Grund für das Behaltendürfen der gegenseitig erbrachten Leistungen anzusehen sein. Im Rahmen der nicht ehelichen Lebensgemeinschaft erbringen die Partner ihre gegenseitigen Leistun-

---

19 Dazu: *Palandt/Sprau*, § 677 Rn. 6.
20 Dazu: *Palandt/Sprau*, § 677 Rn. 11.
21 Zum „Erlangten" in den sog. Nutzungsfällen, vgl.: BGHZ 14, 7; 20, 275; 55, 128; MüKo/*Lieb*, § 812 Rn. 300 ff. m.w.N.; *Staudinger/Lorenz*, § 812 Rn. 72.
22 *Palandt/Sprau*, § 812 Rn. 68 ff. m.w.N.

gen, ohne dafür einen Ausgleich haben zu wollen bzw. in Kenntnis der Nichtschuld, vgl. § 814. Die Leistungen, die die Partner einer nicht ehelichen Lebensgemeinschaft zur Verwirklichung ihrer Gemeinschaft wechselseitig erbringen, können daher nicht über § 812 I 1, 1. Fall rückabgewickelt werden.

4. Ergebnis

Ein Anspruch des M gegen F aus § 812 I 1, 1. Fall scheidet damit aus.

II. Anspruch des M gegen F aus § 812 I 2, 1. Fall

Auch ein Anspruch aus § 812 I 2, 1. Fall scheidet aus, da zwar der Rechtsgrund (nicht eheliche Lebensgemeinschaft) durch die Trennung nachträglich weggefallen ist, dies aber nicht zurückwirkt. Wegen der ex nunc-Wirkung des Wegfalles stellt die nicht eheliche Lebensgemeinschaft für die Zeit des Zusammenlebens den Rechtsgrund für die erbrachten Leistungen dar.

III. Anspruch des M gegen F aus § 812 I 2, 2. Fall

Ein Ausgleichsanspruch aus § 812 I 2, 2. Fall setzt voraus, dass den Leistungen eine besondere Zweckvereinbarung zugrunde lag und dieser Zweck verfehlt wurde[23].

Grundsätzlich bezweckt ein Partner einer nicht ehelichen Lebensgemeinschaft mit seinen Leistungen im Rahmen des gemeinsamen Wohnbereiches einen Beitrag zur Erhaltung der Lebensgemeinschaft und zur Beibehaltung bzw. Erhöhung des eigenen Lebensstandards zu erbringen. Dieser Zweck wurde nicht verfehlt.

Würde man die unentgeltlich erbrachten Leistungen des M als mit dem Zweck erbracht ansehen, dass dadurch die Aufrechterhaltung der nichtehelichen Lebensgemeinschaft gewährleistet werden sollte, so wäre dieser Zweck mit der Auflösung der Partnerschaft zwar verfehlt, Voraussetzung einer Zweckvereinbarung diesen Inhalts wäre jedoch, dass zwischen Leistung und erwartetem Erfolg eine solche Verknüpfung besteht, dass die Leistung von der Zweckerreichung abhängig gemacht wurde, wobei es nicht ausreicht, dass die Zweckbestimmung Beweggrund der Leistung geblieben ist[24]. Daran fehlt es hier jedoch. M hat nicht erkennbar nur deshalb geleistet, um den Fortbestand der nicht ehelichen Lebensgemeinschaft zu sichern bzw. seine Leistungen im Rahmen des Hausbaus davon abhängig gemacht.

Eine über die Erhaltung der Lebensgemeinschaft hinausgehende besondere Zweckvereinbarung, wie etwa die Einigung über eine spätere Eheschließung oder die Vereinbarung des Fortbestandes der nichtehelichen Lebensgemeinschaft, wurde zwischen F und M nicht getroffen. Folglich scheidet auch ein Anspruch aus § 812 I 2, 2. Fall aus.

---

23 Dazu: *Emmerich*, SchuldR BT, § 16 Rn. 28 ff.
24 KG MDR 1984, 492; *Palandt/Sprau*, § 812 Rn. 86 ff. m.w.N.

Fall 9   *Geschenkt ist geschenkt und wieder holen ist gestohlen?*

IV. Ergebnis

Somit bestehen keine Ausgleichsansprüche des M gegen F aus den §§ 812 ff.

2. Teil: Abwandlung 1

A. Zeugnisverweigerungsrecht der T

Fraglich ist, ob der T in einem Zivilprozess, in dem sie als Zeugin für das Verschulden ihres Stiefbruders benannt worden ist, ein Zeugnisverweigerungsrecht zustehen könnte.

I. Zeugnisverweigerungsrecht aus § 383 I Nr. 3 ZPO

458   Ein solches könnte sich aus § 383 I Nr. 3 ZPO ergeben. Im Sinne dieser Norm steht demjenigen ein Zeugnisverweigerungsrecht zu, der mit der Partei eines Zivilprozesses in gerader Linie verwandt oder verschwägert ist, in der Seitenlinie bis zum dritten Grad verwandt oder bis zum zweiten Grad verwandt oder verschwägert ist.

1. Definition: Verwandtschaft/Schwägerschaft – Anwendung des Art. 51 EGBGB

459   Fraglich ist daher weiterhin, wie die Begriffe: Verwandtschaft bzw. Schwägerschaft zu definieren sind. Da Art. 51 EGBGB vorsieht, dass auch im Rahmen der ZPO die Vorschriften des BGB über Verwandtschaft und Schwägerschaft anzuwenden sind, sofern in der ZPO daran rechtliche Folgen geknüpft werden, sind die Legaldefinitionen der §§ 1589, 1590 zugrunde zu legen.

2. Anwendung der §§ 1589, 1590

460   Nach § 1598 sind die Personen, deren eine von der anderen abstammt, in gerader Linie und die Personen, die von derselben dritten Person abstammen, in der Seitenlinie verwandt. Ferner bestimmt § 1589, dass der Grad der Verwandtschaft sich nach der Zahl der sie vermittelnden Geburten bestimmt, wobei die Geburt der die Verwandtschaft herstellenden Person bei der Gradbestimmung nicht mitgezählt wird[25].

Demgemäß sind Eltern mit ihren Kindern im ersten, die Enkel mit den Großeltern im zweiten Grad (in gerader Linie), Geschwister miteinander im 2. Grad der Seitenlinie verwandt.

461   **Exkurs/Vertiefung:** Die Verwandtschaft kann von Gesetzes wegen durch Annahme als Kind (Adoption) enden, § 1755.
Durch die Annahme als Kind (als Minderjähriger oder als Volljähriger, vgl.: §§ 1741 ff. oder §§ 1767 ff.) erhält das angenommene Kind die rechtliche Stellung eines leiblichen Kindes, so dass ein Verwandtschaftsverhältnis zum Annehmenden und bei der Minderjährigenannahme auch zu dessen Verwandten entsteht, vgl.: §§ 1754 I, 1755, 1770.

---

25 *Palandt/Brudermüller*, § 1589 Rn. 2.

> Der BGH hat nunmehr die Rechte der nicht ehelichen, leiblichen Väter insofern gestärkt, als er die Kindesannahme durch den Stiefvater gegen den Willen des leiblichen Vaters nur unter engen Voraussetzungen zulässt[26]. In seiner Entscheidung nimmt der BGH erstmals zu der 1997/1998 geänderten Vorschrift des § 1748 IV Stellung, der eine Kindesannahme ohne Zustimmung eines Elternteils nur zulässt, wenn das Unterbleiben der Annahme dem Kind zu „unverhältnismäßigem Nachteil" gereicht.

Da S und T weder voneinander noch von derselben dritten Person abstammen, besteht zwischen ihnen keine Verwandtschaft i.S.d. § 1589.

Fraglich ist aber, ob sie i.S.d. § 1590 verschwägert sind.

Nach dieser Norm sind die Verwandten des einen Ehegatten mit dem anderen Ehegatten (nicht aber mit den Verwandten des anderen Ehegatten) verschwägert. Folglich sind S und T auch nicht verschwägert.

> **Exkurs/Vertiefung:** Voraussetzung für das Entstehen einer Schwägerschaft ist eine gültige Ehe bzw. eine gültige eingetragenen Lebenspartnerschaft (vgl. § 11 II LPartG). Nach Beendigung der Ehe bzw. Lebenspartnerschaft besteht die Schwägerschaft weiter fort; eine neue Schwägerschaft kann jedoch nicht mehr entstehen. Es kann also nicht zu einer Schwägerschaft zwischen dem 1. Ehemann und dem Kind der früheren Frau aus deren 2. Ehe kommen[27].

II. Ergebnis zum Zeugnisverweigerungsrecht aus § 383 I Nr. 3 ZPO

Dem Wortlaut nach besteht mithin kein Zeugnisverweigerungsrecht der T im Hinblick auf eine Aussage bezüglich des Verschuldens ihres Stiefbruders.

III. Analoge Anwendung des § 383 I Nr. 3 ZPO

Fraglich ist aber, ob nicht eine analoge Anwendung des § 383 I Nr. 3 ZPO in Betracht zu ziehen ist. Die analoge Anwendung einer Norm setzt jeweils voraus, dass eine Regelungslücke besteht und die Interessenlage des nicht geregelten Sachverhaltes mit der des geregelten vergleichbar ist.

Der Sinn und Zweck des Zeugnisverweigerungsrechtes ist darin zu sehen, dass ein Gewissenskonflikt für den Aussagenden, der zulasten seines Angehörigen aussagen soll, vermieden wird. Dieser kann aber ebenso für vertraute Menschen bestehen, die zueinander in keinem verwandtschaftlichen bzw. schwägerschaftlichen Verhältnis stehen. So liegt der Fall hier. T und S leben seit ihrer Kinderzeit und bereits über einen sehr langen Zeitraum hinweg (18 Jahre) in einem gut funktionierenden Familienverband. Es ist mithin davon auszugehen, dass auch bei ihnen die oben beschriebene Konfliktsituation besteht. Da eine entsprechende Regelung nicht getroffen wurde, ist eine analoge Anwendung des § 383 I Nr. 3 ZPO erforderlich.

---

26 BGH FamRZ 2005, 891 ff.
27 *Palandt/Brudermüller*, § 1590 Rn. 2.

Fall 9 *Geschenkt ist geschenkt und wieder holen ist gestohlen?*

465 **Exkurs/Vertiefung:** Bei einem unwirksamen Verlöbnis ist § 383 I Nr. 1 ZPO analog anzuwenden, sofern das Verlöbnis ernstlich und nicht sittenwidrig ist, da auch insofern von einer entsprechenden Konfliktsituation ausgegangen wird.

B. Ergebnis

T muss mithin im anstehenden Zivilprozess, in dem sie als Zeugin für das Verschulden ihres Stiefbruders benannt worden ist, nicht aussagen.

3. Teil: Abwandlung 2

A. Anspruch der F gegen M auf Rückgewähr des Eigentumsanteils

Fraglich ist, welche Ansprüche zugunsten der F gegen M auf Rückgewähr des Eigentumsanteils in Betracht kommen könnten.

I. Anspruch der F gegen M aus den §§ 1372, 1378 I

466 Ein Rückgewähranspruch der F gegen M kann sich nicht aus den Regelungen über den Zugewinnausgleich aus den §§ 1372, 1378 I ergeben, da der Zugewinnausgleich keinen Anspruch auf Übertragung bzw. Rückübertragung konkreter Gegenstände darstellt, sondern lediglich einen Zahlungsanspruch in Bezug auf einen in der Ehe erwirtschafteten Vermögensteil gewährt.

II. Anspruch der F gegen M aus den §§ 812 ff.

Fraglich ist, ob sich ein Rückgewähranspruch aus den §§ 812 ff. herleiten ließe.

1. Anspruch der F gegen M aus § 812 I 1, 1. Fall

467 In Betracht käme zunächst ein Anspruch der F gegen M aus § 812 I 1, 1. Fall. Dies setzt voraus, dass M von F etwas durch ihre Leistung ohne Rechtsgrund erlangt hätte. M hat durch bewusste und zweckgerichtete Vermögensmehrung der F, mithin durch ihre Leistung, hälftiges Miteigentum an der ehelichen Wohnung erlangt. Dies geschah allerdings nicht ohne Rechtsgrund, da Ehepartner im Rahmen ihrer Lebensgemeinschaft die gegenseitigen Leistungen erbringen, ohne dafür einen Ausgleich haben zu wollen bzw. in Kenntnis der Nichtschuld gemäß § 814. Ein Anspruch aus § 812 I 1, 1. Fall scheidet somit aus.

2. Anspruch der F gegen M aus § 812 I 2, 2. Fall

468 Ein Ausgleichsanspruch der F gegen M aus § 812 I 2, 2. Fall setzt voraus, dass den Leistungen eine besondere Zweckvereinbarung zugrunde lag und dieser Zweck verfehlt wurde. Insoweit kann auf die Ausführungen zur nichtehelichen Lebensgemeinschaft verwiesen werden, denn grundsätzlich bezweckt auch ein Ehepartner mit seiner

Zuwendung in Form eines gemeinsamen Familienheims den Zweck, einen Beitrag zur Erhaltung der Lebensgemeinschaft und des eigenen Lebensstandards zu erbringen. Dieser Zweck wurde aber nicht verfehlt.

Eine darüber hinaus gehende besondere Zweckvereinbarung, wie etwa künftiges Scheitern der Ehe zu verhindern, wurde zwischen M und F nicht getroffen, so dass auch ein Anspruch aus § 812 I 2, 2. Fall ausscheidet.

III. Anspruch der F gegen M aus den §§ 531 II, 812 I 2, 1. Fall

Fraglich ist, ob F gegen M ein Anspruch aufgrund Widerrufs einer Schenkung i.S.d. §§ 531 II, 812 I 2, 1. Fall zustehen könnte. Voraussetzung dafür ist, dass F dem M i.S.d. § 516 eine Schenkung gemacht und diese gemäß § 530 I, 531 I wirksam widerrufen hat. **469**

Unabhängig davon, ob man § 530 auch im Verhältnis zwischen Ehegatten generell für anwendbar hält, liegt hier jedenfalls keine Schenkung vor. Eine Zuwendung unter Ehegatten in der Form der Übertragung von Vermögenssubstanz, der die Vorstellung zugrunde liegt, dass die eheliche Lebensgemeinschaft Bestand haben werde bzw. die als Beitrag zur Ausgestaltung der ehelichen Lebensgemeinschaft erbracht wird, stellt keine Schenkung, sondern eine sog. ehebezogene (unbenannte) Zuwendung dar[28].

So lag der Fall hier. F hat dem M den Miteigentumsanteil wenige Tage nach der Eheschließung überlassen, um einen Beitrag zur Ausgestaltung des ehelichen Lebens zu leisten. Grundlage war die gemeinsame Absicht, die Wohnung als Familienheim zu nutzen.

Eine Schenkung stellt dagegen ein bewusst und gewollt einseitig begünstigendes Rechtsgeschäft aus Freigiebigkeit des Zuwendenden dar. Das maßgebliche Unterscheidungskriterium zwischen einer Schenkung und einer unbenannten Zuwendung liegt mithin im subjektiven Bereich. Sobald die Zuwendung um der Ehe willen erfolgt ist bzw. vom Fortbestand der Ehe abhängig gemacht wurde, ist sie als unbenannte/ehebedingte Zuwendung und nicht als Schenkung zu qualifizieren, selbst wenn sie von den Beteiligten ausdrücklich als Schenkung i.S.d. §§ 516 ff. bezeichnet wurde.

Der Umstand, dass im notariellen Vertrag die Übertragung als „unentgeltlich" bezeichnet wurde, schließt demnach die Qualifizierung als „unbenannte Zuwendung" nicht aus.

Da es bereits an einer Schenkung fehlt, scheiden die §§ 530 ff. als Anspruchsgrundlage für die Rückforderung aus.

IV. Anspruch der F gegen M aus § 313 I, II i.V.m. § 313 III

Fraglich ist, ob zugunsten der F ein Anspruch auf Rückabwicklung des Übertragungsvertrages aus § 313 eingreifen könnte. Wie bereits dargestellt, ermöglicht es § 313, dass sich die Parteien unter bestimmten Voraussetzungen von den strengen rechtlichen **470**

---

28 BGHZ 87, 145, 146; 116, 167, 169; 129, 259, 263.

Fall 9 *Geschenkt ist geschenkt und wieder holen ist gestohlen?*

Verpflichtungen eines geschlossenen Vertrages in Abweichung vom Grundsatz: „pacta sunt servanda" lösen, wobei aufgrund des Ausnahmecharakters dieser Regelung ihrem Anwendungsbereich enge Grenzen gesetzt sind. In diesem Sinne kann eine Rückabwicklung von „unbenannten Zuwendungen" zwar beim Güterstand der Gütertrennung möglich sein[29] und auch evtl. unter Verlobten[30], grundsätzlich aber nicht bei der Zugewinngemeinschaft, da hier nach Beendigung der Ehe allein das vom Gesetzgeber speziell geregelte Verfahren des Zugewinnausgleichs gemäß den §§ 1372 ff. maßgeblich ist.

Etwas anderes kann nur ausnahmsweise einmal gelten, wenn das Ergebnis des güterrechtlichen Ausgleichs schlechthin unangemessen und unzumutbar ist[31].

Im vorliegenden Fall sind keine Umstände vorgetragen, die auf eine außergewöhnliche Unzumutbarkeit für F hinweisen würden, so dass sie auf das Zugewinnausgleichsverfahren nach den §§ 1372 ff. zu verweisen ist.

Ein Anspruch der F gegen M auf Rückabwicklung des Übertragungsvertrages nach den Grundsätzen des Wegfalls der Geschäftsgrundlage i.S.d. § 313 scheidet folglich aus.

B. Ergebnis

F hat gegen M keinen Anspruch auf Rückübertragung des hälftigen Eigentumsanteils.

Sie ist darauf zu verweisen, gegen M einen Zahlungsanspruch nach den Regeln des Zugewinnausgleichs i.S.d. § 1378 I geltend zu machen.

471 **Exkurs/Vertiefung:** Sofern Eltern ihrem Kind oder dessen Ehegatten Eigentum an einem Grundstück/einer Wohnung unentgeltlich zur Einrichtung eines Familienheims übertragen, wird die Rückabwicklung unterschiedlich beurteilt.

Nach einer Ansicht[32] ist Schenkungsrecht anwendbar, nach einer anderen[33] ist der Rechtsgrund in einem gesetzlich nicht geregelten Rechtsverhältnis eigener Art zu sehen, bei dem die Rückabwicklung, wie bei einer ehebedingten Zuwendung, vorrangig – unter Ausschaltung von § 1374 II – über die Zugewinnausgleichsregelungen erfolgt.

§ 822 kann nach der Rspr. unabhängig von der güterrechtlichen Behandlung unter Ehegatten im Verhältnis zu Dritten bei einer „unentgeltlichen Zuwendung" gegen den Ehegatten des Empfängers gegeben sein[34].

---

29 OLG Düsseldorf, NJW-RR 1996, 644.
30 BGH NJW 1992, 427; OLG Celle NJW-RR 2000, 1675.
31 BGHZ 115, 132, 135, 138; BGH FamRZ 1989, 147, 149; BGH NJW 1993, 385, 386.
32 10. ZS des BGH: BGH NJW 1999, 1623 = FamRZ 1999, 705.
33 12. ZS des BGH: BGHZ 129, 259 ff. = JZ 1996, 199.
34 Vgl. BGHZ 142, 300 = FamRZ 2000, 84, 87.

Repetitorium

I. Partner einer **nicht ehelichen Lebensgemeinschaft** können in den Grenzen der §§ 134, 138 **Partnerschaftsverträge** schließen, um Streitigkeiten bei der Auflösung der Gemeinschaft zu vermeiden[35]. Da dies zumeist jedoch unterbleibt, muss in der Rechtspraxis versucht werden, mit einem insoweit unzureichenden gesetzlichen Instrumentarium im Einzelfall zu erträglichen Ergebnissen zu gelangen[36].

472

Als **Ausgleichsansprüche für zurück zu gewährende Vermögensgegenstände oder erbrachte Leistungen** nach der Trennung kommen grundsätzlich die folgenden Anspruchsgrundlagen in Betracht, die i.d.R. aber letztlich zumeist nicht eingreifen:

- Anspruch aus den §§ 611, 612
- Ansprüche aus den §§ 1372, 1378 I, 1569 ff., 1587 ff. analog
- Ansprüche aus einem Verlöbnis i.S.v. §§ 1298 I, 1301 (analog)
- Ansprüche aus den §§ 730 ff.
- Anspruch aus einem Darlehensvertrag gemäß § 488 I 2
- Anspruch aus den §§ 530, 531, 812, 818
- Anspruch aus den §§ 662, 670
- Anspruch aus § 313
- Anspruch aus den §§ 670, 677, 683
- Konditionsansprüche aus den §§ 812 ff.

Im Mietrecht ist an das Bestehen einer nicht ehelichen Lebensgemeinschaft insofern eine **rechtliche Konsequenz** geknüpft, als der im gemeinsamen Haushalt lebende **nicht eheliche Lebenspartner** eines verstorbenen Mieters bei Tod seines Partners gemäß § 563 II 4 in das Mietverhältnis eintritt und dann auch gemäß § 563b haftet.

II. Eine Zuwendung unter Ehegatten in der Form der Übertragung von Vermögenssubstanz, der die Vorstellung zugrunde liegt, dass die eheliche Lebensgemeinschaft Bestand haben werde bzw. die als Beitrag zur Ausgestaltung der ehelichen Lebensgemeinschaft erbracht wird, stellt keine Schenkung, sondern eine **ehebezogene (unbenannte) Zuwendung** dar[37].

473

Eine Rückabwicklung von „unbenannten Zuwendungen" über § 313 kann zwar beim Güterstand der Gütertrennung möglich sein[38] und evtl. auch unter Verlobten[39], grundsätzlich aber nicht bei der Zugewinngemeinschaft, da hier nach Beendigung der Ehe allein das vom Gesetzgeber speziell geregelte Verfahren des Zugewinnausgleichs gemäß den §§ 1372 ff. maßgeblich ist.

Etwas anderes kann nur ausnahmsweise einmal gelten, wenn das Ergebnis des güterrechtlichen Ausgleichs schlechthin unangemessen und unzumutbar ist[40].

---

35 Zur nicht ehelichen Lebensgemeinschaft: *Schlüter*, FamR, Rn. 493 ff.
36 Dazu: *Grziwotz*, FamRZ 2003, 1417.
37 BGHZ 87, 145, 146; 116, 167, 169; 129, 259, 263.
38 OLG Düsseldorf, NJW-RR 1996, 644.
39 BGH NJW 1992, 427; OLG Celle NJW-RR 2000, 1675.
40 BGHZ 115, 132, 135, 138; BGH FamRZ 1989, 147, 149; BGH NJW 1993, 385, 386.

Fall 9 *Geschenkt ist geschenkt und wieder holen ist gestohlen?*

474 III. Kontrollfragen
1. Welche Ausgleichsansprüche können nach Beendigung einer nicht ehelichen Lebensgemeinschaft für Mitarbeit bzw. geldliche Zuwendungen zwischen den Partnern grundsätzlich in Betracht kommen?
2. Unter welchen Umständen kann von einem konkludent geschlossenen Arbeitsvertrag zwischen den Partnern einer nicht ehelichen Lebensgemeinschaft ausgegangen werden?
3. Was versteht man unter dem Begriff „unbenannte Zuwendungen" und wie muss die rechtliche Beurteilung in der Falllösung erfolgen, wenn die Rückgabe einer „unbenannten Zuwendung" begehrt wird?
4. Wo sind die Begriffe Verwandtschaft und Schwägerschaft legal definiert?
5. Besteht unter Stiefgeschwistern ein Zeugnisverweigerungsrecht?

3. Teil
Erbrecht

Fall 1
Ein Freund, ein guter Freund …

Emil Ehrenberg (E) ist seit dem Beginn seiner Studienzeit im Jahr 1973 mit Franziska **475** Freitag (F) verheiratet. Die Ehe verläuft kinderlos. Auf einer gemeinsamen Reise mit Freunden verliebt sich E Anfang 1979 in Gisela (G), die Lebensgefährtin seines besten Freundes Andreas (A). Aus Angst, womöglich etwas im Leben zu verpassen, gibt er sich seinem Gefühl hin und bedrängt G immer mehr. Um sie dazu zu bringen, mit ihm Geschlechtsverkehr zu haben, verspricht er ihr schließlich, sie als seine Alleinerbin einzusetzen, was er in einem handschriftlich geschriebenen und unterschriebenen Testament vom 20. 9. 1979 auch tut. Im Jahr 1982 wird G schwanger. Aufgrund dieser Schwangerschaft erfahren A und F von der Verbindung zwischen E und G, da A zeugungsunfähig ist. Während sich A sogleich von G trennt und auch E nicht mehr wieder sehen will, kann F die Situation nicht verkraften und nimmt sich das Leben.

Am 2. 7. 1983 bekommen G und E dann eine Tochter, Tatjana (T).

Nach dem Tod der F hat sich die Beziehung zwischen E und G zu einem rein freundschaftlichen Verhältnis entwickelt. E widerruft das Testament zu Gunsten der G allerdings nicht. Außerdem erkennt er T, nach der für die vor dem 1. 7. 1998 geltende Rechtslage, rechtswirksam als seine Tochter an.

Am 12. 3. 2005 stirbt E an den Folgen seiner HIV-Infektion. T, die sich mit ihrer Mutter nicht besonders gut versteht und gleich nach dem Abitur ausgezogen ist, um in Berlin zu studieren, kehrt in ihre Heimatstadt nach Haselünne zurück, um die Beerdigung ihres Vaters zu organisieren, da ihre Mutter zwischenzeitlich nach Australien ausgewandert ist. T nimmt die Schlüssel des Hauses ihres Vaters an sich.

Auf Bitten ihrer Freundin Dorothea (D), die an der UdK Berlin Klavier studiert, verkauft sie ihr wenige Tage später den Steinway Flügel ihres Vaters für 15 000,– €, übergibt ihn ihr und stundet ihr die Forderung für drei Monate, da D Anfang Juni einen größeren Geldeingang erwartet.

Ihre Mutter, G, die zur Beerdigung angereist kommt, ist mit dem Verhalten der T ganz und gar nicht einverstanden. Sie zeigt ihrer Tochter das Testament, von dem T zuvor nichts gewusst hat, beschimpft ihre Tochter als geldgierig und verlangt von ihr die Erbschaft heraus. T, der die Verantwortung dieses Erbes zu groß ist und die mit ihrer Mutter nichts zu tun haben will, die aber geglaubt hat, als einzige Tochter ihres Vaters keine andere Wahl zu haben, als sich um seinen Nachlass zu kümmern, schlägt schließlich, am 30. 3. 2005, unmittelbar nachdem sie von der Möglichkeit der Ausschlagung erfahren hat, durch Erklärung zur Niederschrift beim Nachlassgericht die Erbschaft aus.

Fall 1 *Ein Freund, ein guter Freund ...*

Frage 1:

Wer ist Erbe des E, wenn von seiner Familie nur noch sein Bruder Bernhard (B) lebt?

Frage 2:

Welche Ansprüche kann der Erbe/die Erbin bzw. können die Erben geltend machen?

Ein Freund, ein guter Freund ... **Fall 1**

Vorüberlegungen

I. Problematisch bei der Bearbeitung erbrechtlicher Fälle ist die Vielzahl der Regelungstatbestände, die z.T. unsystematisch im Gesetz angeordnet erscheinen. Um den Überblick zu behalten, ist es ratsam, mit dem Inhaltsverzeichnis des BGB zu arbeiten und bei der konkreten Falllösung ggf. eine Skizze und/oder eine Zeitleiste anzufertigen. **476**

II. Immer wiederkehrende **Examensthemen** sind:
- **bei der Prüfung der gewillkürten Erbfolge:**
  die Frage der **Wirksamkeit und Auslegung** der **Verfügungen von Todes** wegen, die Problematik der **Bindungswirkung gemeinschaftlicher Testamente** und **Erbverträge** (beschränkte Widerrufsmöglichkeit, die Möglichkeit der Anfechtung, die Geltung des § 2113 und ein Ausgleichsanspruch nach § 2287)
- **bei der Prüfung der gesetzlichen Erbfolge:**
  v.a. die **Erbstellung des Ehegatten** i.S.v. § 1931 bzw. **Lebenspartners** i.S.v. § 10 LPartG.
- **Als weitere Sonderprobleme:**
  – das Rechtsverhältnis von Erbschaftsbesitzer und vorläufigem Erben
  – die Miterbenstellung i.S.d. §§ 2032 ff.
  – der Erbverzicht gemäß den §§ 2346 ff.
  – Verträge zugunsten Dritter auf den Todesfall bzw. Schenkungen von Todes wegen, vgl.: §§ 331, 2301
  – der Gutglaubensschutz i.S.d. §§ 2366, 932 ff. 892 f.

III. Im vorliegenden Fall muss eine Auseinandersetzung mit der gewillkürten und der gesetzlichen Erbfolge stattfinden und es ist zu erkennen, dass die Unwirksamkeit eines Testaments nicht nur aus den erbrechtlichen Regelungen zur Wirksamkeit resultieren kann, sondern auch allgemeine Wirksamkeitserfordernisse heranzuziehen sind. Zudem ist zu erkennen, wie ein vorläufiger Erbe rechtlich zu behandeln ist.

IV. Es heißt im Sachverhalt, dass E die T nach der vor dem 1.7.1998 geltenden Rechtslage rechtswirksam als seine Tochter anerkennt. Im Fall muss daher auch auf etwaige Rechtsänderungen und deren rechtliche Behandlung nach dem EGBGB Bezug genommen werden.

V. Skizze:

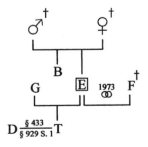

Fall 1 *Ein Freund, ein guter Freund...*

Gliederung

477 **1. Teil – Wer ist Erbe?**
- **A. Testamentarische Erbfolge**
  - I. Inhalt des Testaments
  - II. Wirksamkeit der Verfügung von Todes wegen
    1. Form
    2. Weitere Wirksamkeitsvoraussetzungen
    3. Sittenwidrigkeit des Testamentes nach § 138
       - a) Gesamtbild des Einzelfalls
       - b) Maßgeblicher Zeitpunkt für die Beurteilung der Sittenwidrigkeit
         - aa) Mindermeinung
         - bb) Herrschende Meinung
         - cc) Diskussion und Zwischenergebnis
  - III. Ergebnis
- **B. Gesetzliche Erbfolge gemäß den §§ 1924 ff.**
  - I. Erbenstellung der T
    1. Ausschlagung durch T
       - a) Form- und fristgemäße Erklärung der Ausschlagung
       - b) Ausschluss der Ausschlagung bei vorheriger Annahme i.S.v. § 1943
       - c) Anfechtung der Annahme
         - aa) Anfechtungsgrund
         - bb) Anfechtungserklärung
         - cc) Anfechtungsfrist
       - d) Ergebnis
    2. Gesamtergebnis zur Erbenstellung des T
  - II. Erbenstellung des B
- **C. Ergebnis**

2. Teil: Ansprüche des B gegen D und T
- **A. Ansprüche des B gegen D**
  - I. Herausgabeanspruch des B gegen D aus den §§ 2018, 2030
  - II. Anspruch des B gegen D auf Herausgabe des Flügels gemäß § 985
    1. Eigentum des B
       - a) Gutgläubiger Erwerb der D
         - aa) Anwendbarkeit des § 935 bei Verfügungen des vorläufigen Erben
         - bb) Ergebnis
       - b) Eigentumserwerb der D
    2. Ergebnis
  - III. Herausgabeanspruch des B gegen D aus § 861
  - IV. Herausgabeansprüche des B gegen D aus § 1007 I und § 1007 II

B. Ansprüche des B gegen T
  I. Herausgabeanspruch des B gegen T gemäß den §§ 2018, 2019
  II. Anspruch des B gegen T auf Herausgabe des Erlangten nach den §§ 1959 I, 681 S. 2, 667
     1. Erbschaftliches Rechtsgeschäft
     2. Rechtsfolge des § 667 i.V.m. § 681 S. 2
     3. Ergebnis
  III. Herausgabeanspruch gemäß § 816 I 1
     1. Verfügung eines Nichtberechtigten
     2. Wirksamkeit gegenüber dem Berechtigten
     3. Ergebnis

Fall 1 *Ein Freund, ein guter Freund ...*

Lösung

1. Teil – Wer ist Erbe?

478 Die Erbenstellung kann sich aufgrund einer Verfügung von Todes wegen ergeben (gewillkürte Erbfolge) oder aber sie bestimmt sich subsidiär aufgrund der gesetzlichen Erbfolge i.S.d. §§ 1924–1936. Bei den Verfügungen von Todes wegen unterscheidet man die einseitige Verfügung in Form eines allein vom Erblasser errichteten Testamentes und die zweiseitige Verfügung in Form eines gemeinschaftlichen Testamentes oder eines Erbvertrages[1]. Vorliegend hat E eine einseitige Verfügung von Todes wegen in Form eines Testaments errichtet.

Da die gesetzliche Erbfolge gegenüber der gewillkürten subsidiär ist, stellt sich zunächst die Frage, welchen Inhalts das von E errichtete Testament ist und ob es wirksam ist.

A. Testamentarische Erbfolge

479 **Hinweis zur Lösung:** Grundsätzlich ist es sinnvoller, zunächst zu prüfen, ob eine etwaig vorhandene Verfügung von Todes wegen wirksam ist und sodann ist der Inhalt durch Auslegung zu bestimmen. Wenn (wie hier) aber kein wirksames Testament vorliegt, kann aus klausurtaktischen Gründen die Inhaltsprüfung vorgezogen werden, um eine Prüfung im Hilfsgutachten zu vermeiden.

I. Inhalt des Testaments

480 Bei fehlender Eindeutigkeit der vom Erblasser getroffenen Bestimmungen ist der Inhalt eines Testamentes durch Auslegung i.S.v. § 133 zu ermitteln. Hier besteht kein Zweifel daran, dass G dem Inhalt nach von E als Alleinerbin eingesetzt wurde.

II. Wirksamkeit der Verfügung von Todes wegen

Fraglich ist, ob die von E getroffene Verfügung von Todes wegen überhaupt wirksam ist. Dies setzt voraus, dass die dafür erforderliche Form eingehalten wurde.

1. Form

481 Welcher Form ein Testament bedarf, hängt davon ab, um was für ein Testament es sich handelt. In Betracht käme hier ein eigenhändiges Testament i.S.v. § 2247.

482 **Exkurs/Vertiefung:** Formvorschriften für das eigenhändige Testament enthalten die §§ 2231 Nr. 2, 2247; für das öffentliche Testament die §§ 2231 Nr. 1, 2232; für die außerordentlichen Testamente: Bürgermeister-Testament, Drei-Zeugen-Testament und das Seetestament die §§ 2249 ff. und für das Konsulartestament die §§ 10, 11 KonsularG.

---
[1] Zur Vertiefung: *Michalski*, ErbR, Rn. 16 f.

E hat mit Testierwillen handschriftlich ein Testament errichtet, das er auch unterschrieben hat, so dass die Formerfordernisse eines eigenhändigen Testamentes i.S.d. § 2247 gewahrt sind.

2. Weitere Wirksamkeitsvoraussetzungen

Hinsichtlich der Testierfähigkeit des E i.S.v. § 2229 und der Höchstpersönlichkeit der Errichtung i.S.d. §§ 2064 ff. bestehen keine Bedenken. **483**

Für einen Widerruf (§§ 2253 ff.) oder eine Anfechtung (§§ 2078 ff.) liegen ebenfalls keine Anhaltspunkte vor, so dass insgesamt von der Wirksamkeit des Testamentes nach erbrechtlichen Vorschriften ausgegangen werden kann.

3. Sittenwidrigkeit des Testamentes nach § 138

Das Testament könnte jedoch wegen Sittenwidrigkeit gemäß § 138 nichtig sein. Grundsätzlich besteht zwar in Bezug auf die vom Erblasser gewünschte Erbeinsetzung Testierfreiheit als Ausprägung der Privatautonomie i.S.v. Art. 2 I GG[2], jedoch könnte hier insofern eine Unwirksamkeit aufgrund von Sittenwidrigkeit vorliegen, als durch das Testament das gesetzliche Erbrecht von E's Frau F gänzlich ausgeschlossen wurde und E durch die Errichtung seine familiären bzw. ehelichen Pflichten verletzt haben könnte[3]. **484**

Da der Gesetzgeber eine Enterbung in § 1938 vorgesehen und in § 2303 für nächste Angehörige ein Pflichtteilsrecht bestimmt hat, vgl.: §§ 2303 ff., begründet die bloße Benachteiligung selbst nächster Angehöriger generell noch keine Sittenwidrigkeit[4]. Von einem Sittenverstoß ist jedoch insbesondere auszugehen, wenn ein verheirateter Mann eine Geliebte durch das Testament ausschließlich für den mit ihm unterhaltenen Geschlechtsverkehr belohnen oder zur Fortsetzung eines solchen Verkehrs bestimmen will (sog. Hergabe für die Hingabe)[5].

Ausschließlich bedeutet dabei, dass keine sonstigen achtenswerten Motive für die testamentarische Zuwendung vorliegen dürfen. Fraglich ist jedoch, wann davon auszugehen ist, dass dies der Beweggrund für die Testamentserrichtung war. **485**

Nach früherer Rspr. wurde dieser Beweggrund „prima facie" aufgrund des ehebrecherischen Verhaltens vermutet, so dass die Geliebte die Beweispflicht für „achtenswerte" Motive bei der Testamentserrichtung trug (wie z.B. Pflege im Alter)[6].

Die Rspr. hat sich in den 70er-Jahren jedoch dahingehend gewandelt[7], dass nach den allgemeinen Beweislastregeln derjenige, der sich auf die Nichtigkeit des Geliebtentestaments beruft (i.d.R. die Ehefrau des Erblassers) darlegen und beweisen muss, dass die Testamentserrichtung ausschließlich dem Zweck der sexuellen Hingabe diente[8].

---

2 BGHZ 70, 313, 324 f.; *Michalski*, ErbR, Rn. 1.
3 Dazu: *Michalski*, ErbR, Rn. 408 m.w.N.
4 *Michalski*, ErbR, Rn. 407.
5 BGHZ 20, 71; 53, 369, 376 = BGH NJW 1970, 1273.
6 BGH NJW 1964, 764.
7 *Palandt/Heinrichs*, § 138 Rn. 50.
8 BGHZ 53, 369, 379.

Fall 1 *Ein Freund, ein guter Freund ...*

Eine Vermutung, dass die außereheliche sexuelle Beziehung für die Zuwendung an die Geliebte allein maßgeblich gewesen sei, besteht nicht[9].

Die Sittenwidrigkeit eines Testaments kann sich daher nur aus dem Gesamtbild des Einzelfalls ergeben.

a) Gesamtbild des Einzelfalls

486 Bei der Beurteilung des Gesamtbildes des Einzelfalls ist vor allem zu berücksichtigen, wer zugunsten der (oder des) Geliebten zurückgesetzt wurde. Eine Zurücksetzung des Ehegatten oder der Kinder wiegt schwerer als die von sonstigen Verwandten wie z.B. Geschwistern oder Vettern[10]. Darüber hinaus ist auch zu beachten, ob achtenswerte Motive mit der Zurücksetzung verfolgt werden, z.B. ob der Bedachte für den Erblasser Leistungen und Opfer für Pflege und Fürsorge erbracht hat und wie sich die zurückgesetzte Person gegenüber dem Erblasser verhalten hat[11].

Vorliegend hatte E die G zwar zunächst ausschließlich als Alleinerbin eingesetzt, um sie dazu zu bringen, mit ihm Geschlechtsverkehr zu haben (sog. „Hergabe für die Hingabe"), in der Folgezeit wurden er und G jedoch auch Eltern der Tochter T, die G versorgte und E anerkannte. Die Sorge für ein außereheliches Kind des Erblassers ist zweifellos ein achtenswertes Motiv für die Erbeinsetzung. Da dieses Motiv jedoch nicht bereits zum Zeitpunkt der Testamentserrichtung vorlag bzw. sich die Art der Beziehung zwischen G und E gewandelt hat, nachdem der E letztwillig verfügt hatte, ist fraglich, welcher Zeitpunkt für die Beurteilung der Sittenwidrigkeit maßgeblich ist.

b) Maßgeblicher Zeitpunkt für die Beurteilung der Sittenwidrigkeit

Ob bei der Beurteilung der Sittenwidrigkeit auf den Zeitpunkt der Testamentserrichtung oder aber auf den Erbfall abzustellen ist, wird unterschiedlich beurteilt.

aa) Mindermeinung

Nach einer Ansicht ist auf den Zeitpunkt des Erbfalls abzustellen[12].

487 Begründet wird dies damit, dass die Verfügung erst zum Zeitpunkt des Erbfalles ihre Wirkungen entfaltet. § 138 bezwecke nicht, den Erblasser für die verwerfliche Gesinnung zu bestrafen, sondern die von ihm getroffene Regelung auf ihre Unvereinbarkeit mit den guten Sitten zu überprüfen.

bb) Herrschende Meinung

Nach h.M. ist dagegen auf den Zeitpunkt der Errichtung abzustellen[13].

488 Dies sei im Interesse der sittlichen Ordnung und der Rechtssicherheit geboten: Der Grund für die Sittenwidrigkeit sei die in der Errichtung des Testaments zum Ausdruck kommende verwerfliche Gesinnung des Erblassers[14].

---

9 BGH JZ 1983, 606 mit Anm. *Finger*; BayObLG NJW 1987, 910, 912.
10 OLG Ffm NJW-RR 1995, 265.
11 BGH NJW 1983, 674.
12 *Brox*, ErbR, Rn. 263; *Leipold*, ErbR, Rn. 250 m.w.N.
13 BGHZ 20, 71, 75; MüKo/*Burkhart*, § 2247 Rn. 65; *Kipp/Coing*, ErbR, § 16 III.
14 BGHZ 20, 71, 73.

cc) Diskussion und Zwischenergebnis

Nach dem Wortlaut des § 138 ist ein Rechtsgeschäft, das gegen die guten Sitten verstößt, nichtig. Sofern also das Testament als einseitiges Rechtsgeschäft zum Zeitpunkt seiner Errichtung als sittenwidrig zu qualifizieren ist, führt dies automatisch zu seiner Unwirksamkeit. Eine spätere Änderung der Verhältnisse kann das nichtige Testament nicht zu einem wirksamen werden lassen. Dies wäre bereits mit dem Erfordernis der Rechtssicherheit unvereinbar.

489

Mit der h.M. ist daher davon auszugehen, dass der Zeitpunkt der Testamentserrichtung für die Beurteilung der Sittenwidrigkeit maßgebend sein muss. Dafür spricht auch, dass der Erblasser bei Wandlung des Verhältnisses jederzeit ein neues Testament errichten kann.

Den umgekehrten Fall: die Umwandlung eines platonisches Verhältnisses in ein sexuelles, würde man zudem auch nicht für sittenwidrig halten.

Somit ändert die Wandlung des Verhältnisses in ein platonisches nichts an der Sittenwidrigkeit und der dadurch bedingten Unwirksamkeit der Verfügung. Das Testament zugunsten der G ist folglich gemäß § 138 nichtig.

III. Ergebnis

Da kein wirksames Testament vorliegt, die gewillkürte Erbfolge mithin ausscheidet, ist zu prüfen, wer nach der subsidiär eingreifenden gesetzlichen Erbfolge Erbe ist.

B. Gesetzliche Erbfolge gemäß den §§ 1924 ff.

Nach § 1924 I sind gesetzliche Erben der ersten Ordnung die Abkömmlinge des Erblassers. Der Begriff des Abkömmlings ist im Gesetz nicht näher erläutert. In Übereinstimmung mit dem allgemeinen Sprachgebrauch könnten insoweit jedoch all jene Personen gemeint sein, die vom Erblasser abstammen, also die mit dem Erblasser in absteigend gerader Linie verwandt sind, vgl. § 1589 S. 1.

490

I. Erbenstellung der T

Fraglich ist, ob T demgemäß i.S.d. §§ 1922, 1924 gesetzliche Erbin geworden ist.

491

Die Erlangung der gesetzlichen Erbenstellung bedarf keiner Erklärung des Erben oder einer behördlichen bzw. gerichtlichen Entscheidung. Vielmehr hat sich der Gesetzgeber in § 1942 I für das Prinzip des „Von-selbst-Erwerbs" (Anfallsprinzip, vgl. auch die §§ 1942, 1953) entschieden, d.h. mit dem Tod des Erblassers rückt der Erbe sofort („von selbst") in die Rechtsstellung des Erblassers ein und ihm fällt kraft Gesetzes – unabhängig von der Möglichkeit der Ausschlagung – der gesamte Nachlass zu (Universalsukzession), vgl. § 1922[15].

T könnte mithin ohne weiteres Zutun Erbin ihres Vaters geworden sein.

---

15 *Michalski*, ErbR, Rn. 2 und 166.

Fall 1 *Ein Freund, ein guter Freund ...*

492 Fraglich ist aber, wie es sich auswirkt, dass T aus einer außerehelichen Verbindung des E stammt. Voraussetzung für die dem gesetzlichen Erbrecht zugrunde liegende Verwandtschaft eines außerehelichen Kindes mit seinem Vater ist i.S.v. § 1592, dass die Vaterschaft förmlich, also gerichtlich durch rechtskräftiges Urteil (§§ 1592 Nr. 3; 1600 d; § 640 h II ZPO) oder durch wirksame Anerkenntnis (§§ 1592 Nr. 2; 1594 ff.) festgestellt wurde, sei es vor oder (mit Rückwirkung auf den Zeitpunkt der Geburt) nach dem Erbfall[16]. Für die vor dem 1.7.1998 geborenen außerehelichen Kinder richtet sich die Vaterschaft gemäß Art. 224 § 1 EGBGB weiterhin nach früherem Recht (§§ 1600a–o a.F.)[17].

Laut Sachverhalt hat E im Sinne des früheren Rechts die Vaterschaft in Bezug auf seine am 2.7.1983 geborene Tochter T rechtswirksam anerkannt, so dass eine Verwandtschaft i.S.d. gesetzlichen Erbrechts zwischen T und E vorliegt.

Da E nach dem 1.4.1998 gestorben ist, muss Art. 227 EGBGB, der bestimmt, dass die bis zum 1.4.1998 geltende Rechtslage für bestimmte Altfälle weiter einschlägig ist, nicht angewendet werden.

493 **Exkurs/Vertiefung:** Nach bis zum 1.4.1998 geltender Rechtslage und darüber hinaus für die in Art. 227 EGBGB aufgeführten Altfälle war die erbrechtliche Behandlung nichtehelicher Kinder gesondert geregelt. Bis dahin waren nichteheliche Kinder nach Anerkennung der Vaterschaft durch den Vater oder nach gerichtlicher Entscheidung zwar grundsätzlich als Abkömmling anzusehen (§ 1600a a.F.). Eine Ausnahme ergab sich jedoch aus § 1934 a.F.: Beim Tod des Vaters hatte das nichteheliche Kind nur dann die volle Rechtsstellung eines gesetzlichen Erben i.S.v. § 1924, wenn kein ehelicher Abkömmling und kein überlebender Ehegatte des Erblassers als Erbe berufen war. Ansonsten stand ihm nur ein schuldrechtlicher Erbersatzanspruch in Höhe des Wertes des gesetzlichen Erbteils zu. Zweck des § 1934a sollte sein, Miterbengemeinschaften, die zu Streitigkeiten führen können, zu vermeiden. Diese Unterscheidung wurde durch das Erbrechtsgleichstellungsgesetz zum 1.4.1998 aufgegeben.

Somit war T zunächst als gesetzliche Erbin ihres Vaters E anzusehen.

1. Ausschlagung durch T

494 T könnte ihre Erbenstellung durch Ausschlagung wieder beseitigt haben. Gemäß den §§ 1942 I a.E., 1943 ff. hat jeder Erbe (mit Ausnahme des Staates als gesetzlicher Zwangserbe, vgl. § 1942 II) das Recht, die Erbschaft auszuschlagen. Sofern ein Erbe die Erbschaft ausschlägt, verliert er i.S.v. § 1953 I rückwirkend seine Erbenstellung. Die Erbfolge ist dann so zu beurteilen, als ob der Ausschlagende zum Zeitpunkt des Erbfalls bereits verstorben war, vgl. § 1953 II. Fraglich ist daher, ob die Voraussetzungen einer Ausschlagung erfüllt sind[18].

a) Form- und fristgemäße Erklärung der Ausschlagung

495 T müsste die Ausschlagung form- und fristgemäß i.S.d. §§ 1944 ff. erklärt haben. T hat, nach dem Tod ihres Vaters E, vgl. § 1946, am 30.3.2005, also innerhalb der sechs-

---

16 *Palandt/Edenhofer*, § 1924 Rn. 11.
17 *Palandt/Edenhofer*, § 1924 Rn. 11.
18 Zur Ausschlagung: *Michalski*, ErbR, Rn. 177 ff.

wöchigen Frist i.S.v. § 1944 I, durch Erklärung zur Niederschrift beim Nachlassgericht i.S.v. § 1945 I die Erbschaft ausgeschlagen.

b) Ausschluss der Ausschlagung bei vorheriger Annahme i.S.v. § 1943

Fraglich ist jedoch, ob die Ausschlagung der Erbschaft aufgrund von § 1943 ausgeschlossen sein könnte.

496

Gemäß § 1943 kann eine Erbschaft nicht mehr ausgeschlagen werden, wenn sie bereits angenommen wurde. Die Annahme ist eine rechtsgestaltende, einseitige, nicht empfangsbedürftige Willenserklärung und kann, im Gegensatz zur Ausschlagung, auch formlos und sogar konkludent durch sog. „pro herede gestio" erfolgen[19]. Dabei muss Dritten gegenüber objektiv eindeutig zum Ausdruck gebracht werden, dass der Annehmende Erbe sein und die Erbschaft behalten will[20], ein innerer auf die Annahme der Erbschaft gerichteter Wille ist mithin nicht ausreichend.

Eine Annahme liegt nicht in bloßen Fürsorge- oder Sicherungsmaßnahmen bzw. sonstigen Maßnahmen der vorläufigen Nachlassverwaltung, da das Gesetz in § 1959 davon ausgeht, dass der vorläufige Erbe Geschäfte für den Nachlass besorgen kann, ohne angenommen zu haben[21].

> **Exkurs/Vertiefung:** Entscheidend für die Frage, ob eine schlüssige Erklärung einer Annahme vorliegt, ist die Wertung aller Umstände des Einzelfalles, so dass z.B. trotz Erhebung einer Auskunftsklage gegen den Testamentsvollstrecker eine Annahme aufgrund der Gesamtumstände nicht zwingend vorliegen muss[22].

497

Auf den Fall angewandt, ergibt sich aus diesen Grundsätzen Folgendes:
In der Entgegennahme der Hausschlüssel liegt noch keine Annahme, da diese Maßnahme allein der Sicherung des Hauses vor dem Zutritt Unberechtigter diente und somit eine unaufschiebbare Maßnahme i.S.v. § 1959 II war.

498

Eine Annahme ist jedoch in der Veräußerung des Flügels und der Stundung der Forderung zu sehen, weil damit nach außen objektiv eindeutig zum Ausdruck kommt, dass T die Erbschaft behalten will. Somit hat T die Erbschaft angenommen, wodurch eine Ausschlagung nur noch bei Anfechtung der Annahme möglich ist[23].

c) Anfechtung der Annahme

Fraglich ist daher, ob T ihre Annahmeerklärung durch Anfechtung gemäß den §§ 1953 I, 1954–1957 rückwirkend beseitigt hat. Dies setzt voraus, dass zugunsten der T ein Anfechtungsgrund vorlag und sie eine Anfechtungserklärung fristgerecht abgegeben hat.

---

19 *Michalski*, ErbR, Rn. 170 f.; *Leipold*, ErbR, Rn. 610; *Palandt/Edenhofer*, § 1943 Rn. 1 ff.
20 BayObLGE 83, 153; BGH FamRZ 1999, 1172; BayObLG FamRZ 2005, 553, 554.
21 *Palandt/Edenhofer*, § 1943 Rn. 3 m.w.N.
22 BayObLG FamRZ 2005, 553, 554.
23 Vgl. auch *Michalski*, ErbR, Rn. 174.

Fall 1 *Ein Freund, ein guter Freund ...*

aa) Anfechtungsgrund

499 Da die §§ 1954 ff. lediglich einige Sonderregeln enthalten, ohne aber die Anfechtungsgründe zu erweitern, sind insoweit die Regelungen der §§ 119 ff. heranzuziehen[24].

Insofern kommt vorliegend als Anfechtungsgrund ein Inhaltsirrtum nach § 119 I in Betracht. Zwar liegt kein Anfechtungsgrund vor, wenn die Annahme ausdrücklich erklärt wird und der Annehmende dabei nicht gewusst hat, dass er auch ausschlagen kann, da dann der wirkliche Wille mit dem erklärten übereinstimmt. Anders ist es jedoch bei der Annahme durch schlüssiges Verhalten, wenn der Erbe weder weiß noch will, dass er mit seinem auf etwas anderes als die Annahme gerichteten Verhalten, wie etwa der Veräußerung eines Nachlassgegenstandes, das Recht zur Ausschlagung verliert. Hier wird nämlich dem Verhalten des Erben eine zusätzliche Rechtsfolge beigemessen, obwohl es auf andere Rechtsfolgen ausgerichtet war[25]. Sofern eine Erklärung nicht die erstrebten, sondern wesentlich verschiedene Rechtsfolgen erzeugt, liegt ein beachtlicher Irrtum über die Rechtsfolgen vor[26].

Der T war die Möglichkeit einer Ausschlagung völlig unbekannt und zudem wusste sie auch nicht, dass sie aufgrund der Veräußerung des Flügels die Erbschaft angenommen und zugleich das Recht zur Ausschlagung verloren hat. Sie irrte sich somit über die Rechtsfolgen ihres Handelns, so dass ein Inhaltsirrtum in der Form eines Rechtsfolgenirrtums i.S.v. § 119 I vorliegt.

Zugunsten der T besteht somit ein Anfechtungsgrund i.S.v. § 119 I.

bb) Anfechtungserklärung

500 T müsste auch eine Anfechtungserklärung i.S.v. § 1955 i.V.m. § 1945 abgegeben haben. Die Anfechtungserklärung ist eine formfreie, empfangsbedürftige Willenserklärung, die erkennen lassen muss, dass die Partei das Geschäft wegen eines Willensmangels nicht gelten lassen will, wobei das Wort anfechten nicht verwandt werden muss[27].

Die Anfechtungserklärung kann somit in der Ausschlagungserklärung gesehen werden, da hierdurch i.S.d. § 133 der Wille der T erkennbar wurde, ihre Erbenstellung wieder beseitigen zu wollen.

Anfechtungsgegner i.S.v. § 143 I könnte zwar an sich gemäß § 143 III, IV der Nächstberufene sein, dem nun die Erbschaft zufällt; doch ist eine ihm gegenüber erklärte Anfechtung wirkungslos. Die Anfechtung muss vielmehr gemäß § 1955 gegenüber dem Nachlassgericht erfolgen, da ihre Wirkung nicht nur den Adressaten der Annahmeerklärung, sondern alle Beteiligten betrifft[28]. T hat ihre Erklärung zur Niederschrift des Nachlassgerichts i.S.d. §§ 1955, 1945 abgegeben, so dass auch diese Wirksamkeitsvoraussetzung für die Anfechtung gegeben ist.

---

24 *Palandt/Edenhofer*, § 1954 Rn. 1.
25 BayObLGE 83, 153; BayObLG FamRZ 1999, 1172.
26 *Palandt/Edenhofer*, § 1954 Rn. 2; § 119 Rn. 15.
27 BGHZ 88, 240, 245; 91, 324, 331; BGH NJW-RR 1988, 566, 1995, 859.
28 *Palandt/Edenhofer*, § 1955 Rn. 1.

cc) Anfechtungsfrist

Zudem hat T bei Abgabe ihrer Erklärung am 30. 3. 2005 auch die sechswöchige Frist des § 1954 I gewahrt.

d) Ergebnis

T hat somit die Annahmeerklärung wirksam angefochten, so dass die Ausschlagung nicht nach § 1943 ausgeschlossen ist.

Da die Erklärung der Erbschaftsannahmeanfechtung gemäß § 1957 I zugleich auch als Erklärung der Ausschlagung gilt, hat T letztlich ihre Erbschaft auch wirksam ausgeschlagen.

2. Gesamtergebnis zur Erbenstellung der T

Gemäß § 1953 I gilt der Anfall der Erbschaft in Bezug auf T als nicht erfolgt. Damit ist T nicht i.S.d. §§ 1922, 1924 I Erbin des E.

II. Erbenstellung des B

Fraglich ist, ob B Erbe seines Bruders E geworden sein könnte.

B ist in Bezug auf E gesetzlicher Erbe zweiter Ordnung gemäß § 1925 I. Er tritt gemäß § 1925 III an die Stelle seiner Eltern (Eintrittsrecht[29]).

Da kein Verwandter erster Ordnung lebt, der ihm vorgehen könnte, vgl. insoweit § 1930, ist B zur Erbfolge berufen.

C. Ergebnis

B ist somit Alleinerbe.

Teil 2: Ansprüche des B gegen D und T

A. Ansprüche des B gegen D

Fraglich ist zunächst, welche Ansprüche B gegen D in Bezug auf den Flügel geltend machen kann.

I. Herausgabeanspruch des B gegen D aus den §§ 2018, 2030

In Betracht kommen könnte ein Herausgabeanspruch des B gegen D bezüglich des Flügels aus den §§ 2018, 2030.

Gemäß § 2030 kann der Erbe bei Veräußerung der Erbschaft an Dritte gegen diese wie gegen einen Erbschaftsbesitzer vorgehen. Da hier jedoch nicht die Veräußerung der Erbschaft, sondern lediglich der Erwerb eines einzelnen Nachlassgegenstandes in Rede steht, scheidet ein Anspruch aus den §§ 2018, 2030 aus.

---

29 Dazu: *Michalski*, ErbR, Rn. 3.

Fall 1   *Ein Freund, ein guter Freund ...*

Zudem ist T, die die Veräußerung vorgenommen hat, zum Zeitpunkt des Rechtsgeschäfts auch nicht als Erbschaftsbesitzerin i.S.v. § 2018, sondern als vorläufige Erbin (also als Erbin, für die noch die Möglichkeit der Ausschlagung bestand[30]) zu qualifizieren.

B hat somit gegen D keinen Herausgabeanspruch aus den §§ 2018, 2030.

504   **Exkurs/Vertiefung:** Nach der Legaldefinition in § 2018 ist derjenige Erbschaftsbesitzer, der aufgrund eines vermeintlichen, ihm in Wirklichkeit nicht zustehenden Erbrechts etwas aus der Erbschaft erlangt hat (z.B. nach wirksamer Anfechtung eines Testaments, Erbunwürdigkeitserklärung oder Aufhebung eines Testaments durch ein späteres), nicht jedoch der vorläufige Erbe[31].

II. Anspruch des B gegen D auf Herausgabe des Flügels gemäß § 985

B könnte gegen D ein Anspruch auf Herausgabe des Flügels aus § 985 zustehen.

1. Eigentum des B

505   Dies setzt voraus, dass B Eigentümer des Instrumentes ist.

Ursprünglich war E Eigentümer des Flügels. Das Eigentum daran ist mit seinem Tode und infolge der Ausschlagung durch T i.S.d. §§ 1922, 1953 II, 1925 I auf B übergegangen.

Fraglich ist jedoch, ob B sein Eigentum gemäß den §§ 929 ff. durch Rechtsgeschäft zwischen T und D verloren hat. Einigung und Übergabe i.S.d. § 929 S. 1 sind im Rechtsverhältnis T und D erfolgt. Problematisch ist jedoch, ob T zur Eigentumsübertragung berechtigt war.

Vor der Ausschlagung war T gemäß den §§ 1942 I, 1922 I berechtigt; doch ist diese Berechtigung gemäß § 1953 I ex tunc weggefallen, so dass T als Nichtberechtigte verfügt hat. Ein Notgeschäft i.S.v. § 1959 II und eine damit verbundene Berechtigung zur Verfügung ist nicht gegeben, so dass D nur Eigentum erworben haben könnte, wenn die fehlende Berechtigung der T überwunden worden wäre.

a) Gutgläubiger Erwerb der D

D könnte gemäß den §§ 932 ff. gutgläubig Eigentum an dem Flügel erworben haben. Sie hat von T den Besitz erlangt und es liegen keine Anhaltspunkte für ihre Bösgläubigkeit vor.

aa) Anwendbarkeit des § 935 bei Verfügungen des vorläufigen Erben

506   Fraglich ist aber, ob dem nicht § 935 entgegenstehen könnte, der den gutgläubigen Erwerb abhanden gekommener Sachen verhindert.

---

[30] *Leipold*, ErbR, Rn. 623; *Palandt/Edenhofer*, § 2018 Rn. 6.
[31] *Palandt/Edenhofer*, § 2018 Rn. 7.

Gemäß § 857 gilt B i.S.v. § 1942 I i.V.m. § 1953 II von Anfang an als unmittelbarer Besitzer der Nachlassgegenstände und damit auch des Flügels (fiktiver Erbenbesitz).

Diesen Besitz hat B ohne seinen Willen verloren, so dass sich die Frage stellt, ob nicht § 935 bei Verfügungen des vorläufigen Erben zugunsten des endgültigen Erben anwendbar sein müsste.

Dagegen spricht Folgendes: An der tatsächlichen Sachherrschaft des vorläufigen Erben über Nachlassgegenstände kann sich durch die Ausschlagung nichts mehr ändern. Insoweit muss die Besitzentziehung im Verhältnis zum endgültigen Erben als gesetzlich gestattet angesehen werden, so dass weder verbotene Eigenmacht i.S.v. § 858 I vorliegt, noch dem wirklichen Erben die Nachlassgegenstände i.S.v. § 935 abhanden gekommen sind[32].

> **Exkurs/Vertiefung:** Der Besitzübergang i.S.d. § 857, ist nicht als Übergang der Sachherrschaft zu verstehen, sondern als Nachfolge in Bezug auf die an die Sachherrschaft des Erblassers geknüpfte Besitzstellung[33].

Auch die fiktive Rückbeziehung des unmittelbaren Besitzes nach den §§ 857, 1953 I, II ändert nichts daran, dass der vorläufige Erbe zum Zeitpunkt der Veräußerung – also vor der Ausschlagung – tatsächlich berechtigter Besitzer war. Ein gutgläubiger Erwerb vom vorläufigen Erben ist also nach den §§ 892, 893, 932 möglich[34].

bb) Ergebnis

Folglich ist § 935 bei Verfügungen des vorläufigen Erben zugunsten des endgültigen Erben nicht anwendbar[35].

b) Eigentumserwerb der D

Somit hat D gutgläubig Eigentum am Flügel erworben.

2. Ergebnis

B hat damit gegen D keinen Herausgabeanspruch in Bezug auf den Flügel gemäß § 985.

III. Herausgabeanspruch des B gegen D aus § 861

Ein Herausgabeanspruch des B gegen D in Bezug auf den Flügel aus § 861 scheidet insofern aus, als – wie bereits dargestellt – die Besitzentziehung der vorläufigen Erbin T im Verhältnis zum endgültigen Erben B als gesetzlich gestattet anzusehen ist, so dass keine verbotene Eigenmacht i.S.v. § 858 vorliegt.

---

32 MüKo/*Leipold*, § 1953 Rn. 4; *Staudinger/Marotzke*, § 1959 Rn. 14; *Ebenroth/Frank*, JuS 1996, 794, 798; *Palandt/Edenhofer*, § 1953 Rn. 4; *Leipold*, ErbR, Rn. 623 m.w.N.; a.A. *Lange/Kuchinke*, ErbR, § 5 III 4.
33 *Palandt/Bassenge*, § 857 Rn. 1.
34 *Palandt/Edenhofer*, § 1953 Rn. 4.
35 BGH NJW 1969, 1349; MüKo/*Leipold*, § 1953 Rn. 4; *Staudinger/Marotzke*, § 1959 Rn. 14; BGB-RGRK, § 1959 Rn. 10.

Fall 1   *Ein Freund, ein guter Freund ...*

IV. Herausgabeansprüche des B gegen D aus § 1007 I und § 1007 II

510 Ebenso scheiden Ansprüche des B gegen D aus § 1007 I und II aus. Ein Anspruch des B gegen D aus § 1007 I kommt wegen der Gutgläubigkeit der D nicht in Betracht und § 1007 II ist wegen des fehlenden Abhandenkommens ausgeschlossen.

B. Ansprüche des B gegen T

Fraglich ist, welche Ansprüche B gegen T in Bezug auf das durch die Veräußerung des Flügels Erlangte zustehen könnten.

I. Herausgabeanspruch des B gegen T gemäß den §§ 2018, 2019

511 In Betracht kommen könnte insoweit eine Herausgabeanspruch des B gegen T gemäß den §§ 2018, 2019.

Gemäß den §§ 2018, 2019 kann der Erbe vom Erbschaftsbesitzer Herausgabe der unmittelbar aus dem Nachlass erlangten Gegenstände und ihrer Surrogate verlangen. Voraussetzung eines solchen Anspruches ist, dass T als Erbschaftsbesitzerin i.S.v. § 2018 zu qualifizieren wäre. T besaß den Nachlass nicht aufgrund eines ihr vermeintlich zustehenden Erbrechts, sondern als vorläufige Erbin, so dass sie, wie bereits erwähnt, gerade keine Erbschaftsbesitzerin ist und ein Herausgabeanspruch aus den §§ 2018, 2019 ausscheidet.

II. Anspruch des B gegen T auf Herausgabe des Erlangten nach den §§ 1959 I, 681 S. 2, 667

Fraglich ist aber, ob dem B gegen T aufgrund des Veräußerungsgeschäfts bezüglich des Flügels ein Anspruch auf Herausgabe des Erlangten gemäß §§ 1959 I, 681 S. 2, 667 zustehen könnte.

1. Erbschaftliches Rechtsgeschäft

512 Dies setzt voraus, dass der Verkauf und die Veräußerung des Flügels als erbschaftliche Rechtsgeschäfte i.S.v. § 1959 I zu qualifizieren sind. Da es sich beim Verkauf und der Veräußerung des Flügels um Rechtsgeschäfte handelt, die sich auf einen Nachlassgegenstand beziehen, ist dieses Tatbestandsmerkmal erfüllt.

2. Rechtsfolge des § 667 i.V.m. § 681 S. 2

513 Gemäß § 667 i.V.m. § 681 S. 2 hat T dem B das aus der Geschäftsbesorgung Erlangte, mithin die erlangte Kaufpreisforderung aus § 433 II herauszugeben, d.h. vor Auszahlung durch D, die Kaufpreisforderung i.S.d. §§ 398 ff. abzutreten.

3. Ergebnis

B kann von T somit aus den § 1959 I i.V.m. den §§ 681 S. 2, 667, 398 ff. Abtretung der Kaufpreisforderung in Höhe von 15 000,– € verlangen.

Ein Freund, ein guter Freund ... **Fall 1**

III. Herausgabeanspruch des B gegen T gemäß § 816 I 1

Fraglich ist, ob zugunsten des B gegen T in Bezug auf die Kaufpreisforderung auch ein Herausgabeanspruch aus § 816 I 1 in Betracht kommt.

1. Verfügung eines Nichtberechtigten

T müsste als Nichtberechtigte über den Flügel verfügt haben. Dies ist vorliegend der Fall (vgl. oben). **514**

2. Wirksamkeit gegenüber dem Berechtigten

Diese Verfügung der T müsste gegenüber B als Berechtigtem wirksam sein. Auch dieses Tatbestandsmerkmal ist erfüllt, da D gutgläubig Eigentum erworben hat. **515**

3. Ergebnis

Folglich muss T an B gemäß § 816 die i.S.v. § 433 II erlangte Kaufpreisforderung im Wert von 15 000,– € gegen D herausgeben, also, vor Auszahlung durch D, die Forderung gegen sie i.S.d. §§ 398 ff. abtreten.

Repetitorium

I. Unter **gewillkürter Erbfolge (§§ 1937, 1941)** versteht man eine Erbfolge, die auf einer Verfügung von Todes wegen beruht[36]. Folgende Prüfungsfolge ist gedanklich einzuhalten, wobei unproblematische Prüfungspunkte zusammengefasst werden können. **516**
  1. Wirksame Verfügung von Todes wegen:
     a) Testierfähigkeit (§§ 2229 ff.)
     b) Höchstpersönlichkeit (§§ 2064 ff.)
     c) Form (z.B. § 2247)
     d) Keine sonstigen Wirksamkeitshindernisse, insbesondere: § 138 I
     e) Kein Widerruf, keine Anfechtung, kein Rücktritt
  2. Inhaltsbestimmung durch Auslegung:
     a) Zunächst gemäß § 133 (bei gemeinschaftlichem Testament/Erbvertrag i.V.m. § 157)
     b) Subsidiär nach den erbrechtlichen Auslegungsregeln (z.B. §§ 2066 ff.)

II. Gegenüber der gewillkürten Erbfolge ist subsidiär die **gesetzliche Erbfolge** (§§ 1924 ff.) zu prüfen. Gesetzliche Erben sind: **517**
  1. die **Verwandten nach Ordnungen** (§§ 1924–1930), der **Ehegatte** i.S.v. § 1931 bzw. der **Lebenspartner** i.S.v. § 10 LPartG des Erblassers
  2. subsidiär der **Staat** (§ 1936).

III. **Rechtsstellung des vorläufigen Erben vor und nach Erbschaftsausschlagung** **518**
  Während der vorläufige Erbe für Geschäfte vor Ausschlagung der Erbschaft nach

---

36 *Michalski*, ErbR, Rn. 16.

Fall 1 *Ein Freund, ein guter Freund ...*

allgemeiner Ansicht lediglich gemäß den § 1959 i.V.m. den §§ 681 S. 2, 666, 667 haftet und die Ansprüche aus den §§ 2018 ff. ausgeschlossen sind, wird seine Haftung für den Zeitraum nach Ausschlagung der Erbschaft unterschiedlich beurteilt:
- Nach einer Ansicht soll der vorläufige Erbe als Erbschaftsbesitzer gemäß den §§ 2018 ff. haften[37].
  Argument: Wortlaut des § 1959.
- Nach einer anderen Ansicht haftet der vorläufige Erbe auch für Geschäfte nach Ausschlagung der Erbschaft lediglich nach § 1959[38].
  Argument: Das Haftungsprivileg der §§ 2018 ff. soll dem vorläufigen Erben nicht zugute kommen.

IV. Kontrollfragen
1. Was bedeutet Universalsukzession?
2. Was besagt das sog. „Anfallsprinzip"?
3. Was versteht man unter dem Terminus: „pro herede gestio"?
4. Wann liegt ein sittenwidriges „Geliebtentestament" vor?
5. Was ist der Unterschied zwischen einem vorläufigen Erben und einem Erbschaftsbesitzer?
6. Ist § 935 bei Verfügungen des vorläufigen Erben zugunsten des endgültigen Erben anwendbar? Begründen Sie bitte Ihre Antwort!

---

37 MüKo/*Helms*, § 2018 Rn. 21; *Soergel/Dieckmann*, § 2018 Rn. 6.
38 *Palandt/Edenhofer*, § 2018 Rn. 6; *Brox*, ErbR, Rn. 551.

Fall 2

Nachlass-Schreck oder Schreck lass nach

Ernst Eigenfels (E), der sich und seine Familie Zeit seines Lebens mit Luxusgütern **520** verwöhnt hat, stirbt im November 2004, ohne ein Testament hinterlassen zu haben. Seine Frau Franziska (F), die gemeinsamen Kinder Sandra (S), Dennis (D), und Michael (M) sowie Michaels Frau Antonia (A) und deren Kinder Jürgen (J) und Uta (U) sind bereits im Sommer des Jahres 2004 auf der Fahrt zu einem Familienwochenende bei einem schweren Zugunglück ums Leben gekommen. Eigenfels Lieblingstochter Theresa (T) hatte als Einziges seiner Kinder überlebt. Mit ihr hatte E kurz vor seinem Tod den Kontakt abgebrochen, als sie einen Partner geheiratet hatte, mit dem er nicht einverstanden war. T ist mit dem brasilianischen Zirkusartisten Pedro (P) verheiratet, mit dem sie einen Sohn Xaver (X) hat. Des Weiteren sind zum Todeszeitpunkt des E noch am Leben:
– Die Witwe Wiebke (W) des Dennis und deren gemeinsame Kinder Linda (L) und Hanna (H).
– Die Frau des Jürgen, Ruth (R), die im Zeitpunkt des Todes des E von J schwanger war und eine Woche danach den kleinen Georg (G) zur Welt brachte.
– Die eingetragene Lebenspartnerin der Sandra, Isabelle (I).
– Der Sohn seiner Schwester Yvonne (Y), Norbert (N), der mit Babette (B) verheiratet ist,
– sowie der von dem Bruder seiner Mutter abstammende Cousin Chris (C).

Bereits beim ersten gemeinsamen Zusammensein nach der Beerdigung kommt es zwischen den Angehörigen zum Streit über den Nachlass des E, angefacht von N, der in Kiel als Rechtsanwalt arbeitet.

T möchte einen Erbschein beantragen und sucht ihre Anwältin auf, um sich über die Vorgehensweise zu erkundigen.

Bereiten Sie die Antwort der Anwältin in einem Gutachten vor.

Welche Möglichkeit hätte T, wenn das Nachlassgericht ihren Antrag auf Erbscheinserteilung ablehnt.

Wie wäre es, wenn E in einem Testament seine Tochter T zur Alleinerbin eingesetzt hätte, T die Erbschaft auch gleich nach dem Tod des E annimmt, sie dann aber im März 2005 erschrickt, als sie den Nachlass ordnet und entdeckt, dass E gar nicht mehr wohlhabend gewesen ist, sondern so viele unbezahlte Rechnungen hinterlassen hat, dass der offene Betrag den Wert des Nachlasses bei Weitem übersteigt.

Wäre eine Anfechtung der T wirksam? Was ist insoweit zu beachten?

Als B, die Frau des inzwischen verstorbenen N, stirbt, hinterlässt sie keine Kinder. Ihre Mutter Marta (M) ist vorverstorben, ihr Vater Viktor (V) lebt noch. Der Bruder der B, Konrad, ist ebenfalls vorverstorben, hinterließ aber zwei Söhne, Otto (O) und Paul (P). Außerdem existiert noch der Sohn Zacharias (Z) der M aus einer außerehelichen Verbindung und sein Sohn Christian (C), der noch als Minderjähriger von den Nachbarn

Fall 2 *Nachlass-Schreck oder Schreck lass nach*

des Z, dem Ehepaar Friedrich, adoptiert worden war und in die klösterliche Ordensgemeinschaft der Franziskaner eintritt. Wie ist die Erbfolge?

Als Christian schließlich kinderlos verstirbt, hatte er, sehr zum Leidwesen seiner Franziskaner Brüder, kein Testament verfasst. Er hinterlässt als einzige Verwandte seine Großmutter mütterlicherseits Gabriele (G), zwei Cousins mütterlicherseits Darius (D) und Emil (E), sowie den Großvater väterlicherseits Vincent (V).

Wie ist die Erbfolge und was wäre, wenn V bereits vorverstorben ist?

Vorüberlegungen

I. Bei mehreren Erbfällen ist darauf zu achten, dass jeweils eine **getrennte und chronologische Prüfung** erfolgt. 521

II. Ein beliebter Klausureinstieg zielt auf die Vorgehensweise des Nachlassgerichtes ab. Es bietet sich an, auswendig einen entsprechenden Einleitungssatz mit den maßgeblichen Normen (§§ 2353, 2354, 2358, 2359, §§ 12, 72 FGG) parat zu haben.

III. Skizze

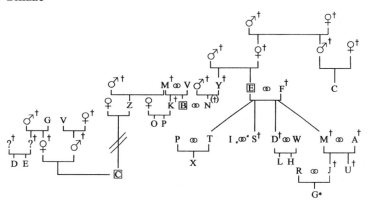

Gliederung

1. Teil: Todesfall des E 522

A. Vorgehensweise des Nachlassgerichtes beim Antrag auf Erbscheinserteilung
- I. Gesetzliche Erbfolge
  1. Erbfähigkeit i.S.d. § 1923
  2. Verwandtenerbrecht
  3. Die Erbfolge nach Ordnungen (Parentelsystem)
  4. Erbfolge nach Stämmen
     a) Repräsentationsprinzip
     b) Eintrittsrecht
     c) Subsumtion
- II. Ergebnis

B. Möglichkeit der T bei Ablehnung ihres Antrages
- I. Zulässigkeit der Beschwerde
  1. Zuständiges Gericht
  2. Statthaftigkeit
  3. Form/Frist
  4. Beschwer/Beschwerdebefugnis
- II. Ergebnis

Fall 2 *Nachlass-Schreck oder Schreck lass nach*

C. Abwandlung: Wirksamkeit einer Anfechtung
    I. Anwendbarkeit der Anfechtungsregeln i.S.d. §§ 119 ff.
    II. Anfechtungsgrund
        1. Überschuldung als Irrtum i.S.d. § 119 II
        2. Subsumtion und Ergebnis
    III. Anfechtungserklärung
    IV. Anfechtungsfrist
    V. Ergebnis

2. Teil: Todesfall der B

A. Gesetzliche Erbfolge
    I. Die Erbfolge nach Ordnungen (Parentelsystem)
    II. Erbfolge nach Linien und Stämmen

B. Ergebnis

3. Teil: Todesfall des C

A. Gesetzliche Erbfolge im Ausgangsfall
    I. Erbfolge nach Ordnungen (Parentelsystem)
    II. Erbfolge nach Linien und Stämmen
    III. Ergebnis

B. Gesetzliche Erbfolge im Abwandlungsfall

Lösung

1. Teil: Todesfall des E

A. Vorgehensweise des Nachlassgerichtes beim Antrag auf Erbscheinserteilung

Nach § 2353 hat das Nachlassgericht, als Abteilung des Amtsgerichtes i.S.v. § 72 FGG, dem Erben auf seinen Antrag hin ein Zeugnis über sein Erbrecht bzw. die Größe seines Erbteils (Erbschein) zu erteilen. Das Nachlassgericht erteilt den Erbschein nach § 2359 jedoch nur, wenn es die zu Begründung des Antrages erforderlichen Tatsachen, vgl. § 2354 für festgestellt erachtet, wobei es insoweit i.S.v. § 2358 i.V.m. § 12 FGG von Amts wegen zu ermitteln hat. Der von T begehrte Erbschein wird ihr mithin erteilt werden, wenn sie tatsächlich Erbin bzw. Miterbin geworden ist.

I. Gesetzliche Erbfolge

Fraglich ist, woraus sich die Erbenstellung der T herleiten lassen könnte. Grundsätzlich ist eine gesetzliche Erbfolge oder gewillkürte Erbfolge möglich, wobei die gesetzliche gegenüber der gewillkürten subsidiär ist. Da E kein Testament errichtet und auch keine andere letztwillige Verfügung abgegeben hat, kommt hier nur eine gesetzliche Erbenstellung der T in Betracht.

1. Erbfähigkeit i.S.d. § 1923

Um zu klären, ob und zu welchem Anteil T Erbin geworden ist, ist zu fragen, welche weiteren Personen den E beerbt haben können.

Gemäß § 1923 kann nur Erbe werden, wer auch erbfähig ist, also wer zurzeit des Erbfalls lebt, vgl. § 1923 I bzw., wer i.S.d. § 1923 II zurzeit des Erbfalles noch nicht lebte, aber bereits gezeugt war (sog. nasciturus[1]).

In diesem Sinne fallen als mögliche Erben des E alle vorverstorbenen Personen aus, insbesondere kommen F, S, D und M nicht mehr als Erben des E in Betracht, dagegen kann G bereits zum Kreis der erbberechtigten Personen gehören, da er eine Woche nach dem Erbfall geboren ist und damit zum Zeitpunkt des Todes des E bereits gezeugt war. Die Tatsache, dass der Vater des G, J, zum Zeitpunkt der Geburt seines Sohnes ebenfalls bereits verstorben war und die Ehe zwischen J und R dadurch bereits durch Tod aufgelöst war, steht dem nicht entgegen, da die Ehe in einem solchen Fall nicht ihre abstammungsrechtliche Bedeutung verliert[2].

> **Exkurs/Vertiefung:** Dem noch nicht Gezeugten (nondum conceptus) können lediglich durch letztwillige Zuwendungen (Vertrag zugunsten Dritter auf den Todesfall, § 331 II, Einsetzung als Nacherbe, §§ 2101, 2106 II, 2109 I oder durch Vermächtnis i.S.d. §§ 2162, 2178) Rechte zugewendet werden[3].

---

1 *Michalski*, ErbR, Rn. 14.
2 Dazu: *Palandt/Diederichsen*, § 1592 Rn. 3.
3 *Palandt/Heinrichs*, § 1 Rn. 9

Fall 2   *Nachlass-Schreck oder Schreck lass nach*

2. Verwandtenerbrecht

526   Wie sich aus den §§ 1924 ff. ergibt, können mit Ausnahme der Ehefrau (§ 1931) und dem subsidiären Zwangserben, dem Staat (§ 1936), lediglich Verwandte, nicht aber verschwägerte Personen gesetzliche Erben sein. Die Legaldefinition des Begriffes „Verwandtschaft" findet sich in § 1589. Danach sind Personen, die voneinander oder von derselben dritten Person abstammen, miteinander verwandt. Verschwägerte Personen i.S.d. § 1590, § 11 LPartG, also die Ehe- bzw. eingetragenen Lebenspartner der Angehörigen des Erblassers, scheiden somit aus dem Kreis der erbberechtigten Personen aus.

Eine Erbenstellung in Bezug auf E von: P, I, W und A, die ohnehin auch vorverstorben war, ist damit ausgeschlossen.

3. Die Erbfolge nach Ordnungen (Parentelsystem)

527   Innerhalb der nunmehr verbliebenen Verwandten, richtet sich das Erbrecht nach dem Parentelsystem. Das heißt, dass die Verwandten nach ihrer Abstammung von bestimmten Vorfahren (parentes) in Ordnungen eingeteilt werden[4]. Erben der 1. Ordnung sind die Abkömmlinge des Erblassers i.S.d. § 1924; Erben der 2. Ordnung die Eltern des Erblassers und deren Abkömmlinge, § 1925; Erben der 3. Ordnung, die Großeltern des Erblassers und deren Abkömmlinge, § 1926 und Erben der 4. Ordnung die Urgroßeltern und deren Abkömmlinge, § 1928 I. Wer als weiter entfernter Verwandter noch als Erbe in Betracht kommt, bestimmt § 1929. Gem. § 1930 sind die Verwandten einer nachrangigen Ordnung immer dann von der Erbschaft ausgeschlossen, wenn noch ein Verwandter einer vorrangigen Ordnung lebt. Da hier Abkömmlinge des E, mithin gesetzliche Erben der 1. Ordnung i.S.d. § 1924 I, vorhanden sind, scheiden C und N als Erben des E aus.

4. Erbfolge nach Stämmen

528   In der 1. Ordnung hat sich der Gesetzgeber für eine Erbfolge nach Stämmen entschieden, was bedeutet, dass jedes Kind einen Stamm bildet und alle Kinder bzw. Stämme zu gleichen Teilen erben, vgl. auch § 1924 IV[5].

a) Repräsentationsprinzip

529   Innerhalb der Stämme gilt gemäß § 1924 II das sog. Repräsentationsprinzip. Zum Zeitpunkt des Erbfalles lebende Eltern schließen danach ihre Kinder von der Erbfolge aus.

b) Eintrittsrecht

530   Im Sinne des in § 1924 III normierten Eintrittsrechtes treten an die Stelle eines zurzeit des Erbfalles nicht mehr lebenden Abkömmlings des Erblassers dessen Kinder.

---

4 Dazu: *Michalski*, ErbR, Rn. 24.
5 Zur Rechtslage bezüglich des gesetzlichen Erbrechts nichtehelicher Kinder vor dem Inkrafttreten des Gesetzes zur erbrechtlichen Gleichstellung nichtehelicher Kinder vom 16. 12. 1997 bzw. zu entsprechenden Übergangsphasen, vgl. Art. 227 EGBGB; *Michalski*, ErbR, Rn. 24, 76 und *Palandt/Edenhofer*, § 1924 Rn. 8 ff.

c) Subsumtion

Da S verstorben ist, ohne Abkömmlinge hinterlassen zu haben, existieren insgesamt nur noch drei Stämme, so dass sich das Vermögen des E zu je 1/3 auf die Stämme der T, des D und des M verteilt.

Nach dem Repräsentationsprinzip i.S.d. § 1924 II repräsentiert T ihren Stamm und schließt ihren Sohn X von der Erbfolge aus. T erbt somit 1/3.

L und H treten i.S.d. Eintrittsrechts gemäß § 1924 III an die Stelle des im Zeitpunkt des Erbfalles nicht mehr lebenden D und erben i.S.v. § 1924 IV zu gleichen Teilen, so dass sie je 1/6 der Erbschaft erhalten.

G tritt an die Stelle seines verstorbenen Vaters J, der seinerseits an die Stelle des verstorbenen Stammvaters M getreten wäre und erbt zu 1/3.

II. Ergebnis

Das Nachlassgericht wird der T auf ihren Antrag hin, den sie trotz ihres Status als Miterbin auch allein stellen kann, i.S.v. § 2357 einen gemeinschaftlichen Erbschein erteilen, der die T als Miterbin zu 1/3, L und H als Miterben zu je 1/6 und G als Miterben zu 1/3 ausweist.

B. Möglichkeit der T bei Ablehnung ihres Antrages

Fraglich ist, welche Möglichkeit T haben könnte, wenn das Nachlassgericht ihr den Erbschein nicht erteilt. In Betracht kommen könnte das Rechtsmittel der Beschwerde.

I. Zulässigkeit der Beschwerde

Die Beschwerde müsste zunächst zulässig sein.

1. Zuständiges Gericht

Für die Entscheidung über die Beschwerde ist i.S.v. § 19 II FGG das Landgericht als Beschwerdegericht zuständig. T kann sich bei Einlegung der Beschwerde i.S.v. § 21 I FGG entweder an das örtlich zuständige Landgericht oder aber an das Nachlassgericht als Abteilung des Amtsgerichtes i.S.v. § 72 FGG wenden, das ihren Antrag auf Erbscheinserteilung abgelehnt hat.

2. Statthaftigkeit

Das Rechtsmittel der Beschwerde müsste auch statthaft sein. Gegen Verfügungen des Gerichts erster Instanz findet gemäß § 19 I FGG das Rechtsmittel der Beschwerde statt. T wendet sich gegen die Ablehnung ihres Antrags auf Erbscheinserteilung. Die Ablehnung eines derartigen Antrages ist eine vom Gericht erlassene Entscheidung mit Außenwirkung, mithin eine Verfügung, so dass i.S.v. § 19 I FGG das Rechtsmittel der Beschwerde statthaft ist. Fraglich ist, ob hier insofern etwas anderes gelten muss, als die Entscheidung vorliegend nicht von einem Richter, sondern von einem Rechtspfleger getroffen wurde. Da hier keine Verfügung von Todes wegen in Rede steht, sondern

Fall 2 *Nachlass-Schreck oder Schreck lass nach*

sich die Erbenstellung der T aus der gesetzlichen Erbfolge ergibt, hat vorliegend nämlich i.S.v. § 3 Nr. 2c, 16 I Nr. 6 RPflG ein Rechtspfleger die Entscheidung über die Erteilung des Erbscheins getroffen. Gemäß § 11 I RPflG ist seit dem 1. 1. 1999 grundsätzlich das Rechtsmittel gegeben, das nach den allgemeinen verfahrensrechtlichen Vorschriften zulässig ist, so dass unabhängig davon, wer die angegriffene Entscheidung getroffen hat, das Rechtsmittel der Beschwerde nach § 19 FGG statthaft ist.

3. Form/Frist

534   Die an keine Frist gebundene Beschwerde muss i.S.v. § 21 II entweder schriftlich oder durch Erklärung zu Protokoll der Geschäftsstelle des Nachlass- oder des Beschwerde-(Land-) gerichts eingelegt werden.

4. Beschwer/Beschwerdebefugnis

535   Des Weiteren müsste T beschwerdebefugt sein. I.S.v. § 20 FGG steht es jedem zu, Beschwerde einzulegen, dessen Recht durch die angegriffene Verfügung beeinträchtigt ist. Wenn der Antrag der T auf Erbscheinserteilung abgelehnt wird, ist sie durch diese Verfügung beeinträchtigt, so dass sie beschwerdebefugt ist.

II. Ergebnis

Die zulässige Beschwerde ist auch begründet, da – wie oben gesehen – das Nachlassgericht, als Abteilung des Amtsgerichtes i.S.v. § 72 FGG, nach § 2353 verpflichtet ist, dem Erben auf seinen Antrag einen Erbschein zu erteilen und T Miterbin zu ⅓ geworden ist. Das Beschwerdegericht wird daher das Nachlassgericht anweisen, der T den entsprechenden Erbschein zu erteilen.

C. Abwandlung: Wirksamkeit einer Anfechtung

Fraglich ist, ob T im Abwandlungsfall ihre Erbschaftsannahme wirksam anfechten könnte.

Dies setzt zunächst voraus, dass die Anfechtungsregelungen der §§ 119 ff. vorliegend anwendbar sind.

I. Anwendbarkeit der Anfechtungsregeln i.S.d. §§ 119 ff.

536   Die §§ 119 ff. gelten für alle Arten von Willenserklärungen, unabhängig davon, ob sie empfangsbedürftig oder nicht empfangsbedürftig sind, ausdrücklich erklärt werden oder konkludent erfolgen[6].

Die Annahme i.S.d. § 1943 ist eine einseitige, nicht empfangsbedürftige, gestaltende Willenserklärung, die ausdrücklich oder konkludent erfolgen kann oder vom Gesetz fingiert wird[7]. Vorliegend hat T die Annahme unmittelbar nach dem Erbfall erklärt, so

---

6 RGZ 134, 195, 197; BGHZ 11, 1, 5.
7 *Palandt/Edenhofer*, § 1943 Rn. 1.

dass auf diese Willenserklärung grundsätzlich auch die Anfechtungsregeln anwendbar sein können.

II. Anfechtungsgrund

Des Weiteren müsste zugunsten der T ein Anfechtungsgrund bestehen. **537**

Als Anfechtungsgrund könnte hier ein Irrtum der T über eine verkehrswesentliche Eigenschaft i.S.v. § 119 II in Betracht kommen.

Eigenschaften sind alle gegenwärtigen tatsächlichen und rechtlichen Merkmale, die einer Person oder einer Sache unmittelbar und auf Dauer anhaften und nach der Verkehrsanschauung für die Wertschätzung von Bedeutung sind[8]. Für die Beurteilung, ob eine Eigenschaft auch verkehrswesentlich ist, muss nach Sinn und Zweck des § 119 II von dem konkreten Rechtsgeschäft ausgegangen werden, wobei bei Fehlen entsprechender Anhaltspunkte die Verkehrsanschauung als Beurteilungsgrundlage heranzuziehen ist[9].

Zwar lässt sich der Nachlass als solches als Sache qualifizieren[10], für die Frage, ob nun aber auch seine Überschuldung im Sinne der oben aufgeführten Definition als Irrtum über eine verkehrswesentliche Eigenschaft anzusehen ist, muss man differenzieren.

1. Überschuldung als Irrtum i.S.d. § 119 II

Kein die Anfechtung nach § 119 II begründender Irrtum kann vorliegen, wenn die dem **538**
Erben von Anfang an bekannten Vermögensstücke und Verbindlichkeiten durch ihn nachträglich nur anders bewertet werden[11]. Wenn der Erbe sich dagegen über die Zugehörigkeit bestimmter Aktiva zum Nachlass irrt oder ihm das Vorhandensein von Nachlassverbindlichkeiten nicht bekannt ist, liegt nicht lediglich ein Irrtum über den Wert des Nachlasses, sondern über die Zusammensetzung des Nachlasses vor[12]. In diesen Fällen kann die Überschuldung des Nachlasses den Erben auch zur Anfechtung gemäß § 119 II berechtigen[13].

2. Subsumtion und Ergebnis

Hier hat sich T bereits über das Vorhandensein von Nachlassverbindlichkeiten geirrt. **539**
Sie war davon ausgegangen, dass ihr Vater sehr wohlhabend sei und wusste nichts von etwaigen Nachlassverbindlichkeiten, so dass sie hier nicht lediglich die ihr bekannten Verbindlichkeiten nachträglich anders bewertet hat. Vielmehr irrte T über die Zusammensetzung des Nachlasses und damit über ein ihm unmittelbar anhaftendes Merkmal, das nach der Verkehrsanschauung für seine Wertschätzung von Bedeutung ist. Bei Abgabe der Annahmeerklärung bestand somit auf Seiten der T eine objektiv erhebliche

---

8 RGZ 149, 235, 238; BGHZ 16, 54, 57; 70, 47.
9 *Palandt/Heinrichs*, § 119 Rn. 24, 25 m.w.N.
10 *Leipold*, Rn. 621.
11 *Palandt/Edenhofer*, § 1954 Rn. 4 m.w.N.
12 *Leipold*, ErbR, Rn. 621 m.w.N.
13 RGZ 158, 50; BayObLG FamRZ 1983, 834; 97, 1174; 99, 1172; BGHZ 106, 359; *Staudinger/Otte*, § 1954 Rn. 7 f.; *Leipold*, ErbR, Rn. 621 m.w.N.

Fall 2 *Nachlass-Schreck oder Schreck lass nach*

und kausale Fehlvorstellung über eine verkehrswesentliche Eigenschaft, so dass sie über § 119 II zur Anfechtung berechtigt sein muss.

Da T die Annahme der Erbschaft bei Kenntnis der Sachlage und bei verständiger Würdigung nicht erklärt hätte, vgl. § 119 I, ist die objektive und subjektive Erheblichkeit ihres Irrtums gegeben.

III. Anfechtungserklärung

540 T müsste ihre Anfechtungserklärung i.S.d. § 1955 gegenüber dem Nachlassgericht abgeben, wobei die Erklärung zur Niederschrift des Nachlassgerichtes oder in öffentlich beglaubigter Form zu erfolgen hat, vgl.: §§ 1955, 1945 I.

IV. Anfechtungsfrist

541 Zudem müsste T die sechswöchige Anfechtungsfrist des § 1954 I, II, ab Kenntnis des Anfechtungsgrundes wahren.

V. Ergebnis

T kann, sofern sie die Erfordernisse der §§ 1954, 1955, 1945 beachtet, ihre Annahmeerklärung wirksam anfechten.

2. Teil: Todesfall der B

A. Gesetzliche Erbfolge

Ein Testament hat B nicht verfasst, so dass B nur von gesetzlichen Erben beerbt werden kann. Fraglich ist daher, wer nach der gesetzlichen Erbfolge als Erbe der B in Betracht kommt.

I. Die Erbfolge nach Ordnungen (Parentelsystem)

542 Im Sinne des Parentelsystems werden die zum Todeszeitpunkt der B noch lebenden, erbfähigen (vgl. § 1923) Verwandten nach ihrer Abstammung von bestimmten Vorfahren in Ordnungen eingeteilt. Erben der 1. Ordnung, also Abkömmlinge der B, sind vorliegend nicht vorhanden, so dass als gesetzliche Erben nur solche der 2. Ordnung in Betracht kommen.

II. Erbfolge nach Linien und Stämmen

543 Im Rahmen der 2. und 3. Ordnung erfolgt die Erbfolge nach Linien und Stämmen, d.h., dass die Erbfolge in der Linie zu den Vorfahren nach oben geht und ggf. in den von diesen Vorfahren ausgehenden Stämmen wieder absteigt[14].

---

14 *Leipold*, ErbR, Rn. 132; *Michalski*, ErbR, Rn. 25.

Gesetzliche Erben der 2. Ordnung sind gemäß § 1925 I die Eltern des Erblassers sowie deren Abkömmlinge, also die Geschwister des Erblassers und deren Abkömmlinge.

Sind beide Elternteile beim Todesfall noch vorhanden, erben sie allein und gemäß § 1925 II zu gleichen Teilen. Sofern ein Elternteil vorverstorben ist, geht die auf ihn fallende Hälfte gemäß § 1925 III 1 auf seine Abkömmlinge über.

Vorliegend lebt V noch, so dass er Erbe zu ½ wird.

Der hälftige Anteil der M teilt sich zu gleichen Teilen i.S.d. §§ 1925 III, 1924 IV auf ihre Abkömmlinge auf, also auf ihre Kinder K und Z bzw. deren Stämme, so dass diese je ¼ erhalten. Die Tatsache, dass Z aus einer außerehelichen Verbindung stammt, ist insoweit nicht entscheidend, als das nichteheliche Kind in Bezug auf seine Mutter schon immer erbberechtigt war[15].

Unabhängig davon, ob der Sohn des Z, C, zum Zeitpunkt des Todes der B bereits durch das Ehepaar Friedrich als Kind angenommen wurde, was zur Folge hätte, dass eine Erbenstellung im Verhältnis zur Ursprungsfamilie ausgeschlossen ist[16], käme er hier schon deshalb nicht als Erbe der B in Betracht, da Z seinen Stamm repräsentiert (Repräsentationsprinzip) und C von der Erbfolge ausschließt, vgl. § 1925 III i.V.m. § 1924 II.

544

Da K vorverstorben ist, geht gemäß den §§ 1925 III, 1924 III sein Erbteil in Höhe von ¼ zu je ⅛ auf seine Abkömmlinge O und P über.

B. Ergebnis

V ist Erbe der B zu ½, Z zu ¼ und O und P je zu ⅛.

3. Teil: Todesfall des C

A. Gesetzliche Erbfolge im Ausgangsfall

C ist verstorben, ohne ein Testament hinterlassen zu haben, so dass auch hier nur die gesetzliche Erbfolge in Betracht kommt. Da C bereits als Minderjähriger i.S.d. §§ 1741 ff. von dem Ehepaar Friedrich als Kind angenommen worden war, hat er in Bezug auf Friedrichs die rechtliche Stellung eines ehelichen Kindes erlangt. I.S.v. § 1755 begründete diese Annahme eine vollumfängliche verwandtschaftliche Beziehung mit den Annehmenden und deren Verwandten, während zugleich das Verwandtschaftsverhältnis zur Ursprungsfamilie erlischt. In erbrechtlicher Hinsicht bedeutet dies, dass das angenommene Kind, hier C, zu den gesetzlichen Erben des Annehmenden und seiner Verwandten gehört und diese umgekehrt auch gesetzliche Erben des angenommenen Kindes werden, eine gesetzliche Erbenstellung im Verhältnis zur Ursprungsfamilie wechselseitig jedoch ausgeschlossen ist[17].

545

---

15 *Palandt/Edenhofer*, § 1924 Rn. 8.
16 Dazu: *Michalski*, ErbR, Rn. 22.
17 Dazu: *Michalski*, ErbR, Rn. 22.

Fall 2 *Nachlass-Schreck oder Schreck lass nach*

I. Die Erbfolge nach Ordnungen (Parentelsystem)

546 Gesetzliche Erben 1. und 2. Ordnung des C sind nicht vorhanden, so dass als gesetzliche Erben nur solche der 3. Ordnung in Betracht kommen.

II. Erbfolge nach Linien und Stämmen

547 Auch im Rahmen der 3. Ordnung erfolgt die Erbfolge nach Linien und Stämmen[18].

Nach § 1926 I sind gesetzliche Erben der 3. Ordnung die Großeltern des Erblassers und deren Abkömmlinge.

Sofern alle vier Großeltern des Erblassers noch leben, erben sie gemäß § 1926 II allein und zu gleichen Teilen, d.h. zu je ¼. Im Ausgangsfall leben noch die Großmutter mütterlicherseits G und der Großvater väterlicherseits V des C, so dass beiden bereits je ¼ des Nachlasses zuzusprechen ist.

I.S.d. § 1926 III 1 treten an die Stelle der vorverstorbenen Großeltern deren Abkömmlinge, so dass an die Stelle des vorverstorbenen Großvaters mütterlicherseits die beiden Cousins des C, D und E treten, die damit jeweils Erben zu ⅛ werden.

Abkömmlinge der vorverstorbenen Großmutter väterlicherseits sind nicht vorhanden. Soweit ein vorverstorbener Großelternteil keine Abkömmlinge hinterlässt, fällt gemäß § 1926 III 2 sein Anteil dem anderen Großelternteil desselben Großelternpaares bzw. dessen Abkömmlingen zu.

Im Ausgangsfall erhält V folglich den Erbteil seiner vorverstorbenen Frau.

III. Ergebnis

Im Ergebnis erbt V daher ½, G ¼, D und E jeweils ⅛.

B. Gesetzliche Erbfolge im Abwandlungsfall

548 Im Abwandlungsfall ist zu beurteilen, wie die gesetzliche Erbfolge geregelt ist, wenn von einer Linie weder Großeltern noch deren Abkömmlinge vorhanden sind.

Insoweit greift § 1926 IV ein. Im Sinne dieser Norm fällt der Erbteil eines verstorbenen Großelternpaares, das keine Abkömmlinge hinterlassen hat, der anderen Linie zu.

Da im Abwandlungsfall in der väterlichen Linie kein Großelternteil und auch keine Abkömmlinge vorhanden sind, fällt dieser Erbteil der mütterlichen Linie zu.

Folglich werden die Cousins des C, D und E Erben zu je ¼ und G Erbin zu ½.

---

18 *Michalski*, ErbR, Rn. 25.

Repetitorium

I. Die Verwandten des Erblassers als gesetzliche Erben i.S.d. §§ 1924–1930 sind nach **Ordnungen** eingeteilt: **549**

1. Ordnung: Abkömmlinge des Erblassers, § 1924
2. Ordnung: Eltern des Erblassers und deren Abkömmlinge, § 1925
3. Ordnung: Großeltern des Erblassers und deren Abkömmlinge, § 1926 etc.

- Eine vorherige Ordnung schließt gemäß § 1930 die nachfolgenden aus.
- Innerhalb der 1. Ordnung gilt die Erbfolge nach Stämmen (vgl. dazu auch § 1924 III), d.h. jedes Kind des Erblassers bildet einen eigenen Stamm[19]. Es existieren also so viele Stämme wie Kinder des Erblassers.
- In der 2. und 3. Ordnung erfolgt die Erbfolge nach Linien und Stämmen, d.h., dass die Erbfolge in der Linie zu den Vorfahren nach oben geht und ggf. in den von diesen Vorfahren ausgehenden Stämmen wieder absteigt[20].
- Innerhalb der Stämme gilt das sog. **Repräsentationsprinzip**, so dass zum Zeitpunkt des Erbfalles lebende Eltern ihre Kinder von der Erbfolge ausschließen und das sog. **Eintrittsrecht**, aufgrund dessen an die Stelle eines verstorbenen Elternteils (das Erbe des Erblassers ist), dessen Kinder treten (vgl. z.B. die §§ 1924 II, III und 1925 II, III).

II. Kontrollfragen **550**

1. Nach welchen Grundsätzen erfolgt die gesetzliche Erbfolge in den verschiedenen Ordnungen?
2. Was bedeutet:
   a) Repräsentationsprinzip?
   b) Eintrittsrecht?
3. Berechtigt der Irrtum über die Überschuldung des Nachlasses den Erben zur Anfechtung seiner Annahmeerklärung gemäß § 119 II?
   Begründen Sie bitte Ihre Antwort!

---

19 *Michalski*, ErbR, Rn. 26.
20 *Leipold*, ErbR, Rn. 132; *Michalski*, ErbR, Rn. 25.

Fall 3

Marmor, Stein und Eisen bricht …

551 Am 17. 5. 2003 schreibt die Archäologin Astrid Stein (A), die gerade an einem Ausgrabungsprojekt in der Türkei arbeitet, ihrer langjährigen Lebensgefährtin Paula Philipps (P) handschriftlich einen Brief, in dem u.a. Folgendes steht:

„Hiermit verspreche ich Dir, dass Du nach meinem Tode meine alleinige Erbin sein sollst. Gott soll mein Zeuge sein."

A hat den Brief mit einem Blaupapier-Durchschlag geschrieben und aus Versehen über das Original Eiscreme geschmiert, was nahezu zur Unleserlichkeit geführt hat. Sie wirft das Original weg und unterschreibt die Durchschrift mit: *„Deine Sonne"* (wie P sie immer zu nennen pflegte).

P, die von dem Inhalt des Briefes sehr gerührt ist, zeigt ihn sofort ihrem besten Freund und fertigt eine Fotokopie an. Das Original verwahrt sie in ihrer Dokumentenmappe.

Mit anderen wichtigen Dokumenten wird der Original-Brief in der Folgezeit bei einem Wohnungsbrand zerstört. P kommt mit A überein, dass A noch einmal ein Testament zu ihren Gunsten verfassen wird.

Nachdem A aufgrund einer schweren Erkrankung ihres Bruders Bertram (B) bemerkt, wie wichtig er ihr ist, errichtet sie dann am 27. 12. 2004 ein privatschriftliches Testament zu Gunsten des B, das sie ohne Unterschrift in einen Briefumschlag steckt, ihn sorgfältig verschließt und darauf mit Astrid Stein unterschreibt. Hierin heißt es:

„Hiermit möchte ich meinen letzten Willen zum Ausdruck bringen: Nach meinem Tod soll mein Bruder Bertram Stein mein Ferienhaus auf Sylt erben."

Zu einer weiteren Testamentserrichtung kommt es nicht mehr, da A am 6. 4. 2005 bei einem Autounfall ums Leben kommt. Ihr Nachlass besteht aus dem Ferienhaus auf Sylt im Wert von 1 Mio. € und einem Haus in Berlin-Kladow, das etwa ebenso viel wert ist.

Als sich P und B zusammensetzen, überlegen sie, wer von ihnen wohl einen Erbschein erhalten wird. B, der nach Costa Rica auswandern möchte, ist zudem daran interessiert, zu erfahren, ob er das Ferienhaus sofort veräußern kann. P, die emotional alles, was von A stammt, möglichst unangetastet lassen will, möchte wissen, welche Möglichkeiten ihr bei einer etwaigen Verfügung des B verbleiben würden.

P bemerkt, dass bei dem Haus in Berlin-Kladow die Therme und die Heizungsanlage dringend erneuert werden müssen, da Wasser ausgetreten ist und eine Ausweitung des Schimmelpilzbefalls bzw. weiterer Substanzverlust droht. Da ein Aufschub nicht möglich ist, beauftragt P den im Verhältnis günstigsten Handwerker Erwin Eichler (E) mit den Reparaturarbeiten. Bei der Beauftragung erwähnt sie auch, dass sie und B die ursprüngliche Eigentümerin des Grundstücks, die A, gemeinsam beerbt haben. Nach Abschluss der Arbeiten stellt E eine Rechnung in Höhe von 10 000,– €.

Könnte E nach fachgerechter und mangelfreier Ausführung der Reparaturarbeiten von B Zahlung der gesamten Werklohnforderung verlangen? Welche Möglichkeiten hätte B?

Marmor, Stein und Eisen bricht... **Fall 3**

Wie wäre es, wenn P den B nicht erreichen kann und sie selbst nicht über ausreichend finanzielle Mittel verfügt. Könnte sie ein Darlehen aufnehmen und hierfür der B-Bank, die auf eine Sicherheit besteht, eine Grundschuld am Berliner Grundstück bestellen?

Bitte beantworten Sie in einem Gutachten die im Sachverhalt angesprochenen Fragen.

Fall 3 *Marmor, Stein und Eisen bricht ...*

Vorüberlegungen

552 I. In der Lösung dieses Falles kommt es auf die Auseinandersetzung mit den Voraussetzungen eines eigenhändigen Testaments i.S.v. § 2247 an, zudem ist zu erkennen, wie Testamente widerrufen werden können und wie das Rechtsverhältnis zwischen Miterben ausgestaltet ist.

II. Für den Klausureinstieg wäre es – um Zeit zu sparen – hilfreich, wenn der Einleitungssatz mit den maßgeblichen Normen zum Erbscheinsverfahren auswendig nieder geschrieben werden könnte.

III. Zeitleiste:

Gliederung

553 **1. Teil: Erbscheinserteilung**

A. Erbenstellung der P
   I. Wirksamkeit des Testamentes vom 17. 5. 2003
      1. Testierfähigkeit (§ 2229) und Höchstpersönlichkeit (§§ 2064, 2065)
      2. Form i.S.d. §§ 2231 Nr. 2 i.V.m. 2247
         a) Testierwille
         b) Eigenhändigkeit
         c) Unterschrift
      3. Ergebnis
   II. Widerruf des Testaments vom 17. 5. 2003
      1. Widerruf durch Zerstörung
      2. Widerrufstestament i.S.v. § 2254
      3. Widerruf durch späteres Testament vom 27. 12. 2004
   III. Ergebnis

B. Erbenstellung des B
   I. Wirksamkeit der Verfügung von Todes wegen
      1. Form i.S.d. §§ 2231 Nr. 2, 2247
      2. Ergebnis
   II. Inhalt des Testaments
      1. Auslegung gemäß § 133 und § 2087
      2. Subsumtion
      3. Zwischenergebnis

C. Ergebnis

2. Teil: Verfügung über das Haus auf Sylt

A. Wirksame Verfügung des B über das Ferienhaus auf Sylt
    I. Anwendung des § 2033 II
    II. Anwendung des § 2033 I
    III. Vorkaufsrecht der P

B. Ergebnis

3. Teil: Reparaturarbeiten am Haus in Berlin-Kladow

A. Anspruch des E gegen B auf Bezahlung seiner Werklohnforderung
    I. Vertrag zwischen E und B, vertreten durch P
       1. eigene Willenserklärung der P
       2. im Namen des B
       3. mit Vertretungsmacht
          a) Notverwaltungsrecht der P aus § 2038 I 2, 2. Fall
          b) Zwischenergebnis
       4. Ergebnis
    II. Haftung des B für die gesamte Werklohnforderung aus den §§ 2058, 1967

B. Möglichkeiten des B

C. Darlehensaufnahme durch P

D. Grundschuldbestellung durch P

Fall 3 *Marmor, Stein und Eisen bricht ...*

Lösung

1. Teil: Erbscheinserteilung

554 Nach § 2353 hat das Nachlassgericht, als Abteilung des Amtsgerichtes i.S.v. § 72 FGG, dem Erben auf seinen Antrag hin ein Zeugnis über sein Erbrecht bzw. die Größe seines Erbteils (Erbschein) zu erteilen. Das Nachlassgericht erteilt den Erbschein nach § 2359 jedoch nur, wenn es die zu Begründung des Antrages erforderlichen Tatsachen, vgl. § 2354, für festgestellt erachtet, wobei es insoweit i.S.v. § 2358 i.V.m. § 12 FGG von Amts wegen zu ermitteln hat. Fraglich ist daher, wer von den Beteiligten Erbe ist bzw. in welcher Höhe die Beteiligten zu Erben eingesetzt sind.

A. Erbenstellung der P

P könnte durch testamentarische Erbeinsetzung gemäß § 1937 gewillkürte Erbin der A geworden sein. Da P mit A nicht verwandt ist und A und P auch keine eingetragene Lebenspartnerschaft eingegangen sind, besteht eine ohnehin subsidiäre gesetzliche Erbenstellung der P i.S.d. §§ 1922 ff., § 10 LPartG nicht.

I. Wirksamkeit des Testamentes vom 17. 5. 2003

Fraglich ist, ob das Schreiben vom 17. 5. 2003 i.S.d. § 1937 als wirksame Verfügung von Todes wegen anzusehen ist. Dazu müssten die entsprechenden Wirksamkeitsvoraussetzungen erfüllt sein.

1. Testierfähigkeit (§ 2229) und Höchstpersönlichkeit (§§ 2064, 2065)

555 Hinsichtlich der Testierfähigkeit der A i.S.v. § 2229 und der Einhaltung des Erfordernisses der Höchstpersönlichkeit bei Errichtung des Schreibens i.S.d. §§ 2064, 2065 bestehen keine Bedenken.

2. Form i.S.d. §§ 2231 Nr. 2 i.V.m. § 2247

556 Fraglich ist, ob vorliegend auch die Form des § 2247 gewahrt wurde. Im Sinne von § 2231 Nr. 2 i.V.m. § 2247 kann der Erblasser ein Testament durch eigenhändig geschriebene und unterschriebene Erklärung errichten. Voraussetzung für die Wirksamkeit eines Testaments in diesem Sinne ist jedoch, dass der Erblasser auch mit Testierwillen gehandelt hat.

a) Testierwille

557 Testierwille liegt vor, wenn die vom Erblasser verfasste Erklärung auf seinem ernstlichen Willen beruht, eine rechtsverbindliche letztwillige Verfügung treffen zu wollen bzw. wenn der Erblasser zumindest das Bewusstsein gehabt hat, dass die Urkunde als Testament angesehen werden könne. Abzugrenzen ist der Testierwille von bloßen Ankündigungen und Entwürfen[1]. Bei formgerecht abgefassten und inhaltlich vollständi-

---

[1] *Palandt/Edenhofer*, § 2247, Rn. 4; vgl. dazu auch: BGH WM 1976, 744; KG NJW 1959, 1441; BayObLG, Rpfleger 1980, 189.

gen Testamenten ist der Testierwille i.d.R. nicht zweifelhaft[2], da er bereits durch Form und Inhalt indiziert wird. Bei anderen Schriftstücken, wie z.B. einer Verfügung in einem Brief[3] bzw. bei der Aufbewahrung der Verfügung an einem ungewöhnlichen Ort wie z.B. im Schuhkarton oder Scheckheft, ist dagegen explizit festzustellen, dass es dem wahren Willen des Erblassers i.S.d. § 133 entsprach, in dem eigenhändig geschriebenen und unterschriebenen Brief rechtsverbindlich zu testieren bzw. dass er zumindest das Bewusstsein hatte, der Brief könne als sein Testament angesehen werden[4].

Im Wege der Auslegung gemäß § 133 ergibt sich, dass nach dem wirklichen Willen der A nicht nur eine bloße Ankündigung vorliegt, sondern dass A im Jahre 2003 die P rechtsverbindlich als Erbin einsetzen wollte. Dafür spricht einerseits der von A gewählte Wortlaut und andererseits das spätere Versprechen der A, das Testament nach dem Verlust zugunsten der P erneut zu errichten. Somit ist vorliegend von einem Testierwillen der A auszugehen. **558**

b) Eigenhändigkeit

Des Weiteren müsste die Erblasserin A das Testament vollständig handschriftlich und eigenhändig geschrieben haben. Im Sinne der Eigenhändigkeit ist erforderlich, dass die Schriftzeichen von der Hand des Erblassers stammen. Eine drucktechnische Herstellung oder ein maschinenschriftlich erstellter Text ist insoweit gerade nicht ausreichend[5]. Fraglich ist hier, wie es sich auswirkt, dass A den Brief mit Blaupapier geschrieben und das Original weggeworfen hat. **559**

Da die Blaupause eine Durchschrift eines vom Erblasser aus dessen eigener Hand erstellten Testaments darstellt, spricht dies noch nicht gegen die Eigenhändigkeit i.S.v. § 2247. In derartigen Fällen besteht der i.S.v. § 2247 erforderliche Bezug zur Hand des Erblassers[6].

Vorliegend hat A eigenhändig ein Original und per Blaupause eine Durchschrift des Testamentstextes erstellt, so dass es sich damit um ein prinzipiell der Eigenhändigkeit i.S.v. § 2247 genügendes Blaupausentestament handelt.

c) Unterschrift

Darüber hinaus müsste A das Testament unterschrieben haben. Hier hat A die Durchschrift lediglich mit „Deine Sonne" unterzeichnet. **560**

Gemäß § 2247 III 2 genügt statt der Unterschrift mit Vor- und Familiennamen auch eine anderweitige Unterzeichnung, wenn diese zur Feststellung der Urheberschaft des Erblassers ausreichend ist. Im Sinne des Gesetzes soll gerade nicht die Wirksamkeit einer letztwilligen Verfügung an derartigen Formalia scheitern, so dass auch die Unterschrift mit Kosenamen, Pseudonymen und Familienbezeichnungen möglich ist, sofern sie den Rückschluss auf den Urheber zulassen[7].

---

2 KG OLGZ 91, 144.
3 Dazu: BayObLG FamRZ 2001, 944; 2003, 1786.
4 BayObLG FamRZ 2001, 944; 2003, 1786; OLG Brandenburg FamRZ 1998, 985.
5 *Palandt/Edenhofer*, § 2247, Rn. 6 f.
6 BGHZ 47, 68; KG FamRZ 1995; 897; BayObLG FamRZ 1986, 1043.
7 BayObLG MDR 1980, 403; *Michalski*, ErbR, Rn. 224.

Fall 3 *Marmor, Stein und Eisen bricht ...*

Da die Bezeichnung „Deine Sonne", zwischen A und P üblich war, ist es i.S.v. § 2247 ausreichend, wenn A ihren Brief entsprechend unterzeichnet.

3. Ergebnis

Die Form des § 2247 wurde somit gewahrt, so dass das Testament vom 17. 5. 2003 zunächst wirksam war.

II. Widerruf des Testaments vom 17. 5. 2003

561 Fraglich ist nun, ob das Testament vom 17. 5. 2003 durch A widerrufen wurde. Wie sich aus § 2253 I ergibt, kann ein Testament durch den Erblasser jederzeit widerrufen werden.

Der Widerruf kann folgendermaßen herbeigeführt werden: erstens durch ein neues Testament in Form eines wirksamen Widerrufstestaments, § 2254, zweitens durch ein inhaltlich entgegenstehendes späteres Testament, § 2258 I, drittens durch schlüssiges Verhalten in Form einer Vernichtung oder Veränderung, § 2255 und viertens durch Zurücknahme eines öffentlichen Testamentes aus der amtlichen Verwahrung, § 2256 I[8].

1. Widerruf durch Zerstörung

562 Da das Testament zugunsten der P bei einem Brand zerstört wurde, könnte das Testament durch Zerstörung widerrufen worden sein.

Ein Widerruf durch Vernichtung und Veränderung setzt allerdings voraus, dass die Zerstörung bzw. Veränderung durch den Erblasser und mit Aufhebungsabsicht erfolgt ist, vgl. § 2255 S. 1. Ein Widerruf des Testaments durch feuerbedingte Zerstörung kommt hier deshalb nicht in Betracht. A hat das Testament zugunsten der P weder zerstört noch wollte sie es aufheben.

563 **Exkurs/Vertiefung:** Sofern das Testament unauffindbar oder zerstört ist bzw. mit Veränderungen aufgefunden wird, spricht keine Vermutung dafür, dass diese Handlungen durch den Erblasser erfolgt sind[9]. In einem Prozess müsste daher, entsprechend der allgemeinen Regeln zur Beweislast, derjenige, der sich aus dem Umstand der Zerstörung oder Veränderung Rechte bzw. günstige Rechtsfolgen herleitet, diese auch darlegen und beweisen. Für den Inhalt und die Formgültigkeit des Testaments ist insofern der testamentarische Erbe darlegungs- und beweisbelastet, wofür ihm die Beweismittel der ZPO zur Verfügung stehen[10], (Parteien, Zeugen, Sachverständige, Augenschein, Urkunde)[11].

564 Dass das Testament tatsächlich nicht mehr existiert, ändert an der erfolgten Erbeinsetzung der P nichts, insofern stellt sich nur die Frage der Beweisbarkeit, wobei hier ein Zeugenbeweis i.S.d. § 373 ZPO in Betracht kommt, da P das Brieftestament unmittelbar nach Erhalt ihrem besten Freund gezeigt hat. Zudem hat sie eine Fotokopie des

---

8 Zu den Widerrufsmöglichkeiten mit weiteren Beispielen und Nachweisen: *Michalski*, ErbR, Rn. 240 ff.
9 BayObLG FamRZ 1993, 117 m.w.N.; BayObLG FamRZ 1996, 1110, 1111.
10 *Michalski*, ErbR, Rn. 249.
11 *Thomas/Putzo/Reichold*, ZPO, Vorbem § 284 Rn. 12.

Testaments angefertigt, was bei Vorlage in Bezug auf den Inhalt des Testaments und seine vormalige Existenz zumindest Indizwirkung hat.

2. Widerrufstestament i.S.v. § 2254

Auch ein Widerruf i.S.v. § 2254 liegt nicht vor, da A kein Widerrufstestament erstellt hat.

565

3. Widerruf durch späteres Testament vom 27. 12. 2004

In Betracht kommt jedoch der Widerruf durch das später errichtete Testament vom 27. 12. 2004.

566

Das Testament vom 27. 12. 2004 könnte gemäß § 2258 I die Aufhebung des Testaments aus dem Jahr 2003 beinhalten, und zwar insoweit, als es mit dem früheren Testament inhaltlich in Widerspruch steht.

Mit dem Testament vom 27. 12. 2004 widerspricht A zumindest der Erbenstellung der P in Bezug auf das Berliner Haus nicht, so dass P weiterhin Erbin sein sollte.

Fraglich bleibt damit nur, ob P tatsächlich noch Alleinerbin oder neben B Miterbin sein sollte. Um diese Frage zu beantworten, muss zunächst die Erbenstellung des B geklärt werden.

III. Ergebnis

P ist Erbin der A. Sie wird daher nach Antragsstellung gemäß § 2353 durch das Nachlassgericht als Abteilung des Amtsgerichts i.S.d. § 72 FGG einen Erbschein erhalten. Die Höhe ihres Erbteils, der ebenfalls im Erbschein ausgewiesen ist, vgl. § 2353, lässt sich jedoch erst nach Prüfung der Erbenstellung des B klären.

B. Erbenstellung des B

B könnte aufgrund des privatschriftlichen Testaments vom 27. 12. 2004 gemäß § 1937 Erbe seiner Schwester geworden sein.

I. Wirksamkeit der Verfügung von Todes wegen

Dies setzt voraus, dass auch die von A am 27. 12. 2004 i.S.d. §§ 2064, 2065 höchstpersönlich und mit Testierfähigkeit i.S.d. § 2229 errichtete Verfügung von Todes wegen wirksam ist.

1. Form i.S.d. §§ 2231 Nr. 2, 2247

Fraglich ist hier ebenfalls, ob die Form des § 2247 gewahrt wurde. Zwar hat A hier mit Testierwillen gehandelt und auch an der Eigenhändigkeit besteht kein Zweifel, problematisch ist jedoch, dass A ihre Unterschrift nicht unter dem Testamentstext, sondern lediglich auf dem Umschlag angebracht hat.

567

Fall 3 *Marmor, Stein und Eisen bricht ...*

Das Testament muss eine Unterschrift mit Abschlussfunktion aufweisen, wobei diese Abschlussfunktion nur erfüllt ist, wenn sich die Unterschrift auf den gesamten geschriebenen Text bezieht[12].

568 In diesem Sinne kann, unter Berücksichtigung der Gesamtumstände, auch eine Unterschrift auf einem Briefumschlag, in dem sich ein Testament befindet, der Abschlussfunktion genügen, wenn sich die Unterschrift als Fortsetzung und Schlusspunkt des einliegenden Schriftstückes darstellt[13]. Davon ist insbesondere auszugehen, wenn der Umschlag verschlossen ist[14], denn dann liegt nicht lediglich eine lose Verbindung zwischen Text und Urkunde vor, die jederzeit aufgehoben werden könnte[15]. Unzureichend wäre jedoch eine Unterschrift, die als bloßer Absendervermerk zu werten ist[16].

Hier war der Umschlag, auf dem sich A's Unterschrift befand, sorgfältig verschlossen, so dass das Kuvert als Fortsetzung der mehrteiligen Testamentsurkunde angesehen werden kann. Damit genügt die Unterschrift der A der Abschlussfunktion, so dass die Unterschrift auf dem Umschlag hier i.S.d. § 2247 ausreicht.

2. Ergebnis

Das Testament ist folglich wirksam.

II. Inhalt des Testaments

Fraglich ist, welchen Inhalts das Testament ist. Hier hat A in der Verfügung vom 27. 12. 2004 festgelegt, dass ihr Bruder B das Ferienhaus auf Sylt erben solle. In Bezug auf das Ferienhaus könnte sowohl eine Erbeinsetzung als auch die Zuwendung eines Vermächtnisses gewollt sein. Für den Fall der Zuwendung eines Vermächtnisses hätte der Bedachte dann gemäß § 2174 lediglich einen schuldrechtlichen Anspruch gegen den Beschwerten (i.d.R. den Erben).

1. Auslegung gemäß § 133 und § 2087

569 Wie das Testament der A zu verstehen ist, wird durch Auslegung i.s.v. § 133 bestimmt, wobei ggf. auch die besonderen erbrechtlichen Auslegungsvorschriften heranzuziehen sind.

Bei der Auslegung letztwilliger Verfügungen besteht kein Bedürfnis für einen Vertrauensschutz, so dass es nicht auf den Empfängerhorizont ankommt und nicht der objektive Sinn der Erklärung maßgeblich ist, sondern ausschließlich der wahre Wille des Erblassers[17]. Soweit dieser nicht feststellbar ist, sein hypothetischer Wille[18].

Ergänzend und subsidiär können die speziellen erbrechtlichen Zweifelsregelungen zur Anwendung kommen. Hierzu gehört insbesondere auch § 2084, wonach von verschie-

---

12 Zum Ganzen: *Michalski*, ErbR, Rn. 222 ff. m.w.N.
13 RGZ 110, 166, 168 f.; *Soergel/Mayer*, § 2247 Rn. 29 m.w.N.; *Michalski*, ErbR, Rn. 226 m.w.N.; a.A.: *Kipp/Coing*, ErbR, § 26 I 2b; *Lange/Kuchinke*, ErbR, § 19 III 3b.
14 OLG Hamm, OLGZ 1986, 292; MüKo/*Burkart*, § 2247 Rn. 31; a.A.: BayObLG, Rpfleger 1986, 294.
15 OLG Hamm OLGZ 1986, 292.
16 BayObLG FamRZ 1985, 1286.
17 *Michalski*, ErbR, Rn. 339.
18 BGHZ 86, 41, 45; zur ergänzenden Auslegung: *Michalski*, ErbR, Rn. 347 ff.

denen Auslegungsmöglichkeiten im Zweifel derjenigen der Vorzug zu geben ist, bei der die Verfügung des Erblassers Erfolg hat.

Für die Frage, ob die Zuwendung einzelner Gegenstände als Erbeinsetzung oder Vermächtnis zu qualifizieren ist, hilft die erbrechtliche Auslegungsregel des § 2087. Nach § 2087 II liegt im Zweifel keine Erbeinsetzung, sondern nur ein Vermächtnis (§§ 1939, 2147) vor, wenn der Erblasser dem Bedachten nur einzelne Gegenstände zugewendet hat. I.S.d. § 2087 I ist dagegen eine Erbeinsetzung denkbar, wenn ein Bruchteil zugewandt wurde.

2. Subsumtion

Für die Ermittlung von A's Willen kommt es insbesondere darauf an, wie stark nach ihrer erkennbar gewordenen Vorstellung die Rechtsposition des Bedachten sein sollte. Sollte B nur einen schuldrechtlichen Anspruch gegen den Erben erlangen, ist von einem Vermächtnis i.S.v. § 2147 auszugehen, sofern B jedoch mit dem Todesfall dinglicher Rechtsinhaber werden sollte, wäre er als Erbe i.S.v. § 1922 zu qualifizieren. **570**

A hat ihre Formulierung so gewählt, dass eher von einer Erbschaft auszugehen ist. Das Werteverhältnis zwischen zugewandtem Gegenstand und restlichen Nachlass spricht hier ebenso für eine Erbeinsetzung, da zwar lediglich die Zuwendung eines einzelnen Gegenstandes in Rede steht, dieser jedoch die Hälfte des Nachlasses ausmacht.

Es ist folglich davon auszugehen, dass A ihrem Bruder nicht nur einen schuldrechtlichen Anspruch gegenüber P zuwenden wollte, sondern dass B die Hälfte ihres Nachlasses erhalten sollte.

Die Bestimmung, dass B das Haus auf Sylt erben sollte, hat insofern nur die Wirkung einer Teilungsanordnung i.S.d. § 2048 im Rahmen der Erbauseinandersetzung.

3. Zwischenergebnis

A hat B durch das Testament vom 27. 12. 2004 als Miterbe zu ½ eingesetzt. Gleichzeitig wurde damit die bisherige Alleinerbenstellung der P auf einen Erbteil von ½ reduziert.

C. Ergebnis

Das Nachlassgericht wird B und P auf ihren Antrag hin einen gemeinschaftlichen Erbschein erteilen, der sie als Miterben zu 1/2 ausweist, §§ 2353, 2357. Möglich ist auch (je nach Antrag), die Erteilung eines Teilerbscheines[19].

2. Teil: Verfügung über das Haus auf Sylt

A. Wirksame Verfügung des B über das Ferienhaus auf Sylt

Fraglich ist, ob B unmittelbar nach dem Erbfall über das Ferienhaus auf Sylt wirksam verfügen kann. **571**

---
19 Zu den verschiedenen Erbscheinsarten, vgl.: *Michalski*, ErbR, Rn. 980.

Fall 3 *Marmor, Stein und Eisen bricht...*

Problematisch könnte die Berechtigung des B zur Veräußerung sein, da er nicht Alleinerbe der A ist, sondern gemeinsam mit P in Bezug auf den Nachlass der A eine Erbengemeinschaft i.S.v. § 2032 I, also eine Gesamthandsgemeinschaft bildet.

572 **Exkurs/Vertiefung:** Zum Zeitpunkt des Todes des Erblassers, also mit dem Erbfall, geht der Nachlass ungeteilt i.S.v. §§ 1922, 2032 auf die Erbengemeinschaft als Gesamthandsgemeinschaft über und wird nach § 2032 I gemeinschaftliches Vermögen der Erben[20]. Zum Nachlass gehört i.S.v. § 2041 kraft dinglicher Surrogation auch, was auf Grund eines zum Nachlass gehörenden Rechts oder als Ersatz für einen Nachlassgegenstand erworben wird[21].

Solange noch keine Auseinandersetzung des Nachlasses gemäß den §§ 2042 ff. stattgefunden hat, gelten die §§ 2033 ff.

I. Anwendung des § 2033 II

573 Gemäß § 2033 II kann ein Miterbe über seinen Anteil an Nachlassgegenständen nicht verfügen, sondern es kann gemäß § 2040 über einen Nachlassgegenstand nur gemeinschaftlich verfügt werden. Dies gilt auch für Gegenstände, die einem Miterben über eine Teilungsanordnung zugedacht sind. Bis zur Auflösung der Miterbengemeinschaft gemäß den §§ 2042 ff. sind die Nachlassgegenstände Teil des Gesamtguts der Gesamthandsgemeinschaft.

Da das Ferienhaus auf Sylt nur einen Teil des Nachlasses darstellt, kann B nicht darüber verfügen. Eine entsprechende Verfügung wäre folglich unwirksam.

II. Anwendung des § 2033 I

574 In Abweichung von den allgemeinen Regeln zu den Gesamthandsgemeinschaften (vgl.: §§ 719, 1419) kann ein Miterbe jedoch nach § 2033 I über seinen Anteil am Nachlass verfügen, insofern gewährt das Gesetz hier einen Ausgleich für die mit dem Erbfall eintretende Zwangsgemeinschaft und die gesamthänderische Bindung[22].

Bei der Verfügung über den Anteil müsste er die Form des § 2033 I 2 beachten, wobei dieser Verfügung als schuldrechtliches Grundgeschäft zumeist ein Erbschaftskauf i.S.d. §§ 2371 ff. zugrunde liegt, bei dem ebenfalls die notarielle Beurkundung gemäß § 2371 beachtet werden muss.

III. Vorkaufsrecht der P

575 Gemäß § 2034 I hätte P bei einer Veräußerung des B bezüglich seines Anteils am Nachlass ein Vorkaufsrecht, das sie innerhalb von zwei Monaten ausüben müsste, § 2034 II. Sollte also durch B in notarieller Form ein wirksamer Verkauf i.S.v. § 2371 bzw. eine wirksame Veräußerung i.S.v. § 2033 I seines Miterbenanteils an einen Dritten erfolgen, könnte P durch formlose Erklärung gegenüber dem verpflichteten Mit-

---

20 Dazu: *Michalski*, ErbR, Rn. 738 ff.
21 *Palandt/Edenhofer*, § 2041 Rn. 1.
22 *Michalski*, ErbR, Rn. 749.

erben i.S.d. § 464 I 1 bzw. nach vollzogener Übertragung gemäß § 2035 I dem Erwerber gegenüber, ihr Vorkaufsrecht ausüben. Rechtsfolge dessen wäre das Entstehen eines gesetzlichen Schuldverhältnisses, dessen Inhalt dem zwischen B und dem Dritten geschlossenen Kaufvertrag gemäß § 464 II entspricht. Aus diesem Schuldverhältnis hätte P einen Anspruch auf Übertragung des Erbteils und wäre zur Zahlung des mit dem Dritten vereinbarten Kaufpreises verpflichtet. Sofern ein Erbteil übertragen wird, wächst er entsprechend § 2094 jedem Miterben im Verhältnis seines Erbteils an[23], so dass P entsprechend Inhaberin des gesamten Erbes würde.

Exkurs/Vertiefung: Durch das **Vorkaufsrecht i.S.d. § 2034 i.V.m. den §§ 463 ff.** soll die Miterbengemeinschaft vor dem unerwünschten Eindringen Außenstehender und vor Überfremdung geschützt werden[24]. Während sich § 2033 auf das dingliche Rechtsgeschäft der Verfügung bezieht, ist das schuldrechtliche Grundgeschäft in Form des Erbschaftskaufs in den §§ 2371 ff. normiert.

Die nachstehende Prüfungsfolge bietet sich in der Falllösung an:
1. Bestehen eines Vorkaufsrechtes i.S.d. § 2034 I
 § 2034 I kann im Hinblick auf Sinn und Zweck dieser Norm und aufgrund des Rechtsgedankens des § 2034 II 2 auch Anwendung finden, wenn nicht ein Miterbe, sondern ein Erbeserbe den Nachlassanteil verkauft hat[25].
2. Ausübung des Vorkaufsrechtes
 a) formlose Erklärung gegenüber dem verpflichteten Miterben i.S.d. § 464 I 1 bzw. nach vollzogener Übertragung i.S.d. § 2035 I gegenüber dem Erwerber
 b) Frist i.S.d. § 2034 II 1: 2 Monate
3. Rechtsfolge:
 a) gesetzliches Schuldverhältnis => Inhalt gemäß § 464 I 2: Rechte und Pflichten aus dem Kaufvertrag zwischen Miterben und Dritten
 b) Anwachsung: § 2094

B. Ergebnis

B kann derzeit (vor Auseinandersetzung des Nachlasses i.S.d. §§ 2042 ff.) noch nicht über das Ferienhaus verfügen; er kann jedoch seinen Anteil am Nachlass veräußern. Dabei hätte P ein Vorkaufsrecht.

Exkurs/Vertiefung: Bei einer wirksamen Veräußerung ist Folgendes zu beachten:
1. Der Erwerber erhält keinen Erbschein, da er kein Erbe ist. Die Erbenstellung kann nicht durch Verfügungsgeschäft unter Lebenden übertragen, sondern nur durch Erbfolge begründet werden[26].
2. Der Erwerber tritt in die vermögensrechtliche Position des veräußernden Miterben ein[27] und wird folglich als Gesamthänder am Nachlass beteiligt. Bei Grundstücken ist § 22 GBO zu beachten.

---

23 *Leipold*, ErbR, Rn. 731.
24 *Michalski*, ErbR, Rn. 755.
25 *Leipold*, ErbR, Rn. 730.
26 RGZ 64, 173, 178; BGHZ 56, 115, 118.
27 *Michalski*, ErbR, Rn. 753.

Fall 3   *Marmor, Stein und Eisen bricht ...*

> 3. Der Erwerber nimmt an der gemeinschaftlichen Verfügung und Verwaltung des Nachlasses teil und haftet für die Nachlassverbindlichkeiten. Er kann die Auseinandersetzung betreiben.
> 4. Zum Schutz der verbliebenen Miterben besteht für diese ein Vorkaufsrecht gemäß § 2034[28].

3. Teil: Reparaturarbeiten am Haus in Berlin-Kladow

A. Anspruch des E gegen B auf Bezahlung seiner Werklohnforderung

Ein Anspruch des E gegen B auf Zahlung von 10 000,– € könnte sich aus § 631 I ergeben. Dies setzt voraus, dass zwischen ihnen ein Werkvertrag i.S.d. § 631 zustande gekommen ist.

I. Vertrag zwischen E und B, vertreten durch P

Fraglich ist, ob der zwischen E und P abgeschlossene Werkvertrag, auch Wirkung für und gegen B entfalten konnte. Dazu hätte P den B wirksam mitverpflichten müssen. Dies wäre aufgrund einer Stellvertretung i.S.d. §§ 164 ff. möglich. Voraussetzung dafür ist, dass P gegenüber E eine eigene Willenserklärung, zumindest auch im Namen des B, mit Vertretungsmacht abgegeben hätte.

1. Eigene Willenserklärung der P

578   P hat mit der zum Werkvertragschluss führenden Willensäußerung eine eigene Willenserklärung abgegeben.

2. Im Namen des B

579   Da den Äußerungen der P gegenüber E zu entnehmen war, dass sie als Vertreterin der aus P und B bestehenden Miterbengemeinschaft auftrat, handelte sie zugleich für sich selbst und für B.

3. Mit Vertretungsmacht

580   Weiterhin müsste P auch mit Vertretungsmacht gehandelt haben.

B hat der P ausdrücklich keine Vertretungsmacht erteilt. Eine Vertretungsbefugnis könnte sich jedoch aus den Regeln über die Erbengemeinschaft i.S.d. §§ 2038–2041 ergeben. Danach verwalten die Miterben den Nachlass bis zur Auseinandersetzung grundsätzlich gemeinschaftlich.

581   Der Begriff der Verwaltung ist dabei sehr weit zu verstehen. Umfasst sind alle Maßnahmen, die auf tatsächliche oder rechtliche Erhaltung, Vermehrung, Sicherung und Nutzung des Nachlasses gerichtet sind. Die Verwaltung des Nachlasses umfasst daher sowohl die Maßnahmen im Innenverhältnis (interne Beschlussfassung) als auch das

---

28   Dazu: *Michalski*, ErbR, Rn. 755 ff.

Außenverhältnis, kann also Geschäftsführung und Vertretung bzw. auch ein Vertragsabschluss sein[29].

Trotz des Prinzips der gemeinschaftlichen Verwaltung ist die volle Übereinstimmung der Miterben nur bei außerordentlichen Verwaltungsmaßnahmen erforderlich (und grundsätzlich auch bei Verfügungen, vgl. § 2040). Entscheidungen über Maßnahmen der laufenden bzw. ordnungsgemäßen Verwaltung treffen die Miterben bei Uneinigkeit mit Stimmenmehrheit, wobei insoweit die Größe der Erbteile maßgeblich ist[30], vgl.: §§ 2038 II 1 i.V.m. 745 I 2 und eine Mitwirkungspflicht der einzelnen Miterben besteht, vgl. § 2038 I 2[31].

> **Exkurs/Vertiefung:** Grundsätzlich kann eine Verpflichtung zur Mitwirkung bei Maßnahmen der ordnungsgemäßen Verwaltung i.S.v. § 2038 I 2, zu der insbesondere auch die Zustimmung zu den jeweiligen Maßnahmen gehören kann, nicht durch eigenmächtiges Vorgehen der übrigen Miterben überwunden werden. Vielmehr muss derjenige Miterbe, der mit der in Rede stehenden Maßnahme nicht einverstanden ist, entsprechend verklagt werden[32]. Bei einem stattgebenden Urteil gilt die Zustimmung nach § 894 ZPO als erteilt.

582

Bei dringend notwendigen Maßnahmen hat jeder Miterbe als sog. Notverwaltungsrecht auch eine alleinige Entscheidungskompetenz gemäß § 2038 I 2, 2. Fall[33].

a) Notverwaltungsrecht der P aus § 2038 I 2, 2. Fall

In diesem Sinne könnte sich hier eine gesetzliche Vertretungsmacht der P aus einem Notverwaltungsrecht i.S.d. § 2038 I 2, 2. Fall ergeben[34].

583

Eine notwendige Verwaltungsmaßnahme liegt dann vor, wenn im Falle der Untätigkeit nach der Lebenserfahrung zu erwarten ist, dass der Nachlassgegenstand untergeht oder sich verschlechtert und wenn ein wirtschaftlich vernünftig denkender Erbe diese Erhaltungsmaßnahme vornehmen würde[35].

Die Erneuerung bzw. Reparatur der Heizungsanlage und Therme ist dringend erforderlich und unaufschiebbar, da ansonsten aufgrund des Schimmelpilzbefalles Substanzverlust droht, so dass hier eine notwendige Verwaltungsmaßnahme vorliegt.

b) Zwischenergebnis

Es besteht mithin eine gesetzliche Vertretungsmacht der P für B nach § 2038 I 2, 2. Fall.

---

29 *Palandt/Edenhofer*, § 2038 Rn. 3.
30 *Michalski*, ErbR, Rn. 770.
31 *Palandt/Edenhofer*, § 2038 Rn. 1.
32 Dazu: BGHZ 6, 76.
33 Vgl. zum Ganzen: *Michalski*, ErbR, Rn. 779 ff. m.w.N.
34 Für § 2038 I 2 als gesetzliche Vertretungsmacht: *Brox*, ErbR, Rn. 494; *Ebenroth*, ErbR, Rn. 764; *Soergel/Wolf*, § 2038, Rn. 12; *Schlüter*, ErbR, Rn. 681; a.A.: *Staudinger/Werner*, § 2038 Rn. 25.
35 BGHZ 6, 76.

Fall 3 *Marmor, Stein und Eisen bricht ...*

4. Ergebnis

Da P den B wirksam vertreten konnte, wurde ein Werkvertrag i.S.d. § 631 zwischen E einerseits und den beiden Miterben P und B andererseits geschlossen. B ist daher aus dem Werkvertrag mitverpflichtet.

II. Haftung des B für die gesamte Werklohnforderung aus den §§ 2058, 1967

584 Fraglich ist aber, ob B für die gesamte Werklohnforderung in Höhe von 10 000,- € haften muss.

Da der Werkvertrag über die Ausführung der Reparaturarbeiten zeitlich nach dem Erbfall durch die Miterbin P geschlossen wurden, handelt es sich um eine Nachlassverbindlichkeit i.S.v. § 1967, so dass in Bezug auf die Haftung der einzelnen Miterben § 2058 eingreift.

585 **Exkurs/Vertiefung:** Eine Nachlassverbindlichkeit i.S.e. **Erbfallschuld** liegt bei Schulden vor, die den Erben als solchen aus Anlass des Erbfalls treffen. Sie entstehen frühestens mit dem Erbfall[36]. Eine Untergruppe der Erbfallschulden bilden die sog. Nachlasskosten- oder Nachlassverwaltungsschulden[37].

I.S.d. § 2058 haften die Erben für die Nachlassverbindlichkeiten persönlich in voller Höhe als Gesamtschuldner.

E kann folglich von B gemäß § 631 I i.V.m. § 2058 die Begleichung der gesamten Forderung in Höhe von 10 000,- € verlangen.

586 **Exkurs/Vertiefung:** Die persönliche gesamtschuldnerische Haftung der Miterben im Außenverhältnis besteht neben der gesamthänderischen Haftung der Erbengemeinschaft als solcher i.S.v. § 2059, so dass ein Gläubiger gemäß 2059 II auch Befriedigung aus dem ungeteilten Nachlass der Miterben verlangen kann[38].

B. Möglichkeiten des B

587 Fraglich ist, welche Möglichkeiten dem B bei einer entsprechenden Inanspruchnahme durch E verbleiben. In Betracht kommt insbesondere, dass er im Innenverhältnis i.S.d. §§ 2058, 426 I 1 von P einen Ausgleich verlangen kann. Im Innenverhältnis der Miterben richtet sich der Ausgleich nach dem Verhältnis ihrer Erbteile[39]. Da P und B Erben zu je sind, kann B von P die Hälfte der durch ihn beglichenen Forderung, mithin 5000,- € gemäß den §§ 2058, 426 I 1 verlangen.

---

36 *Michalski*, ErbR, Rn. 829.
37 Zu den Begrifflichkeiten im Einzelnen vgl. *Michalski*, ErbR, Rn. 830 ff.
38 *Palandt/Edenhofer*, § 2058 Rn. 1; zum Prozessualen: § 2059 Rn. 2 ff.
39 *Palandt/Edenhofer*, § 2058 Rn. 4 m.w.N.

C. Darlehensaufnahme durch P

Es stellt sich des Weiteren die Frage, ob P, die selbst nicht über ausreichend finanzielle Mittel verfügt, ohne Rücksprache mit B einen Darlehensvertrag i.S.d. § 488 mit Wirkung für sich und B als Erbengemeinschaft abschließen kann, um die dringend notwendigen Reparaturarbeiten durchführen lassen zu können. **588**

Trotz des Grundsatzes, dass die Nachlassverwaltung gemeinschaftlich zu erfolgen hat, vgl. § 2038 I 1, könnte auch hier die Alleinvertretungsmacht für Verpflichtungsgeschäfte eingreifen, sofern es sich bei der Darlehensaufnahme um eine dringend notwendige Maßnahme gemäß § 2038 I 2, 2. Fall handelt.

Wie bereits erörtert, liegt eine notwendige Verwaltungsmaßnahme immer dann vor, wenn zu erwarten ist, dass der Nachlassgegenstand untergeht oder sich verschlechtert, sofern nicht entsprechende Erhaltungsmaßnahmen vorgenommen werden[40].

Vorliegend kann P den B nicht erreichen und ist selbst nicht in der Lage, die zur Erhaltung des Hauses dringend notwendigen Reparaturarbeiten an der Heizungsanlage und Therme zu finanzieren, so dass die dafür erfolgende Darlehensaufnahme als notwendige Verwaltungsmaßnahme zu qualifizieren ist.

Folglich kann P den Darlehensvertrag i.S.v. § 488 mit Wirkung für und gegen B und sich selbst als Erbengemeinschaft abschließen.

D. Grundschuldbestellung durch P

Fraglich ist, ob es der P darüber hinaus auch möglich ist, mit Wirkung für sich und B als Erbengemeinschaft, der B-Bank zur Sicherung der Darlehensforderung eine Grundschuld i.S.v. § 1191 am Grundstück in Berlin-Kladow zu bestellen. **589**

Bei der Grundschuldbestellung handelt es sich um ein Rechtsgeschäft, durch das auf ein bestehendes Recht eingewirkt wird bzw. durch das unmittelbar eine Änderung der dinglichen Rechtslage eintritt, mithin um eine Verfügung über ein Grundstück[41].

Bei Verfügungsgeschäften von Miterben in Bezug auf Nachlassgegenstände ist § 2040 maßgeblich. Im Sinne dieser Norm müssen Verfügungen von allen Miterben gemeinschaftlich getroffen werden. B und P wären somit i.S.v. § 2040 nur gemeinschaftlich zur Verfügung befugt.

> **Exkurs/Vertiefung:** Zwar schreibt § 2040 vor, dass die Miterben nur gemeinschaftlich verfügen können, dies bedeutet aber nicht, dass alle Miterben bei dem Verfügungsgeschäft unmittelbar mitwirken müssen. Es gelten insoweit die allgemeinen Grundsätze zur Verfügungsberechtigung, mit der Folge, dass eine Verfügung durch einen Miterben wirksam wird, wenn die anderen Miterben vorher einwilligen i.S.v. § 185 I oder die getroffene Verfügung genehmigen, vgl. § 185 II 1[42]. **590**

---

40 BGHZ 6, 76.
41 Zum Verfügungsbegriff: BGHZ 1, 294; 304; 75, 221, 226; 101, 24.
42 *Leipold*, ErbR, Rn. 735.

Fall 3 *Marmor, Stein und Eisen bricht...*

591 Fraglich ist aber, ob hier § 2038 I 2, 2. Fall als Spezialregelung für die Notgeschäftsführung dem § 2040 vorgehen muss[43], mit der Folge, dass P die Grundschuldbestellung auch ohne Mitwirkung des B vornehmen könnte. Dies erscheint insofern sachgerecht, als das Notverwaltungsrecht bei einer Beschränkung auf Verpflichtungsgeschäfte kaum sinnvoll ausgeübt werden könnte[44], da notwendige Maßnahmen auch Verfügungen erfordern können und die klageweise Durchsetzung der Zustimmung eines sich weigernden Miterben möglicherweise dazu führt, dass die notwendige Verfügung zu spät kommt.

592 **Exkurs/Vertiefung:** Problematisch ist auch, ob eine Verfügung, die zur **ordnungsgemäßen Verwaltung** gehört nur i.S.v. § 2040 durch alle Miterben gemeinschaftlich erfolgen kann oder ob dann § 2038 dem § 2040 vorgeht, mit der Folge, dass ein Handeln der Mehrheit i.S.v. § 2038 ausreichen würde. Z.T. wird auch bei Verfügungen, die zur ordnungsgemäßen Verwaltung erforderlich sind, aus Praktikabilitätsgründen § 2038 angewandt, um eine klageweise Durchsetzung der Mitwirkung der Miterben zu vermeiden[45]. Dagegen spricht aber bereits die Existenz und der Wortlaut des § 2040. § 2040 würde überflüssig werden, wenn man auch bei Verfügungen, die zur ordnungsgemäßen Verwaltung erforderlich sind, § 2038 anwenden würde.

Folglich könnte P die Grundschuld mit Wirkung für und gegen B i.S.v. § 2038 I 2 i.V.m. § 1191 bestellen, da diese zur Darlehensaufnahme und damit auch zur Durchführung der Reparaturarbeiten dringend notwendig war.

Repetitorium

593 **I. Zur Auslegung (und Umdeutung) letztwilliger Verfügungen:**
1. Eine letztwillige Verfügung stellt eine Willenserklärung dar, deren Inhalt, sofern er nicht eindeutig ist, durch Auslegung zu ermitteln ist.
    - Bei Testamenten ist **i.S.v. § 133 der wahre Wille des Erblassers** zu erforschen[46], soweit dieser nicht feststellbar ist, sein **hypothetischer Wille**[47].
    - Der Empfängerhorizont ist nicht maßgeblich, da das Testament keine empfangsbedürftige Willenserklärung darstellt und § 157 daher nicht anwendbar ist.
    - Anders verhält es sich beim Erbvertrag und bei gemeinschaftlichen Testamenten: hier liegen empfangsbedürftige Willenserklärungen vor, so dass § 157 neben § 133 anwendbar ist.

---

43 BGHZ 108, 21, 30 f.; MüKo/*Dütz*, § 2038 Rn. 62; *Soergel/Wolf*, § 2038 Rn. 12; *Lange/Kuchinke*, § 43 IV 3; *Leipold*, ErbR, Rn. 736; a.A.: *Staudinger/Werner*, § 2038 Rn. 7, der § 2040 in Bezug auf Verfügungen für abschließend hält.
44 *Michalski*, ErbR, Rn. 784.
45 *Ebenroth*, ErbR, Rn. 765; *Kipp/Coing*, ErbR, § 114 IV 2c.
46 *Michalski*, ErbR, Rn. 339.
47 BGHZ 86, 41, 45; zur ergänzenden Auslegung: *Michalski*, ErbR, Rn. 347 ff.

- Ein Vertrauensschutz anderer Personen ist aufgrund der grundsätzlich bestehenden freien Widerruflichkeit von Testamenten i.S.v. § 2253 nicht gerechtfertigt[48].
- **Die erläuternde Auslegung** kommt in Betracht, wenn der tatsächliche Wille des Erblassers im Testament nicht deutlich genug zum Ausdruck gekommen ist, also insbesondere bei Verwendung eines nach allgemeinem Sprachgebrauch mehrdeutigen Begriffes; bei Verwendung eines eindeutigen Begriffs, dem der Erblasser einen anderen Sinn beilegt und bei widersprüchlichen Anordnungen.
- **Nach der ergänzenden Auslegung** ist der hypothetische Wille des Erblassers zu ermitteln, also der Wille, den der Erblasser gehabt hätte, wenn er die von der Zeit der Testamentserrichtung bis zum Erbfall eintretenden Veränderungen gekannt und bedacht hätte[49].
- Selbst wenn bei der Auslegung auch Umstände herangezogen werden dürfen, die außerhalb der Testamentsurkunde liegen, muss der Wille des Erblassers nach ständiger Rechtsprechung und herrschender Literaturmeinung in irgendeiner Form angedeutet worden sein (**Andeutungstheorie**)[50]. Kritisiert wird an dieser Theorie insbesondere, dass sie zu Rechtsunsicherheiten führe[51].

2. Subsidiär, also sofern die allgemeinen Auslegungsregeln nicht zu einem eindeutigen Ergebnis führen, gelten (im Zweifel) die speziellen Auslegungs- und Ergänzungsregeln des Erbrechts, insbesondere:
   - zur Klärung des Kreises der Bedachten und bei bedingten Zuwendungen: §§ 2066–2077
   - zur Frage der Erbeinsetzung im weiteren Sinne:
     – § 2087 bei Zweifeln, ob eine Erbeinsetzung oder ein Vermächtnis gemeint war
     – §§ 2088, 2089 bei nicht erschöpfender Erbeinsetzung auf Bruchteile
     – § 2091 bei Einsetzung mehrerer Erben ohne Quotenbestimmung
     – § 2094 bei Wegfall eines Erben (Anwachsung).
3. Bei mehreren Auslegungsmöglichkeiten gilt die sog. wohlwollende Auslegung i.S.v. § 2084. Unterschiedlich beurteilt wird, wann eine analoge Anwendung des § 2084 in Betracht kommt. Nach h.M. kann § 2084 jedenfalls nicht entsprechend angewendet werden, wenn zu beurteilen ist, ob überhaupt ein Testament errichtet wurde[52].
4. U.U. kommt auch **i.S.v. § 140** die **Umdeutung** einer nichtigen Verfügung in eine wirksame in Betracht, sofern deren Wirksamkeitsvoraussetzungen gegeben sind und ein entsprechender hypothetischer Wille des Erblassers angenommen werden kann[53].

---

48 *Michalski*, ErbR, Rn. 339.
49 *Leipold*, ErbR, Rn. 391; *Michalski*, ErbR, Rn. 347 ff. m.w.N.
50 RGZ 160, 109, 111; BGHZ 80, 242; *Staudinger/Otte*, vor §§ 2064 ff.; Rn. 28 ff.; MüKo/*Leipold*, § 2084 Rn. 8 ff.; *Soergel/Loritz*, § 2084 Rn. 8 ff.; *Michalski*, ErbR, Rn. 341; *Leipold*, ErbR, Rn. 364 m.w.N.
51 Die Andeutungstheorie ablehnend: *Brox*, ErbR, Rn. 197 m.w.N.
52 Dazu im Einzelnen m.w.N.: *Palandt/Edenhofer*, § 2084 Rn. 16 ff.; *Michalski*, ErbR, Rn. 350.
53 *Michalski*, ErbR, Rn. 351.

Fall 3 *Marmor, Stein und Eisen bricht...*

So können insbesondere einseitige Verfügungen in einem unwirksamen gemeinschaftlichen Testament i.S.d. §§ 2265 ff. durch Umdeutung gemäß § 140 aufrechterhalten werden, soweit sie der Form des § 2247 entsprechen[54].

Bei wechselbezüglichen Verfügungen kann dies jedoch nicht gelten, da sie miteinander stehen und fallen sollen und somit für eine Umdeutung nach § 140 kein Raum ist[55].

594 II. Die Erbengemeinschaft als Gesamthandsgemeinschaft

- Sofern nicht nur eine Person Alleinerbin ist, sondern mehrere Personen zu Erben berufen sind, bilden sie eine **Erbengemeinschaft (Gesamthandsgemeinschaft)**, deren Rechtsverhältnisse sich nach den §§ 2032 ff. richtet. Zum Zeitpunkt des Todes des Erblassers, also mit dem Erbfall, geht der Nachlass ungeteilt i.S.v. §§ 1922, 2032 auf die Erbengemeinschaft über und wird nach § 2032 I gemeinschaftliches Vermögen der Erben[56].

- Als Gesamthandsgemeinschaft ist die **Erbengemeinschaft keine juristische Person,** sie ist somit nicht rechtsfähig und auch nicht nach § 50 I ZPO parteifähig[57]. Träger der Rechte und Pflichten, die im Zusammenhang mit der Erbschaft entstehen, sind daher die Erben. Ziel der Erbengemeinschaft ist es, sich i.S.d. §§ 2042 ff. auseinanderzusetzen. Bis zu diesem Zeitpunkt findet keine Aufteilung der Rechte statt. Selbst wenn zum Nachlass eine an sich teilbare Geldforderung gehört, erhält nicht jeder Miterbe eine Teilforderung, die seinem Anteil entspricht, vielmehr steht die gesamte Forderung der aus den Miterben bestehenden Erbengemeinschaft zu. Ebenso verhält es sich mit einem im Nachlass befindlichen Grundstück. Hieran erlangen die einzelnen Miterben nicht Miteigentum in Höhe der ihnen zustehenden Erbquote, sondern das Grundstückseigentum geht ungeteilt auf die Erbengemeinschaft über. I.S.v. § 47 2. Alt. GBO sind die einzelnen Erben aufzuführen und mit dem Zusatz „in Erbengemeinschaft" ohne Angabe ihrer Erbteile als Eigentümer einzutragen.

- Die Miterben verwalten den Nachlass bis zur Auseinandersetzung grundsätzlich gemeinschaftlich, wobei der Begriff der Verwaltung sehr weit zu verstehen ist. Umfasst sind alle Maßnahmen, die auf tatsächliche oder rechtliche Erhaltung, Vermehrung, Sicherung und Nutzung des Nachlasses gerichtet sind. Die Verwaltung des Nachlasses umfasst sowohl Maßnahmen im Innenverhältnis als auch im Außenverhältnis[58].

Trotz des Prinzips der gemeinschaftlichen Verwaltung, ist die volle Übereinstimmung der Miterben nur bei außerordentlichen Verwaltungsmaßnahmen erforderlich (und grundsätzlich auch bei Verfügungen, vgl. § 2040). Entscheidungen über Maßnahmen der laufenden bzw. ordnungsgemäßen Verwaltung treffen die Miterben bei Uneinigkeit mit Stimmenmehrheit, wobei insoweit die

---

54 BayObLG FamRZ 1993, 1370.
55 OLG Hamm NJW-RR 1996, 1290.
56 Dazu: *Michalski*, ErbR, Rn. 738 ff.
57 BGH NJW 1989, 2133, 2134; vgl. zur Rechts- und Parteifähigkeit der GbR aber: BGH NJW 2001, 1056. Für die Rechtsfähigkeit der Erbengemeinschaft: *Grunewald*, AcP 197, 305.
58 *Palandt/Edenhofer*, § 2038 Rn. 3.

Größe der Erbteile maßgeblich ist[59], vgl. §§ 2038 II 1 i.V.m. 745 I 2 und eine Mitwirkungspflicht der einzelnen Miterben besteht, vgl. § 2038 I 2[60]. Bei notwendigen Maßnahmen gewährt § 2038 I 2 dem einzelnen Miterben ein Alleinvertretungsrecht für Verpflichtungs- und Verfügungsgeschäfte.

III. Die Erbenhaftung (Haftung für Nachlassverbindlichkeiten i.S.d. §§ 1967 ff. i.V.m. den §§ 2058–2063): Nach dem vom BGB gewählten Erben-Haftungssystem, haftet jeder Erbe vorläufig unbeschränkt, aber beschränkbar, was bedeutet, dass er ab Annahme der Erbschaft auch mit seinem Eigenvermögen haftet, aber nach dem Gesetz die Möglichkeit erhält, seine Haftung unter bestimmten Voraussetzungen auf den Nachlass zu beschränken, vgl.: §§ 1975 ff. 595

Die Nachlassgläubiger können vor der Nachlassteilung eine **Gesamthandsklage** i.S.v. § 2059 II erheben, die sich auf Befriedigung aus dem ungeteilten Nachlass richtet, wobei sämtliche Miterben als notwendige Streitgenossen i.S.v. § 62 ZPO verklagt werden müssen. Vor und nach Teilung ist die **Gesamtschuldklage** i.S.v. § 2058 möglich[61].

IV. Während sich § 2033 auf das dingliche Rechtsgeschäft der Verfügung bezieht, ist das schuldrechtliche Grundgeschäft in Form des **Erbschaftskaufs in den §§ 2371 ff.** normiert[62]. Auch insoweit ist notarielle Beurkundung erforderlich, vgl. § 2371. Durch einen Erbschaftskauf kann ein Erbe den ihm angefallenen Erbteil verkaufen. Durch den Verkauf verliert der Erbe nicht seine Stellung als Erbe. Der Käufer wird also nicht an Stelle des Verkäufers Erbe, sondern rückt lediglich in die vermögensrechtliche Stellung des (Mit-)Erben ein. Sinn und Zweck der §§ 2371 ff. ist es, dem Erben die zeitnahe wirtschaftliche Verwertung der ihm angefallenen Erbschaft zu ermöglichen. 596

Zum Vorkaufsrecht der Miterben beim Erbteilsverkauf an Dritte: vgl. Exkurs/Vertiefungs-Kasten in der Lösung, Rn. 576.

V. Kontrollfragen 597
   1. Welche Arten von Testamenten können i.S.v. § 2247 formwirksam sein:
      a) ein maschinenschriftliches Testament?
      b) ein fotokopiertes Testament?
      c) ein Blaupausentestament?
   2. Was ist bei der Auslegung im Erbrecht zu beachten?
   3. Grenzen Sie Vermächtnis und Erbeinsetzung bzw. Vermächtnis und Auflage gegeneinander ab!
   4. Inwieweit kann ein Miterbe selbstständig verfügen? Was muss dabei beachtet werden?
   5. Kann aus § 2038 eine Vertretungsmacht zu Verpflichtungsgeschäften oder Verfügungen abgeleitet werden?
   6. Wie kann ein Testament widerrufen werden?

---

59 *Michalski*, ErbR, Rn. 770.
60 *Palandt/Edenhofer*, § 2038 Rn. 1.
61 *Palandt/Edenhofer*, Einf v § 1967 Rn. 1 ff.; § 2058 Rn. 2; § 2059 Rn. 4; *Michalski*, ErbR, Rn. 818.
62 Dazu: *Michalski*, ErbR, Rn. 1115 ff.

Fall 4
Erbe, wem Erbe gebührt?

598 Christian Carl (C) und Franz Fenzl (F) sind nach langjähriger Beziehung am 10.1. 2005 eine eingetragene Lebenspartnerschaft eingegangen. C, der innerhalb kürzester Zeit durch geschickte Börsenspekulationen ein Vermögen angesammelt hat, leidet an Multipler Sklerose. Aufgrund eines neuerlichen Krankheitsschubes will C seine Angelegenheiten regeln und lässt sich am 29.3.2005 von seiner besten Freundin Beate (B) bei der Errichtung eines handschriftlichen Testaments helfen, indem er sich von ihr den fast gelähmten Arm halten und seine Hand stützen lässt.

In dem von C unterschriebenen Testament setzt er F, der mit der Krankheit des C nicht umgehen kann und sich so oft wie möglich außer Haus aufhält, zu ⅕ und seine 35-jährige Tochter Tanja (T), die ihrem Vater fast ununterbrochen hilft und ihn insbesondere bei der schmerzhaften Physiotherapie unterstützt, zu ⅘ als Erben ein.

Kurz darauf, am 15.4.2005, stirbt C und hinterlässt ein Gesamtvermögen in Höhe von 1,1 Mio. € und eine offene Darlehensschuld i.H.v. 100 000,– €.

Während T als einzige noch lebende Verwandte des C die Erbschaft unmittelbar annimmt, ist F über das Testament entsetzt. Da T nicht bereit ist, etwas von ihrem Anteil an ihn abzutreten, sucht er den ihm bekannten Rechtsanwalt Dr. Günter Kalweit auf, um zu erfahren, wie er zu einem größeren Teil an der Erbschaft beteiligt werden könnte.

Die Antwort des Anwalts ist gutachterlich vorzubereiten. Gehen Sie bei der Anfertigung des Gutachtens davon aus, dass C seit der Verpartnerung einen Zugewinn i.H.v. 1 Mio. € erwirtschaftet hat und F in dieser kurzen Zeit keinen Zugewinn erzielen konnte.

Abwandlung 1:
Wie ist die Rechtslage, wenn C der B noch Anfang April 2005, ein im März erworbenes Segelboot im Wert von 100 000,– € geschenkt hätte? Welcher zusätzliche Anspruch bzw. welcher zusätzliche geldwerte Vorteil könnte dem F zustehen?

Abwandlung 2:
Wie wäre es, wenn C das Testament nachträglich noch um folgenden maschinenschriftlich erstellten Zusatz ergänzt hätte, den er nicht noch einmal unterschrieben hätte:

„Ich bitte Euch, von dem Erbe monatlich 80,– € an den Verein zur Erforschung der Multiplen Sklerose e.V. zu zahlen, damit dieser Betrag dazu verwendet werden kann, anderen MS-Patienten zu helfen."

Hätte dieser Zusatz Auswirkungen auf das gesamte Brieftestament?

Hätte der Verein nach C's Tod einen Anspruch auf monatliche Zahlung in Höhe von 80,– € gegen den oder die Erben?

Wie wäre die Zuwendung, auf den konkreten Fall bezogen, erbrechtlich zu qualifizieren?

Erbe, wem Erbe gebührt? **Fall 4**

Vorüberlegungen

I. In dieser Klausur ist zu erörtern, welche Möglichkeiten zugunsten des überlebenden, testamentarisch als Erben eingesetzten Lebenspartners im Güterstand der Zugewinngemeinschaft bestehen. Die Rechtslage unter eingetragenen Lebenspartnern ist insoweit mit dem Eherecht identisch. Wichtig ist es, die entsprechenden (Verweisungs-)normen aus dem Lebenspartnerschaftsgesetz zu erkennen und anzuwenden.

599

II. Zudem ist zu erörtern, was sich mit den in § 2247 festgeschriebenen Formerfordernissen vereinbaren lässt und was nicht.

III. Zeitleiste:

IV. Skizze – Abwandlung 1:

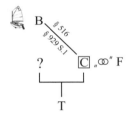

Gliederung

1. Teil: Ausgangsfall
A. Ansprüche des F als testamentarisch eingesetzter Erbe

600

    I. Anspruch des F auf Auseinandersetzung der Erbengemeinschaft und Verteilung des Überschusses gemäß den §§ 2042 I, 2046, 2047 I
        1. Testierfähigkeit und Höchstpersönlichkeit
        2. Form gemäß den §§ 2231 Nr. 2, 2247
        3. Ergebnis
    II. Pflichtteilsrestanspruch des F gemäß § 2305 i.V.m. § 10 VI 2 LPartG
        1. F als Pflichtteilsberechtigter
        2. Testamentarisch hinterlassener Erbteil, der geringer ist als der Pflichtteil des F
        3. Rechtsfolge des § 2305
        4. Berechnung des Zusatzpflichtteils
    III. Ergebnis

Fall 4 *Erbe, wem Erbe gebührt?*

- **B. Ausschlagung der Erbschaft durch F**
  - I. Anspruch des F auf Zugewinnausgleich gemäß § 6 LPartG i.V.m. § 1378
  - II. Kleiner Pflichtteil i.S.d. § 1371 III, II, 2. Hs. i.V.m. § 10 VI LPartG
    1. Ermittlung des pflichtteilsspezifischen Nachlasswertes
    2. Subsumtion und Zwischenergebnis
  - III. Ergebnis
- **C. Wahlrecht des Lebenspartners**

2. Teil: Abwandlung 1
- **A. Auswirkungen bei Annahme der Erbschaft**
  - I. Pflichtteilsergänzungsanspruch aus § 2325 I
    1. F als Pflichtteilsberechtigter
    2. Schenkung an Dritte, die keine 10 Jahre zurückliegt
    3. Kein Vorliegen einer Anstandsschenkung i.S.v. § 2330
    4. Berechnung
  - II. Ergebnis
- **B. Auswirkungen bei Ausschlagung durch F (güterrechtliche Lösung)**
  - I. Pflichtteilsergänzungsanspruch aus § 2325 I
  - II. Erhöhung des Zugewinnausgleichsanspruches des F gemäß § 6 LPartG i.V.m. § 1378 I
- **C. Gesamtergebnis**

3. Teil: Abwandlung 2
- **A. Auswirkungen des maschinenschriftlichen Zusatzes auf den restlichen Teil des Testaments**
- **B. Ansprüche des Vereins**
- **C. Erbrechtliche Qualifizierung der gewollten Zuwendung**

Lösung

1. Teil: Ausgangsfall

A. Ansprüche des F als testamentarisch eingesetzter Erbe

Fraglich ist zunächst, ob und in welcher Höhe dem F Ansprüche als testamentarisch eingesetzter Erbe zustehen.

I. Anspruch des F auf Auseinandersetzung der Erbengemeinschaft und Verteilung des Überschusses gemäß den §§ 2042 I, 2046, 2047 I

In Betracht kommen könnte ein Anspruch des F auf Auseinandersetzung der Erbengemeinschaft und Verteilung des Überschusses gemäß §§ 2042 I, 2046, 2047 I. Um das ihm zugedachte Vermögen zu erhalten, müsste F gemäß § 2042 I die Auflösung der Erbengemeinschaft verlangen. Vom Überschuss, der nach Begleichung aller Nachlassforderungen verbleibt, vgl.: §§ 2046, 1967, gebührt ihm gemäß § 2047 I der Anteil, der seiner Erbquote entspricht.

601

Zu ermitteln ist daher, ob F Erbe geworden ist und wenn ja, welche Erbquote ihm zukommt.

Aufgrund des Testamentes vom 29. 3. 2005 wäre F Erbe zu ⅕ geworden. Fraglich ist allerdings, ob die Verfügung des C wirksam ist.

1. Testierfähigkeit und Höchstpersönlichkeit

Von der Testierfähigkeit i.S.v. § 2229 ist ebenso wie von der Höchstpersönlichkeit i.S.d. §§ 2064, 2065 auszugehen.

602

2. Form gemäß den §§ 2231 Nr. 2, 2247

Problematisch erscheint jedoch, ob die Form des § 2247 gewahrt ist.

603

Im Sinne von §§ 2231 Nr. 2, 2247 kann der Erblasser ein Testament durch eigenhändig geschriebene und unterschriebene Erklärung errichten. Das Testament könnte hier insofern gegen das Erfordernis der Eigenhändigkeit i.S.d. § 2247 I, 1. Fall verstoßen, als B als „Schreibhilfe" fungiert hat.

Im Sinne dieser Norm ist die eigenhändige Niederschrift des gesamten Testamentstextes durch den Erblasser selbst erforderlich, da allein dies ermöglicht, die Echtheit des Testaments anhand seiner individuellen Schriftzüge nachprüfen zu können[1]. Insofern ist die eigene Herstellung der Schrift durch den Erblasser mit seiner Hand (bei Versehrten mit Prothese, Fuß, Mund oder Ähnlichem) zwingend vorgeschrieben[2].

Dieses Erfordernis kann nicht dadurch umgangen werden, dass der Erblasser einen Dritten ermächtigt, für ihn die letztwillige Verfügung niederzuschreiben[3].

604

---
1 *Michalski*, ErbR, Rn. 221.
2 *Palandt/Edenhofer*, § 2247 Rn. 6.
3 BayObLG FamRZ 1990, 441.

Fall 4 *Erbe, wem Erbe gebührt?*

Zulässig ist es aber, dass der Erblasser beim Schreiben von einem Dritten unterstützt wird, etwa durch Halten des Arms oder der Hand. Eine derartige zulässige Unterstützung liegt indes nur vor, wenn die Schriftzüge des Erblassers von seinem Willen abhängig und bestimmt sind, mithin nicht vom Helfer geformt werden[4].

Vorliegend ist kein Verstoß gegen § 2247 gegeben, da C seinem Willen entsprechend testierte und in der Verfügung nicht etwa der Wille der B zum Ausdruck gebracht wurde. B hat C nur insofern unterstützt, als sie ihm den fast gelähmten Arm gehalten und seine Hand gestützt hat, was mit § 2247 vereinbar ist.

3. Ergebnis

Somit ist F testamentarisch wirksam zu ⅕ als Erbe des C eingesetzt worden und kann damit i.S.v. § 2047 I ⅕ des i.S.v. § 2046 bereinigten Nachlasses fordern.

II. Pflichtteilsrestanspruch des F gemäß § 2305 i.V.m. § 10 VI 2 LPartG

Darüber hinaus könnte ihm nach § 2305 i.V.m. § 10 VI 2 LPartG ein Pflichtteilsrestanspruch bzw. Zusatzpflichtteil zustehen.

605 **Exkurs/Vertiefung:** Während die Erben durch sog. „Von-selbst-Erwerb", d.h. ohne Übertragungsakte i.S.d. §§ 929, 873, 398 in die Rechtsstellung des Erblassers eintreten, bewirkt ein Pflichtteilsanspruch lediglich, dass die Pflichtteilsberechtigten einen schuldrechtlichen Anspruch in Geld gegen die Erben haben[5].

1. F als Pflichtteilsberechtigter

606 Ein Anspruch auf Erhalt eines Pflichtteils setzt voraus, dass F in Bezug auf den Nachlass des C pflichtteilsberechtigt ist. Pflichtteilsberechtigt sind nur die nächsten Angehörigen des Erblassers, also seine Abkömmlinge, vgl. § 2303 I, sein Ehegatte, vgl. § 2303 II, sein eingetragener Lebenspartner i.S.v. § 10 VI LPartG und seine Eltern, wobei den Eltern lediglich ein über § 2309 eingeschränktes Pflichtteilsrecht zusteht.

F ist als eingetragener Lebenspartner Pflichtteilsberechtigter i.S.v. § 10 VI LPartG.

607 **Exkurs/Vertiefung:** Das Pflichtteilsrecht sichert Abkömmlingen (und i.S.v. § 2309 eingeschränkt den Eltern) sowie dem Ehegatten und dem eingetragenen Lebenspartner eine Mindestbeteiligung am Nachlass des Erblassers zu und setzt damit der Testierfreiheit des Erblassers Schranken. Voraussetzung jeder Pflichtteilsberechtigung ist allerdings ein gesetzliches Erbrecht, da das Pflichtteilsrecht lediglich Ersatzfunktion für ein nicht zum Zuge gekommenes gesetzliches Erbrecht haben soll[6].

---

4 BGHZ 47, 68, 71; BGH NJW 1981, 1900, 1901.
5 Vgl. auch: *Leipold*, ErbR, Rn. 601; *Michalski*, ErbR, Rn. 2, 17, 166.
6 Vgl. dazu: *Palandt/Edenhofer*, § 2303 Rn. 1; Überbl v § 2303 Rn. 1.

2. Testamentarisch hinterlassener Erbteil, der geringer ist, als der Pflichtteil des F

Darüber hinaus müsste dem F i.S.d. § 2305 testamentarisch ein Erbteil hinterlassen worden sein, der geringer ist, als die Hälfte des gesetzlichen Erbteils, also geringer als sein Pflichtteil, vgl. § 2303 I 2.

Dem F wurde testamentarisch ein Erbteil hinterlassen. Fraglich ist, in welcher Höhe F gesetzlicher Erbe gewesen wäre.

F ist als eingetragener Lebenspartner des C neben T, die als Abkömmling des C gemäß § 1924 I Erbin 1. Ordnung ist, i.S.d. § 10 I LPartG gesetzlicher Erbe des C zu ¼.

Da C und F die eingetragene Lebenspartnerschaft am 10. 1. 2005 eingegangen sind und dem Sachverhalt nicht zu entnehmen ist, dass sie durch Lebenspartnerschaftsvertrag i.S.v. § 7 LPartG etwas anderes vereinbart hatten, lebten sie gemäß § 6 LPartG im Güterstand der Zugewinngemeinschaft.

> **Exkurs/Vertiefung:** Vor dem 1. 1. 2005 mussten sich die Lebenspartner bei Eingehung einer Lebenspartnerschaft i.S.d. §§ 6, 7 LPartG a.F. darüber erklären, welchen Güterstand sie wählen wollten. Sofern sie die Rechtswirkungen der Zugewinngemeinschaft anstrebten, mussten sie sich für den Güterstand der sog. Ausgleichsgemeinschaft entscheiden.
>
> Seit dem 1. 1. 2005 ist die Rechtslage jedoch insoweit mit derjenigen der Ehe identisch: Nunmehr ist auch bei der eingetragenen Lebenspartnerschaft die Zugewinngemeinschaft der gesetzliche Güterstand. Zu den Übergangsregelungen, vgl. § 21 LPartG.

Über § 6 LPartG gelten für Lebenspartner die §§ 1364–1390 entsprechend, so dass auch § 1371 I zur Anwendung kommt.

Im Sinne dieser Norm findet der Zugewinnausgleich bei Tod eines Ehegatten/Lebenspartners dadurch statt, dass sich der gesetzliche Erbteil des überlebenden Ehegatten/Lebenspartners um ¼ erhöht.

Nach dieser sog. erbrechtlichen Lösung würde F daher gemäß § 10 I LPartG i.V.m. § 1371 I, § 6 LPartG zusätzlich ein weiteres Viertel erhalten. F wäre mithin gesetzlicher Erbe zu ½. Die Hälfte hiervon, also ¼, stellt i.S.v. § 10 VI wertmäßig seinen Pflichtteil dar, der bei Anwendung des § 1371 I, großer Pflichtteil genannt wird.

Die dem F hinterlassene Erbquote in Höhe von ⅕ ist geringer als F's Pflichtteil i.H.v. ¼.

3. Rechtsfolge des § 2305

Gemäß § 2305 kann F die Wertdifferenz zwischen dem Pflichtteil i.H.v. ¼ und der tatsächlichen Erbschaft (= ⅕) als Zusatzpflichtteil verlangen; vorliegend also ⁵⁄₂₀ minus ⁴⁄₂₀ = ¹⁄₂₀.

4. Berechnung des Zusatzpflichtteils

Bei der Berechnung des Zusatzpflichtteils ist i.S.d. § 2311 I der Wert des schuldenfreien Nachlasses zum Zeitpunkt des Erbfalles maßgebend.

Fall 4 *Erbe, wem Erbe gebührt?*

Abzuziehen sind daher vom Nachlasswert zunächst die Erblasserschulden und Verbindlichkeiten, die durch den Tod bedingt sind, wie z.B. Beerdigungs- und Nachlassverwaltungskosten, ferner auch die Zugewinnausgleichsforderung des überlebenden Partners in den Fällen des § 1371 II, III[7].

Nicht abzuziehen sind dagegen die im Range nachgehenden Vermächtnisse, Auflagen, Erbersatzansprüche in Erbfällen vor dem 1.4.1998 (EGBGB Art. 227 I Nr. 1); der Anspruch aus dem Dreißigsten i.S.v. § 1969 und auch ein gesetzliches Vermächtnis an die Abkömmlinge nach § 1371 IV. Ebenfalls nicht abzuziehen sind die Kosten einer Testamentsvollstreckung, soweit sie nicht auch für den Pflichtteilsberechtigten von Vorteil ist[8] und die den Erben treffende Erbschaftssteuer[9].

613 **Exkurs/Vertiefung:** Die Tatsache, dass bestimmte Positionen beim pflichtteilsspezifischen Nachlasswert nicht abzuziehen sind, die der Erbe als Nachlassverbindlichkeit tragen muss und die letztendlich den Nachlasswert mindern, kann dazu führen, dass der eigentliche Wert des Pflichtteils höher ist als der Wert der halben gesetzlichen Quote[10].

Der um die Darlehensschuld i.H.v. 100 000,- € bereinigte Nachlasswert i.S.v. § 2311 beträgt 1 000 000,- €. Der Pflichtteilsrestanspruch des F i.H.v. ¹/₂₀ beträgt damit 50 000,- €.

III. Ergebnis

F ist Erbe zu ⅕. Nach Auflösung der Erbengemeinschaft i.S.d. § 2042 gebührt ihm vom Überschuss i.S.d. § 2047 I ein Anteil in Höhe von ⅕.

Der wirtschaftliche Wert dieser Erbquote beträgt 200 000,- €.

Zusätzlich hat F gemäß § 2305 eine Pflichtteilsrestanspruch i.H.v. 50 000,- €, den er bei der Auseinandersetzung als Nachlassverbindlichkeit i.S.d. § 2046 geltend machen kann.

Insgesamt stünden ihm folglich wertmäßig 250 000,- € (200 000,- €+ 50 000,- €) zu.

B. Ausschlagung der Erbschaft durch F

Fraglich ist, ob es für F einen wirtschaftlichen Vorteil darstellen könnte, wenn er die Erbschaft ausschlagen würde.

F wäre dann gemäß § 1953 I nicht als Erbe anzusehen und hätte demgemäß auch keine Ansprüche aus dem Testament. Stattdessen könnte er gemäß § 6 LPartG i.V.m. den §§ 1371 III, 1. Hs., 1378, 1371 II, 1. Hs. den Zugewinnausgleich und – trotz Ausschlagung – im Sinne der sog. güterrechtlichen Lösung den kleinen Pflichtteil verlangen.

---

7 Vgl. BGHZ 37, 58, 64.
8 BGHZ 95, 222.
9 OLG Düsseldorf FamRZ 1999, 1465.
10 *Michalski*, ErbR, Rn. 480.

> **Exkurs/Vertiefung:** Bei Ausschlagung der Erbschaft kann grundsätzlich auch nicht der Pflichtteil in Anspruch genommen werden, da § 2303 voraussetzt, dass der Berechtigte „von der Erbschaft ausgeschlossen ist". Ausnahmsweise besteht ein Pflichtteilsanspruch auch nach einer Ausschlagung gemäß den §§ 2306 I 2, 2307 I 1 und gemäß § 1371 III[11].

614

I. Anspruch des F auf Zugewinnausgleich gemäß § 6 LPartG i.V.m. § 1378

Der Anspruch auf Zugewinnausgleich gemäß § 6 LPartG i.V.m. § 1378 berechnet sich nach den §§ 1371 III, II i.V.m. den §§ 1373 ff.

615

Das Endvermögen des C i.S.v. § 1375 beträgt nach Abzug der Darlehensschuld 1 000 000,- € und stellt laut Sachverhalt seinen Zugewinn dar. Da F selbst keinen Zugewinn erwirtschaftet hat, besteht zu Gunsten des F ein Ausgleichsanspruch in Höhe der Hälfte des Zugewinns des C, mithin ein Ausgleichsanspruch in Höhe von 500 000,- €.

II. Kleiner Pflichtteil des F i.S.d. § 1371 III, II 2. Hs. i.V.m. § 10 VI LPartG

Daneben stünde dem F gemäß § 1371 III, II auch der sog. kleine Pflichtteil i.S.v. § 10 VI LPartG zu.

616

> **Exkurs/Vertiefung:** § 1371 II ist insofern auch bei Ausschlagung anwendbar, als § 1371 III einen Unterfall des § 1371 II darstellt. Denn auch bei Ausschlagung wird der überlebende Ehegatte nicht Erbe[12].

617

Der kleine Pflichtteil berechnet sich i.S.d. § 1371 III, II 2. Hs. aus dem nicht um ¼ erhöhten gesetzlichen Erbteil des § 10 I LPartG.

618

Da der Pflichtteil gemäß § 10 VI LPartG die Hälfte des gesetzlichen Erbteils aus § 10 I LPartG, hier i.H.v. ¼ beträgt, ist F i.H.v. ⅛ des Nachlasswertes pflichtteilsberechtigt.

1. Ermittlung des pflichtteilsspezifischen Nachlasswertes

Vom Nachlasswert ist i.S.d. § 2311 der Zugewinnausgleichsanspruch des F als Nachlassforderung abzuziehen, da die Verpflichtung zum Ausgleich des Zugewinns in den Fällen des § 1371 II, III eine Schuld des Erblassers darstellt, die mit der Beendigung des Güterstands, hier also mit dem Tod des C (vgl. § 1378 III 1) entsteht und für die der Erbe (hier T als Alleinerbin, wenn F ausschlägt) nach § 1967 I haftet.

619

2. Subsumtion und Zwischenergebnis

Vom Nachlasswert in Höhe von 1 Mio. € ist demnach der Zugewinnausgleichsanspruch i.H.v. 500 000,- € abzuziehen. Der kleine Pflichtteil beträgt wertmäßig folglich 62 500,- € (⅛ aus 500 000,- €).

620

---

11 *Michalski*, ErbR, Rn. 474.
12 *Palandt/Brudermüller*, § 1371 Rn. 18.

Fall 4 *Erbe, wem Erbe gebührt?*

III. Ergebnis

Nach der güterrechtlichen Lösung ergibt sich somit ein Anspruch des F gegen die Erbin T i.H.v. insgesamt 562 500,- € (500 000,- € + 62 500,- €).

C. Wahlrecht des Lebenspartners

Der von seinem verstorbenen Partner bedachte Lebenspartner hat das Recht, zu wählen, ob er einerseits die ihm zugedachte Erbschaft annimmt und den Pflichtteil geltend macht oder sich andererseits für die güterrechtliche Lösung entscheidet.

621 **Exkurs/Vertiefung:** Kein Wahlrecht besteht, wenn der Lebenspartner/Ehegatte testamentarisch enterbt wurde. In diesem Fall ist nur die güterrechtliche Lösung durchführbar[13]. Ein Wahlrecht besteht ebenfalls nicht, wenn die Erbschaft bereits ausgeschlagen wurde. Auch dann verbleibt es bei der güterrechtlichen Lösung.

F kann also wählen, ob er die Erbschaft (im Wert von 200 000,- €) annimmt und gemäß § 2305 den über die erbrechtliche Lösung zu berechnenden Zusatzpflichtteil (50 000,- €) verlangt oder ob er die Erbschaft ausschlägt und so, gemäß § 1371 III, 1. Hs., den Zugewinnausgleich (500 000,- €) und den kleinen Pflichtteil (62 500,- €) bekommt (güterrechtliche Lösung).

622 **Exkurs/Vertiefung:** Unabhängig von steuerrechtlichen Fragen empfiehlt sich die güterrechtliche Lösung i.d.R. dann, wenn der Zugewinn besonders hoch ist.

2. Teil: Abwandlung 1

Fraglich ist im Abwandlungsfall, welcher zusätzliche Anspruch bzw. welcher zusätzliche geldwerte Vorteil dem F aufgrund der Schenkung des C an B zustehen könnte.

A. Auswirkungen bei Annahme der Erbschaft

Zu prüfen ist zunächst, wie sich die Schenkung bei Annahme der Erbschaft durch F auswirkt.

I. Pflichtteilsergänzungsanspruch des F aus § 2325 I

Dem F könnte aufgrund der Schenkung zusätzlich ein Pflichtteilsergänzungsanspruch aus § 2325 I zustehen.

623 **Exkurs/Vertiefung:** Der Begriff: „Pflichtteilsergänzungsanspruch" ist insofern verwirrend, als dieser Anspruch allen Pflichtteilsberechtigten unabhängig vom Bestehen eines (ordent-

---

13 Vgl. dazu mit ausführlicher Begründung: BGHZ 42, 182 = NJW 1964, 2404=JZ 1965, 60; BGH NJW 1982, 2497.

lichen) Pflichtteilsanspruches zusteht. Auch wer Erbe ist und wer mehr erbt als die gesetzliche Quote, kann einen Anspruch gegen die (Mit-)erben/den Nachlass bzw. subsidiär gegen die Beschenkten i.S.v. § 2329 geltend machen[14].

Bei einem Alleinerben bzw. Miterben ist insofern maßgeblich, dass er bei (gedachter) Ausschließung von der Erbfolge einen Pflichtteil fordern könnte[15].

Für den Fall einer Schenkung des Erblassers kann sich zugunsten eines jeden Pflichtteilsberechtigten, selbst wenn er Erbe ist, unabhängig vom Bestehen eines ordentlichen Pflichtteilsanspruches, aus § 2325 I ein so genannter Pflichtteilsergänzungsanspruch ergeben. Nach § 2325 I kann der Pflichtteilsberechtigte bei einer Schenkung des Erblassers an Dritte, die noch nicht mehr als 10 Jahre zurückliegt, vgl. § 2325 III, den Betrag verlangen, um den sich sein Pflichtteil erhöhen würde, wenn der verschenkte Gegenstand dem Nachlasswert (fiktiv) hinzugerechnet wird. Dies gilt allerdings nur, sofern keine Anstandsschenkung i.S.v. § 2330 vorliegt. **624**

1. F als Pflichtteilsberechtigter

Wie bereits gesehen, ist F als eingetragener Lebenspartner des C, pflichtteilsberechtigt i.S.v. § 10 VI LPartG. **625**

2. Schenkung an Dritte, die keine 10 Jahre zurückliegt

Laut Sachverhalt hat C das Segelboot Anfang April 2005, also innerhalb der Frist des § 2325 III, an B verschenkt, so dass davon auszugehen ist, dass hier eine Schenkung i.S.e. Bereicherung aus dem Vermögen des Zuwendenden vorlag, bei denen sich die Beteiligten über die Unentgeltlichkeit der Zuwendung gemäß § 516 I einig waren. **626**

Exkurs/Vertiefung: § 2325 kann auch bei gemischten Schenkungen und unbenannten (ehebedingten) Zuwendungen unter Ehegatten eingreifen[16]. **627**

3. Kein Vorliegen einer Anstandsschenkung i.S.v. § 2330

Fraglich ist jedoch, ob es sich in Bezug auf das Segelboot um eine Anstandsschenkung bzw. um eine Schenkung handeln könnte, die auf einer sittlichen Pflicht des Erblassers beruhte, vgl. § 2330. Als Ansatzpunkt dafür könnte man sehen, dass B dem C bei der Testamentserrichtung geholfen hat. **628**

Unter einer Anstandsschenkung sind kleinere Zuwendungen zu besonderen Tagen oder Anlässen zu verstehen, was vorliegend nicht zutreffend wäre. Aus sittlicher Pflicht kann dagegen auch eine Schenkung geboten sein, die einen großen Wert aufweist; maßgeblich ist insoweit, ob der Erblasser eine ihm obliegende Pflicht unterlässt, wenn er keine entsprechende Schenkung vornimmt. In diesem Sinne könnte insbesondere die Übereignung des halben Familienwohnheims an die unversorgte Ehefrau einzuordnen sein, die jahrelang unbezahlt im Geschäft des Mannes mitgearbeitet

---

14 *Michalski*, ErbR, Rn. 474 und 518.
15 OLG Köln ZEV 1998, 434, 435; *Michalski*, ErbR, Rn. 518.
16 BGHZ 116, 167 = NJW 1992, 564 und *Leipold*, ErbR, Rn. 842, Fn. 26 m.w.N.

Fall 4 *Erbe, wem Erbe gebührt?*

hat[17]. Vorliegend kann jedoch aufgrund der einmaligen Hilfe bei der Testamentserrichtung die Übereignung des Segelbootes nicht als adäquate Gegenleistung bzw. sittliche Pflicht des Erblassers angesehen werden.

4. Berechnung

629 Da die Voraussetzungen des § 2325 gegeben sind, ist der Ergänzungspflichtteil zu berechnen.

Die Pflichtteilsquote des F beträgt, wie oben gesehen, im Sinne der erbrechtlichen Lösung gemäß den §§ 6, 10 I LPartG, 1371 I, ¼ des Nachlasswertes. Wertmäßig stünden dem F also bei Zugrundelegung des tatsächlichen Nachlasswertes = 250 000,– €, bei Zugrundelegung des fiktiven, um den Wert des Schenkungsgegenstandes erhöhten Nachlasswertes i.H.v. 1,1 Mio. €, = 275 000,– € zu.

F's Pflichtteilsergänzungsanspruch nach § 2325 I beträgt folglich 25 000,– € (275 000,– € – 250 000,– €).

630 *Hinweis zur Lösung:* Einfacher berechnet sich die Ergänzung, wenn man unmittelbar vom Wert des Geschenkes ausgeht und die Pflichtteilsquote entsprechend danach berechnet, hier: ¼ aus 100 000,– € = 25 000,– €.

II. Ergebnis

F kann folglich gegen die Erbengemeinschaft bzw. aus dem Nachlass gemäß § 2325 I einen Betrag in Höhe von 25 000,– € verlangen.

B. Auswirkungen bei Ausschlagung durch F (güterrechtliche Lösung)

Fraglich ist, welcher zusätzliche Anspruch bzw. geldwerte Vorteil dem F bei der güterrechtlichen Lösung zugute käme.

I. Pflichtteilsergänzungsanspruch des F aus § 2325 I

631 Dem F könnte auch bei Ausschlagung ein Pflichtteilsergänzungsanspruch aus § 2325 I zustehen.

Bei Ausschlagung der Erbschaft kann zwar grundsätzlich (bis auf die Ausnahmeregelungen der §§ 2306 I 2, 2307 I 1 und gemäß § 1371 III) auch kein Pflichtteil in Anspruch genommen werden, da § 2303 voraussetzt, dass der Berechtigte „von der Erbschaft ausgeschlossen ist"[18]. Da der Ergänzungsanspruch als außerordentlicher Pflichtteilsanspruch jedoch keine Enterbung voraussetzt, behält ihn der Erbe im Umfang des § 2326 selbst dann, wenn er die Erbschaft ausschlägt[19].

F könnte also auch bei Ausschlagung den Ergänzungspflichtteil gemäß § 2325 i.H.v. 25 000,– € verlangen.

---

17 Zu den Begriffen: *Palandt/Edenhofer*, § 2330 Rn. 2 m.w.N.
18 *Michalski*, ErbR, Rn. 474.
19 *Leipold*, ErbR, Rn. 848; zu § 2325 als außerordentlicher Pflichtteilsanspruch, vgl. BGHZ 103, 333.

II. Erhöhung des Zugewinnausgleichsanspruch des F gemäß § 6 LPartG i.V.m. § 1378 I

Darüber hinaus könnte die Schenkung auch Auswirkungen auf den Zugewinnausgleichsanspruch des F nach § 6 LPartG i.V.m. § 1378 I haben.

Bei der Berechnung des Zugewinnausgleichs ist gemäß § 1376 II grundsätzlich vom Wert des beim Erbfall vorhandenen Vermögens auszugehen.

I.S.d. § 1375 II Nr. 1 muss aber der Wert des Segelbootes dem Endvermögen hinzugerechnet werden, da die Schenkung, wie oben bereits erörtert, weder einer sittlichen Pflicht noch einer auf den Anstand zu nehmenden Rücksicht entsprochen hat. Die Hilfe bei der Testamentserrichtung ist, wie oben gesehen, insoweit nicht ausreichend.

Der Zugewinnausgleich des F ist folglich aus einem Endvermögen des C i.H.v. 1 100 000,– € zu berechnen und beträgt i.S.d. § 1378 I 550 000,– €, also 50 000,– € mehr als im Ausgangsfall.

C. Gesamtergebnis

Aufgrund der Schenkung des C an B stünde dem F bei Annahme der Erbschaft i.S.d. § 2325 ein zusätzlicher Wert i.H.v. 25 000,– € zu und bei Ausschlagung gemäß §§ 2325, 6 LPartG, 1378 I, 1375 ein zusätzlicher Wert i.H.v. 75 000,– € (25 000,– € + 50 000,– €).

3. Teil: Abwandlung 2

A. Auswirkungen des maschinenschriftlichen Zusatzes auf den restlichen Teil des Testaments

Fraglich ist, ob der nachträglich eingefügte maschinenschriftliche Zusatz Auswirkungen auf das gesamte Testament vom 29. 3. 2005 hätte. Insbesondere könnte dieser Zusatz die Gesamtnichtigkeit des Testaments vom 29. 3. 2005 bewirken.

Da der maschinenschriftliche Zusatz nicht dem Erfordernis der Eigenhändigkeit i.S.v. § 2247 genügt, ist er gemäß § 125 S. 1 i.V.m. § 2247 formnichtig. Diese Teilunwirksamkeit könnte über § 139 zur Gesamtnichtigkeit des Testaments führen. Da hier die Unwirksamkeit einer von mehreren Verfügungen und nicht die Unwirksamkeit eines Teils einer einheitlichen Verfügung in Rede steht, ist nach allgemeiner Ansicht jedoch § 2085 und nicht § 139 anzuwenden.

I.S.d. § 2085 führt die Unwirksamkeit einer von mehreren Verfügungen, abweichend von der allgemeinen Regel des § 139, nur zur Unwirksamkeit der übrigen testamentarischen Verfügungen, wenn anzunehmen ist, dass der Erblasser die Gesamtnichtigkeit gewollt hätte.

Gemäß § 2085 liegt hier folglich, trotz des i.S.d. § 125 S. 1 i.V.m. § 2247 unwirksamen maschinenschriftlichen Testamentsteils, keine Unwirksamkeit der ersten im Testament getroffenen Verfügung vor, da nicht anzunehmen ist, dass der Erblasser C eine derartige Gesamtnichtigkeit des Testaments gewollt hätte.

Fall 4 *Erbe, wem Erbe gebührt?*

635 **Exkurs/Vertiefung:** Umstritten ist, welche Norm eingreifen soll, wenn nicht **eine von mehreren** selbständigen Verfügungen, sondern nur **ein Teil einer einheitlichen**, aber in sich teilbaren Verfügung unwirksam ist. Z.T. wird § 139 angewendet[20], z.T. § 2085[21].

B. Ansprüche des Vereins

636 Damit der Verein zur Erforschung der Multiplen Sklerose e.V. gegen die Erben einen Anspruch auf monatliche Zahlung in Höhe von 80,– € hätte, müsste durch den testamentarischen Zusatz ein entsprechender Anspruch begründet worden sein.

Problematisch ist jedoch die Wirksamkeit dieses Zusatzes aufgrund der fehlenden Eigenhändigkeit.

Die Verfügung zugunsten des Vereins ist – wie oben bereits erwähnt – gemäß § 125 S. 1 unwirksam, da sie nicht handschriftlich erfolgte (§ 2247).

637 Darüber hinaus könnte der Zusatz aber auch unwirksam sein, da er nicht unterschrieben wurde. Die fehlende besondere Unterzeichnung des nachträglichen Zusatzes schadet dann nicht, wenn sie nach dem feststellbaren Willen des Erblassers von der Unterschrift gedeckt sein soll und das äußere Erscheinungsbild der Urkunde nicht entgegensteht[22]. Ein entsprechender Wille des C kann zwar angenommen werden, da aber der mit Maschine gefertigte Zusatz nicht zu dem handschriftlich erstellten restlichen Teil der Verfügung passt, steht das äußere Erscheinungsbild entgegen.

Folglich führt die fehlende Eigenhändigkeit (fehlende Handschriftlichkeit und fehlende Unterschrift) trotz des erkennbaren entsprechenden Testierwillens zur Unwirksamkeit des Zusatzes. Der Verein hat gegen die Erben folglich keinen Anspruch auf monatliche Zahlung in Höhe von 80,– €.

C. Erbrechtliche Qualifizierung der gewollten Zuwendung

638 Fraglich ist, wie die von C gewollte Zuwendung zugunsten des Vereins, wenn sie denn wirksam wäre, erbrechtlich zu qualifizieren ist. Für die Auslegung testamentarischer Verfügungen ist i.S.d. § 133 der wirkliche Wille des Erblassers zu erforschen. Hier wollte C dem Verein zur Erforschung der Multiplen Sklerose e.V. monatlich einen Betrag i.H.v. 80,– € zukommen lassen, um anderen MS-Patienten damit zu helfen. In Betracht kommt somit die Qualifizierung dieser Zuwendung als Vermächtnis oder als Auflage[23].

Wenn es sich insoweit um ein Vermächtnis i.S.d. §§ 1939, 2147 handeln würde, hätte der Verein einen eigenen schuldrechtlichen Anspruch auf Leistung des vermachten Vermögensvorteils gegen die Erben[24].

---

20 RGZ 63, 23; BGH NJW 1962, 912; Hamm OLGE 73, 83.
21 *Kipp/Coing*, ErbR, § 21 VI; *Lange/Kuchinke*, ErbR, § 34 V 2b; MüKo/*Leipold*, § 2085 Rn. 9; *Leipold*, ErbR, Rn. 414 m.w.N.
22 BGH NJW 1974, 1083, 1084.
23 Zur Abgrenzung von Vermächtnis und Auflage: KG ZEV 1998, 306 ff.
24 Im Einzelnen dazu: *Michalski*, ErbR, Rn. 704.

Bei einer Auflage i.S.d. §§ 1940, 2192 ff. bestünde hingegen nur eine Verpflichtung des beschwerten Erben, ohne dass ein anderer ein Recht auf Leistung erhält, § 1940, vgl. aber § 2194. Gegenstand einer Auflage kann alles sein, worauf sich eine schuldrechtliche Verpflichtung richten kann. Im Gegensatz zum Vermächtnis handelt es sich bei Auflagen überwiegend um nicht vermögenswerte Leistungen (z.B. Grabpflege, Pflege von Tieren etc.), bei denen ein bestimmter Begünstigter nicht in Betracht kommt[25]. **639**

Vorliegend ist der Verein als konkreter Begünstigter genannt, so dass es am ehesten dem Erblasserwillen entspricht, dass der begünstigte Verein einen eigenen Anspruch auf die Zuwendung haben sollte. Folglich wäre die Zuwendung hier als Vermächtnis i.S.d. §§ 1939, 2147 zu qualifizieren.

Repetitorium

I. Im Sinne von **§ 2247** muss ein **eigenhändiges Testament** die folgenden Voraussetzungen erfüllen (während das Fehlen der Orts- und Zeitangabe nicht zur Nichtigkeit des Testaments führt, vgl. § 2247 II): **640**
1. Die Verfügung muss auf einem **ernstlichen Testierwillen** beruhen.
   Während dies bei formgerecht abgefassten und inhaltlich vollständigen Testamenten nicht zweifelhaft ist[26], muss der Testierwille bei anderen Schriftstücken, wie z.B. einer Verfügung in einem **Brief**[27] bzw. bei der Aufbewahrung der Verfügung an einem ungewöhnlichen Ort wie z.B. im Schuhkarton oder Scheckheft, explizit festgestellt werden. Abzugrenzen ist der Testierwille von bloßen Ankündigungen und Entwürfen[28].
2. Der Erblasser muss seinen letzten Willen, also den gesamten Inhalt, **eigenhändig, handschriftlich** niederschreiben.
   Zulässig ist es, dass der Erblasser beim Schreiben von einem Dritten unterstützt wird, etwa durch Halten des Arms oder der Hand, sofern die Schriftzüge des Erblassers von seinem Willen abhängig und bestimmt sind, mithin nicht vom Helfer geformt werden[29]. D.h., dass ein „Stützen" der Hand erlaubt ist, nicht aber ein „Führen".
   Formgerecht i.S.d. Eigenhändigkeit ist auch eine mittels Kohlepapier hergestellte Durchschrift eines eigenhändigen Testaments (Blaupause)[30], nicht aber eine Fotokopie[31] und jede mechanische Herstellung (Schreibmaschinentext)[32].

---

25 Im Einzelnen dazu: *Michalski*, ErbR, Rn. 726.
26 KG OLGE 91, 144.
27 Dazu: BayObLG FamRZ 2001, 944; 2003, 1786.
28 *Palandt/Edenhofer*, § 2247, Rn. 4.
29 BGHZ 47, 68, 71; BGH NJW 1981, 1900, 1901; OLG Hamm NJW-RR 2002, 222.
30 BGHZ 47, 68; KG FamRZ 1995; 897; BayObLG FamRZ 1986, 1043.
31 Karlsruhe, NJW-RR 2003, 653.
32 *Palandt/Edenhofer*, § 2247, Rn. 6 f.

Fall 4 *Erbe, wem Erbe gebührt?*

3. Das Testament muss eine **Unterschrift mit Abschlussfunktion** aufweisen[33]:
   - Die Selbstbenennung zu Beginn eines Testaments ist nicht ausreichend[34].
   - Die fehlende besondere Unterzeichnung eines nachträglichen Zusatzes schadet dann nicht, wenn sie nach dem feststellbaren Willen des Erblassers von der Unterschrift gedeckt sein soll und das äußere Erscheinungsbild der Urkunde nicht entgegensteht[35].
   - Eine Unterschrift kann auch nicht geleistet werden, wenn unter dem Testamentstext dafür kein ausreichender Platz ist. In diesen Fällen kann eine Unterschrift auch quer zum oder neben dem Text als formwirksam anerkannt werden[36].
   - Eine Unterschrift auf einem Briefumschlag, in dem sich das Testament befindet, kann ausreichend sein, wenn sich die Unterschrift als Fortsetzung und Schlusspunkt des einliegenden Schriftstückes darstellt[37] und der Umschlag verschlossen ist[38].
   - Die Mitunterzeichnung eines Testaments durch Dritte bzw. den Erben ist i.S.v. § 2247 unschädlich[39].
   - Die Unterschrift mit Vor- und Nachnamen ist nicht erforderlich, vgl. § 2247 III, S. 2. Auch mit Kosenamen, Pseudonymen und Familienbezeichnungen kann unterschrieben werden, sofern dies zur Feststellung der Urheberschaft des Erblassers ausreicht[40].

641 II. Wird der Güterstand der Zugewinngemeinschaft durch Tod beendet, bestehen die folgenden Möglichkeiten:

1. Fall: Der Erblasser hat keine Verfügung von Todes wegen errichtet:
1. Der Ehegatte wird von selbst i.S.d. §§ 1931, 1371 I Erbe, wobei der Erbteil gemäß § 1371 pauschal um ¼ erhöht wird **(erbrechtliche Lösung).**
   Für den Lebenspartner ergibt sich dies aus:
   §§ 10, 6 LPartG i.V.m. § 1371.
2. **bei Ausschlagung:**
   Der Ehegatte erhält nach § 1371 III i.V.m. § 2303 I 2, den **kleinen Pflichtteil,** wobei der nicht um das pauschale Viertel erhöhte Erbteil zugrunde gelegt wird, vgl. § 1371 II
   und
   den **güterrechtlichen Zugewinnausgleich** nach den §§ 1378, 1371 III i.V.m. den §§ 1373 ff. **(güterrechtliche Lösung).**
   Für den Lebenspartner ergibt sich dies aus den §§ 10 VI, 6 LPartG i.V.m. § 1371 III, II und § 6 LPartG i.V.m. den §§ 1378, 1371 III, II, 1373 ff.

---

[33] Zum Ganzen: *Michalski*, ErbR, Rn. 222 ff. m.w.N.
[34] BGHZ 113, 48.
[35] BGH NJW 1974, 1083, 1084.
[36] OLG Köln NJWE-FER 2000, 211; vgl. auch: vgl. OLG Celle NJW 1996, 2938.
[37] RGZ 110, 166, 168 f.; BayObLG ZEV 1994, 40 f.; *Soergel/Mayer*, § 2247 Rn. 29 ff.; *Michalski*, ErbR, Rn. 226 m.w.N.; a.A.: *Kipp/Coing*, ErbR, § 26 I 2b; *Lange/Kuchinke*, ErbR, § 19 III 3b.
[38] OLG Hamm, OLGZ 1986, 292; MüKo/*Burkart*, § 2247 Rn. 31; a.A.: BayObLG, Rpfleger 1986, 294.
[39] Dazu: *Michalski*, ErbR, Rn. 228 m.w.N.
[40] *Michalski*, ErbR, Rn. 224.

2. Fall: Der Erblasser hat seinen Ehegatten/Lebenspartner testamentarisch als Erben bzw. Vermächtnisnehmer eingesetzt:
  I. Erbteil/Vermächtnis > Hälfte des gesetzlichen Erbteils
   1. Der Ehegatte/Lebenspartner erhält den zugewandten Erbteil bzw. das zugewandte Vermächtnis.
   2. **bei Ausschlagung:** wie oben unter 1. Fall, 2.
      (güterrechtliche Lösung)
  II. Erbteil/Vermächtnis ≤ Hälfte des gesetzlichen Erbteils
   1. Der Ehegatte/Lebenspartner erhält den zugewandten Erbteil bzw. das zugewandte Vermächtnis und
      i.S.d. §§ 2305 bzw. 2307 I 2 (i.V.m. § 10 VI) den Zusatzpflichtteil bis zum großen Pflichtteil.
   2. **bei Ausschlagung:** wie oben –
      (güterrechtliche Lösung)

3. Fall: Der Erblasser hat seinen Ehegatten/Lebenspartner testamentarisch enterbt:
Es ist nur die güterrechtliche Lösung durchführbar[41].

III. Das **Pflichtteilsrecht** sichert den nächsten gesetzlichen Erben, also den Abkömmlingen (und i.S.v. § 2309 eingeschränkt den Eltern) sowie dem Ehegatten und dem eingetragenen Lebenspartner eine Mindestbeteilung am Nachlass des Erblassers zu und setzt damit der Testierfreiheit des Erblassers Schranken. Der Pflichtteilsanspruch ist ein Geldanspruch gegen den Erben[42].
Es existieren insoweit:
1. der **Pflichtteilsanspruch** i.S.d. § 2303 (§ 10 VI 1 LPartG) i.H.d. Hälfte des gesetzlichen Erbteils
2. der **Pflichtteilsrestanspruch** i.S.d. §§ 2305, 2307 I (§ 10 VI 2 LPartG)
3. der **Pflichtteilsergänzungsanspruch** i.S.d. §§ 2325–2331 (§ 10 VI 2 LPartG)

IV. Kontrollfragen
1. Steht demjenigen, der die Erbschaft ausschlägt, ein Pflichtteilsanspruch zu?
2. Nennen Sie bitte die wichtigsten Pflichtteilsansprüche!
3. Was bedeutet erb- und güterrechtliche Lösung?
4. Kann der Ehegatte/Lebenspartner zwischen großem Pflichtteil (erbrechtliche Lösung) bzw. kleinem Pflichtteil und Zugewinn (güterrechtliche Lösung) wählen, wenn er überhaupt nicht bedacht worden ist bzw. ausgeschlagen hat?
5. Welche Wirksamkeitsvoraussetzungen sind an ein eigenhändiges Testament zu stellen?

---

[41] Vgl. dazu mit ausführlicher Begründung: BGHZ 42, 182 = NJW 1964, 2404 = JZ 1965, 60; BGH NJW 1982, 2497.
[42] Vgl. dazu: *Palandt/Edenhofer*, § 2303 Rn. 1, Überbl v § 2303 Rn. 1; zum Ganzen, vgl. auch: *Michalski*, ErbR, Rn. 471 ff.

Fall 5

Geteiltes Leid ist halbes Leid?

644 Als das Ehepaar Anton (A) und Clara Heintze (C) aus Weimar eine Bildungsreise nach Israel unternimmt, fallen beide in Tel Aviv am 1. 8. 2002 einem Selbstmordattentat auf einen Linienbus zum Opfer. Testamentarische Verfügungen hatten beide nicht errichtet.

Als Angehörige leben lediglich noch die 34 jährige Tochter Tonia (T) aus erster Ehe des A und der 23 jährige Sohn Sascha (S) aus einer früheren Verbindung der C.

Sobald beide Kinder über das Auswärtige Amt vom Tod ihrer Eltern erfahren haben, geraten sie in Streit um die Erbschaft, anstatt sich gegenseitig in der Verlustsituation zur Seite zu stehen. S, der in Weimar wohnt, nimmt sofort den Nachlass des A, zu dem insbesondere auch ein bebautes Grundstück gehört, in Besitz und verweigert seiner Stiefschwester, die erst aus Hamburg angereist kommt, jeglichen Zugriff auf die Erbschaft. Als sie sich nicht abweisen lässt ist er schließlich bereit, die eine Hälfte des Hauses zu räumen und T einziehen zu lassen. T ist jedoch inzwischen nicht mehr kompromissbereit. Sie ist der Ansicht, dass S lediglich die persönlichen Gegenstände seiner Mutter zustünden, da das gesamte Vermögen im Wert von 500 000,– € A gehört habe, was auch den Tatsachen entspricht. T verlangt von S Herausgabe des gesamten Nachlasses aus § 2018.

Wie ist die Rechtslage?

Hätte S u.U. einen Anspruch auf Zugewinnausgleich? Gehen Sie insoweit bitte davon aus, dass nicht mehr festzustellen ist, wie hoch das Anfangsvermögen des A und der C war und wer von beiden zuerst den Tod gefunden hat.

Ebenso bei dem Attentat den Tod gefunden hat der Küchen- und Elektrohändler Markus Michels, der zwei Söhne und zwei Töchter hinterlassen hat. Als sich diese nach der Beerdigung mit den Hinterlassenschaften ihres Vaters beschäftigen, finden sie ein handschriftliches und unterschriebenes Testament folgenden Inhalts:

„Meinen Laden in der Karl-Marx-Allee in Berlin soll dasjenige meiner Kinder erben, das nach seiner Ausbildung und seinen Neigungen am besten geeignet ist, mein Kundenkonzept unter den heutigen immer schwieriger werdenden Bedingungen in sozialem Geiste fortzuführen. Der Geschäftsführer meines Unternehmens, mein langjähriger Freund Herr Fabian Frehse (F) soll entscheiden, wer das ist.
Markus Michels"

Ist das Testament wirksam?

Auszug aus dem Verschollenheitsgesetz – VerschG:
§ 11 Kann nicht bewiesen werden, dass von mehreren gestorbenen oder für tot erklärten Menschen der eine den anderen überlebt hat, so wird vermutet, dass sie gleichzeitig gestorben sind.

Geteiltes Leid ist halbes Leid? **Fall 5**

Vorüberlegungen

I. Auch bei der Lösung dieses Falles ist der Tod mehrerer Erblasser erbrechtlich zu betrachten. Bei mehreren Erblassern ist aufbautechnisch immer zu beachten, dass bei der rechtlichen Prüfung zwischen den einzelnen Erbfällen sorgfältig getrennt wird und die Erbfälle chronologisch geprüft werden.

II. Da T Herausgabe des Nachlasses ihres Vaters A aus § 2018 geltend macht, ist mit der Prüfung dieses Anspruches, also mit der rechtlichen Beurteilung des Todesfalles des A, zu beginnen.

III. Skizzen:

1. Teil:

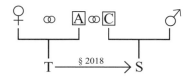

2. Teil:

Gliederung

1. Teil: Todesfall des Anton Heintze (A)

A. Anspruch der T gegen S auf Herausgabe des Nachlasses gemäß § 2018
    I. Erbenstellung der T
    II. S als Erbschaftsbesitzer i.S.v. § 2018
        1. Erbenstellung des S im Verhältnis zu A
            a) Erbenstellung der C
            b) Ergebnis
        2. Zwischenergebnis
    III. Ergebnis

B. Anspruch des S gegen T auf Zugewinnausgleich gemäß den §§ 1922, 1967, 1378 i.V.m. 1371 ff.
    I. Anspruchsinhaberschaft des S
    II. T als Anspruchsgegnerin
    III. Zugewinnausgleichsanspruch der C
        1. Erbrechtliche Lösung gemäß § 1371 I
        2. Güterrechtliche Lösung gemäß § 1371 II

Fall 5   *Geteiltes Leid ist halbes Leid?*

      3. Zugewinnausgleichsanspruch bei gleichzeitigem Tod der Ehegatten
         a) Minderansicht: Anwendung des § 1372
         b) Weitere Ansicht: Analoge Anwendung des § 1371 II
         c) HM: Kein Zugewinnausgleichsanspruch
         d) Diskussion
   IV. Ergebnis

2. Teil: Erbfall des Markus Michels (M)

A. Wirksamkeit des Testamentes
   I. Testierfähigkeit/Form
   II. Höchstpersönlichkeit i.S.d. §§ 2064, 2065
      1. Zulässigkeit von Werturteilen
         a) Ansicht des RG und Literaturansicht
         b) Heute herrschende Rechtsprechung
         c) Diskussion
      2. Zwischenergebnis

B. Ergebnis

Lösung

1. Teil: Todesfall des Anton Heintze (A)

A. Anspruch der T gegen S auf Herausgabe des Nachlasses gemäß § 2018

T könnte gegen S einen Anspruch auf Herausgabe der Erbschaft aus § 2018 haben.

I. Erbenstellung der T

Dies setzt voraus, dass T Erbin des A ist.

Eine letztwillige Verfügung hat A nicht hinterlassen, so dass T lediglich aufgrund der im Verhältnis zur gewillkürten Erbfolge subsidiären gesetzlichen Erbfolge i.S.d. §§ 1924 ff. Erbin des A geworden sein könnte. Die Erbenstellung der T im Verhältnis zu ihrem Vater A ergibt sich aus den §§ 1922, 1924 I. T ist als Abkömmling des A seine gesetzliche Erbin 1. Ordnung. Indem sie das Herausgabebegehren gegenüber S geltend macht, hat T die Erbschaft auch konkludent angenommen, § 1943[1]. Sollte T lediglich Miterbin sein, würde das die Geltendmachung eines Anspruches aus § 2018 nicht ausschließen, sie könnte dann aber lediglich i.S.v. § 2039 die Herausgabe an alle Erben gemeinschaftlich verlangen[2].

> **Exkurs/Vertiefung:** Ansprüche aus den §§ 2018 ff. können auch die Miterben untereinander geltend machen: Zwar wird ein Miterbe, der ein Nachlassgrundstück allein in Besitz nimmt, dadurch nicht zum Erbschaftsbesitzer, sofern die übrigen Miterben ihre Befugnis zum Mitgebrauch nicht in Anspruch nehmen, wohl aber, wenn er sich später, unter Negierung der Rechte der übrigen Miterben, eine Stellung als Alleinerbe anmaßt[3].

II. S als Erbschaftsbesitzer i.S.v. § 2018

S müsste i.S.v. § 2018 als Erbschaftsbesitzer zu qualifizieren sein. Im Sinne der Legaldefinition des § 2018 ist Erbschaftsbesitzer, wer aufgrund eines ihm in Wirklichkeit nicht zustehenden Erbrechts etwas aus der Erbschaft erlangt hat. Der Erbschaftsbesitzer muss objektiv etwas aus dem Nachlass erlangt haben und diesen Nachlassgegenstand subjektiv unter Berufung auf ein vermeintliches Erbrecht beanspruchen. Die Frage der Gut- oder Bösgläubigkeit des Erbschaftsbesitzers hinsichtlich seines vermeintlichen Erbrechts beeinflusst nur den Umfang der Haftung, nicht aber die Entstehung des Herausgabeanspruches als solchen[4]. Es stellt sich also zunächst die Frage, ob dem S in Bezug auf A ebenfalls eine Erbenstellung zukommen könnte, denn dann würde er u.U. nicht aufgrund eines vermeintlichen, sondern aufgrund eines tatsächlichen Erbrechts besitzen. Da er inzwischen ohnehin nicht mehr das gesamte Erbe beansprucht, könnte eine Qualifizierung als Erbschaftsbesitzer ausgeschlossen sein.

---

1 Zur Annahme: *Palandt/Edenhofer*, § 1943 Rn. 1.
2 *Michalski*, ErbR, Rn. 946.
3 BGH FamRZ 2004, 537.
4 *Michalski*, ErbR, Rn. 947.

Fall 5 *Geteiltes Leid ist halbes Leid?*

1. Erbenstellung des S im Verhältnis zu A

650 Wie sich aus den §§ 1924 ff. ergibt, können mit Ausnahme der Ehefrau (§ 1931) und dem subsidiären Zwangserben, dem Staat (§ 1936), lediglich Verwandte i.S.v. § 1589, nicht aber verschwägerte Personen gesetzliche Erben sein. Als Stiefkind ist S mit A lediglich verschwägert i.S.v. § 1590. S kann folglich kein gesetzlicher Erbe des A sein.

Zudem ist S von A auch nicht als Kind angenommen (weder als Minderjähriger, noch als Volljähriger, vgl.: §§ 1741 ff. oder §§ 1767 ff). Allein dadurch hätte er in Bezug auf A die rechtliche Stellung eines ehelichen Kindes erhalten, so dass dann ein Verwandtschaftsverhältnis zu A (und bei der Minderjährigenannahme auch zu den Verwandten des A) bestehen würde, vgl.: §§ 1754 I, 1755, 1770. Da eine Annahme des S von A jedoch nicht erfolgt ist, scheidet eine gesetzliche Erbenstellung des S in Bezug auf A gänzlich aus.

Als Abkömmling der C ist S jedoch gemäß § 1924 I Erbe der C. Sofern C ihren Ehemann A beerbt hätte, könnte S insoweit ein Anteil am Nachlass des A zustehen.

a) Erbenstellung der C

651 C könnte gemäß § 1931 I als Ehefrau des A seine gesetzliche Erbin sein.

Gemäß § 1931 I ist der überlebende Ehegatte des Erblassers, neben Verwandten der 1. Ordnung, zu einem Viertel zum gesetzlichen Erben berufen.

Da zwischen A und C keine Güterstandsvereinbarung getroffen wurde, haben A und C i.S.v. § 1363 I im gesetzlichen Güterstand der Zugewinngemeinschaft gelebt, so dass C über die §§ 1931 III, 1371 I ein weiteres Viertel der Erbschaft zustehen könnte. Nach § 1371 I erfolgt der Zugewinnausgleich bei Beendigung des Güterstandes durch Tod eines der Ehegatten in der Art, dass sich der gesetzliche Erbteil des überlebenden Ehegatten um ein Viertel erhöht. Neben T könnte C folglich Erbin zu ½ geworden sein. Dies setzt nach dem Wortlaut der §§ 1931 I, 1371 I und auch nach der Vorschrift des § 1923 I zur Erbfähigkeit voraus, dass C den A überlebt haben müsste. Ob C oder A zuerst den Tod gefunden haben, kann vorliegend jedoch nicht mehr festgestellt werden. In solchen Fällen greift § 11 VerschG ein. Im Sinne dieser Norm wird die widerlegbare Vermutung aufgestellt, dass beide Ehegatten gleichzeitig den Tod gefunden haben, sog. Kommorientenvermutung[5]. Diese Vermutung hat S auch nicht widerlegt.

b) Ergebnis

Damit ist C nicht Erbin des A geworden.

2. Zwischenergebnis

Folglich hat S auch keine von C abgeleitete Erbenstellung bezüglich der Erbschaft des A. Da S, das Erbrecht der T bestreitet und sich selbst als Erbe des A geriert, obgleich ihm in Wirklichkeit kein Erbrecht zusteht, ist er als Erbschaftsbesitzer i.S.d. § 2018 zu qualifizieren.

---

5 *Leipold*, ErbR, Rn. 30.

III. Ergebnis

T kann folglich als Alleinerbin des A von S Herausgabe der gesamten Erbschaft gemäß § 2018 verlangen.

> **Exkurs/Vertiefung:** Weitere Ansprüche der T auf Herausgabe bestehen gemäß den §§ 985, 861, 1007, 812 I 1, 2. Fall, 823 I i.V.m. 249 S. 1, da T als Erbin des A im Zeitpunkt des Erbfalls im Wege der Universalsukzession gemäß § 1922 das Eigentum und den Besitz an jedem einzelnen Gegenstand der Erbschaft erlangte, vgl. auch § 857. Nach § 2029 sind die Einzelansprüche auch neben dem Gesamtanspruch aus § 2018 anwendbar[6].

652

B. Anspruch des S gegen T auf Zugewinnausgleich gemäß den §§ 1922, 1967, 1378 i.V.m. 1371 ff.

Fraglich ist, ob S gegen T einen Anspruch auf Zugewinnausgleich aus den §§ 1922, 1924 I, 1967, 1378 i.V.m. den §§ 1371 ff. geltend machen kann.

I. Anspruchsinhaberschaft des S

Dazu müsste S als Anspruchsinhaber anzusehen sein. Soweit C ein Zugewinnausgleichsanspruch zugestanden hätte, wäre er nach § 1378 III 1 vererblich und somit im Wege der Universalsukzession nach § 1922 I auf S übergegangen.

653

II. T als Anspruchsgegnerin

Des Weiteren müsste T die richtige Anspruchsgegnerin sein. Als Erbin des A i.S.d. § 1922, 1924 I würde sie, bei Bestehen eines Zugewinnausgleichsanspruches, gemäß § 1967 dafür haften.

654

III. Zugewinnausgleichsanspruch der C

Fraglich ist daher, ob ein Zugewinnausgleichsanspruch zugunsten der C gemäß § 1378 i.V.m. den §§ 1371 ff. besteht.

655

A und C haben im Güterstand der Zugewinngemeinschaft gelebt. Bei Beendigung dieses Güterstandes durch Tod sieht das Gesetz in § 1371 einen Ausgleichsanspruch vor, für den die sog. erbrechtliche Lösung gemäß § 1371 I oder die sog. güterrechtliche Lösung nach § 1371 II Anwendung finden kann.

1. Erbrechtliche Lösung gemäß § 1371 I

Nach der erbrechtlichen Lösung erhöht sich der gesetzliche Erbteil des Ehegatten aus § 1931 I gemäß den §§ 1931 III, 1371 I pauschal um ein weiteres Viertel der Erbschaft. Dieser Anspruch besteht unabhängig davon, ob tatsächlich ein Zugewinn erwirtschaftet wurde[7]. Nach dem Wortlaut des § 1371 I ist allerdings Voraussetzung,

656

---

6 *Palandt/Edenhofer*, Einf v § 2018 Rn. 1.
7 Dazu: *Michalski*, ErbR, Rn. 52 a ff.

Fall 5 *Geteiltes Leid ist halbes Leid?*

dass der anspruchsberechtigte Ehegatte den anderen überlebt hat. Hier ist jedoch im Sinne der Kommorientenvermutung des § 11 VerschG vom gleichzeitigen Tod der Eheleute auszugehen. Somit sind die Voraussetzungen des § 1371 vorliegend nicht erfüllt.

2. Güterrechtliche Lösung gemäß § 1371 II

657 Fraglich ist jedoch, ob die güterrechtliche Lösung eingreifen könnte.

Nach der güterrechtlichen Lösung kann der Ehegatte, der nicht Erbe ist, gemäß § 1371 II den Zugewinnausgleich nach den Vorschriften des Zugewinnausgleichs in sonstigen Fällen der Beendigung der Ehe verlangen (§§ 1373–1383, 1390). Danach wird der Zugewinn eines Ehegatten i.S.v. § 1373 aus dem Endvermögen eines Ehegatten i.S.v. § 1375 abzüglich seines Anfangsvermögen bei Eingehung der Ehe gemäß § 1374 berechnet, wobei das Anfangsvermögen, sofern es bei Beendigung der Ehe nicht mehr feststellbar sein sollte, mit Null anzusetzen ist, vgl. § 1377 III. Übersteigt der Zugewinn des einen Ehegatten den des anderen, beträgt dessen Ausgleichsforderung gemäß § 1378 I die Hälfte der Differenz zwischen dem Zugewinn des Anspruchsgegners und dem Zugewinn des Anspruchsstellers[8].

Der Zugewinn des A errechnet sich i.S.v. § 1373 aus seinem Endvermögen von 500 000,- € (vgl. § 1375) abzüglich seines Anfangsvermögen bei Eingehung der Ehe (vgl. § 1374), das hier nicht feststellbar ist und daher i.S.v. § 1377 III mit Null anzusetzen ist. Somit hatte A einen Zugewinn i.H.v. 500 000,- € erwirtschaftet.

Da C über kein Endvermögen verfügt, würde ihre Zugewinnausgleichsforderung nach § 1378 I 250 000,- € betragen.

658 Aber auch nach dem Wortlaut des § 1371 II muss der den Zugewinnausgleich fordernde Ehegatte den anderen überlebt haben, wovon hier nicht ausgegangen werden kann. Folglich sind auch die Voraussetzungen des § 1371 II nicht erfüllt.

Der C hätte also gegen A in unmittelbarer Anwendung des § 1371 kein Anspruch auf Zugewinnausgleich zugestanden.

3. Zugewinnausgleichsanspruch bei gleichzeitigem Tod der Ehegatten

Fraglich ist dennoch, ob bei Beendigung der Ehe durch gleichzeitigen Tod beider Ehegatten ein Zugewinnausgleichsanspruch gegeben sein könnte. Dies wird unterschiedlich beurteilt.

a) Minderansicht: Anwendung des § 1372

659 Nach einer Ansicht soll § 1372 auch bei gleichzeitigem Tod beider Ehegatten zur Anwendung kommen.

Die Regelung des § 1371 sei nur bezüglich des Todes eines Ehegatten abschließend, so dass bei einem gemeinsamen Tod beider Ehegatten ein Fall der sonstigen Beendigung vorliege und daher § 1372 eingreife[9].

---

8 Zur Berechnung des Zugewinnausgleichsanspruches mit weiteren Beispielen: *Schlüter*, FamR, Rn. 122 ff.
9 *Gernhuber/Coester-Waltjen*, FamR, § 37 IV 1; *Rauscher*, FamR, Rn. 398.

Im vorliegenden Fall wäre nach dieser Ansicht mithin ein Zugewinnausgleichsanspruch der C in Höhe von 250 000,– € entstanden.

b) Weitere Ansicht: Analoge Anwendung des § 1371 II

Eine weitere Ansicht befürwortet die analoge Anwendung des § 1371 II[10]. **660**

Begründet wird dies damit, dass die Versagung eines Zugewinnausgleichsanspruches das Wesen der ehelichen Gemeinschaft bzw. die Mitarbeit des anderen Ehegatten am Zugewinn außer Acht ließe.

Auch nach dieser Ansicht wäre folglich ein Zugewinnausgleichsanspruch der C in Höhe von 250 000,– € entstanden.

c) Herrschende Meinung: Kein Zugewinnausgleichsanspruch

Nach h.M. sei dagegen sowohl eine unmittelbare als auch eine entsprechende Anwendung des § 1372 abzulehnen[11]. Ferner sei aber auch die Analogie zu § 1371 II abzulehnen[12]. **661**

Normzweck des § 1372 sei die Sicherung der Existenzgrundlage des anderen Ehegatten. Diese müsse im Fall eines gemeinsamen Todes nicht mehr gesichert werden. Daher scheide eine Anwendung des § 1372 aus.

Da die §§ 1372 ff. das Weiterleben der Ehegatten voraussetze, sei § 1371 für die Beendigung der Zugewinngemeinschaft durch Tod zudem lex specialis. Dieser enthalte jedoch keine entsprechende Regelung, so dass ein Zugewinnausgleichsanspruch bei gleichzeitigem Tod vom Gesetz nicht gewollt sei. Eine Analogie verbiete sich zudem wegen des Ausnahmecharakters der Regelungen über den Zugewinnausgleich. Daher sei bei gleichzeitigem Tod der Eheleute kein Zugewinnausgleichsanspruch gegeben.

Zugunsten der C bzw. ihrem Erben S wäre folglich nach herrschender Meinung kein Zugewinnausgleichsanspruch entstanden.

d) Diskussion

Bereits der Wortlaut des § 1371 I und II sieht ausdrücklich vor, dass ein Ehegatte den anderen überlebt, so dass eine unmittelbare Anwendung des § 1371 ausscheidet. Dem § 1372 ist zudem ausdrücklich zu entnehmen, dass eine Beendigung auf andere Weise als durch Tod eines Ehegatten für eine Zugewinnausgleichsforderung nach den §§ 1372 ff. erforderlich ist, so dass sich auch hier eine unmittelbare Anwendung verbietet. **662**

Darüber hinaus ist der herrschenden Meinung darin zuzustimmen, dass die Vorschriften über den Zugewinnausgleich zum einen der Sicherung der Existenzgrundlage des anderen Ehegatten dienen, was bei gleichzeitigem Tod nicht mehr verwirklicht werden muss und sie zum anderen im Gesamtsystem der Güterstandsregelungen Ausnahmevorschriften darstellen, die grundsätzlich nicht analogiefähig sind. Daher ist der herr-

---

10 *Palandt/Brudermüller*, § 1371 Rn. 13 bis 63. Auflage, a.A. ab 64. Auflage.
11 RGZ 149, 200, 201 ff.; BGHZ 72, 85; LG Augsburg FamRZ 1976, 523; *Staudinger/Thiele*, § 1371 Rn. 59; *Soergel/Lange*, § 1371 Rn. 6; *Michalski*, ErbR, Rn. 57.
12 BGHZ 72, 85; *Werner*, FamRZ 1976, 249, 251.

Fall 5 *Geteiltes Leid ist halbes Leid?*

schenden Meinung zu folgen, so dass sowohl die unmittelbare als auch die analoge Anwendung der §§ 1371 ff. bei gleichzeitigem Tod beider Ehegatten auszuschließen ist.

IV. Ergebnis

S hat somit gegen T keine Zugewinnausgleichsansprüche aus den §§ 1922, 1967, 1378 i.V.m. den §§ 1371 ff.

2. Teil: Erbfall des Markus Michels (M)

A. Wirksamkeit des Testamentes

Vorliegend hat M ein Testament errichtet, so dass die gewillkürte Erbfolge zum Tragen kommen könnte. Fraglich ist daher, ob das Testament des M als wirksame letztwillige Verfügung anzusehen ist.

I. Testierfähigkeit/Form

663 Das Wirksamkeitserfordernis der Testierfähigkeit gemäß § 2229 ist gegeben. Des Weiteren ist auch die Form eines ordentlichen, eigenhändigen Testamentes gemäß den §§ 2231 Nr. 2, 2247 gewahrt.

II. Höchstpersönlichkeit i.S.d. §§ 2064, 2065

Problematisch ist jedoch, ob vorliegend auch die Wirksamkeitsvoraussetzung der Höchstpersönlichkeit i.S.d. §§ 2064, 2065 gegeben war.

664 **Exkurs/Vertiefung:** Das Erfordernis der höchstpersönlichen Errichtung soll bewirken, dass sich der Erblasser bei der Ausübung seiner Testierfreiheit seiner Verantwortung bewusst ist, seine Verfügungen in vollem Umfang durchdenkt und sich einen abschließenden Willen bildet[13]. Selbst, wenn sich der Erblasser weder im Willen noch in der Erklärung durch einen anderen vertreten lassen kann[14], sieht das Gesetz doch die in den §§ 2048, 2151, 2193, 2198 normierten Möglichkeiten vor.

665 Nach § 2064 kann der Erblasser ein Testament nur persönlich errichten, d.h. Stellvertretung und Botenschaft sind unzulässig[15]. § 2065 II verbietet es zudem ausdrücklich, die Bestimmung der Person, die eine Zuwendung erhalten soll, einem anderen zu überlassen[16].

In Betracht kommt hier somit insbesondere ein Verstoß gegen § 2065 II, was zur Unwirksamkeit des Testaments führen würde.

---

13 BGHZ 15, 199; zu den teleologischen Grundlagen des Höchstpersönlichkeitsprinzips: *Goebel*, DNotZ 2004, 101.
14 BGH NJW 1955, 100.
15 Vgl. BayObLG FamRZ 1996, 1036, 1037.
16 *Michalski*, ErbR, Rn. 216; *Leipold*, ErbR, Rn. 278 ff.

In dem Testament des M heißt es, dass der Geschäftsführer des Unternehmens und langjährige Freund F entscheiden solle, wer von den Kindern des M die Unternehmensnachfolge antreten solle. Vom Wortlaut her scheint daher ein Verstoß gegen diese Vorschrift vorzuliegen.

Jedoch besteht vor allem bei der Regelung der Rechtsnachfolge in Betrieben und Unternehmen ein sachliches Bedürfnis, eine spätere Erbenbestimmung zuzulassen, da der Erblasser bei der Errichtung zumeist nicht absehen kann, wer für die Übernahme am Geeignetsten sein wird[17]. § 2065 II will zwar eine Vertretung des Erblassers im Willen verhindern und entsprechend ist es mit § 2065 II auch unvereinbar, die Auswahl des Erben dem freien Ermessen eines anderen zu überlassen[18]. § 2065 II verbietet jedoch nur die Bestimmung des Erben durch Dritte, nicht aber die bloße namentliche Bezeichnung, sofern der Erblasser die entscheidungsberechtigte Person und einen begrenzten Personenkreis, aus dem die Auswahl erfolgen soll, festgelegt, sowie die sachlichen Gesichtspunkte für die Auswahlentscheidung vorgegeben hat[19].

666

1. Zulässigkeit von Werturteilen

Inwieweit jedoch ein Beurteilungsspielraum des konkretisierungsberechtigten Dritten reichen soll und ob insbesondere auch Werturteile zulässig sein sollen, wird unterschiedlich beurteilt[20].

a) Ansicht des RG und Literaturansicht

Nach Ansicht des RG und einem Teil der Literatur sind insbesondere auch Werturteile des Konkretisierungsberechtigten zulässig, falls der Personenkreis, aus dem der Dritte den Bedachten auswählen soll, eng begrenzt ist und die Auswahlkriterien so genau festgelegt sind, dass für Willkür des Dritten kein Raum bleibt[21].

667

Nach dieser Auffassung könnte vorliegend von einem wirksamen Testament auszugehen sein. Zwar wird ein Werturteil des Geschäftsführers F verlangt und es obliegt seiner Entscheidung, welches der Kinder des M unter Berücksichtigung des jeweiligen Ausbildungsstandes und der Neigungen am besten geeignet ist, das Kundenkonzept des M unter den heutigen, immer schwieriger werdenden Bedingungen in sozialem Geiste fortzuführen. Für eine reine Willkürentscheidung bleibt jedoch kein Raum, da F ein langjähriger Freund des M ist.

b) Heute herrschende Rechtsprechung

Die heute herrschende Rspr. lehnt eine Einbeziehung von Werturteilen dagegen generell ab. Nach ihrer Ansicht müssen die Angaben des Erblassers so genau sein, dass die Person des Bedachten für jede sachkundige Person objektiv bestimmbar ist[22]. Der Passus, dass dasjenige der Kinder den Laden erben solle, das M's Kundenkonzept unter den heutigen, immer schwieriger werdenden Bedingungen in sozialem Geiste am

668

---

17 *Michalski*, ErbR, Rn. 217; *Leipold*, ErbR, Rn. 281.
18 KG JR 1953, 422; OLG Celle MDR 1965, 578; *Brox*, ErbR, Rn. 104.
19 *Michalski*, ErbR, Rn. 217.
20 Zum Ganzen: *Leipold*, ErbR, Rn. 281 ff.
21 RGZ 159, 296, *Michalski*, ErbR, Rn. 217.
22 BGHZ 15, 199, 202 f.; OLG Hamm NJW-RR 1995, 1477.

Fall 5 *Geteiltes Leid ist halbes Leid?*

Besten fortführen könne, wäre durch subjektive Maßstäbe des F auszufüllen. Es lässt sich insoweit also gerade keine objektive Bestimmung vornehmen, so dass das Testament nach dieser Ansicht unwirksam wäre und die gesetzliche Erbfolge eingreifen müsste.

c) Diskussion

669 Allein die nunmehr herrschende Rechtsprechung berücksichtigt angemessen die getroffene gesetzliche Regelungen der §§ 2064, 2065. Im Sinne dieser Normen soll der Erblasser über das Schicksal seines Vermögens selbst entscheiden und diese Entscheidung nicht einem Dritten überlassen. Eine Vertretung im Willen soll durch § 2065 II zudem ausdrücklich verhindert werden.

Eine Ansicht, die dies umgeht, indem sie Entscheidungen eines Dritten zulässt, die auf dessen persönlichen Wertmaßstäben basieren, missachtet ohne Notwendigkeit die vom Gesetzgeber getroffene Bestimmung. Dem Willen des Erblassers wird zudem angemessen Rechnung getragen, sofern ihm die Möglichkeit verbleibt, objektive Kriterien für die Erbeinsetzung aufzustellen.

2. Zwischenergebnis

Es ist daher davon auszugehen, dass Werturteile, die nach einem Testament von einem Dritten zu treffen sind, die letztwillige Verfügung unwirksam werden lassen.

Das Testament des M ist folglich unwirksam.

Repetitorium

670 **I. Gesetzliches Erbrecht des Ehegatten und Lebenspartners bei Gütertrennung und Gütergemeinschaft**

Güterstand der Gütertrennung	Gütergemeinschaft
1. Ordnung:	
§ 1931 IV, § 10 II 2 LPartG: ½ neben 1 Kind oder dessen Abkömmlingen ⅓ neben 2 Kindern oder deren Abkömmlingen	*§ 1931 I 1, § 10 I 1 LPartG:* ¼
§ 1931 I 1, § 10 I 1 LPartG: ¼ neben 3 oder mehr Kindern oder deren Abkömmlingen	
2. Ordnung:	
§ 1931 I 1, § 10 I 1 LPartG: ½	

3. Ordnung:
§ 1931 I 1 und § 1931 I 2 bzw. § 10 I 1 LPartG und § 10 I 2 LPartG
neben Großeltern mindestens ½
bzw.
½ plus Abkömmlingsanteil der weggefallenen Großeltern
§ 1931 II, § 10 II LPartG
wenn keine Großeltern mehr leben: alles

4. Ordnung:
§ 1931 II, § 10 II LPartG
alles

II. Zugewinnausgleichsanspruch (ZAA) bei gleichzeitigem Tod beider Ehegatten

671

Ob ein ZAA bei gleichzeitigem Tod beider Ehegatten stattfinden soll und nach welcher Norm, wird unterschiedlich beurteilt.

1. Ansicht[23]: Anwendung des § 1372
Arg.: Es liege ein Fall der sonstigen Beendigung der Zugewinngemeinschaft vor, § 1371 sei nur bezüglich des Todes eines Ehegatten abschließend.

2. Ansicht[24]: Analoge Anwendung des § 1371 II
Arg.: Versagung eines Zugewinnausgleichsanspruches ließe das Wesen der ehelichen Gemeinschaft bzw. die Mitarbeit des anderen Ehegatten am Zugewinn außer Acht.

3. Herrschende Meinung[25]: Kein Zugewinnausgleichsanspruch
Nach h.M. sei dagegen sowohl eine unmittelbare als auch eine entsprechende Anwendung des § 1372 und auch eine Analogie zu § 1371 II abzulehnen.
Arg.: Normzweck des § 1372: Bei gemeinsamen Tod der Eheleute muss die Existenzgrundlage des anderen Ehegatten nicht mehr gesichert werden; § 1371 = lex specialis, da er keine entsprechende Regelung enthalte, sei ein Zugewinnausgleich bei gleichzeitigem Tod nicht gewollt.

III.

672

Unabhängig vom Güterstand gebührt dem überlebenden Ehegatten, der gesetzlicher Erbe (nicht gewillkürter Erbe) ist, neben seinem Erbteil ein Anspruch auf den **sog. Voraus**, d.h. auf die zum ehelichen Haushalt gehörenden Gegenstände (soweit sie nicht Zubehör des Grundstücks sind) und auf die Hochzeitsgeschenke, vgl. § 1932. Für den Lebenspartner ergibt sich der Anspruch auf den Voraus aus § 10 I 3 LPartG, der mit § 1932 übereinstimmt.
Wie die Verweisung auf die Vorschriften des Vermächtnisses in § 1932 II (und in § 10 I 5 LPartG) zeigt, begründet der Voraus einen Anspruch des Ehegatten/Lebenspartners gegen die Erbengemeinschaft auf Eigentumsübertragung i.S.v. § 2174[26].

---

23 *Gernhuber/Coester-Waltjen*, FamR, § 37 IV 1; *Rauscher*, FamR, Rn. 398.
24 *Palandt/Brudermüller*, § 1371 Rn. 13 bis 63. Auflage, a.A. ab 64. Auflage.
25 RGZ 149, 200, 201; BGHZ 72, 85; LG Augsburg FamRZ 1976, 523; *Staudinger/Thiele*, § 1371 Rn. 59; *Soergel/Lange*, § 1371 Rn. 6; *Michalski*, ErbR, Rn. 57; *Werner*, FamRZ 1976, 249, 251.
26 *Palandt/Edenhofer*, § 1932 Rn. 1 ff.

Fall 5 *Geteiltes Leid ist halbes Leid?*

673 IV. Ebenso verweist auch die Regelung des **sog. Dreißigsten** in § 1969 auf die Vorschriften des Vermächtnisses. Im Sinne dieser Vorschrift, ist der Erbe verpflichtet, Familienangehörigen, die zur Zeit des Todes zu dessen Hausstand gehört und von ihm Unterhalt bezogen haben, in den ersten 30 Tagen nach dem Eintritt des Erbfalls Unterhalt zu gewähren und die Benutzung der Wohnung und der Haushaltsgegenstände zu gestatten, sofern der Erblasser nicht abweichend testiert hat. Zu den anspruchsberechtigten Personen gehören insbesondere Pflegekinder und der eingetragene Lebenspartner i.S.v. § 11 I LPartG.

674 V. **Kontrollfragen**
1. Besteht bei gleichzeitigem Tod beider Ehegatten ein Zugewinnausgleichsanspruch der Erben?
2. Was gilt, wenn sich das Überleben eines Menschen im Verhältnis zu einem anderen nicht beweisen lässt?
3. Was versteht man unter dem Begriff der „Höchstpersönlichkeit" i.S.d. §§ 2064, 2065?
4. Was ist unter dem sog. Voraus und dem sog. Dreißigsten zu verstehen?

Fall 6
Drum prüfe, wer sich ewig bindet

Ernst Ehlers (E) erleidet am 12. April 1973 auf dem Nachhauseweg von seiner allabendlichen Joggingrunde einen Herzinfarkt und bricht auf dem Gehweg zusammen. Während einige Passanten mit der vermeintlichen Schnapsleiche nichts zu tun haben wollen, leistet der 16 jährige Roland Reiser (R) sofort erste Hilfe und ruft den Notarzt. Dem selbstlosen Einsatz des R verdankt E sein Leben. Aufgrund dieses Ereignisses erwächst eine innige Bindung zwischen E und R. Während seines Studiums der Tiermedizin wohnt R dann auch bei E und dessen Frau Felicitas (F), wobei insbesondere E ihn behandelt wie einen eigenen Sohn.

In der Folgezeit beschließt E gemeinsam mit seiner Frau, dass sie beide R zum Erben einsetzen wollen. F schreibt am 20. Juni 1983 handschriftlich ein Testament folgenden Inhalts:

„Der zuerst sterbende Ehegatte setzt den überlebenden Ehegatten zum Alleinerben ein. Nach dem Tod des Überlebenden soll Roland Reiser die gesamte Erbschaft erhalten."
Beide unterschreiben das Testament, wobei sie vergessen, Ort und Datum anzugeben. Als sie von einem befreundeten Anwalt darauf angesprochen werden, ob sie sich auch gut überlegt hätten, einen Fremden als Erben einzusetzen und was denn wäre, wenn aus ihrer Ehe noch Kinder hervorgingen, erklärt E, dass R mittlerweile für sie kein Fremder mehr sei und dass diese Verfügung selbst für den Fall gelten solle, dass sie noch Kinder bekämen. Beide gehen jedoch davon aus, dass ihre Ehe kinderlos verlaufen wird. Im Jahre 1985 wird F – entgegen der gemeinsamen Lebensplanung des E und der F – schwanger. Tochter Tamara (T) wird am 30. November 1985 geboren. Nur wenige Wochen später, am 20. Dezember, erleidet E nach langer vorausgegangener Krankheit einen weiteren Herzinfarkt, den er dieses Mal nicht mehr überlebt.

F, die sich in dieser Situation als allein erziehende Mutter überfordert fühlt, besucht ein Trauerseminar, in dem sie den verwitweten Achim (A) kennen lernt. Mit ihm kann sie sich sofort vorstellen, ihr weiteres Leben zu verbringen. Mit dem neuen Partner an ihrer Seite kommt F die Zuwendung an R nunmehr zu hoch vor, ohnehin war sie auf die Beziehung ihres Mannes zu R des Öfteren eifersüchtig. F möchte einen neuen Lebensabschnitt beginnen, mit ihrem bisherigen Leben ganz abschließen und insbesondere auch an das mit E errichtete Testament nicht mehr gebunden sein. F zieht noch im April 1986 mit A zusammen und sucht gemeinsam mit ihm den Notar Dr. Niethammer auf. Sie errichten vor ihm einen formwirksamen Erbvertrag, indem sie sich gegenseitig zu Erben einsetzen und bestimmen, dass T nach dem Tod des Überlebenden die beiderseitige Erbschaft erhalten solle. Vor dem Notar verschweigt F die Existenz der früheren testamentarischen Verfügung, die sie mit E getroffen hatte. Sicherheitshalber sucht F dann im Mai 1986 den Notar Giese auf, bei dem sie die Anfechtung des ursprünglichen Testaments mit E erklärt, was sie sich auch beurkunden lässt.

Nachdem F einen Ratgeber über das richtige Vererben gelesen hat, glaubt sie, R's Zuwendung nur schmälern zu können, indem sie A beschenken würde. Im Jahre 2002 verschenkt und übereignet sie daraufhin formwirksam an A das mit einem Einfami-

Fall 6 *Drum prüfe, wer sich ewig bindet*

lienhaus bebaute Grundstück in Hannover-Kirchrode, das sie von E geerbt hat und das den gesamten Nachlass des E darstellt.

A wird als Eigentümer eingetragen, wobei sich F ein lebenslanges unentgeltliches Nießbrauchsrecht einräumen lässt.

Im Dezember 2004 stirbt F schließlich an einem Hirntumor.

T, die Hannover ohnehin verlassen will, überlässt A das Haus und nimmt den restlichen Nachlass in Besitz, weil sie glaubt, so im Sinne ihrer Mutter zu handeln. Von der Existenz des R weiß T nichts.

Durch die Todesanzeige der F in der Hannoverschen Allgemeinen aufmerksam geworden, meldet sich R nun bei A und T.

R verlangt von A aus § 985 Herausgabe bzw. Räumung des Grundstücks. Außerdem will R wissen, was er dagegen machen könne, dass F A beschenkt hat, nur um ihn „um sein Erbe zu bringen". Von T verlangt R Herausgabe der Erbschaft aus § 2018. Welche Ansprüche hätte T? Wie ist die Rechtslage?

Drum prüfe, wer sich ewig bindet **Fall 6**

Vorüberlegungen

I. Der Klausurenschwerpunkt liegt hier auf der Auseinandersetzung mit einem gemeinschaftlichen Testament. **676**

II. Stellung zu nehmen ist insoweit zumeist auf:
- das Formprivileg des § 2267 für Ehegatten (bzw. Lebenspartner i.S.v. § 10 IV LPartG i.V.m. § 2267)
- die Bindungswirkung gemeinschaftlicher Testamente durch die eingeschränkte Widerrufsmöglichkeit gemäß den §§ 2271, 2270
- die analoge Anwendung der Anfechtungsvorschriften nach § 2281
- die Verfügungsbeschränkungen des § 2113
- die Theorie der Aushöhlungsnichtigkeit i.S.d. §§ 134, 2289 I 2
- die analoge Anwendung des § 2287 bei beeinträchtigenden Schenkungen

III. Um den Überblick über den chronologischen Ablauf zu erhalten, bietet es sich bei diesem Fall an, nicht nur eine Skizze, sondern auch eine Zeitleiste anzufertigen. Sie gibt bereits die Grobstruktur des Falles wieder und ist insofern sowohl bei der Anfertigung der Gliederung als auch bei der Reinschrift der Lösung hilfreich.

IV. **Zeitleiste:**

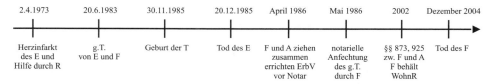

V. **Skizze:**

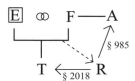

Gliederung

A. Ansprüche des R gegen A **677**
   I. Anspruch des R gegen A auf Räumung bzw. Herausgabe der Villa aus § 985
      1. Eigentumsstellung des R aus den §§ 1922, 1937
         a) Wirksame Testamentserrichtung im Juni 1983 i.S.d. §§ 2265 ff.
            aa) Errichtung durch Eheleute
            bb) Gemeinschaftlichkeit
                (1) Sog. eingeschränkte subjektive Theorie (h.M. und Rspr.)
                (2) Subsumtion und Ergebnis
            cc) Form i.S.v. § 2267

Fall 6 *Drum prüfe, wer sich ewig bindet*

           dd) Weitere Wirksamkeitsvoraussetzungen
           ee) Ergebnis
       b) Widerruf im Jahre 1988
           aa) Widerruf i.S.d. §§ 2254, 2258
           bb) Kein Ausschluss des Widerrufs
           cc) Kein Fall der §§ 2294, 2336
           dd) Zwischenergebnis
       c) Unwirksamkeit des Testaments durch Anfechtung
           aa) F als Anfechtungsberechtigte
           bb) Anfechtungsform, -frist, -erklärung
           cc) Anfechtungsgrund
               (1) Anfechtungsgrund des § 2078 I
               (2) Motivirrtum gemäß § 2078 II
               (3) Anfechtungsgrund des § 2079
           dd) Zwischenergebnis
       d) Ergebnis
    2. Hausgrundstück als Bestandteil des Nachlasses bzw. Eigentumsübertragung zu Lebzeiten der F auf A
       a) Einigung i.S.v. §§ 873, 925
           aa) Unwirksamkeit gemäß § 134 i.V.m. § 2289 I 2 analog
               (1) Frühere Rechtsprechung
               (2) HM und st. Rspr.
               (3) Diskussion
           bb) Ergebnis
       b) Eintragung im Grundbuch und Einigsein
       c) Berechtigung der F
           aa) Erbenstellung der F
               (1) Trennungsprinzip
               (2) Einheitsprinzip
               (3) Auslegungsregel i.S.d. §§ 133, 157 und i.S.v. § 2269
           bb) Zwischenergebnis
    3. Ergebnis
  II. Ausgleichsanspruch des R gegen A gemäß § 2287 i.V.m. den §§ 812 ff.
    1. Anwendbarkeit
    2. Schenkung i.S.d. § 2287
    3. Beeinträchtigungsabsicht
    4. Rechtsfolge
    5. Verjährung
    6. Ergebnis

B. Anspruch des R gegen T auf Herausgabe der Erbschaft gemäß § 2018
  I. Erbenstellung des R
  II. T als Erbschaftsbesitzerin
  III. Ergebnis

C. Ansprüche der T gegen R
    I. Anspruch der T gegen R aus § 2301
   II. Anspruch der T gegen R aus § 2325
       1. T als Pflichtteilsberechtigte
       2. Schenkung an Dritte, die keine 10 Jahre zurückliegt
       3. Kein Vorliegen einer Anstandsschenkung i.S.v. § 2330
       4. Ergebnis

Fall 6   *Drum prüfe, wer sich ewig bindet*

Lösung

A. Ansprüche des R gegen A

I. Anspruch des R gegen A auf Räumung bzw. Herausgabe der Villa aus § 985

Ein Anspruch des R gegen A auf Räumung bzw. Herausgabe des Hausgrundstückes könnte sich aus § 985 ergeben.

Dies setzt voraus, dass R Eigentümer der sich im Besitz des A befindlichen Grundstückes ist.

1. Eigentumsstellung des R aus den §§ 1922, 1937

678   Ursprünglich war E Eigentümer des streitgegenständlichen Grundstücks. Zwischen R und E haben keine Eigentumsübertragungsakte i.S.d. §§ 873, 925 stattgefunden. R könnte daher lediglich aufgrund einer Rechtsnachfolge als Erbe i.S.e. gewillkürten Erbfolge nach den §§ 1922, 1937 Eigentümer des Grundstückes geworden sein. In dem von E und F im Juni 1983 errichteten Testament heißt es, dass R nach dem Tod des Überlebenden die gesamte Erbschaft erhalten solle. In Betracht kommt somit eine Eigentumsstellung des R aufgrund der §§ 1922, 1937, sofern das von E und F errichtete Testament wirksam war und das Grundstück zum Todeszeitpunkt der F noch zum Nachlass gehört hat.

a) Wirksame Testamentserrichtung im Juni 1983 i.S.d. §§ 2265 ff.

679   Fraglich ist zunächst, ob das von E und F errichtete Testament wirksam war. Welche Wirksamkeitsvoraussetzungen erfüllt sein müssen, hängt davon ab, wie das in Rede stehende Testament zu qualifizieren ist. In Betracht käme hier die Qualifizierung als gemeinschaftliches Testament i.S.d. §§ 2265 ff.

Die Frage, ob ein Testament als gemeinschaftliches Testament qualifiziert werden kann oder ob zwei Einzeltestamente vorliegen, ist insofern maßgeblich, als nur beim gemeinschaftlichen Testament die Vorschriften über wechselbezügliche Verfügungen i.S.d. §§ 2270, 2271 anwendbar sind[1]. Zu klären ist daher, ob das durch E und F im Juni 1983 errichtete Testament den Wirksamkeitserfordernissen der §§ 2265 ff. genügt.

aa) Errichtung durch Eheleute

680   Ein gemeinschaftliches Testamentes kann nach § 2265 nur von Eheleuten und über § 10 IV LPartG i.V.m. § 2265 von Lebenspartnern errichtet werden. Diese Wirksamkeitsvoraussetzung ist vorliegend erfüllt, da E und F zum Zeitpunkt der Testamentserrichtung verheiratet waren.

681   **Exkurs/Vertiefung:** Verlobte, nicht verheiratete Lebensgefährten oder Verwandte können dagegen kein gemeinschaftliches Testament errichten[2]. Durch die spätere Eheschließung von

---

1 *Leipold*, ErbR, Rn. 460.
2 *Leipold*, ErbR, Rn. 457.

> Verlobten kann ein vormals errichtetes unwirksames, gemeinschaftliches Testament auch nicht geheilt werden[3].

bb) Gemeinschaftlichkeit

Der Begriff des gemeinschaftlichen Testaments ist im Gesetz nicht genau bestimmt, mit der Folge, dass sich in Bezug auf die begriffsbestimmenden Merkmale unterschiedliche Ansichten vertreten lassen. **682**

Das Merkmal der Gemeinschaftlichkeit ließe sich in Anknüpfung daran, dass das BGB mit dem Terminus „gemeinschaftlich errichten" auf die objektive Errichtungshandlung abstellt, allein objektiv bestimmen (sog. objektive Theorie)[4]. Das Testament müsste demnach die äußere Form einer einheitlichen Urkunde aufweisen, also aus einem oder mehreren fest verbundenen Blättern bestehen, deren Inhalt von der Unterschrift beider Ehegatten gedeckt ist[5]. Ebenso ließe sich auch ein rein subjektiver Standpunkt vertreten. Dann wäre allein darauf abzustellen, ob die Eheleute den Willen hatten, eine gemeinsame letztwillige Verfügung zu treffen, ohne dass es dazu einer gemeinsamen Urkunde bedürfte (sog. subjektive Theorie)[6].

(1) Sog. eingeschränkte subjektive Theorie (h.M. und Rspr.)

Mit Blick darauf, dass es im Erbrecht vorrangig auf den Erblasserwillen ankommt, jedoch aus Gründen der Rechtssicherheit zumindest ein objektiver Anhaltspunkt gegeben sein muss, erscheint es sachgerecht, eine eingeschränkte subjektive Theorie zu vertreten. Maßgeblich ist danach der gemeinsame Wille der Eheleute, ein gemeinschaftliches Testament zu errichten, wobei sich bei Fehlen einer einheitlichen Urkunde die gewollte Gemeinschaftlichkeit der Erklärung aus dieser selbst ergeben muss. Aus den Erklärungen muss daher erkennbar sein, dass nicht zwei getrennte Testamente errichtet werden sollten, sondern in Kenntnis der Verfügung des anderen Ehegatten und darauf abgestimmt, verfügt wurde[7]. **683**

(2) Subsumtion und Ergebnis

Da das Testament vorliegend von E und F als gemeinschaftliches Testament gewollt war und überdies auch auf einer einheitlichen Urkunde errichtet wurde, erfüllt es unabhängig davon, welche begriffsbestimmenden Merkmale insoweit zugrunde gelegt werden, die Anforderungen an ein gemeinschaftliches Testament i.S.d. § 2265. **684**

cc) Form i.S.v. § 2267

Fraglich ist, ob auch die erforderliche Form eingehalten wurde. Für die Form gelten zunächst die allgemeinen Bestimmungen über die Errichtung von Testamenten[8], wobei § 2267 bei der eigenhändigen Errichtung i.S.v. § 2247 für die Ehegatten insofern eine **685**

---

3 *Kanzleiter*, FamRZ 2001, 1198; MüKo/*Musielak*, § 2265 Rn. 2; a.A.: *Wacke*, FamRZ 2001, 457.
4 OLG Koblenz NJW 1954, 1648, 1649.
5 Vgl. *Leipold*, ErbR, Rn. 460, Fn. 9.
6 OGH NJW 1949, 304; *Soergel/Wolf*, Vor § 2265 Rn. 6.
7 KG FamRZ 2001, 794; BayObLG FamRZ 1995, 1447; MüKo/*Musielak*, vor § 2265 Rn. 11 f.; Palandt/*Edenhofer*, Einf v § 2265 Rn. 2; *Leipold*, ErbR, Rn. 460.
8 *Leipold*, ErbR, Rn. 459 und 290 ff.

Fall 6   *Drum prüfe, wer sich ewig bindet*

Erleichterung schafft, als nur einer die testamentarische Verfügung handschriftlich und eigenhändig aufschreiben muss, sofern dann beide Ehegatten den Text unterschreiben. E und F haben in diesem Sinne das Formprivileg des § 2267 genutzt und die Voraussetzungen eines eigenhändigen, gemeinschaftlichen Testamentes i.S.d. §§ 2267, 2247 erfüllt, da F das Testament in der Form des § 2247 verfasst und E es mitunterzeichnet hat. Die Tatsache, dass E und F Ort und Zeit der Errichtung nicht, wie es § 2267 S. 2 vorsieht, angegeben haben, hindert nicht die Wirksamkeit des gemeinschaftlichen Testaments, da es sich bei § 2267 S. 2 lediglich um eine Sollvorschrift handelt.

dd) Weitere Wirksamkeitsvoraussetzungen

686   Von der Testierfähigkeit (§ 2229) der beiden Ehegatten und ihrer höchstpersönlichen Errichtung (§§ 2064 ff.) ist auszugehen.

ee) Ergebnis

E und F haben somit am 20.6.1983 ein wirksames gemeinschaftliches Testament errichtet.

b) Widerruf des Testaments

687   Das gemeinschaftliche Testament der F und des E könnte jedoch im April 1986 durch den von A und F vor dem Notar geschlossenen formwirksamen Erbvertrag i.S.v. § 2276 I i.V.m. § 2232 widerrufen worden sein.

Zu klären bleibt, ob im Rahmen eines Erbvertrages i.S.d. §§ 2274 ff. ein Widerruf erfolgen kann. § 2278 I sieht vor, dass in einem Erbvertrag von den Vertragsschließenden vertragsmäßige Verfügungen getroffen werden und § 2278 II bestimmt, dass als solche nur Erbeinsetzungen, Vermächtnisse und Auflagen in Betracht kommen.

Ein Widerruf ist hier ausdrücklich nicht erwähnt. Insofern könnte jedoch die Regelung des § 2299 I heranzuziehen sein.

Nach § 2299 I kann in einem Erbvertrag einseitig jede Verfügung getroffen werden, die auch durch Testament getroffen werden kann. Hätte F also testamentarisch einen Widerruf erklären können, wäre ihr das grundsätzlich auch im Rahmen des Erbvertrages möglich gewesen. Fraglich ist daher, ob F durch Testament die Verfügung aus dem Juni 1983 hätte widerrufen können.

aa) Widerruf i.S.d. §§ 2254, 2258

688   Im Sinne des § 2254 ist es möglich, eine letztwillige Verfügung durch Testament zu widerrufen. Ausdrücklich hat F im Erbvertrag aber gerade keinen Widerruf erklärt, sondern bei der Errichtung des Erbvertrages dem Notar die frühere testamentarische Verfügung vielmehr verschwiegen. Ein Widerruf könnte allerdings gemäß § 2258 erfolgt sein. Im Sinne dieser Norm genügt es, dass das Testament, also über § 2299 I auch die im Erbvertrag getroffene testamentarische Verfügung, mit dem früheren Testament in Widerspruch steht. Hier steht die Erbeinsetzung des A im Widerspruch zur ursprünglich vorgesehenen Erbeinsetzung des R. Folglich widerspricht die von F im Erbvertrag getroffene Verfügung inhaltlich der im gemeinschaftlichen Testament von 1983 getroffenen Verfügung, die den R begünstigte, so dass an sich der Tatbestand des § 2258 erfüllt ist.

bb) Kein Ausschluss des Widerrufs

Fraglich ist jedoch, ob der Widerruf vorliegend ausgeschlossen sein könnte. **689**

Grundsätzlich sind testamentarische Verfügungen nach § 2253 frei widerruflich. Anders verhält es sich jedoch wegen § 2271 bei wechselbezüglichen Verfügungen i.S.v. § 2270, die in gemeinschaftlichen Testamenten getroffen werden.

Nach § 2271 I tritt zu Lebzeiten beider Ehegatten nur eine vorläufige Bindung ein. Ein Widerruf kann, solange beide Ehegatten noch leben, gemäß § 2271 I 1 i.V.m. § 2296 II durch notariell beurkundete Erklärung gegenüber dem anderen Ehegatten erfolgen, wobei es keines besonderen Widerrufsgrundes bedarf. Eine neue Verfügung von Todes wegen reicht insoweit, wie § 2271 I 2 ausdrücklich bestimmt, nicht aus.

Mit dem Tod eines der Ehegatten entsteht dann eine endgültige Bindung und das Widerrufsrecht erlischt i.S.v. § 2271 II. Dem überlebenden Ehegatten bliebe lediglich die Möglichkeit, nach dem Tode des Partners das ihm Zugewendete auszuschlagen und für sich selbst abweichend zu verfügen, vgl. § 2271 II 1, 2. Hs.

Eine Ausnahme von der Bindungswirkung kann sich auch bei schweren Verfehlungen des Bedachten aus den § 2294 und § 2336 ergeben.

Da die Widerrufsbestimmungen des § 2271 jedoch lediglich bei wechselseitigen Verfügungen gelten, ist zunächst zu klären, ob hier überhaupt wechselbezügliche Verfügungen i.S.v. § 2270 I vorliegen. Im Sinne dieser Norm handelt es sich bei Verfügungen, die Ehegatten in einem gemeinschaftlichen Testament getroffen haben, dann um wechselbezügliche Verfügungen, wenn anzunehmen ist, dass die eine nicht ohne die andere getroffen worden wäre. **690**

Sofern die Erforschung des Willens beider Ehegatten i.S.d. § 133 i.V.m. § 157 in Bezug auf die Wechselbezüglichkeit nicht zu einem eindeutigen Ergebnis führt, ist subsidiär die Auslegungs- und Zweifelsregelung des § 2270 II, 1. Fall anzuwenden. Danach liegen wechselbezügliche Verfügungen vor, wenn sich die Ehegatten gegenseitig bedenken und nach dem Todes des zuletzt Versterbenden eine Person bedacht ist, die mit dem anderen Ehegatten verwandt ist oder ihm sonst nahe steht. **691**

> **Exkurs/Vertiefung:** Die Regelung „mit dem anderen Ehegatten" in § 2270 II beruht auf der Erwägung, dass ein Ehegatte, der zugunsten einer seinem Ehepartner nahe stehenden Person eine Verfügung trifft, die Verfügung seines Ehepartners zu seinen Gunsten zumeist als Gegenleistung dafür verstanden wissen will[9]. **692**

Im Wege der Auslegung i.S.d. §§ 133, 157 ergibt sich zwar, dass F und E den R erbschaftlich bedenken wollten und R in der Folgezeit der Lebensrettungsaktion insbesondere dem E so nahe war, als wäre er sein eigener Sohn, in Bezug auf die Wechselbezüglichkeit lässt sich jedoch keine eindeutige Aussage treffen. Insoweit hilft die Auslegungsregel des § 2270 II, 1. Fall, da sich F und E im gemeinschaftlichen Testament aus dem Jahre 1983 gegenseitig bedacht haben, und ferner die Verfügung für den Fall des Überlebens des Bedachten zugunsten des R getroffen wurde, der dem E als sein Lebensretter und „Zieh-"sohn „sonst nahe" stand. **693**

---

9 Vgl. KG OLGE 1993, 398.

Fall 6 *Drum prüfe, wer sich ewig bindet*

Die im gemeinschaftlichen Testament getroffenen Verfügungen des E und der F sind folglich als wechselbezügliche Verfügungen zu qualifizieren, so dass nach dem Tode des E eine Bindungswirkung eingetreten ist und ein Widerruf grundsätzlich nicht möglich ist.

cc) Kein Fall der §§ 2294, 2336

694 Da sich R keiner schweren Verfehlung schuldig gemacht hat, sind zudem vorliegend auch nicht die Ausnahmeregelungen der §§ 2294, 2336 einschlägig, vgl. § 2271 II 2.

dd) Zwischenergebnis

Folglich konnte F die im gemeinschaftlichen Testament im Juni 1983 getroffene Verfügung zugunsten des R wegen § 2271 II 1 nicht widerrufen.

c) Unwirksamkeit des Testaments durch Anfechtung

Das Testament könnte jedoch durch die Anfechtung der F im Mai 1986 unwirksam geworden sein.

aa) F als Anfechtungsberechtigte

695 Fraglich ist, ob F überhaupt anfechtungsberechtigt ist. Dies könnte hier insbesondere insofern problematisch sein, als sie gemeinsam mit ihrem Mann testiert hat. Grundsätzlich ist der Testierende nicht anfechtungsberechtigt, da er i.S.v. §§ 2253 ff. seine Verfügung i.d.R. frei widerrufen kann. Das Anfechtungsrecht steht vielmehr demjenigen zu, dem der Wegfall der Verfügung zugute käme, vgl. § 2080 I.

Da jedoch mit dem Tod eines Ehegatten bei wechselbezüglichen Verfügungen, die in einem gemeinschaftlichen Testament enthalten sind, eine ähnliche Bindungswirkung wie beim Erbvertrag eintritt, ist der überlebende Ehegatte nach allgemeiner Ansicht analog §§ 2281 ff., 2078 ff. zur Anfechtung der bindend gewordenen wechselbezüglichen Verfügungen berechtigt[10]. F ist daher als überlebende Ehegattin aufgrund der mit E's Tod eingetretenen Bindungswirkung der wechselseitigen Verfügungen, die hier, wie oben bereits erörtert, vorliegen, anfechtungsberechtigt.

bb) Anfechtungsform, -frist, -erklärung

696 F müsste die Anfechtung form- und fristgerecht erklärt haben.

F hat bei Abgabe der Anfechtungserklärung die Form der notariellen Beurkundung i.S.v. § 2282 III gewahrt. Des Weiteren müsste sie die Jahresfrist des § 2283 I eingehalten haben, die ab Kenntnis des Anfechtungsgrundes zu laufen beginnt, vgl. § 2283 II. Dies kann erst entschieden werden, wenn zugunsten der F überhaupt ein Anfechtungsgrund eingreift.

cc) Anfechtungsgrund

Zu klären bleibt daher, ob auf Seiten der F ein Anfechtungsgrund i.S.d. § 2281 i.V.m. den §§ 2078, 2079 besteht.

---

10 RGZ 87, 95; BGHZ 37, 331, 333; *Lange/Kuchinke*, ErbR, § 24 VI 8; MüKo/*Musielak*, § 2271 Rn. 36; *Staudinger/Kanzleiter*, § 2271 Rn. 69 ff.

(1) Anfechtungsgrund des § 2078 I

Ein Inhalts- oder Erklärungsirrtum i.S.v. § 2078 I kommt nicht in Betracht, da F sich über die Tragweite ihrer Erklärung bewusst war und sich auch weder verschrieb noch versprach.

(2) Motivirrtum gemäß § 2078 II

Anders als bei § 119 ist gemäß § 2078 II die Anfechtung auch wegen eines Motivirrtums („irrige Annahme oder Erwartung [...] eines Umstands") möglich.

Während nach früherer Rechtsprechung insofern eine positive, deutliche Fehlvorstellung für erforderlich gehalten wurde[11], genügen nunmehr unbewusste Fehlvorstellungen, die der Erblasser seiner Verfügung als selbstverständlich zugrunde gelegt hat[12].

Hier bestand sogar eine bewusste Fehlvorstellung der F, da sie und E bei der Errichtung des gemeinschaftlichen Testaments davon ausgingen, dass ihre Ehe kinderlos verlaufen würde und sie ihr Leben auch entsprechend geplant hatten.

§ 2078 II i.V.m. I, 2. Hs. setzt des Weiteren jedoch voraus, dass die Erklärung bei Kenntnis der Sachlage nicht abgegeben worden wäre. Dieses Tatbestandsmerkmal ist vorliegend nicht erfüllt. Das gemeinschaftliche Testament, das zugunsten des R von F und E errichtet wurde, sollte ausdrücklich auch für den Fall gelten, dass es noch zur Geburt eines gemeinsamen Kindes kommen sollte. Folglich scheidet eine Anfechtung nach § 2078 II aus.

(3) Anfechtungsgrund gemäß § 2079

Fraglich ist, ob vorliegend der Anfechtungsgrund des § 2079 eingreifen könnte.

> **Exkurs/Vertiefung:** Die Anfechtungsgründe der §§ 2078 II und 2079 können nebeneinander vorliegen, da den Vorschriften verschiedene Tatbestände zugrundeliegen[13]. Ein wesentlicher Unterschied zwischen § 2078 II und § 2079 besteht darin, dass die Kausalität des Irrtums vom Anfechtungsberechtigten bei § 2079 nicht dargelegt und bewiesen werden muss, da im Gesetzestext die Vermutung enthalten ist, dass der Erblasser bei Kenntnis der Pflichtteilsberechtigung anders testiert hätte[14].

Dies setzt voraus, dass aufgrund des angegriffenen Testamentes ein Pflichtteilsberechtigter übergangen wird, der erst nach Errichtung der jeweiligen letztwilligen Verfügung geboren wurde, wobei das Übergehen dabei als unbewusster Ausschluss zu verstehen ist[15].

T wurde am 30.11.1985, also zwei Jahre nach der Testamentserrichtung ihrer Eltern geboren und ist als Abkömmling des E und der F i.S.d. §§ 2303 I, 1924 I pflichtteilsberechtigt. T ist zudem i.S.v. § 2079 übergangen worden, da ihr überhaupt nichts zugewandt wurde.

---

11 RGZ 86, 204, 208.
12 BGH NJW-RR 1987, 1412; BGH WM 1973, 566, 567.
13 Vgl. dazu: BayObLGE 80, 43, 51; *Palandt/Edenhofer*, § 2079 Rn. 1.
14 BayObLG FamRZ 2001, 1250, 1251; *Leipold*, ErbR, Rn. 432.
15 *Palandt/Edenhofer*, § 2079 Rn. 3.

Fall 6 *Drum prüfe, wer sich ewig bindet*

§ 2079 S. 2 bestimmt jedoch, dass die Anfechtung ausgeschlossen ist, wenn anzunehmen ist, dass der Erblasser die Verfügung auch bei Kenntnis der Sachlage getroffen hätte.

Diese Kausalitätsvermutung des § 2079 S. 2 ist hier widerlegt, da E und F ausdrücklich auch für den Fall testierten, dass sie später Kinder haben würden. Somit greift auch der Anfechtungsgrund des § 2079 nicht.

dd) Zwischenergebnis

Eine Anfechtung analog den §§ 2281 ff. ist der F damit nicht möglich.

d) Ergebnis

R ist mithin aufgrund des gemeinschaftlichen Testaments zwischen E und F vom Juni 1983 nach den §§ 1937, 2265 ff. Alleinerbe geworden. Gemäß § 1922 wäre R daher im Wege der Universalsukzession Eigentümer des gesamten Nachlasses und damit auch des Grundstückes geworden, wenn F das Eigentum nicht vor ihrem Tod wirksam auf A übertragen hätte.

2. Hausgrundstück als Bestandteil des Nachlasses bzw. Eigentumsübertragung zu Lebzeiten der F auf A

Dies setzt zunächst voraus, dass eine entsprechende Einigung zwischen F und A i.S.d. §§ 873, 925 vorliegt.

a) Einigung i.S.v. §§ 873, 925

F und A haben sich i.S.v. § 873 über den Eigentumsübergang am bebauten Grundstück in Hannover-Kirchrode in der Form des § 925 geeinigt.

aa) Unwirksamkeit nach § 134 i.V.m. § 2289 I 2 analog

701 Die Einigung könnte jedoch aufgrund eines Verstoßes gegen ein gesetzliches Verbot gemäß § 134 i.V.m. § 2289 I 2 analog unwirksam sein. Nach § 2289 I 2 ist es nicht möglich, durch eine Verfügung von Todes wegen, eine frühere vertragsmäßige Bindung aufzuheben. Diese Vorschrift bezieht sich zwar auf vertragsmäßige Verfügungen im Rahmen von Erbverträgen, jedoch ist sie auf bindend gewordene Verfügungen in gemeinschaftlichen Testamenten aufgrund der Vergleichbarkeit der rechtlichen Situation analog anzuwenden[16].

Obwohl F und E keinen Erbvertrag, sondern ein gemeinschaftliches Testament mit wechselbezüglichen Verfügungen errichtet haben, könnte daher vorliegend § 2289 eingreifen, sofern der Regelungstatbestand dieser Norm zutrifft.

Problematisch ist jedoch bereits, ob hier eine Verfügung von Todes wegen i.S.v. § 2289 I 2 vorliegt.

702 Bei rein wirtschaftlicher Betrachtungsweise kommt die durch F getroffene Verfügung zwar einer Verfügung auf den Todesfall gleich, da sich F aufgrund des lebzeitigen

---

16 BGHZ 59, 343, 348; 66, 8, 15; 82, 274, 276; NJW 1982, 43, 44; OLG Ffm NJW-RR 1995, 265; *Lange/Kuchinke*, ErbR, § 24 VI 6; MüKo/*Musielak*, § 2269 Rn. 36; OLG Ffm NJW-RR 1995, 265.

Nießbrauchrechts den Nutzen des Schenkungsgegenstandes bis zu ihrem Tod vorbehielten, tatsächlich und rechtlich liegt jedoch eine Verfügung unter Lebenden vor. Ob § 2289 I 2 in solch einer Fallkonstellation, also bei einer Verfügung unter Lebenden, Anwendung findet, wird unterschiedlich beurteilt.

(1) Frühere Rechtsprechung

Von der Rechtsprechung wurde früher vertreten, dass eine lebzeitige Verfügung des Erblassers zugunsten eines Dritten wegen der Umgehung des in § 2289 I 2 normierten Testierverbots im Sinne einer sog. Aushöhlungsnichtigkeit gemäß § 134 unwirksam sei[17]. Begründet wurde dies damit, dass es keinen Unterschied machen dürfe, ob der erbvertraglich Gebundene das durch Erbvertrag versprochene Vermögen durch Verfügung von Todes wegen oder durch Verfügung unter Lebenden entziehen wolle.

703

Folgte man dieser Ansicht, wäre die zwischen F und A gemäß § 873 auf Eigentumsübertragung gerichtete Einigung unwirksam[18].

(2) HM und ständige Rspr.

Die h.M. und ständige Rechtsprechung lehnt in solchen Fällen eine Analogie ab[19]. Eine Nichtigkeit derartiger Verfügungen könne sich allenfalls aus § 138 ergeben, also lediglich dann, wenn besondere Umstände hinzutreten würden[20]. Zur Begründung wird angeführt, dass eine Analogie mit dem eindeutigen Wortlaut des § 2286 unvereinbar sei, der bestimmt, dass (unabhängig von der Motivation des Erblassers bei etwaigen Schenkungen) das freie Verfügungsrecht des Erblassers zu Lebzeiten durch den Erbvertrag bzw. das gemeinschaftliche Testament nicht berührt werden soll. Zudem sei der Schutz des Vertragserben abschließend in § 2287 geregelt und die analoge Anwendung von § 2289 I 2 sei aus Gründen der Rechtssicherheit insofern abzulehnen[21], als bis zur Klärung der genauen Eigentumsverhältnisse, die erst nach dem Tod des Erblassers möglich ist, eine relativ lange Zeit vergehen kann. Demzufolge läge mithin keine Unwirksamkeit der auf Eigentumsübertragung gerichteten Einigung zwischen F und A gemäß § 134 i.V.m. § 2289 I 2 analog vor.

704

(3) Diskussion

Da die hier getroffene Verfügung in Form der dinglichen Einigung vom eindeutigen Wortlaut des § 2289 nicht erfasst ist und sich auch durch weite Auslegung nicht darunter subsumieren lässt, käme nur eine analoge Anwendung des § 2289 in Betracht. Dies bedeutet wiederum, dass die Voraussetzungen für eine Analogie gegeben sein müssen. Selbst wenn sich hier noch eine Vergleichbarkeit der Interessenlagen herleiten ließe, so fehlt es doch wegen § 2287 jedenfalls an einer planwidrigen Regelungslücke, so dass mit der h.M. und ständigen Rechtsprechung davon auszugehen ist, dass sich in einer derartigen Fallkonstellation eine analoge Anwendung des § 2289 verbietet.

705

---

17 RGZ 111, 151; BGHZ 26, 274, 280; BGH NJW 1968, 2052; NJW 1971, 188.
18 Zur Qualifizierung des dinglichen Rechtsgeschäftes der Einigung über die Eigentumsübertragung i.S.v. § 873 und § 929 als Verfügung: *Palandt/Bassenge*, Einf v § 854 Rn. 11.
19 BGHZ 59, 343; 77, 264; BGH NJW 1973, 240; *Palandt/Edenhofer*, § 2289 Rn. 11; MüKo/*Musielak*, § 2271 Rn. 48.
20 *Leipold*, ErbR, Rn. 520, 474 und 525.
21 *Palandt/Edenhofer*, § 2289 Rn. 11.

Fall 6 *Drum prüfe, wer sich ewig bindet*

bb) Ergebnis

Demzufolge ergibt sich aus § 2289 analog keine Unwirksamkeit der auf die Eigentumsübertragung gerichteten Einigung zwischen F und A.

b) Eintragung im Grundbuch und Einigsein

706 Die Eintragung des A im Grundbuch i.S.v. § 873 ist erfolgt und von einem Einigsein bis zur Vollendung des Rechtserwerbes (vgl. § 873 II) ist auszugehen.

c) Berechtigung der F

707 Fraglich ist, ob F auch zur Eigentumsübertragung auf A berechtigt war.
In Betracht kommt vorliegend eine Beschränkung der Verfügungsmacht der F aufgrund von § 2113 I, II. Im Sinne dieser Norm sind bestimmte Verfügungen des Vorerben insoweit unwirksam, als sie das Recht des Nacherben vereiteln oder beeinträchtigen würden.

708 **Exkurs/Vertiefung:** Verfügungen, die entgegen § 2113 I und II getroffen werden, sind zunächst voll wirksam und werden erst mit dem Erbfall absolut unwirksam[22]. Erst ab diesem Zeitpunkt kann sich also jeder auf die Unwirksamkeit berufen, der ein entsprechendes rechtliches Interesse daran hat[23].

§ 2113 könnte allerdings nur Anwendung finden, wenn F tatsächlich testamentarisch als Vorerbin und R als Nacherbe eingesetzt worden wäre.

aa) Erbenstellung der F

Im Wege der Auslegung gemäß den §§ 133, 157 ist daher zu klären, ob F im gemeinschaftlichen Testament aus dem Jahr 1983 im Sinne des Trennungsprinzips als Vorerbin oder im Sinne des Einheitsprinzips als Vollerbin eingesetzt wurde[24].

(1) Trennungsprinzip

709 Nach dem Trennungsprinzip bleiben die Vermögensmassen der Eheleute getrennt und F wäre bezüglich des Vermögens ihres Mannes lediglich Vorerbin. R würde dann als Nacherbe i.S.v. § 2100 bei Eintritt des Nacherbfalles, also bei Tod der F, den E beerben, vgl. § 2139 und aufgrund der von E und F getroffenen Verfügungen auch die F[25]. In dieser Konstellation würden zu Lasten der F die Beschränkungen der §§ 2112 ff. gelten.

(2) Einheitsprinzip

710 Nach dem Einheitsprinzip wäre der Längstlebende dagegen sofort Vollerbe des Erstversterbenden, so dass sich die Vermögensmassen beider Ehegatten vereinen würden

---

22 *Palandt/Edenhofer*, § 2113 Rn. 8.
23 BGHZ 52, 269, 270.
24 *Michalski*, ErbR, Rn. 168 f.; *Leipold*, ErbR, Rn. 461 ff.; Rn. 668.
25 Vgl. dazu auch: *Michalski*, ErbR, Rn. 613.

(sog. „Berliner Testament")²⁶. F wäre demgemäß Vollerbin des E und R, als bedachter Dritter, wäre Schlusserbe des dann noch vorhandenen Vermögens, wobei zu Lasten des überlebenden Ehegatten die Beschränkungen der §§ 2112 ff. nicht gelten würden.

(3) Auslegung i.S.d. §§ 133, 157 und i.S.v. § 2269

Fraglich ist, wie die von E und F getroffenen Verfügungen auszulegen sind. **711**

Bei der Auslegung des gemeinschaftlichen Testamentes nach den §§ 133, 157 kommt es nicht auf den Wortlaut an, sondern auf den wirklichen Willen der Testierenden. Entscheidend ist daher, ob sich der erkennbare Wille der Testierenden darauf richtete, das Vermögen für den Dritten zu erhalten, was bedeuten würde, dass das Trennungsprinzip gewollt war. Nach der lediglich bei Ungewissheit über das Gewollte heranzuziehenden Auslegungsregel des § 2269, ist im Zweifel von einer Voll- und Schlusserbschaft auszugehen.

Vorliegend heißt es im gemeinschaftlichen Testament lediglich, dass der überlebende Ehegatte als Alleinerbe eingesetzt wird und R beim Tod des Überlebenden die gesamte Erbschaft erhalten solle.

Es bestehen also keine Anhaltspunkte dafür, dass der Nachlass zwingend für den bedachten Dritten, den R, erhalten bleiben sollte.

bb) Zwischenergebnis

Somit war vorliegend im Sinne des Einheitsprinzips testiert, so dass keine Beschränkung zu Lasten der F nach § 2113 bestand und F zur Eigentumsübertragung berechtigt war.

3. Ergebnis

Folglich ist A Eigentümer des bebauten Grundstücks in Hannover-Kirchrode geworden und es besteht kein Herausgabe-/Räumungsanspruch aus § 985 zugunsten des R.

II. Ausgleichsanspruch des R gegen A gemäß § 2287 i.V.m. den §§ 812 ff.

Zugunsten von R könnte vorliegend jedoch ein Ausgleichsanspruch gemäß § 2287 **712** i.V.m. den §§ 812 ff. in Betracht kommen.

Nach § 2287 kann der Vertragserbe gegen den Beschenkten vorgehen und von ihm nach den §§ 812 ff. die Herausgabe des Geschenks verlangen, wenn die Schenkung durch den Erblasser erfolgt ist, um den Vertragserben zu beeinträchtigen.

1. Anwendbarkeit

Fraglich ist, ob § 2287 hier überhaupt anwendbar ist, da vorliegend ein gemeinschaftliches Testament in Rede steht und es sich bei § 2287 um eine erbvertragliche Regelung handelt. Da mit dem Tod eines Ehegatten bei wechselbezüglichen Verfügungen, die in einem gemeinschaftlichen Testament enthalten sind, eine ähnliche Bindungswirkung **713**

---

26 *Michalski*, ErbR, Rn. 268.

wie beim Erbvertrag eintritt, gilt § 2287 analog für gemeinschaftliche Testamente, die gemäß den §§ 2271 II, 2270 bindend geworden sind[27].

2. Schenkung i.S.d. § 2287

714 Es müsste zunächst eine Schenkung i.S.d. § 2287 vorliegen.

Eine Schenkung im Sinne dieser Norm ist eine Zuwendung des Erblassers, durch die die objektive Substanz seines Vermögens vermindert und das Vermögen des Empfängers entsprechend vermehrt wird, wobei die Parteien sich über die Unentgeltlichkeit einig sind[28].

715 **Exkurs/Vertiefung:** Auch die Rechtsfigur der „unbenannten Zuwendung" unter Ehegatten ist aus erbrechtlicher Sicht wie eine Schenkung zu behandeln[29].

F erhielt von A keine Gegenleistung dafür, dass sie ihm das Eigentum am Haus übertrug. Insbesondere kann auch das Nießbrauchsrecht nicht als Gegenleistung gewertet werden, da es vom ursprünglichen Eigentumsrecht der F mitumfasst ist.

716 **Exkurs/Vertiefung:** Sofern der unentgeltliche Teil überwiegt, ist nach h.M. § 2287 analog auch auf gemischte Schenkungen (die vorliegen, wenn lediglich z.T. Unentgeltlichkeit gegeben ist) anwendbar[30].

3. Beeinträchtigungsabsicht

717 Hinzutreten müsste des Weiteren eine Beeinträchtigungsabsicht der f.

Eine Beeinträchtigungsabsicht liegt vor, wenn der Erblasser dem Vertragserben die Vorteile der Erbeinsetzung entziehen oder sie schmälern will, wobei dies nicht der eigentlich leitende Beweggrund der Schenkung sein muss[31]. Die Beeinträchtigungsabsicht i.S.d. § 2287 ist bereits dann zu bejahen, wenn der Erblasser an der Schenkung kein lebzeitiges Eigeninteresse hat[32]. Ob dies so ist, muss aufgrund einer Interessenabwägung nach objektiven Kriterien ermittelt werden. Dabei müssen die Beweggründe des Erblassers in einer Gesamtschau als so wichtig einzustufen sein, dass der erbvertraglich Bedachte sie anerkennen und seine Benachteiligung durch die Erblasserverfügung hinnehmen muss[33].

---

27 BGHZ 82, 274; BGH NJW 1973, 240, 241; *Palandt/Edenhofer*, § 2287 Rn. 3.
28 BGH NJW 1973, 240.
29 BGHZ 116, 167=NJW 1992, 564, wobei die Anforderungen an das „lebzeitige Eigeninteresse" bei Schenkungen an den Ehegatten eher gering sind, vgl. BGH NJW 1992, 2630.
30 Vgl. RGZ 148, 236, 240; BGH FamRZ 1961, 72, 73.
31 BGHZ 59, 343, 350; 66, 8, 15; BGH NJW 1973, 240, 241. Als noch die Theorie der Aushöhlungsnichtigkeit vertreten wurde, waren die Anforderungen an die Beeinträchtigungsabsicht wesentlich strenger, zum Ganzen: *Leipold*, ErbR, Rn. 525 m.w.N.
32 BGHZ 59, 343; BGH NJW 1992, 564.
33 BGHZ 83, 44.

> **Exkurs/Vertiefung:** Ein lebzeitiges Eigeninteresse wurde von der Rspr. z.B. im Falle einer Schenkung für die Versorgung und Pflege im Alter[34] und zur Erfüllung einer sittlichen Pflicht[35] bejaht.

718

Hier ist kein lebzeitiges Eigeninteresse der F ersichtlich. Vielmehr war es gerade die Absicht der F, die Zuwendung an R zu schmälern. Somit ist auf Seiten der F eine Beeinträchtigungsabsicht i.S.v. § 2287 anzunehmen.

4. Rechtsfolge

Rechtsfolge des § 2287 ist ein Herausgabeanspruch des Geschenkes gegen den Beschenkten gemäß den §§ 818 ff.

719

> **Exkurs/Vertiefung:** Sofern der Beschenkte auch i.S.v. § 2303 pflichtteilsberechtigt ist, kann der Herausgabeanspruch aus § 2287 nur Zug um Zug gegen Zahlung des Pflichtteilsbetrages geltend gemacht werden[36]. Bei einer gemischten Schenkung kann nur dann Herausgabe des Schenkungsgegenstands verlangt werden, wenn der unentgeltliche Charakter überwiegt[37].

720

5. Verjährung

Der in drei Jahren nach dem Anfall der Erbschaft verjährende Anspruch ist vorliegend auch noch nicht verjährt, vgl. § 2287 II.

721

6. Ergebnis

R kann von A gemäß § 2287 analog i.V.m. den §§ 818 ff. Herausgabe bzw. Räumung des bebauten Grundstückes in Hannover-Kirchrode verlangen.

B. Anspruch des R gegen T auf Herausgabe der Erbschaft gemäß § 2018

Ein Anspruch des R gegen T aus § 2018 setzt voraus, dass R Erbe und T Erbschaftsbesitzerin ist.

I. Erbenstellung des R

Wie oben gesehen, ist R aufgrund des gemeinschaftlichen Testaments von E und F aus dem Jahre 1983 nach den §§ 1937, 2265, 2269 Alleinerbe geworden, so dass die subsidiäre gesetzliche Erbenstellung, die T als Abkömmling i.S.v § 1924 I zukäme, nicht zum Tragen kommen kann.

722

---

34 BGHZ 83, 44.
35 BGHZ 77, 264.
36 BGHZ 88, 269.
37 Vgl. BGHZ 30, 120.

II. T als Erbschaftsbesitzerin

723 T müsste zudem Erbschaftsbesitzerin sein. Nach der Legaldefinition des Begriffes i.S.d. § 2018 ist Erbschaftsbesitzer, wer, ohne tatsächlich Erbe zu sein, sich eine Erbenstellung anmaßt bzw. sich als Erbe geriert und etwas aus der Erbschaft erlangt hat. Zum einen muss der Erbschaftsbesitzer also objektiv etwas aus dem Nachlass erlangt haben und zum anderen diesen Nachlassgegenstand subjektiv unter Berufung auf ein vermeintliches Erbrecht beanspruchen. Die Frage der Gut- oder Bösgläubigkeit des Erbschaftsbesitzers hinsichtlich seines vermeintlichen Erbrechts beeinflusst nur den Umfang der Haftung, nicht aber die Entstehung des Herausgabeanspruches als solchen[38]. Unabhängig davon, ob T von der Existenz des R bzw. von dem früheren Testament ihrer Eltern weiß, ist sie folglich Erbschaftsbesitzerin, da sie keine Erbin ist, die Erbschaft aber als vermeintliche Erbin besitzt.

III. Ergebnis

R kann von T Herausgabe der Erbschaft aus § 2018 verlangen.

C. Ansprüche der T gegen R

Fraglich ist noch, welche Ansprüche der T gegen R zustehen könnten.

I. Anspruch der T gegen R aus § 2303 I

724 Da T gemäß § 1924 I gesetzliche Erbin der F ist, kann sie gemäß § 2303 I als Abkömmling der F von dem Erben R die Hälfte des Wertes der Erbschaft als Pflichtteil verlangen.

Fraglich ist aber, wie es sich auswirkt, dass das durch F an A im Wege der Schenkung übereignete Hausgrundstück und auch der entsprechende Herausgabeanspruch des R i.S.d. § 2287 i.V.m. §§ 818 ff. nicht zum Nachlass gehört[39] und entsprechend nicht für die Wertberechnung des Pflichtteilsanspruches i.S.v. § 2303 I in Ansatz gebracht werden kann.

II. Anspruch der T gegen R aus § 2325

725 Der T könnte aufgrund der Schenkung zusätzlich ein Pflichtteilsergänzungsanspruch aus § 2325 I zustehen.

Für den Fall einer Schenkung des Erblassers kann sich, zugunsten eines jeden Pflichtteilsberechtigten, aus § 2325 I ein sog. Pflichtteilsergänzungsanspruch ergeben. Nach § 2325 I kann der Pflichtteilsberechtigte bei einer Schenkung des Erblassers an Dritte, die noch nicht mehr als 10 Jahre zurückliegt, vgl. § 2325 III, den Betrag verlangen, um den sich sein Pflichtteil erhöhen würde, wenn der verschenkte Gegenstand dem Nach-

---

38 *Michalski*, ErbR, Rn. 947.
39 Dazu, dass ein Herausgabeanspruch aus § 2287 nicht zum Nachlass gehört: BGHZ 78, 1; 108, 73.

lasswert (fiktiv) hinzugerechnet wird. Dies gilt allerdings nur, sofern keine Anstandsschenkung i.S.v. § 2330 vorliegt.

1. T als Pflichtteilsberechtigte

Wie bereits gesehen, ist T als Tochter des E und der F pflichtteilsberechtigt i.S.d. §§ 2301 I, 1924 I. 726

2. Schenkung an Dritte, die keine 10 Jahre zurückliegt

Die Schenkung durch F ist im Jahre 2002, also 2 Jahre vor dem Tod der F erfolgt. 727

3. Kein Vorliegen einer Anstandsschenkung i.S.v. § 2330

Die Schenkung ist auch nicht als Anstandsschenkung bzw. als Schenkung zu qualifi- 728
zieren, die auf einer sittlichen Pflicht des Erblassers beruhte, vgl. § 2330.

4. Ergebnis

Die Voraussetzungen des § 2325 sind folglich gegeben, so dass der T gegen R auch ein Anspruch auf den Ergänzungspflichtteil zusteht.

Repetitorium

I. Zum Widerruf eines Testamentes: 729
- Wie sich aus § 2253 I ergibt, kann ein Testament durch den Erblasser jederzeit widerrufen werden.
- Der Widerruf kann folgendermaßen herbeigeführt werden:
  1. durch ein Widerrufstestament i.S.v. § 2254
  2. durch ein inhaltlich entgegenstehendes späteres Testament, § 2258 I
  3. durch schlüssiges Verhalten (Vernichtung oder Veränderung), § 2255
  4. durch Zurücknahme eines öffentlichen Testamentes aus der amtlichen Verwahrung, § 2256 I[40].
- Auch der Widerruf kann i.S.d. §§ 2257, 2258 widerrufen oder i.S.d. §§ 2078 ff. angefochten werden, da er selbst eine letztwillige Verfügung darstellt[41].
- Bei gemeinschaftlichen Testamenten, die wechselbezügliche Verfügungen enthalten, ist gemäß § 2271 nur ein beschränkter Widerruf möglich:
  – **Zu Lebzeiten beider Ehegatten/Lebenspartner:** Gemäß den §§ 2271 I, 2296 (§ 10 IV LPartG) nur durch Rücktritt nach den für den Erbvertrag geltenden Vorschriften, also durch **notariell beurkundete Erklärung**.
  – **Nach dem Tod eines Ehegatten/Lebenspartners:** Das gemeinschaftliche Testament entfaltet **volle Bindungswirkung**. Der Überlebende kann i.S.v. § 2271 II lediglich ausschlagen und über seinen eigenen Nachlass neu testieren.

---
40 Zu den Widerrufsmöglichkeiten mit Beispielen und Nachweisen: *Michalski*, ErbR, Rn. 240 ff.
41 Dazu: *Palandt/Edenhofer*, § 2257 Rn. 1 ff.

Fall 6 *Drum prüfe, wer sich ewig bindet*

– Möglich ist aber die **Anfechtung** gemäß § 2281 analog i.V.m. den §§ 2078 f.
– Zu Lebzeiten kann der Erblasser, auch wenn er durch Erbvertrag oder gemeinschaftliches Testament gebunden ist, gemäß § 2286 frei über sein Vermögen verfügen. Die **Theorie der Aushöhlungsnichtigkeit**, die insoweit anderer Ansicht war und § 134 i.V.m. § 2289 I 2 analog angewendet hat, wurde vom BGH zwischenzeitlich aufgegeben[42].

730 **II. Zur Prüfung von gemeinschaftlichen Testamenten:**
1. Wirksame Testamentserrichtung
   a) Eheleute oder Lebenspartner i.S.d. § 2265, § 10 IV LPartG)
   b) Gemeinschaftlichkeit (eingeschränkt subjektive Theorie)
   c) allgemeine Formvorschriften, aber: Formprivileg des § 2267
   d) Testierfähigkeit i.S.d. § 2229 und Höchstpersönlichkeit i.S.d. §§ 2264 f.
2. Kein Widerruf gemäß § 2253 unter Beachtung der §§ 2271, 2270
3. Keine Anfechtung analog §§ 2281 ff. i.V.m. den §§ 2078, 2079

731 **III.** Die folgenden zwei Auslegungsmöglichkeiten sind denkbar, wenn sich Ehegatten bzw. Lebenspartner in einem gemeinschaftlichen Testament gegenseitig bedenken und beim Tode des Überlebenden der Nachlass einem Dritten zufallen soll:

1. Trennungsprinzip
- Nach dem Trennungsprinzip im Sinne einer Vor- und Nacherbschaft bleiben die Vermögensmassen der Eheleute getrennt und der Überlebende wird in Bezug auf das Vermögen des Erstversterbenden Vorerbe.
- Der eingesetzte Dritte ist Nacherbe i.S.v. § 2100 und wird bei Eintritt des Nacherbfalles, also bei Tod des Längerlebenden, Erbe des Erstversterbenden, vgl. § 2139, und Erbe des längerlebenden Ehegatten.
- Der überlebende Ehegatte ist in seiner Verfügungsmacht über den Nachlass gemäß den §§ 2112 ff. beschränkt.

2. Einheitsprinzip
- Nach dem Einheitsprinzip (Voll- und Schlusserbschaft – „Berliner Testament"), ist der Längstlebende sofort Vollerbe des Erstversterbenden, so dass sich die Vermögensmassen beider Ehegatten vereinen[43].
- Der bedachte Dritte ist Schlusserbe bez. des noch vorhandenen Vermögens.
- Zu Lasten des überlebenden Ehegatten gelten die Beschränkungen der §§ 2112 ff. nicht.

Bei der Auslegung des gemeinschaftlichen Testamentes nach den §§ 133, 157 kommt es nicht auf den Wortlaut an, sondern auf den wirklichen Willen der Testierenden. Entscheidend ist daher, ob sich der erkennbare Wille der Testierenden darauf richtete, das Vermögen für den Dritten zu erhalten oder nicht. Nach der lediglich bei Ungewissheit über das Gewollte heranzuziehenden Auslegungsregel des § 2269 ist im Zweifel von einer Voll- und Schlusserbschaft auszugehen.

---

42 *Leipold*, ErbR, Rn. 525.
43 *Michalski*, ErbR, Rn. 268.

IV. Prüfungsfolge bei **Verfügungen** in Form von Eigentumsübertragungen, die **trotz Vorhandenseins eines gemeinschaftlichen Testaments** getroffen werden:
   1. Wirksame Einigung i.S.v. § 929 bzw. § 873
      - Keine Unwirksamkeit i.S.d. §§ 134, 2289 I 2 analog (Arg.: § 2286)
   2. Übergabe bzw. Eintragung
   3. Einigsein
   4. Berechtigung
      - Eigentum (gemäß § 1922)
      - Keine Verfügungsbeschränkung gemäß § 2113

V. **Zur Prüfung des Ausgleichsanspruch gemäß § 2287 i.V.m. den §§ 812 ff. bei gemeinschaftlichen Testamenten**
   1. Anwendbarkeit: analog bei den §§ 2271 II, 2270
   2. Schenkung
      (auf gemischte Schenkungen ist nach h.M. § 2287 analog anwendbar, wenn der unentgeltliche Teil überwiegt[44]; auch die „unbenannte Zuwendung" unter Ehegatten ist aus erbrechtlicher Sicht wie eine Schenkung zu behandeln, so dass § 2287 zur Anwendung kommen kann[45]).
   3. Beeinträchtigungsabsicht: d.h. keine lebzeitiges Eigeninteresse
   4. Rechtsfolge: Herausgabe gemäß den §§ 818 ff.

VI. **Kontrollfragen**
   1. Was ist der wesentliche Unterschied zwischen den erbrechtlichen Anfechtungsgründen der §§ 2078, 2079 und denen der §§ 119 ff.?
   2. Wann liegt ein „Übergehen" i.S.v. § 2079 vor?
   3. Wann besteht beim gemeinschaftlichen Testament eine Bindungswirkung?
   4. Welche zwei Auslegungsmöglichkeiten sind denkbar, wenn sich Ehegatten bzw. Lebenspartner in einem gemeinschaftlichen Testament gegenseitig bedenken und beim Tode des Überlebenden der Nachlass einem Dritten zufallen soll?
   5. Wie wird der Vertragserbe bei Verfügungen des durch einen Erbvertrag gebundenen Erblassers geschützt?
   6. Was bedeutet: Beeinträchtigungsabsicht i.S.v. § 2287?

---

44 Vgl. RGZ 148, 240; BGH FamRZ 1961, 73.
45 BGHZ 116, 167 = NJW 1992, 564, wobei die Anforderungen an das „lebzeitige Eigeninteresse" bei Schenkungen an den Ehegatten eher gering sind, vgl. BGH NJW 1992, 2630.

Fall 7

Des Einen Freud, des Ander'n Leid

735 Jürgen Erichsen (E) errichtet am 11. September 1991 zusammen mit seiner Ehefrau Viktoria (V) ein wirksames gemeinschaftliches Testament folgenden Inhalts:

> § 1 Wir setzen uns gegenseitig als Erben ein, so dass der überlebende Ehegatte Alleinerbe des zuerst sterbenden Ehegatten ist und eine freie Verfügungsbefugnis über das gesamte Vermögen erhält.
> § 2 Nach dem Tod des Längstlebenden sollen unsere drei Kinder Michael (M), Brigitte (B) und Doreen (D) erben.
> § 3 Die freie Verfügungsbefugnis des Überlebenden soll nur solange bestehen, bis er wieder heiratet. Bei Wiederheirat des überlebenden Ehegatten soll die gesetzliche Erbfolge eintreten. Es muss dann eine Auseinandersetzung des Nachlasses zwischen dem Längstlebenden einerseits und M, B und D andererseits stattfinden.

Den erwachsenen Kindern M, B und D ist über das Testament und den letzten Willen ihrer Eltern nichts bekannt.

Am 17. 6. 1995 verstirbt E. V erhält auf ihren Antrag hin vom Nachlassgericht am 29. 6. 1995 einen Erbschein, der sie als Alleinerbin ausweist.

V, die ihren Sohn schon immer ihren Töchtern B und D vorgezogen hat, überträgt am 12. 6. 1998 dem M schenkungsweise ein Ferienhaus auf Rügen, das zum Nachlass des E gehört. E war zu diesem Zeitpunkt noch im Grundbuch als Eigentümer eingetragen. Am 25. 7. 1998 erfolgte die Eigentumsumschreibung auf M.

Bei einem Catamaran-Segelkurs im Jahr 2002 lernt V den Segellehrer Leo Schmidt (L) kennen und verliebt sich in ihn. L, der V für die Liebe seines Lebens hält, verlässt seine Freundin und heiratet am 2. 2. 2005 die V.

B und D machen daraufhin gegen M einen Anspruch auf Grundbuchberichtigung geltend. Wird ihr Begehren Erfolg haben?

Abwandlung 1:

E hat am 30. 11. 1992 ein eigenhändiges Testament errichtet, indem er V als Vorerbin eingesetzt und bestimmt hat, dass die gemeinsamen drei Kinder nur für den Fall Nacherben sein sollen, dass V über den Nachlass nicht anderweitig verfügt, sei es durch Verfügung unter Lebenden oder aber durch Verfügung von Todes wegen. Nach dem Tode des E errichtet V am 20. 4. 1993 ein formwirksames eigenhändiges Testament zugunsten ihrer Schwester Simone (S). S soll danach auch den Nachlass des E erhalten. Nach dem Tod der V erfahren M, B und D von diesem Testament und streiten sich mit S um den Nachlass ihrer Eltern. Ist S Erbin des gesamten Nachlasses geworden? Wie ist die Rechtslage?

Des Einen Freud, des Ander'n Leid **Fall 7**

Abwandlung 2:

E und V sind kinderlos und E hat am 30.11.1992 folgendermaßen formwirksam verfügt:

§ 1 Wenn ich zuerst sterbe, soll meine liebe Frau V Vorerbin sein.
§ 2 Meinen Neffen Norbert setze ich hiermit als Nacherben ein.

Im Grundbuch ist ein Nacherbenvermerk in Bezug auf das zum Nachlass gehörende Grundstück, das in Potsdam-Babelsberg liegt, eingetragen.

Als E stirbt, errichtet V ein formgültiges Testament, in dem sie N als ihren Alleinerben einsetzt. Sie veräußert allerdings das Potsdamer Grundstück an Simone und erhält von ihr 100 000,– €, wovon N erst nach V's Tod erfährt. N nimmt die Erbschaft an und verlangt von S Herausgabe und Räumung des Grundstücks aus § 985. Besteht dieser Anspruch, wenn Norbert für die Nachlassverbindlichkeiten der V endgültig unbeschränkt haftet?

Abwandlung 3:

Als auch S im März 2005 stirbt, erwirkt ihr vermeintlicher Freund, Ottfried Oldenburg (O), der sie bereits zu Lebzeiten ausgenutzt hat, aufgrund eines gefälschten Testaments einen Erbschein, in dem er als ihr Alleinerbe bezeichnet wird. S, die als freie Musikerin gearbeitet hat, war aufgrund mehrerer Konzertauftritte Inhaberin einer Honorarforderung gegen den Kirchenmusiker Thomas Thörner (T) i.H.v. 1000,– €, die am 1.4.2005 fällig wird. O tritt diese Forderung am 15.4.2005 unter Vorlage des Erbscheins an Fabian Fiedler (F) ab. Des Weiteren veräußert er eine von Fanny Mendelsohn-Bartholdy handsignierte Partitur an Konrad Kunze (K), die allerdings nicht S, sondern S's Freundin Nina Nerius (N) gehört. N hatte sie der S zu Forschungszwecken geliehen.

K und O werden sich zudem handelseinig, einen Van Gogh-Druck betreffend, der bei S hängt. S hatte diesen Druck von einem Händler gekauft, der ihn Holger Heinrich (H) gestohlen hat.

In der Folgezeit stellt sich heraus, dass S tatsächlich ihren Patensohn, Michael Erichsen (M) zum Alleinerben eingesetzt hatte. Da sich O inzwischen unauffindbar nach Lateinamerika abgesetzt hat, will M wissen, ob ihm ein Anspruch gegen T zusteht. Außerdem will N wissen, ob sie Herausgabe der handsignierten Partitur aus § 985 verlangen kann. Wer ist Eigentümer des Van Gogh-Druckes?

Fall 7 *Des Einen Freud, des Ander'n Leid*

Vorüberlegungen

736   **I.** Im Ausgangsfall ist es nach der Fallgestaltung nicht erforderlich, sich mit der Frage der Wirksamkeit des gemeinschaftlichen Testaments auseinanderzusetzen. Insoweit muss lediglich eine Auseinandersetzung mit dem Inhalt erfolgen.

II. Als Einstieg in die Klausurlösung ist es wichtig, zu wissen, wie im Rahmen der Miterbengemeinschaft Ansprüche, die zum Nachlass gehören, geltend gemacht werden können.

III. Zeitleiste – Ausgangsfall:

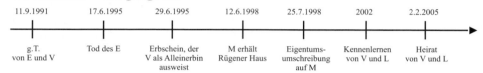

IV. Skizze – Ausgangsfall:

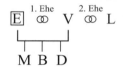

V. Zeitleiste – Abwandlung 1:

VI. Zeitleiste – Abwandlung 2:

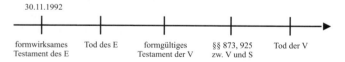

Gliederung

1. Teil: Ausgangsfall   737
A. Grundbuchberichtigungsanspruch der B und D gegen M aus § 894
    I. Anspruchsinhaberschaft von B und D
    II. M als Anspruchsgegner
    III. Unrichtigkeit des Grundbuchs
       1. Wirksame Eigentumsübertragung von V auf M i.S.d. §§ 873, 925
          a) Einigung i.S.d. §§ 873, 925
            aa) Unwirksamkeit der Einigung aufgrund einer Aushöhlungsnichtigkeit i.S.v. § 134 i.V.m. § 2289 I 2 analog
            bb) Ergebnis
          b) Eintragung des M
          c) Berechtigung bzw. Unwirksamkeit wegen § 2113 I und II
            aa) V als Vorerbin
               (1) Vorerbschaft aufgrund des § 1 des Testaments vom 11. 9. 1991
                  (a) Auslegung i.S.d. § 133 i.V.m. § 157
                  (b) Auslegungsregel des § 2269
               (2) Vorerbschaft aufgrund der Wiederverheiratungsklausel in § 3 des Testaments
                  (a) Bedingte Vollerbschaft und Vor- und Nacherbschaft
                  (b) Ergebnis
            bb) Auswirkungen des § 2136
            cc) Ergebnis
          d) Gutgläubiger Eigentumserwerb des M i.S.v. § 2113 III i.V.m. den §§ 2365, 2366
            aa) Vermutung des § 2366
            bb) Rechtsgeschäftlicher Einzelerwerb i.S.e. Verkehrsrechtsgeschäftes
            cc) Keine positive Kenntnis von der Unrichtigkeit des Erbscheins und Bewusstsein über die Tatsache, vom Erben einen Erbschein zu erwerben
       2. Zwischenergebnis
B. Ergebnis

2. Teil: Abwandlung 1
A. Erbenstellung der S
    I. Wirksamkeit des Testaments vom 30. 11. 1992
       1. Zulässigkeit der Bedingung i.S.v. § 2065
       2. Subsumtion und Ergebnis
       3. Weitere Wirksamkeitshindernisse
    II. Ergebnis
B. Endergebnis

Fall 7 *Des Einen Freud, des Ander'n Leid*

3. Teil: Abwandlung 2
A. Herausgabeanspruch des N gegen S aus § 985
  I. Eigentumsstellung des N
    1. Wirksame Veräußerung des Grundstückes an S i.S.d. §§ 873, 925
      a) Einigung und Eintragung i.S.d. §§ 873, 925
      b) Berechtigung oder Überwindung der Nichtberechtigung
        aa) Unwirksamkeit aufgrund von § 2113
        bb) Befreiung nach § 2136
        cc) Gutgläubiger Erwerb gemäß § 2113 III i.V.m. § 892
        dd) Heilung i.S.v. § 185
          (1) Heilung gemäß § 185 I
          (2) Heilung gemäß § 185 II, 3. Fall
    2. Eigentumsstellung der S
  II. Zwischenergebnis
B. Gesamtergebnis

4. Teil: Abwandlung 3
A. Anspruch der M gegen T aus den §§ 1922, 1937 i.V.m. § 631 I
  I. Kein wirksamer Forderungsübergang durch Abtretung i.S.d. §§ 398 ff.
    1. Wirksame Einigung zwischen Zedenten und Zessionar
    2. Überwindung der Nichtberechtigung des O durch § 2366
  II. Ergebnis
B. Anspruch der N gegen K auf Herausgabe der Partitur aus § 985
  I. Eigentumsstellung der N
    1. Eigentumserwerb des K
      a) Einigung und Übergabe i.S.v. § 929 S. 1
      b) Überwindung der Nichtberechtigung durch gutgläubigen Erwerb i.S.v. § 2366
      c) Überwindung der Nichtberechtigung i.S.d. §§ 929, 932, 2366
        aa) Rechtsgeschäftlicher Erwerb i.S.e. Verkehrsgeschäftes
        bb) Rechtsscheintatbestand des Besitzes
        cc) Keine Bösgläubigkeit
        dd) Kein Abhandenkommen beim Eigentümer
    2. Ergebnis
  II. Gesamtergebnis
C. Eigentumslage hinsichtlich des Van-Gogh-Druckes

Lösung

1. Teil: Ausgangsfall

A. Grundbuchberichtigungsanspruch der B und D gegen M aus § 894

B und D könnten gegen M einen Grundbuchberichtigungsanspruch aus § 894 geltend machen. Nach § 894 können diejenigen, deren Rechte nicht oder nicht richtig im Grundbuch eingetragen sind, von demjenigen Zustimmung zur Grundbuchberichtigung verlangen, dessen Recht durch die Berichtigung betroffen wird.

I. Anspruchsinhaberschaft von B und D

Die Anspruchsinhaberschaft der B und D könnte sich aufgrund einer Miterbenstellung aus den §§ 1922, 1937, 2265 ff., 2039 i.V.m. § 2032 ergeben.

Gemäß § 2 des wirksamen gemeinschaftlichen Testaments der V und des E vom 11. 9. 1991 sind B und D ebenso wie M gemäß den §§ 1922, 1937, 2265 ff. als Erben ihrer Eltern eingesetzt. Als Miterben sind sie gemäß § 2039 i.V.m. § 2032 berechtigt, Ansprüche, die zum Nachlass gehören, im eigenen Namen geltend zu machen[1]. Die einzelnen Miterben klagen dann nicht als Vertreter der übrigen Miterben, vielmehr ermächtigt § 2039 jeden einzelnen Miterben im eigenen Namen, allein und unabhängig von den anderen, zur Einforderung einer geschuldeten Leistung, wobei dann nicht an den Einzelnen, sondern an alle geleistet werden muss[2].

Da das in Rede stehende Grundstück zur Erbmasse ihres Vaters gehörte, ist der Anspruch aus § 894 als Anspruch, der zum Nachlass gehört, zu qualifizieren.

> **Exkurs/Vertiefung:** Sinn und Zweck des § 2039 ist es, dass jeder einzelne Miterbe drohende Nachteile für die Erbengemeinschaft abwenden können soll, ohne selbst einen unberechtigten Sondervorteil zu erlangen[3].

Die Anspruchsinhaberschaft der B und der D ergibt sich mithin aufgrund ihrer Miterbenstellung aus den §§ 1922, 1937, 2039 i.V.m. § 2032.

II. M als Anspruchsgegner

Die Tatsache, dass M der richtige Anspruchsgegner ist, ergibt sich aus seiner Eintragung im Grundbuch, das ihn als Eigentümer ausweist.

III. Unrichtigkeit des Grundbuchs

Ein Anspruch aus § 894 setzt weiterhin voraus, dass das Grundbuch unrichtig ist, d.h., dass die formell ausgewiesene und die tatsächliche, materielle Rechtslage divergie-

---
1 Dazu: *Michalski*, ErbR, Rn. 786 ff.
2 *Palandt/Edenhofer*, § 2039 Rn. 7 ff., Rn. 1.
3 *Palandt/Edenhofer*, § 2039 Rn. 1.

Fall 7   *Des Einen Freud, des Ander'n Leid*

ren⁴. Dies wäre hier der Fall, wenn der als Eigentümer eingetragene M tatsächlich nicht Eigentümer des Grundstücks ist, was wiederum davon abhängt, ob die Eigentumsübertragung gemäß den §§ 873, 925 von V auf M wirksam war.

1. Wirksame Eigentumsübertragung von V auf M i.S.d. §§ 873, 925

743   Die Eigentumsübertragung an einem Grundstück setzt i.S.d. §§ 873, 925 voraus, dass sich die Parteien über den Eigentumsübergang geeinigt haben, die Eintragung im Grundbuch erfolgt ist und der Veräußerer zur Verfügung berechtigt war bzw. seine fehlende Berechtigung durch einen gutgläubigen Erwerb vom Nichtberechtigten überwunden wurde.

a) Einigung i.S.d. §§ 873, 925

Vorliegend stellt sich bereits die Frage, ob sich V und M wirksam i.S.d. §§ 873, 925 geeinigt haben.

aa) Unwirksamkeit der Einigung aufgrund einer Aushöhlungsnichtigkeit i.S.v. § 134 i.V.m. § 2289 I 2 analog

744   Die Einigung könnte im Sinne einer Aushöhlungsnichtigkeit gemäß § 134 i.V.m. § 2289 I 2 analog unwirksam sein. § 2289 I 2 enthält das gesetzliche Verbot, durch eine Verfügung von Todes wegen eine frühere vertragsmäßige Bindung aufzuheben.

Es liegt zwar keine vertragsmäßige Bindung zwischen E und V vor, sofern aber ein gemeinschaftliches Testament in Rede steht, könnte § 2289 I 2 nach allgemeiner Ansicht auf darin enthaltene bindend gewordene Verfügungen analog angewandt werden⁵.

Unabhängig davon, ob im zu beurteilenden Fall eine bindend gewordene Verfügung vorliegt, ist die hier getroffene Verfügung unter Lebenden vom eindeutigen Wortlaut des § 2289 jedoch nicht erfasst. Da sie sich auch durch weite Auslegung nicht darunter subsumieren lässt, käme insoweit nur eine analoge Anwendung des § 2289 in Betracht. Dies bedeutet wiederum, dass die Voraussetzungen für eine Analogie gegeben sein müssen. Hier fehlt es jedoch jedenfalls wegen § 2287 an einer planwidrigen Regelungslücke, so dass sich eine Anwendung des § 2289 verbietet.

bb) Ergebnis

Demzufolge ergibt sich aus § 2289 analog keine Unwirksamkeit der zwischen V und M getroffenen Einigung.

b) Eintragung des M

745   M wurde am 25.7.1998 als Eigentümer eingetragen. Dass die Eintragung aufgrund einer Einigung mit V erfolgte, die selbst im Grundbuch nicht i.S.v. § 39 GBO als Eigentümerin eingetragen war, ist wegen § 40 GBO unschädlich, da sich V über den Erbschein als Alleinerbin des eingetragenen E legitimieren konnte.

---

4 *Palandt/Bassenge*, § 894 Rn. 2 m.w.N.
5 BGHZ 82, 274, 276; OLG Frankfurt a.M. NJW-RR 1995, 265.

c) Berechtigung bzw. Unwirksamkeit wegen § 2113 I und II

Fraglich ist, ob V zur Eigentumsübertragung berechtigt war oder ob eine Verfügungsbeschränkung i.S.d. § 2113 I und II vorgelegen haben könnte.   **746**

Im Sinne des § 2113 ist die Verfügung des Vorerben über ein zur Erbschaft gehörendes Grundstück (Abs.1) und die unentgeltliche Verfügung eines Vorerben über einen Erbschaftsgegenstand (Abs. 2) unwirksam, sofern sie das Recht des Nacherben vereiteln oder beeinträchtigen würde. Fraglich ist daher, ob § 2113 hier überhaupt Anwendung findet.

aa) V als Vorerbin

Voraussetzung für eine Unwirksamkeit nach § 2113 ist, dass V hinsichtlich des geerbten Vermögens ihres Mannes nur als Vorerbin und nicht als Vollerbin eingesetzt wurde. Zu prüfen ist daher, ob V Vorerbin ihres Mannes war.   **747**

(1) Vorerbschaft aufgrund des § 1 des Testaments vom 11. 9. 1991

Die Frage, ob im ersten Teil des Testaments vom 11. 9. 1991 im Sinne des Trennungsprinzips Vor- und Nacherbschaft oder aber im Sinne des Einheitsprinzips Voll- und Schlusserbschaft gewollt war, ist durch Auslegung i.S.d. § 133 i.V.m. § 157 zu ermitteln.

(a) Auslegung i.S.d. § 133 i.V.m. § 157

Für die Einheitslösung spricht vorliegend die Formulierung „gesamtes Vermögen" und die „freie Verfügungsbefugnis" des Überlebenden. Letzteres könnte jedoch auch nur eine Befreiung i.S.v. § 2136 bedeuten.   **748**

(b) Auslegungsregel des § 2269

Da die Auslegung nicht zu einem eindeutigen Ergebnis führt, ist auf die gesetzliche Auslegungsregel des § 2269 I zurückzugreifen, wonach bei der gegenseitigen Erbeinsetzung von Ehegatten in einem gemeinschaftlichen Testament (früher als „Berliner Testament" bezeichnet) i.d.R. Voll- und Schlusserbschaft vorliegt.   **749**

Im Sinne dieser Norm sind daher auch die Verfügungen, wie sie in § 1 des gemeinschaftlichen Testaments von E und V getroffen wurden, als Voll- und Schlusserbschaftseinsetzung und nicht als Anordnung einer Vor- und Nacherbschaft zu verstehen.

(2) Vorerbschaft aufgrund der Wiederverheiratungsklausel in § 3 des Testaments

Von einer Vorerbschaft könnte jedoch aufgrund der Wiederverheiratungsklausel in § 3 des Testaments ausgegangen werden.   **750**

Für den Fall einer Wiederheirat des Überlebenden haben E und V testiert, dass die gesetzliche Erbfolge eintreten und eine Auseinandersetzung mit den drei Kindern stattzufinden habe. Diese Regelung wurde mit dem Ziel getroffen, dass das Vermögen des Vorverstorbenen, hier: des E, nicht allein zur Versorgung der neuen Familie des Längerlebenden, hier: der V, verwendet werden sollte. Die Eheleute machten es mithin vom Eintritt einer Bedingung abhängig, ob es bei der Vollerbenstellung des Längerlebenden bleiben oder aber ein Nacherbfall eintreten sollte. In diesem Sinne könnte die

Fall 7 *Des Einen Freud, des Ander'n Leid*

Wiederverheiratungsklausel die Anordnung einer Vor- und Nacherbschaft i.S.v. § 2100 beinhalten, wobei die Wiederverheiratung dann insoweit den Nacherbfall i.S.d. § 2139 darstellen könnte.

Fraglich ist, wie die Anordnung von Vor- und Nacherbschaft in einem solchen Fall rechtlich konstruiert werden kann.

(a) Bedingte Vollerbschaft und Vor- und Nacherbschaft

751 Bestimmen die Ehegatten testamentarisch, dass im Falle der Wiederheirat des Längerlebenden der Nachlass des Erstversterbenden vorzeitig auf die eingesetzten Schlusserben übergehen soll, ist die Vollerbschaft nur bedingt angeordnet. Daneben besteht eine durch die Wiederheirat bzw. Nicht-Wiederheirat bedingte Vor- und Nacherbschaft. Die Einsetzung zu Vor- und Nacherben lässt sich dabei als durch die Wiederverheiratung aufschiebend bedingt erklären[6]. Die gegenseitige Einsetzung zu Vollerben stünde dann unter der auflösenden Bedingung (§ 2075), dass der Längerlebende bis zu seinem Tod nicht wieder heiraten würde, worin gleichzeitig die Anordnung der aufschiebend bedingten Vor- und Nacherbfolge (§ 2074) liegt[7]. Die Vorerbschaftswirkung würde gemäß § 158 I erst mit Wiederverheiratung eintreten, d.h. ab diesem Zeitpunkt wären die Verfügungen gemäß § 2113 I, II unwirksam, da die Wiederverheiratung den Nacherbfall i.S.d. §§ 2113, 2139 darstellt.

Um dem eigentlichen Zweck der Wiederverheiratungsklausel Rechnung zu tragen und den Anteil am Nachlassvermögen für die Versorgung der gemeinsamen Kinder sichern zu können[8], sollten die Verfügungsbeschränkungen des § 2113 jedoch schon auf den Vorerben Anwendung finden, selbst wenn die Vorerbschaft zunächst nur bedingt ist[9].

(b) Ergebnis

V ist durch ihre zweite Eheschließung als Vorerbin anzusehen und die Verfügungsbeschränkungen des § 2113 müssten Anwendung finden mit der Folge, dass die Grundstücksübertragung auf M an § 2113 zu messen wäre.

bb) Auswirkungen des § 2136

752 Fraglich ist noch, welche Auswirkungen es hat, dass V laut Testament über das gesamte Vermögen verfügen durfte. Im Sinne dieser Formulierung ist V als befreite Vorerbin anzusehen, so dass sie von den in § 2136 aufgezählten Beschränkungen und Verpflichtungen befreit war.

Nach der in § 2136 getroffenen Regelung ist allerdings nur eine Befreiung von der Verfügungsbeschränkung des § 2113 I möglich, die Verfügungsbeschränkung des § 2113 II bleibt weiterhin bestehen. Da die Übertragung des Grundstückes auf M unentgeltlich erfolgte, ist die Eigentumsübertragung gemäß § 2113 II grundsätzlich insoweit unwirksam, als sie das Recht der Nacherben B und C als Miterben beeinträchtigen würde.

---

[6] A.A. auflösend bedingt, vgl. dazu auch *Palandt/Edenhofer*, § 2269 Rn. 17 ff.
[7] Vgl. auch: *Michalski*, ErbR, Rn. 271 ff. m.w.N.
[8] Dazu: *Leipold*, ErbR, Rn. 478.
[9] RGZ 156, 172; *Michalski*, ErbR, Rn. 273; zum Meinungsstand: MüKo/Musielak, § 2269 Rn. 52.

cc) Ergebnis

Aufgrund der fehlenden Berechtigung der V käme somit nur ein gutgläubiger Eigentumserwerb des M in Betracht.

d) Gutgläubiger Eigentumserwerb des M i.S.v. § 2113 III i.V.m. den §§ 2365, 2366

Wenn M das Grundstück von der im Erbschein als Alleinerbin ausgewiesenen V gutgläubig erworben hätte, könnte die Übereignung von V an M über § 2113 III i.V.m. den §§ 2365, 2366 wirksam sein.

aa) Vermutung des § 2366

Im Sinne von § 2366 gilt der Inhalt des Erbscheins als richtig, soweit die Vermutung des § 2365 reicht. Gemäß § 2365 wird zum einen vermutet, dass dem im Erbschein als Erben Ausgewiesenen das angegebene Erbrecht zusteht und zum anderen, dass er nicht durch andere als die angegebenen Anordnungen beschränkt sei[10].

Der V wurde hier ein Erbschein als Alleinerbin ausgestellt, obwohl i.S.v. § 2363 die Verfügungsbeschränkung der angeordneten Nacherbfolge für den Fall der Wiederheirat des überlebenden Ehegatten hätte angegeben werden müssen[11]. Aus der Vollständigkeitsvermutung des § 2365 folgt somit, dass eine Verfügungsbeschränkung der als Alleinerbin ausgewiesenen V i.S.d. § 2113 gerade nicht besteht und V ausweislich des Erbscheins unbeschränkt über das Grundstück verfügen konnte.

Gemäß § 2366 ist der Erwerber jedoch nur so zu stellen, als habe er vom wahren Erben erworben. Die Vermutung des § 2365 bezieht sich folglich nicht auf die Zugehörigkeit eines Gegenstands zum Nachlass und auch nicht auf das Verfügungsrecht des Erben[12].

Sofern der in Rede stehende Gegenstand nicht zur Erbschaft gehört, müssen kumulativ die §§ 932 ff. bzw. die §§ 892, 893 geprüft werden.

> **Exkurs/Vertiefung:** Ist der Scheinerbe schon im Grundbuch eingetragen, kommt allein § 892 als stärkere Gutglaubensvorschrift zur Anwendung[13].

Vorliegend genügt jedoch die Rechtsscheinswirkung des § 2366, da das Grundstück ursprünglich zum Vermögen des Erblassers E gehört hat.

bb) Rechtsgeschäftlicher Einzelerwerb i.S.e. Verkehrsrechtsgeschäftes

§ 2366 schützt nur den rechtsgeschäftlichen Einzelerwerb durch dingliche Rechtsgeschäfte, nicht aber z.B. den durch Zwangsvollstreckung[14]. Dem Schutzbereich des § 2366 unterfallen grundsätzlich auch nur Verkehrsgeschäfte, also Rechtsgeschäfte, bei denen keine persönliche bzw. wirtschaftliche Identität von Veräußerer und Erwerber

---

10 *Michalski*, ErbR, Rn. 982.
11 Dazu: *Palandt/Edenhofer*, § 2353 Rn. 3.
12 *Michalski*, ErbR, Rn. 983.
13 *Palandt/Edenhofer*, § 2366 Rn. 6; *Michalski*, ErbR, Rn. 989.
14 *Palandt/Edenhofer*, § 2366 Rn. 1; *Leipold*, ErbR, Rn. 657 ff.; *Michalski*, ErbR, Rn. 987.

Fall 7 *Des Einen Freud, des Ander'n Leid*

vorliegt[15]. Hier erfolgte das dingliche Rechtsgeschäft der unentgeltlichen Verfügung über das Grundstück vor dem Nacherbfall und die Veräußerin V war personenverschieden vom Erwerber M. Es ist hier also von einem rechtsgeschäftlichen Einzelerwerb i.S.e. Verkehrsgeschäftes auszugehen.

cc) Keine positive Kenntnis von der Unrichtigkeit des Erbscheins und Bewusstsein über die Tatsache, vom Erben einen Erbschein zu erwerben

757 Gemäß § 2366 darf der Erwerber die Unrichtigkeit des Erbscheins nicht positiv kennen und auch nicht wissen, dass das Nachlassgericht die Rückgabe des Erbscheins wegen Unrichtigkeit verlangt hat. Der Schutz des guten Glaubens setzt nicht voraus, dass der Erwerber den Erbschein kannte[16] oder tatsächlich eingesehen hat. Z.T. wird darüber hinausgehend als ungeschriebenes Tatbestandsmerkmal verlangt, dass der Erwerber weiß, dass es sich um einen Nachlassgegenstand handelt und er den Scheinerben für den tatsächlichen Erben hält[17].

Vorliegend kannte M ebenso wenig wie seine Schwestern den Inhalt des gemeinschaftlichen Testaments seiner Eltern, so dass nicht davon ausgegangen werden kann, dass M wusste, dass seine Mutter für den Fall der Wiederheirat lediglich Vorerbin sein sollte. Vielmehr ist anzunehmen, dass M davon ausging, dass seine Mutter Erbin des zum Nachlass seines Vaters gehörenden Grundstückes geworden war.

2. Zwischenergebnis

M hat somit wirksam i.S.v. §§ 873, 925 Eigentum am Grundstück erworben mit der Folge, dass das Grundbuch nicht unrichtig ist.

B. Ergebnis

Ein Anspruch der B und D gegen M auf Zustimmung zur Grundbuchberichtigung aus § 894 scheidet folglich aus.

2. Teil: Abwandlung 1

A. Erbenstellung der S

758 S könnte durch das formwirksame eigenhändige Testament ihrer Schwester V vom 20.4.1993 i.S.d. §§ 2231 Nr. 2, 2247 testamentarische Erbin der V nach §§ 1922, 1937 geworden sein. Gemäß dieser Verfügung wäre S dann auch Erbin des ursprünglich von E herrührenden Nachlasses.

---

15 *Michalski*, ErbR, Rn. 987; zum Begriff des Verkehrsgeschäfts: *Westermann*, SachenR, Rn. 358; *Palandt/Bassenge*, § 892 Rn. 5 ff.
16 BGHZ 33, 314, 317; 40, 54, 60; MüKo/*Promberger*, § 2366 Rn. 14; *Soergel/Zimmermann*, § 2366 Rn. 1 ff.; *Leipold*, ErbR, Rn. 656 m.w.N.; a.A. *Canaris*, Die Vertrauenshaftung im deutschen Privatrecht (1971), S. 508 f.
17 *Michalski*, ErbR, Rn. 992.

Voraussetzung dessen ist jedoch, dass V ihrerseits Alleinerbin bzw. Vollerbin ihres Mannes war. Dies setzt wiederum voraus, dass die Verfügung des E, die er im eigenhändigen Testament vom 30.11.1992 i.S.d. §§ 2231 Nr. 2, 2247 getroffen hat, wirksam war.

I. Wirksamkeit des Testaments vom 30.11.1992

E hat in seinem Testament verfügt, dass seine drei Kinder, auflösend bedingt durch eine anderweitige Verfügung der V Nacherben i.S.v. § 2100 sein sollen, so dass bei Bedingungseintritt V Alleinerbin des E sein soll.

1. Zulässigkeit der Bedingung i.S.v. § 2065

Fraglich ist, ob eine derartige Bedingung zulässig ist[18]. Zwar kann der Erblasser die Erbeinsetzung nach §§ 2074, 2075 von einer aufschiebenden bzw. einer auflösenden Bedingung abhängig machen, wegen § 2065 ist jedoch fraglich, ob dies auch gilt, wenn es sich dabei um eine Bedingung handelt, die vom Willen eines Dritten abhängig ist. Problematisch ist daran, dass damit dem Dritten die Entscheidung über die Gültigkeit der letztwilligen Verfügung eingeräumt werden könnte[19]. Unzulässig wäre eine derartige Potestativbedingung jedenfalls dann, wenn sie im Einzelfall auf eine Vertretung im Willen hinausläuft. Sofern der Erblasser allerdings die Rechtsfolge, die im Falle des Eintritts oder Nichteintritts der Bedingung ausgelöst wird, in seinen Willen mitaufgenommen hat, ist die Bedingung zulässig, da der Erblasser dann zu einer ganz bestimmten Verfügung entschlossen war.

2. Subsumtion und Ergebnis

So lag der Fall hier: E war entschlossen, seiner Frau V die Befugnis einer Alleinerbin einzuräumen. Sie sollte in ihren Entscheidungen ganz frei sein und lediglich dann, wenn sie von dem ihr zustehenden Recht keinen Gebrauch machen wollen würde, sollte sie Vorerbin und die drei Kinder Nacherben sein. Die im Falle des Eintritts der Bedingung eintretende Rechtsfolge war somit vollumfänglich vom Willen des E umfasst und verstößt mithin nicht gegen § 2065.

3. Weitere Wirksamkeitshindernisse

Weitere Wirksamkeitshindernisse, insbesondere eine fehlende Testierfähigkeit des E i.S.v. § 2229 und eine Formunwirksamkeit i.S.v. § 2247 sind nicht ersichtlich.

II. Ergebnis

E hat folglich wirksam verfügt, dass die gemeinsamen drei Kinder nur unter der auflösenden Bedingung zu Nacherben eingesetzt werden, dass V nicht anderweitig verfügt. Vorliegend ist mit dem Bedingungseintritt, also mit der anderweitigen Verfügung der V, die Nacherbenstellung der drei Kinder M, B und D entfallen, so dass das von E her-

---

[18] Für die Zulässigkeit einer solchen Bedingung: OLG Hamm, ZEV 2000, 197, 198 f. mit Anm. *Loritz*; *Michalski*, ErbR, Rn. 613b, a.A. MüKo/*Leipold*, § 2065 Rn. 10.
[19] Zum Ganzen m.w.N.: *Michalski*, ErbR, Rn. 613 b.

Fall 7 *Des Einen Freud, des Ander'n Leid*

rührende Vermögen zum Nachlass der V gehört und daher auf ihre testamentarische Erbin S übergeht.

B. Endergebnis

762 S ist folglich gemäß den §§ 1922, 1937 auch Erbin des ursprünglich von E herrührenden Nachlasses geworden.

M, B und D können von der Erbin S somit lediglich den Pflichtteil in Bezug auf den Nachlass ihres Vaters E und in Bezug auf den Nachlass ihrer Mutter V gemäß § 2303 verlangen.

Der Geltendmachung der Pflichtteilsansprüche kann S auch nicht die Einrede der Verjährung i.S.d. §§ 2332, 214 entgegen halten, da ein Pflichtteilsanspruch erst in drei Jahren von dem Zeitpunkt an verjährt, in welchem der Pflichtteilsberechtigte von dem Eintritt des Erbfalls und von der ihn beeinträchtigenden Verfügung Kenntnis erlangt und M, B und D erst nach dem Tod der V von der sie beeinträchtigenden Verfügung ihrer Mutter erfahren haben.

3. Teil: Abwandlung 2

A. Herausgabeanspruch des N gegen S aus § 985

Bezüglich des Grundstückes kommt vorliegend ein Herausgabeanspruch des N gegen die den Besitz des Grundstücks innehabende S aus § 985 in Betracht.

I. Eigentumsstellung des N

763 Dies setzt voraus, dass N Eigentümer des Grundstückes geworden ist. N könnte aufgrund des Erbfalles der V, also des Nacherbfalles gemäß den §§ 1922, 1937, 2106, 2139 gesetzlich Eigentum erworben haben. Maßgebend ist insoweit, ob das Grundstück zu diesem Zeitpunkt überhaupt noch zum Nachlass gehörte.

1. Wirksame Veräußerung des Grundstückes an S i.S.d. §§ 873, 925

Dies ist wiederum davon abhängig, ob eine wirksame Veräußerung des Grundstückes von V an S vorlag.

a) Einigung und Eintragung i.S.d. §§ 873, 925

764 V und S haben sich über den Eigentumsübergang i.S.d. §§ 873, 925 wirksam geeinigt (Auflassung) und S wurde auch in das Grundbuch eingetragen.

b) Berechtigung oder Überwindung der Nichtberechtigung

Problematisch ist aber, ob V zu dieser Veräußerung überhaupt berechtigt war.

aa) Unwirksamkeit aufgrund von § 2113

Aus § 2112 ergibt sich, dass ein Vorerbe nur dann über die zur Erbschaft gehörenden Gegenstände verfügen kann, soweit sich nicht aus den Regelungen der §§ 2113 bis 2115 etwas anderes ergibt.

Vorliegend könnte die Vorschrift des § 2113 I Anwendung finden. Danach ist die Verfügung eines Vorerben über ein zur Erbschaft gehörendes Grundstück im Falle des Eintritts der Nacherbfolge insoweit unwirksam, als sie das Recht des Nacherben beeinträchtigen oder vereiteln würde. Mit Eintritt des Nacherbfalles wird dann der zunächst schwebend unwirksame Erwerb absolut unwirksam. Dementsprechend hätte V nicht wirksam verfügen können.

bb) Befreiung nach § 2136

Etwas anderes könnte sich zwar grundsätzlich bei einer befreiten Vorerbschaft i.S.v. § 2136 ergeben. Hier hat der Erblasser E seine Frau V jedoch nicht von den Beschränkungen und Verpflichtungen, die in § 2136 aufgeführt sind, befreit, so dass § 2136 vorliegend nicht einschlägig ist.

cc) Gutgläubiger Erwerb gemäß § 2113 III i.V.m. § 892

In Betracht kommt jedoch ein gutgläubiger Eigentumserwerb der S gemäß § 2113 III i.V.m. § 892. Der Glaube an die Richtigkeit des Grundbuches könnte aber nur die über § 2113 eintretende Unwirksamkeit überwinden, wenn dem Inhalt des Grundbuches nichts über eine etwaige Verfügungsbeschränkung zu entnehmen wäre. Dies ist vorliegend nicht der Fall, da ein Nacherbenvermerk i.S.v. § 51 GBO eingetragen ist.

dd) Heilung i.S.v. § 185

Fraglich bleibt damit letztlich nur noch, ob die fehlende Berechtigung über § 185 geheilt worden sein könnte.

(1) Heilung gemäß § 185 I

Eine Heilung der unwirksamen Verfügung könnte eintreten, wenn N i.S.v. § 185 I seine Zustimmung dazu erteilt hätte. N war vorliegend jedoch mit dem Verfügungsgeschäft der V gerade nicht einverstanden und hat somit auch nicht i.S.v. § 185 I zugestimmt.

(2) Heilung gemäß § 185 II, 3. Fall

Fraglich bleibt nun noch, ob hier der Tatbestand des § 185 II, 3. Fall erfüllt sein könnte. Im Sinne dieser Norm wird die Verfügung eines Nichtberechtigten wirksam, wenn er von dem Berechtigten beerbt wird und dieser für die Nachlassverbindlichkeiten unbeschränkt haftet. Demgemäß greift § 185 II, 3. Fall ein, wenn der Vorerbe, der eine gemäß § 2113 unwirksame Verfügung getroffen hat, vom Nacherben beerbt wird[20].

So lag der Fall hier, da die nichtberechtigte V vom berechtigten N beerbt worden ist und jener gemäß den §§ 1967 ff. für die Nachlassverbindlichkeiten unbeschränkt haftet.

---

20 Vgl. dazu auch: RG 110, 94, 95; BayObLG DNotZ 1998,138.

Fall 7   *Des Einen Freud, des Ander'n Leid*

2. Eigentumsstellung der S

770 S hat daher trotz der aus § 2113 resultierenden Beschränkung der V wirksam Eigentum erworben, da gemäß § 185 II, 3. Fall Konvaleszenz eingetreten ist.

II. Zwischenergebnis

N ist somit nicht über die §§ 1922, 1937, 2106, 2139 Eigentümer des in Rede stehenden Potsdamer Grundstücks geworden.

B. Gesamtergebnis

Ein Anspruch des N gegen S aus § 985 scheidet folglich aus.

Teil 4: Abwandlung 3

A. Anspruch der M gegen T aus den §§ 1922, 1937 i.V.m. § 631 I

M könnte als testamentarische Erbin der S i.S.d. §§ 1922, 1937 gegen T einen Anspruch auf Zahlung des offenen werkvertraglich vereinbarten Honorars i.H.v. 1000,– € aus § 631 I geltend machen.

I. Kein wirksamer Forderungsübergang durch Abtretung i.S.d. §§ 398 ff.

771 Dies setzt voraus, dass es nicht zu einem wirksamen Forderungsübergang im Wege der Abtretung i.S.v. § 398 gekommen ist und die inhaltlich bestimmte Honorarforderung aus dem Werkvertrag i.S.d. § 631 I noch zum Nachlass gehört.

1. Wirksame Einigung zwischen Zedenten und Zessionar

Eine entsprechende Einigung über die Abtretung zwischen dem Zedenten O und dem Zessionar F i.S.d. §§ 145 ff. ist erfolgt. Fraglich ist aber, ob O über die Forderung wirksam verfügen konnte.

772 **Exkurs/Vertiefung:** Die Abtretung ist ein Verfügungsgeschäft zwischen dem bisherigen Gläubiger (Zedent) und dem neuen Gläubiger (Zessionar), durch den der Zedent die Forderung auf den Zessionar überträgt. Als schuldrechtliches Grundgeschäft der Abtretung kommen insbesondere Kauf, Schenkung, Geschäftsbesorgung, Sicherungsvertrag, aber auch sonstige Vereinbarungen in Betracht[21].

2. Überwindung der Nichtberechtigung des O durch § 2366

773 Da O nicht Erbe war, verfügte er über die zum Nachlass gehörende Werklohnforderung als Nichtberechtigter. Diese Nichtberechtigung könnte jedoch durch gutgläubigen Erwerb des F aufgrund des Erbscheins gemäß § 2366 überwunden worden sein. I.S.v.

---

21 *Palandt/Heinrichs*, § 398 Rn. 3.

§ 2366 gilt zugunsten des T der Inhalt des Erbscheines als richtig, soweit die Vermutung des § 2365 reicht. Im Erbschein war O als Alleinerbe ausgewiesen. Während grundsätzlich der Gutglaubenserwerb von Forderungen ausgeschlossen ist, ermöglicht § 2366 auch den Gutglaubenserwerb von Forderungen und Geschäftsanteilen, die zum Nachlass gehören[22]. Folglich überwindet der Erbschein i.S.v. § 2366 hier die Nichtberechtigung des O, so dass T Gläubiger der Forderung geworden ist und diese kein Bestandteil des Nachlasses mehr ist.

II. Ergebnis

M hat folglich gegen T keinen Anspruch aus den §§ 1922, 1937 i.V.m. § 631 I auf Zahlung des offenen werkvertraglich vereinbarten Honorars i.H.v. 1000,– €.

B. Anspruch der N gegen K auf Herausgabe der Partitur aus § 985

Bezüglich der Partitur käme ein Anspruch der N gegen K auf Herausgabe aus § 985 in Betracht.

I. Eigentumsstellung der N

Ursprünglich war N Eigentümerin der handsignierten Partitur, die sich im Besitz des K befindet.

1. Eigentumserwerb des K

Fraglich ist, ob K zwischenzeitlich Eigentum an der Partitur erworben haben könnte.

a) Einigung und Übergabe i.S.v. § 929 S. 1

K hat sich mit O über den Eigentumsübergang an der Partitur geeinigt, eine Übergabe hat ebenfalls stattgefunden. Da O jedoch weder Eigentümer der Partitur, noch sonst zur Veräußerung berechtigt war, ist zu klären, ob und wie die Nichtberechtigung des O überwunden werden könnte.

b) Überwindung der Nichtberechtigung durch gutgläubigen Erwerb i.S.v. § 2366

In Betracht kommt eine Überwindung der Nichtberechtigung durch gutgläubigen Erwerb i.S.v. § 2366 i.V.m § 929 S. 1.

Nach § 2366 ist ein gutgläubiger Eigentumserwerb an einem Erbschaftsgegenstand möglich, sofern der Gegenstand von der im Erbschein als Erbe ausgewiesenen Person erworben wird.

Der Erwerber ist nach § 2366 nur so zu stellen, als habe er vom wahren Erben erworben. Die Vermutung des § 2366 bezieht sich nicht auch auf die Zugehörigkeit eines Gegenstands zum Nachlass bzw. nicht auch auf das Verfügungsrecht des Erben. Ein

---

[22] *Kuchinke*, Jura 1981, 281.

Fall 7 *Des Einen Freud, des Ander'n Leid*

Erwerb des K vom Scheinerben O allein über die §§ 929 S. 1, 2366 kommt daher nicht in Betracht. Vielmehr müssen hier, da der Gegenstand nicht zur Erbschaft gehörte, zusätzlich die §§ 932 ff. geprüft werden.

c) Überwindung der Nichtberechtigung i.S.d. §§ 929, 932, 2366

Fraglich ist, ob die Nichtberechtigung des O durch einen gutgläubigen Erwerb i.S.v. § 932 überwunden sein könnte.

Wie oben gesehen, ist der Erwerbstatbestand i.S.v. § 929 S. 1 erfüllt.

aa) Rechtsgeschäftlicher Erwerb i.S.e. Verkehrsgeschäftes

777   Zudem müsste es sich um einen rechtsgeschäftlichen Erwerb i.S.e. Verkehrsgeschäftes handeln. Davon ist vorliegend auszugehen, da Veräußerer und Erwerber personenverschieden sind und es sich um ein selbständiges Rechtsgeschäft handelt, das nicht nur der Rückabwicklung dient.

bb) Rechtsscheintatbestand des Besitzes

778   Zudem ist der Rechtsscheintatbestand des Besitzes erfüllt, da der Veräußerer O durch die bestehende Besitzlage als Berechtigter ausgewiesen war, vgl. auch § 1006.

cc) Keine Bösgläubigkeit

779   K war darüber hinaus auch nicht bösgläubig i.S.v. § 932 II. Ihm war nicht bekannt, dass die Partitur nicht L gehörte.

dd) Kein Abhandenkommen beim Eigentümer

780   Des Weiteren dürfte die Partitur der ursprünglichen Eigentümerin N auch nicht i.S.v. § 935 abhandengekommen sein. Unter Abhandenkommen ist ein unfreiwilliger Besitzverlust zu verstehen. Die Eigentümerin N hatte der Erblasserin S die Partitur jedoch zu Forschungszwecken geliehen, so dass kein Abhandenkommen i.S.d. § 935 vorliegt.

781   **Exkurs/Vertiefung:** Die §§ 857, 935 stehen insofern nicht entgegen, als der Scheinerbe kraft Erbscheins i.S.d. § 2366 auch als Besitzer der Nachlassgegenstände gilt[23].

2. Ergebnis

Die Nichtberechtigung des O konnte folglich überwunden werden, so dass K nunmehr Eigentümer der Partitur ist.

II. Gesamtergebnis

N hat somit keinen Anspruch gegen K auf Herausgabe der Partitur aus § 985.

---

23 *Michalski*, ErbR, Rn. 1008.

C. Eigentumslage hinsichtlich des Van-Gogh-Druckes

Ursprünglich war H Eigentümer des Bildes. Fraglich ist, ob sich daran zwischenzeitlich etwas geändert haben könnte. In Betracht kommen könnte ein Eigentumserwerb des K. **782**

Eine Einigung zwischen K und O über den Eigentumsübergang auf K i.S.v. § 929 S. 1 liegt vor. O hat dem K das Bild auch übergeben. Problematisch ist jedoch auch hier, ob die fehlende Berechtigung des O durch einen gutgläubigen Erwerb des K überwunden worden sein könnte.

Ebenso wie bei der Verfügung über die Partitur kann hier die fehlende Berechtigung des O nicht allein über § 2366 überwunden werden, da auch der wahre Erbe nur als Nichtberechtigter verfügen würde. Anzuwenden sind daher auch hier die §§ 932 ff. Im Sinne dieser Normen scheidet jedoch ein gutgläubiger Eigentumserwerb vorliegend aus, da der gute Glaube des K an das Eigentum des Veräußerers O, wegen des durch Diebstahl abhanden gekommenen Bildes, aufgrund von § 935 I nicht geschützt ist. **783**

Mithin konnten weder die Erblasserin S noch K das Bild gutgläubig erwerben, so dass nach wie vor H Eigentümer des Bildes ist.

> **Exkurs/Vertiefung:** Sofern der Scheinerbe kraft Erbscheins wirksam über Nachlassgegenstände verfügt hat, kann der wahre Erbe von ihm Herausgabe des Erlangten gemäß den §§ 2018 ff. verlangen, wobei für ihn insofern insbesondere die Surrogationsnorm des § 2019 günstig sein kann. Des Weiteren kommen Ansprüche aus § 816 und evtl. auch § 823 in Betracht. Bei unentgeltlichen Verfügungen kann der wahre Erbe gegen den Erwerber zudem die §§ 816 I 2, 822 geltend machen[24]. **784**

Repetitorium

I. Als **Ersatzerbe** wird bezeichnet, wer aufgrund einer Verfügung von Todes wegen anstelle des zunächst Berufenen Erbe wird, weil der Erstberufene vor oder nach dem Eintritt des Erbfalles (rückwirkend) weggefallen ist, vgl. § 2096[25]. **785**

II. **Die Vor- und Nacherbschaft:** Der Erblasser kann durch Verfügung von Todes wegen bestimmen, dass eine bestimmte Person erst Erbe sein soll, nachdem zunächst eine andere Erbe geworden ist, vgl. § 2100. Vor- und Nacherben beerben also zeitlich nacheinander den Erblasser, so dass auch der Nacherbe Erbe des Erblassers und nicht Erbe des Vorerben ist[26]. Etwas anderes kann natürlich gelten, wenn auch der Vorerbe den Nacherben zum Erben des eigenen Nachlasses eingesetzt hat. **786**

Mit dem Nacherbfall i.S.d. § 2139, also dem vom Erblasser festgesetzten Ereignis oder Zeitpunkt, verliert der Vorerbe seine Stellung als Erbe und der Nacherbe wird

---

24 Dazu: *Michalski*, ErbR, Rn. 1001; Rn. 946 ff.
25 Vgl. *Michalski*, ErbR, Rn. 604; zur Auslegung einer testamentarischen Verfügung als Ersatzerbeinsetzung der Abkömmlinge bedachter Geschwister: BayObLG FamRZ 2005, 68 f.
26 *Michalski*, ErbR, Rn. 613 ff.

Fall 7   *Des Einen Freud, des Ander'n Leid*

zum Erben des Erblassers. Der Vorerbe unterliegt den Verfügungsbeschränkungen der §§ 2113 ff.; zur befreiten Vorerbschaft, vgl. § 2136.

787 **III. Zur rechtlichen Beurteilung einer Wiederverheiratungsklausel:**
1. Wenn der überlebende Ehegatte/Lebenspartner von vorneherein lediglich als Vorerbe i.S.d. Trennungsprinzips eingesetzt war, stellt die Wiederheirat den Nacherbfall i.S.v. § 2039 dar. Bis dahin unterliegen die Verfügungen des überlebenden Ehegatten/Lebenspartners den §§ 2113 ff.
2. Sofern sich die Ehegatten/Lebenspartner für das Einheitsprinzip entschieden haben, ist die Wiederverheiratungsklausel als Anordnung einer durch Heirat bzw. Nicht-Heirat bedingten Vor- und Nacherbschaft anzusehen.
Unterschiedlich beurteilt wird, ob diese als auflösend oder aufschiebend bedingt zu qualifizieren ist. Eine Streitentscheidung ist insofern nicht erforderlich, als bei Wiederheirat nach beiden Ansichten die Verfügungsbeschränkungen des § 2113 auch für den Zeitraum vor der neuen Ehe gelten sollen.
   - Die h.M. hält die Wiederverheiratungsklausel für aufschiebend bedingt: der überlebende Ehegatte sei auflösend bedingter Vollerbe (§ 2075) und aufschiebend bedingter Vorerbe, wobei Verfügungen des Längstlebenden in der Zeit vor seiner Wiederheirat rückwirkend den Verfügungsbeschränkungen der §§ 2113 ff unterliegen sollen, da dann fest stehe, dass er bis zum Zeitpunkt der Wiederheirat nur Vorerbe war[27].
   - Nach der Gegenansicht sei der Überlebende auflösend bedingter Vorerbe (was zur Anwendung der §§ 2113 ff. führt) und aufschiebend bedingter Vollerbe, wobei als Bedingung der Tod des Letztversterbenden ohne erneute Heirat angesehen wird[28].
3. Wie sich die Wiederheirat des überlebenden Ehegatten bei einer Wiederverheiratungsklauseln auf dessen **eigene** im gemeinschaftlichen Testament getroffene (wechselbezügliche) Verfügung auswirkt, wird unterschiedlich beurteilt.
   - Teilweise wird die Wiederverheiratungsklausel so ausgelegt, dass, in Abweichung von § 2271, die Freistellung von der Bindungswirkung wechselbezüglicher Verfügungen gemeint sei und für den Überlebenden ein Widerruf möglich wäre[29].
   - Es wird auch vertreten, dass – sofern im Testament nicht abweichend verfügt – im Fall der Wiederheirat des Längstlebenden seine Bindung an die eigene wechselbezügliche Verfügung über seinen Nachlass in entsprechender Anwendung des § 2270 von selbst unwirksam wird[30].
4. Sofern ein gemeinschaftliches Testament i.S.d. § 2268 I i.V.m. § 2077 durch Scheidung der Testierenden Ehegatten unwirksam geworden ist, kann es bei Wiederheirat dieser Eheleute nicht wieder wirksam werden[31], da trotz Identität der Ehepartner nicht die alte Ehe wiederhergestellt, sondern eine neue geschlossen wird.

---

27 Vgl. *Palandt/Edenhofer*, § 2269 Rn. 17.
28 *Leipold*, Erbrecht, Rn. 480.
29 *Michalski*, ErbR, Rn. 279; *Jünemamm*, ZEV 2000, 81, 84 ff.
30 Dazu: KG NJW 1957, 1073; *Leipold*, Erbrecht Rn. 481 m.w.N.
31 Dazu: BayObLG NJW 1996, 133.

Gemäß § 2268 II können Verfügungen des gemeinschaftlichen Testaments jedoch insoweit wirksam bleiben, als anzunehmen ist, dass sie nach dem hypothetischen Willen der Ehegatten im Zeitpunkt der Errichtung auch für den Fall der Scheidung und Wiederverheiratung getroffen worden wären.

IV. **Der Erbschein** ermöglicht i.S.d. §§ 2365, 2366 (die parallel zu den §§ 891–893 konzipiert sind) einen Gutglaubenserwerb vom Erbscheinserben, also von der im Erbschein als Erben ausgewiesenen Person, der das bezeichnete Recht tatsächlich gar nicht zusteht.

- Wie bei § 892 schadet nur positive Kenntnis der Nichtberechtigung und ebenso wie das Grundbuch wirkt der Erbschein losgelöst vom subjektiven Vertrauen, so dass der Erwerber den Erbschein nicht eingesehen haben muss[32].
- Über § 2366 ist auch ein Erwerb von Vermögensgegenständen möglich, deren gutgläubiger Erwerb sonst ausgeschlossen ist. In diesem Sinne können zum Nachlass gehörende Forderungen oder Geschäftsanteile erworben werden[33].
- Über § 2366 ist nur der rechtsgeschäftliche Einzelerwerb durch Verfügungsgeschäft geschützt, **also nicht:** der Erwerb im Wege der Zwangsvollstreckung, der Erwerb auf Grundlage eines Erbschaftskaufes i.S.d. §§ 2371 ff.; zudem kann § 2366 auch bei Eingehung von Schuldverhältnissen keinen Schutz entfalten[34]. Dem Schutzbereich des § 2366 unterfallen grundsätzlich auch nur Verkehrsgeschäfte[35], also Rechtsgeschäfte, bei denen keine wirtschaftliche bzw. persönliche Identität von Veräußerer und Erwerber vorliegt[36].
- Bei mehreren sich widersprechenden Erbscheinen entfällt die Wirkung des öffentlichen Glaubens[37].
- Gemäß § 2366 ist der Erwerber nur so zu stellen, als habe er vom wahren Erben erworben. Die Vermutung des § 2365 bezieht sich folglich nicht auf die Zugehörigkeit eines Gegenstands zum Nachlass und auch nicht auf das Verfügungsrecht des Erben[38]. Sofern der in Rede stehende Gegenstand nicht zur Erbschaft gehört, müssen kumulativ die §§ 932 ff. bzw. §§ 892, 893 geprüft werden.

V. **Kontrollfragen**
1. Wie sind die Wiederverheiratungsklauseln rechtlich einzuordnen?
2. Welche Bedingungen sind i.S.d. § 2065 zulässig?
3. Was bedeutet: „befreite Vorerbschaft"?
4. Nach welchen Vorschriften richtet sich der gutgläubige Erwerb, wenn der durch den Erbschein legitimierte Nichterbe einen Nachlassgegenstand veräußert,
   a) der dem Erblasser gehörte?
   b) der dem Erblasser nicht gehörte?

---

32 BGHZ 33, 314, 317; 40, 54, 60; MüKo/*Promberger*, § 2366 Rn. 14; *Soergel/Zimmermann*, § 2366 Rn. 1 ff.; *Leipold*, ErbR, Rn. 656 m.w.N.; a.A. *Canaris*, Die Vertrauenshaftung im deutschen Privatrecht (1971), S. 508 f.
33 *Kuchinke*, Jura 1981, 281.
34 *Palandt/Edenhofer*, § 2366 Rn. 1; *Leipold*, ErbR, Rn. 657 ff., 660; *Michalski*, ErbR, Rn. 987.
35 Dazu: *Michalski*, ErbR, Rn. 987.
36 Zum Begriff des Verkehrsgeschäfts: *Westermann*, SachenR, Rn. 358.
37 BGHZ 33, 314; *Herminghausen*, NJW 1986, 571 m.w.N.
38 *Michalski*, ErbR, Rn. 983.

Fall 8

Eigener Herd ist Goldes wert?

790 Durch eine defekte Gasleitung, die an einen Herd angeschlossen war, geriet am 2. Juli 2005 in der Stubenrauchstraße in Berlin ein Mehrfamilienhaus in Brand. Dabei kamen Hanna Heinrich, Konrad Klinder und Ruth Reinicke ums Leben. Folgende Sachverhalte sind aus erbrechtlicher Sicht zu beurteilen:

Teil 1:

Nach dem Tod ihres Mannes Christoph (C) hatte Hanna Heinrich (H) mit der gemeinsamen Tochter Tatjana (T) einen Erbvertrag geschlossen, indem sie T zur Alleinerbin eingesetzt hatte. H konnte sich zwar nach dem Verlust ihres Mannes nicht vorstellen, sich jemals wieder zu binden und ging davon aus, dass T ohnehin ihre Alleinerbin werden würde, aber um T zu beruhigen und sie abzusichern, hatten sich beide zu diesem Schritt entschlossen.

Kurz darauf lernte H dann in einer kirchlichen Kreistanzgruppe die Witwe Wiebke Weinhardt (W) kennen. Mit ihr glaubte sie, ein Glück zu erleben, wie sie es noch nie zuvor gefühlt hatte und ging mit ihr im Juli 2003 eine Lebenspartnerschaft ein. T, die sehr um ihren Vater trauerte und das Verhalten ihrer Mutter überhaupt nicht akzeptieren konnte, versuchte die Beziehung ihrer Mutter zu zerstören und machte H permanent Vorwürfe, woraufhin H die Erbeinsetzung schließlich rückgängig machen wollte. H erklärte im Januar 2005 notariell beurkundet gegenüber T die Anfechtung.

Als H unsicher geworden war, was die Wirksamkeit ihrer Erklärung betraf, entschloss sie sich zu einem weiteren Schritt. Obwohl sie die eindringlichen Bitten ihrer Lebenspartnerin, deren 9 jährigen Sohn Jasper (J) als Kind anzunehmen, immer ausgeschlagen hatte und eine Kindesannahme (Adoption) eigentlich auch ablehnte, um das Verhältnis zu T nicht noch mehr zu belasten, nahm H den J im April 2005 als Kind an. Im Mai 2005 erklärte H dann nochmals (wiederum notariell beurkundet) gegenüber T die Anfechtung.
Wer ist Erbe der H?

Teil 2:

Als Konrad Klinder (K) stirbt, leben noch seine Frau Sabine, die keinen Zugewinn erwirtschaftet hat und die drei Kinder Anne (A), Miriam (M) und Boris (B). K, der mit der allzu liberalen Lebenseinstellung seiner Familie nicht einverstanden ist und ihnen nicht auch noch sein schwer verdientes Vermögen zukommen lassen will, hatte am 24.12.2004 ein wirksames eigenhändiges Testament verfasst, in dem er seinen Freund Florian Fischer (F), den er seit seinen Studientagen aus einer schlagenden Verbindung kennt, zu seinem Alleinerben bestimmt hat. Der Nachlass des K beträgt 80 000,– €. Der erwirtschaftete Zugewinn des K beträgt 16 000,– €. Welche Ansprüche haben S, A, M und B gegen F?

Eigener Herd ist Goldes wert? **Fall 8**

Teil 3:

Ruth Reinicke (R), die aus ideologischen Gründen in einer Mietwohnung des Mehrfamilienhauses in der Stubenrauchstraße gewohnt hatte, hinterlässt bei ihrem Tod zwei gleichwertige Grundstücke (eines in Berlin-Köpenick und eines in Berlin-Spandau) im Wert von je 700 000,– €, die beide bebaut sind.

R hatte ein formgültiges eigenhändiges Testament errichtet, indem sie ihre beiden Kinder Michael und Katrin als Erben eingesetzt hat.

Aus dem Testament der R ging ebenfalls hervor, dass sie K absichern und dafür entlohnen wollte, dass sich ihre Tochter jahrzentelang hingebungsvoll und selbstaufopfernd um sie gekümmert hatte. K, die ebenso wie ihre Mutter leidenschaftliche Ruderin war, sollte das Grundstück in Spandau mit Bootssteg erhalten.

Bei der Auseinandersetzung verlangt K zusätzlich zu dem Grundstück in Spandau, dass das Grundstück in Köpenick versteigert und die Hälfte des Erlöses an sie ausgezahlt werde.

M ist der Meinung, K stehe neben dem Spandauer Grundstück nichts mehr zu.

Wie ist die Rechtslage?

Teil 4:

Eugen Schirmer (E), vor dessen Wohnungstür die Flammen gerade noch rechtzeitig gelöscht werden konnten, denkt aufgrund des Todes seiner Nachbarn plötzlich intensiv über sein eigenes Leben nach und schließt daraufhin mit seinem Sohn Simon (S) einen notariell beurkundeten Vertrag, in dem S auf sein gesetzliches Erbrecht verzichtet.

In einem weiteren Vertrag verpflichtet sich E zugleich, an S 50 000,– € als Abfindung zu zahlen. E, der dann allerdings beschließt, sein Geld zu Lebzeiten lieber für sich auszugeben, zahlt nicht. Als Simon, der mit der Zahlung fest gerechnet hat, ihn immer wieder darum bittet, doch zu zahlen, verweigert er schließlich ernsthaft und endgültig die Leistung.

Wie kann sich S von dem Erbverzicht lösen?

Fall 8 *Eigener Herd ist Goldes wert?*

Vorüberlegungen

I. In dieser Klausur werden Problemkreise angesprochen, die z.T. aus den vorhergehenden Sachverhalten bekannt sein müssten, wobei hier noch einmal überprüft werden kann, ob die Umsetzung in der Falllösung erfolgreich möglich ist.

II. In Teil 1 ist auf die Bindungswirkung eines Erbvertrages einzugehen, die ja auch beim bereits behandelten gemeinschaftlichen Testament zu diskutieren war.

Zeitleiste – Teil 1:

III. In Teil 2 wurde die Ehefrau vollständig enterbt, so dass zu erkennen ist, welche Möglichkeiten für den Ehegatten/Lebenspartner bei Enterbung noch bestehen.

IV. In Teil 3 müssen die Grundsätze der Auslegung angewandt werden und mehrere Formen von im Erbrecht möglichen Zuwendungen voneinander abgegrenzt werden.

V. In Teil 4 ist zu erkennen, welcher Rechtsnatur ein Erbverzicht ist und in der Gesamtschau des (Erb-)rechts zu überlegen, welche Möglichkeiten bestehen, um sich davon zu lösen.

Gliederung

1. Teil: Todesfall der Hanna Heinrich (H)

A. Alleinerbenstellung der T
  I. Wirksamer Abschluss des Erbvertrags
  II. Wirksamer Widerruf i.S.d. §§ 2253 ff.
    1. Kein Ausschluss des Widerrufs aufgrund von § 2289 I 2
      a) Vorliegen einer vertragsmäßigen Verfügung
      b) Auslegung des Erbvertrages
    2. Ergebnis
  III. Anfechtung gemäß den §§ 2281, 2078 II, 2079
    1. Anfechtung nach der Verpartnerung
      a) Anfechtungsgrund
        aa) Anfechtungsgrund des § 2078 II
        bb) Anfechtungsgrund des § 2079
      b) Anfechtungserklärung
      c) Anfechtungsfrist
      d) Ergebnis
    2. Anfechtung nach der Annahme des J als Kind
      a) Anfechtungsgrund
        aa) Anfechtungsgrund des § 2078 II

             bb) Anfechtungsgrund des § 2079
         b) Anfechtungserklärung gemäß den §§ 2282 III, 143 II
         c) Anfechtungsfrist
         d) Ausschluss des Anfechtungsrechtes
B. Gesamtergebnis

2. Teil: Todesfall des Konrad Klinder (K)
A. Ansprüche der Ehefrau S gegen F
    I. Anspruch der S gegen F gemäß den §§ 2303, 1371 II
        1. Pflichtteilsberechtigung der S
        2. Ausschluss von der Erbfolge durch Verfügung von Todes wegen
        3. Berechnung des Pflichtteils
            a) Wahltheorie
            b) Einheitstheorie
    II. Ergebnis
B. Ansprüche der Kinder des K gegen F
    I. Pflichtteilsanspruch von A, M und B gegen F aus § 2303 I
        1. Pflichtteilsberechtigung
        2. Ausschluss von der Erbfolge durch Verfügung von Todes wegen
        3. Berechnung des Pflichtteils
    II. Ergebnis

3. Teil: Todesfall der Ruth Reinicke (R)
A. Ansprüche der K gemäß den §§ 2042 ff.
    I. Wirksame Testamentserrichtung
    II. Inhalt des Testaments
        1. Qualifizierung der Zuwendung des Einzelgegenstandes
            a) Teilungsanordnung i.S.d. § 2048
            b) Vorausvermächtnis i.S.d. § 2150
        2. Subsumtion und Ergebnis
B. Gesamtergebnis

4. Teil: Erbverzichtsvertrag zwischen Eugen Schirmer (E) und Simon (S)
A. Möglichkeiten des S
    I. Anfechtungsrecht des S
    II. Rücktrittsrecht analog § 2295
    III. Anspruch des S gegen E aus § 812 I 1, 2. Fall
        1. Etwas erlangt
        2. Ergebnis
    IV. Rücktrittsrecht des S gemäß § 323
B. Gesamtergebnis

Fall 8 *Eigener Herd ist Goldes wert?*

Lösung

1. Teil: Todesfall der Hanna Heinrich (H)

Fraglich ist, wer nach dem Tod der H am 2. Juli 2005 i.S.v. § 1922 ihr Erbe geworden ist.

A. Alleinerbenstellung des T

In Betracht kommen könnte eine Alleinerbenstellung der T in Bezug auf ihre Mutter H i.S.d. §§ 1922, 1941, 2274 ff. Dies setzt voraus, dass es zwischen ihnen zum Abschluss eines wirksamen Erbvertrages gekommen ist und dieser auch nicht widerrufen oder anderweitig beseitigt worden wäre.

I. Wirksamer Abschluss des Erbvertrags

793 Ein Erbvertrag wird wirksam abgeschlossen, wenn die Form des § 2276 beachtet wird, Testierfähigkeit (§ 2275) und Höchstpersönlichkeit i. S. v. § 2274 (der im Testamentsrecht dem § 2064 entspricht[1]) gegeben sind[2]. Mangels entgegenstehender Angaben im Sachverhalt ist hier davon auszugehen, dass zwischen H und ihrer Tochter T ein Erbvertrag wirksam abgeschlossen wurde.

II. Wirksamer Widerruf i.S.d. §§ 2253 ff.

Dieser dürfte auch nicht i.S.d. §§ 2253 ff. widerrufen worden sein. In der Anfechtungserklärung der H könnte ein wirksamer Widerruf des Erbvertrages gemäß den §§ 2253 ff. gesehen werden.

1. Kein Ausschluss des Widerrufs aufgrund von § 2289 I 2

794 Dies setzt allerdings voraus, dass ein Widerruf vorliegend überhaupt möglich war. Aus § 2289 I 2 folgt in Bezug auf erbvertragliche Verfügungen eine Bindungswirkung bzw. ein Ausschluss des Widerrufs, sofern sie als vertragsmäßige Verfügungen zu qualifizieren sind. Vertragsmäßige Verfügungen können nämlich nur durch einverständliche Aufhebung (§§ 2290–2292), Rücktritt (§§ 2293–2295) oder Anfechtung (§§ 2281 ff., 2078 ff.), nicht aber im Wege des Widerrufs beseitigt werden.

a) Vorliegen einer vertragsmäßigen Verfügung

795 Als vertragsmäßige Verfügungen kommen gemäß § 2278 I, II ausschließlich Erbeinsetzungen, Vermächtnisse und Auflagen in Betracht.

796 Ein Erbvertrag muss mindestens eine solche vertragsmäßig getroffene Verfügung beinhalten, darüber hinaus können dann beliebig viele andere einseitige letztwillige Verfü-

---

1 *Palandt/Edenhofer*, § 2274 Rn. 1.
2 Zum Ganzen: *Michalski*, ErbR, Rn. 289 ff.

gungen, vgl. § 2299 I, enthalten sein, wobei jene nach den allgemeinen Regeln widerrufen werden können, vgl. § 2299 II[3]. In Bezug auf jede einzelne im Erbvertrag enthaltene Verfügung muss daher festgestellt werden, ob der Erblasser eine Bindungswirkung gewollt hat und eine vertragsmäßige Verfügung vorliegt oder aber, ob eine einseitige Verfügung in Rede steht. Dies ist durch Auslegung des Erblasserwillen i.S.d. § 133 (und bei Vorliegen von vertragsmäßigen Verfügungen i.V.m. § 157) zu ermitteln.

> **Exkurs/Vertiefung:** Zu unterscheiden ist die in einem Erbvertrag enthaltene einseitige Verfügung (vgl. § 2299 I) vom einseitigen Erbvertrag.
> Zu den Termini: Ein **einseitiger Erbvertrag** liegt vor, wenn nur der Erblasser vertragsmäßige Verfügungen von Todes wegen trifft, **zweiseitig** ist er, wenn die beiden vertragsschließenden Teile in Bezug auf ihren Nachlass vertragsmäßige Verfügungen treffen, **gegenseitig**, wenn sich die Vertragsschließenden jeweils gegenseitig bedenken und **mehrseitig**, wenn mehr als zwei Personen vertragsmäßige Verfügungen treffen[4].

797

b) Auslegung des Erbvertrages

Von einer vertragsmäßigen Verfügung (und der damit verbundene Bindungswirkung) ist i.d.R. auszugehen, wenn der Erbvertragspartner selbst oder dessen Verwandte bedacht werden[5]. Hingegen wird die Verfügung zugunsten eigener Verwandter oftmals nur einseitig sein[6].

798

Vorliegend sollte durch den einseitigen Erbvertrag nach dem erklärten Willen von H und T die Erbeinsetzung von H's Tochter T festgeschrieben werden, um H abzusichern, so dass hier von einer vertragsmäßigen Verfügung auszugehen ist, die eine entsprechende Bindungswirkung i.S.v. § 2289 I 2 entfaltet hat. Eine Widerrufsmöglichkeit besteht daher zugunsten der H nicht.

2. Ergebnis

Folglich konnte die im Erbvertrag getroffene vertragsmäßige Verfügung nicht durch Widerruf beseitigt werden.

III. Anfechtung gemäß den §§ 2281, 2078 II, 2079

In Betracht käme aber eine Anfechtung durch H gemäß den §§ 2281, 2078 II, 2079. Grundsätzlich ist der Testierende selbst nicht anfechtungsberechtigt, da er i.S.d. §§ 2253 ff. seine Verfügung i.d.R. frei widerrufen kann. Im Gegensatz zu den §§ 2078 ff. ist dies beim Erbvertrag gemäß § 2281 insofern anders, als hier gerade keine Widerrufsmöglichkeit in Bezug auf die vertragsmäßigen Verfügungen besteht. Eine Anfechtungsmöglichkeit der H besteht hier folglich.

799

---

3 *Palandt/Edenhofer*, Überbl v § 2274 Rn. 1 f.; *Michalski*, ErbR, Rn. 297.
4 *Palandt/Edenhofer*, Überbl v § 2274 Rn. 1.
5 BGHZ 26, 204, 208.
6 BGH NJW 1961, 120.

Fall 8 *Eigener Herd ist Goldes wert?*

1. Anfechtung nach der Verpartnerung

800 H könnte angefochten haben, indem sie im Januar 2005, also nach der Eingehung der Lebenspartnerschaft mit W, die Erbeinsetzung ihrer Tochter T durch notariell beurkundete Erklärung gegenüber T angefochten hat.

a) Anfechtungsgrund

Dies setzt voraus, dass ein entsprechender Anfechtungsgrund vorlag. In Betracht käme sowohl der Anfechtungsgrund des § 2078 II als auch der Anfechtungsgrund des § 2079.

aa) Anfechtungsgrund des § 2078 II

801 § 2078 II setzt voraus, dass der Erblasser die Verfügung getroffen hat, weil er einem Motivirrtum erlag. So verhielt es sich hier, da H bei Abschluss des Erbvertrags davon ausging, sie werde sich nicht wieder binden.

bb) Anfechtungsgrund des § 2079

802 § 2079 ermöglicht die Anfechtung, wenn durch die letztwillige Verfügung ein Pflichtteilsberechtigter übergangen würde, der zum Zeitpunkt des Erbfalles noch nicht vorhanden war bzw. dessen Vorhandensein dem Erblasser bei der Errichtung der Verfügung nicht bekannt war.

Vorliegend greift auch § 2079 ein, da H's Lebenspartnerin, von deren Vorhandensein sie zum Zeitpunkt der Errichtung des Erbvertrages nicht ausging, gemäß § 10 VI 1 LPartG pflichtteilsberechtigt ist.

b) Anfechtungserklärung

803 Des Weiteren müsste H i.S.d. §§ 2282 III, 143 II eine notariell beurkundete Anfechtungserklärung gegenüber ihrer Vertragspartnerin T abgegeben haben.

Dies ist vorliegend geschehen.

c) Anfechtungsfrist

804 Dabei müsste auch die Anfechtungsfrist von einem Jahr gemäß § 2283 I, II eingehalten worden sein. Dies wurde hier von H nicht beachtet, da sie erst anderthalb Jahre nach der Eingehung der Lebenspartnerschaft gegenüber ihrer Tochter die Anfechtung erklärte.

d) Ergebnis

Folglich ist die im Januar 2005 erklärte Anfechtung unwirksam.

2. Anfechtung nach der Annahme des J als Kind

805 Es könnte jedoch im Mai 2005 zu einer wirksamen Anfechtung durch H gekommen sein. H hat im April 2005 den minderjährigen Sohn J ihrer (eingetragenen) Lebenspartnerin als Kind angenommen, was seit dem 1. 1. 2005 für Lebenspartner gemäß § 9 VII LPartG möglich ist.

> **Exkurs/Vertiefung:** Seit dem 1.1 2005 ist es unter den Voraussetzungen des § 9 VII LPartG **806**
> i.V.m. den dort zitierten Normen des BGB auch eingetragenen Lebenspartnern möglich,
> ein Kind des anderen Lebenspartners anzunehmen, wodurch das minderjährige Kind i.S.v.
> § 1754 I die rechtliche Stellung eines gemeinschaftlichen Kindes der beiden Lebenspartner
> erlangt[7].

a) Anfechtungsgrund

Fraglich ist, ob insoweit die Anfechtungsgründe der §§ 2078 II, 2079 eingreifen könnten.

aa) Anfechtungsgrund des § 2078 II

Da H bei Abschluss des Erbvertrages mit T nicht davon ausging, noch einmal Mutter **807**
zu werden und sie mithin einem entsprechenden Motivirrtum erlag, ist § 2078 II hier
einschlägig.

bb) Anfechtungsgrund des § 2079

Auch § 2079 könnte hier eingreifen. Da J i.S.v. § 9 VII LPartG i.V.m. § 1754 I die Stel- **808**
lung eines gemeinschaftlichen Kindes der Lebenspartner erlangt, ist J nach der Kindesannahme durch H auch in Bezug auf den Nachlass der H gemäß § 2303 I i.V.m.
§ 1754 I pflichtteilsberechtigt, was H zum Zeitpunkt der Errichtung des Erbvertrages
nicht bekannt war.

b) Anfechtungserklärung gemäß den §§ 2282 III, 143 II

Des Weiteren wurde von H gegenüber ihrer Tochter T eine notariell beurkundete **809**
Anfechtungserklärung i.S.d. §§ 2282 III, 143 II wirksam abgegeben.

c) Anfechtungsfrist

H hat darüber hinaus bei Abgabe ihrer Erklärung im Mai 2005, also einen Monat nach **810**
der Kindesannahme und Entstehung der Anfechtungsgründe, auch die Anfechtungsfrist von einem Jahr gemäß § 2283 I, II eingehalten.

d) Ausschluss des Anfechtungsrechtes

Fraglich ist aber, ob hier ein Ausschluss des Anfechtungsrechtes vorliegen könnte. **811**

Nach älterer Rechtsprechung sollte kein Anfechtungsrecht des Erblassers bestehen,
wenn dieser – wie hier durch die Kindesannahme – den Anfechtungsgrund selbst verursacht hat[8]. Für eine derartige Beschränkung des Anfechtungsrechts fehlt es jedoch an
einer gesetzlichen Grundlage[9]. Daher sollte entsprechend den allgemeinen gesetzlichen Instrumentarien ein Anfechtungsrecht nur dann ausgeschlossen werden können,

---

7 Zur Begründung der Zulassung der Kindesannahme durch gleichgeschlechtliche Partner, vgl. Gesetzen-
   wurf der FDP: BT-Drs. 15/2477, S. 17 und zum weitergehenden Gesetzesentwurf von Bündnis 90/Die
   Grünen, auf den die Gesetzesfassung zurückgeht: BT-Drs. 15/3445, S. 1 ff.
8 Vgl. RG Recht 1919 Nr. 1270.
9 BGHZ 4, 91, 96; MüKo/*Musielak*, § 2281 Rn. 15.

Fall 8 *Eigener Herd ist Goldes wert?*

wenn der Erblasser die Voraussetzungen der Anfechtung wider Treu und Glauben herbeigeführt hat, vgl. § 242 oder die §§ 138, 826 erfüllt sind.

812 Im Sinne dessen könnte vorliegend der Ausschluss der Anfechtung aufgrund von Sittenwidrigkeit i.S.d. § 138 I in Betracht kommen, da H sich erst zur Kindesannahme entschlossen hatte, nachdem sie die mögliche Verfristung ihrer früheren Anfechtungserklärung erkannt hatte.

Nach § 138 ist ein Rechtsgeschäft, das gegen die guten Sitten verstößt, nichtig. Der Rechtsbegriff des Verstoßes gegen die guten Sitten soll dann erfüllt sein, wenn das in Rede stehende Rechtsgeschäft gegen das Anstandsgefühl aller billig und gerecht Denkenden verstößt[10], wobei insbesondere Inhalt bzw. Gesamtcharakter des Rechtsgeschäftes insoweit entscheidend sein können[11].

Hier hatte sich H trotz ihrer vormals ablehnenden Haltung erst zur Kindesannahme entschlossen, als ihr bewusst wurde, dass ihre Anfechtung möglicherweise aufgrund von Verfristung unwirksam sein könnte. Sie hat mithin das Anfechtungsrecht erst durch die Kindesannahme konstruiert, ohne diese wirklich zu wollen, was als sittenwidrig einzustufen ist[12]. Damit ist das Anfechtungsrecht vorliegend wegen Sittenwidrigkeit nach § 138 ausgeschlossen.

B. Gesamtergebnis

Wegen der unwirksamen Anfechtung der H, ist T aufgrund des Erbvertrags i.S.d. §§ 1922, 1941, 2274 ff. Alleinerbin ihrer Mutter geworden.

Der J steht gegen T lediglich ein Pflichtteilsanspruch aus den §§ 2303 I, 1754 I zu. W hat gegen T aus § 10 VI LPartG einen Pflichtteilsanspruch und ggf. auch einen Zugewinnausgleichsanspruch nach § 6 LPartG i.V.m. den §§ 1373–1383, 1390.

2. Teil: Todesfall des Konrad Klinder (K)

A. Ansprüche der Ehefrau S gegen F

Fraglich ist, welche Ansprüche S gegen F geltend machen könnte.

I. Anspruch der S gegen F gemäß den §§ 2303 II, 1371 II

813 In Betracht kommen könnte ein Anspruch der S gegen F gemäß den §§ 2303 II, 1371 auf den Ehegattenpflichtteil und den güterrechtlichen Zugewinnausgleich nach den §§ 1373–1383, 1390.

Der Pflichtteilsanspruch stellt eine mit dem Erbfall entstehende, vgl. § 2317, bloße Geldforderung gegen den Erben dar. Auch der Anspruch auf Zugewinnausgleich wäre i.S.d. § 1378 I i.V.m. § 1378 III als Geldforderung gegen den Erben F geltend zu machen.

---

10 RGZ 80, 219, 221, BGHZ 10, 228, 232; 69, 295, 297; BGH NJW 2004, 2668, 2670.
11 *Palandt/Heinrichs*, § 138 Rn. 7.
12 Vgl. BGH NJW 1970, 279.

1. Pflichtteilsberechtigung der S

Ein entsprechender Anspruch der S setzt voraus, dass S pflichtteilsberechtigt wäre. Die Pflichtteilsberechtigung der S als Ehefrau des K ergibt sich aus § 2303 II 1.

814

2. Ausschluss von der Erbfolge durch Verfügung von Todes wegen

Des Weiteren müsste der pflichtteilsberechtigte Ehegatte nach § 2303 durch Verfügung von Todes wegen von der Erbfolge ausgeschlossen sein. Der Erblasser K hat seinen Freund F i.S.d. §§ 1937, 2247 durch wirksames eigenhändiges Testament vom 24.12.2004 zum Alleinerben i.S.d. § 1922 eingesetzt und seine Frau S erbschaftlich nicht bedacht. Ein Ausschluss von der Erbfolge durch Verfügung von Todes wegen liegt hier folglich vor.

815

3. Berechnung des Pflichtteils

Sofern der Ehegatte weder Erbe noch Vermächtnisnehmer wird, kann er nach § 1371 II den güterrechtlichen Anspruch auf Zugewinnausgleich nach den §§ 1373–1383, 1390 und daneben den nach dem nicht erhöhten gesetzlichen Ehegattenerbteil berechneten sog. kleinen Pflichtteil verlangen.

816

Ob der Ehegatte stattdessen den um ¼ erhöhten gesetzlichen Erbteil gemäß § 1371 I i.V.m. § 1931 I, also den sog. großen Pflichtteil verlangen können soll, war früher umstritten.

a) Wahltheorie

Die früher vertretene sog. Wahltheorie folgerte aus dem Wortlaut des § 1371 II 2 („in diesem Fall"), dass ein Wahlrecht des Ehegatten auch dann bestünde, wenn er überhaupt nicht bedacht worden ist. Der Ehegatte sollte also zwischen Zugewinnausgleich und kleinem Pflichtteil einerseits und dem großen Pflichtteil andererseits wählen können[13].

817

Dagegen spricht jedoch bereits, dass sich die Formulierung „in diesem Falle" in Abs. 2 auf den gesamten Vordersatz, also auf den Umstand der Enterbung und nicht auf das tatsächliche Verlangen des Zugewinns bezieht[14]. Das bedeutet aber wiederum, dass dem Ehegatten, sofern er weder als Erbe noch als Vermächtnisnehmer eingesetzt wurde, eben nur die Möglichkeit verbleibt, wie im Gesetzestext vorgesehen, den kleinen Pflichtteil zu verlangen. Zudem sah der Gesetzgeber eine Pauschalierung des erbrechtlichen Ausgleichs nur dann als gerechtfertigt an, wenn auch eine erbrechtliche Beteiligung vorliegt. Ein zeitlich unbegrenztes Wahlrecht des Ehegatten würde darüber hinaus zu Rechtsunsicherheiten führen. Aus diesen Gründen ist der nunmehr vertretenen Einheitstheorie zu folgen.

---

13 *Lange*, NJW 1958, 288; *Bärmann*, AcP 157, 145, 187 f.
14 *Palandt/Brudermüller*, § 1371 Rn. 15; *Michalski*, ErbR, Rn. 62.

Fall 8   *Eigener Herd ist Goldes wert?*

b) Einheitstheorie

818   Nach der Einheitstheorie[15] richtet sich der Pflichtteil – sofern der Ehegatte enterbt und auch nicht mit einem Vermächtnis bedacht wurde – immer nur nach dem nicht erhöhten gesetzlichen Erbteil, unabhängig davon, ob im Einzelfall überhaupt ein Zugewinnausgleichsanspruch besteht bzw. der Ehegatte von der Möglichkeit, den Zugewinnausgleich zu verlangen, Gebrauch machen will.

S kann somit i.S.v. § 2303 I 2 lediglich den kleinen Pflichtteil in Höhe der Hälfte des gesetzlichen Erbteils nach § 1931 I verlangen. Da der H neben den gemeinsamen Kindern, die als Abkömmlinge des K Verwandte der ersten Ordnung darstellen, i.S.d. § 1931 I ¼ zustehen würde, kann sie über § 2303 I 2 von F ⅛ des Nachlasswertes verlangen.

Daneben steht ihr nach den § 1378 I i.V.m. den §§ 1371 II 1. Hs., 1373–1383, 1390 der Zugewinnausgleich i.H.v. 8 000,– € zu.

Der für die Pflichtteilsberechnung zugrunde zu legende Nachlasswert gemäß § 2311 beträgt 72 000,– €, da die Zugewinnausgleichsforderung des überlebenden Partners in den Fällen des § 1371 II, III als mit dem Erbfall entstehende Schuld des Erblassers vom Nachlasswert abzuziehen ist[16].

H kann folglich neben dem berechneten Zugewinnausgleich in Höhe von 8 000,– € den Betrag i.H.v. 9 000,– € (⅛ von 72 000,– €) als Pflichtteil verlangen.

II. Ergebnis

Insgesamt steht H gegen F aus den §§ 2303 I, 1931 I, 1371 II, 1373–1383, 1390 eine Forderung i.H.v. 17 000,– € zu.

B. Ansprüche der Kinder des K gegen F

Die drei Kinder des K: A, M und B, sind in dem Testament vom 24. 12. 2004 erbschaftlich ebenfalls nicht bedacht worden, so dass sie gegen den Alleinerben F lediglich einen Pflichtteilsanspruch geltend machen können.

I. Pflichtteilsanspruch von A, M und B gegen F aus § 2303 I

Fraglich ist, ob und in welcher Höhe ein Pflichtteilsanspruch der A, der M und des B gemäß § 2303 I gegen F besteht.

1. Pflichtteilsberechtigung

819   Zunächst müssten A, M und B pflichtteilsberechtigt sein. Da sie Abkömmlinge des K sind, ergibt sich ihre Pflichtteilsberechtigung aus den §§ 2303 I 1, 1924 I.

---

15 BGHZ 42, 182, 185 ff. m.w.N.; OLG Ffm FamRZ 1986, 807; *Schlüter*, FamR, Rn. 146; *Michalski*, ErbR, Rn. 61; *Palandt/Brudermüller*, § 1371 Rn. 14 f.
16 Vgl. BGHZ 37, 58, 64.

2. Ausschluss von der Erbfolge durch Verfügung von Todes wegen

Des Weiteren müssten sie durch Verfügung von Todes wegen von der Erbfolge ausgeschlossen sein.

Ein Ausschluss von der Erbfolge durch Verfügung von Todes wegen liegt vor, da sie ebenso wenig wie ihre Mutter im Testament ihres Vaters erwähnt wurden.

3. Berechnung des Pflichtteils

Der Pflichtteil besteht nach § 2303 I 2 aus der Hälfte des gesetzlichen Erbteils. Als Abkömmlinge von K würden die drei Kinder gesetzlich je ¼ des Nachlasswertes erhalten, vgl.: §§ 1931 I, 1924 I, IV, so dass ihr Pflichtteil je ⅛ des Nachlasswertes beträgt.

II. Ergebnis

A, M und B können von F aus § 2303 I folglich je ⅛ des Nachlasswertes i.H.v. 72 000,– €, mithin je 9000,– € verlangen.

3. Teil: Todesfall der Ruth Reinicke (R)

A. Ansprüche der K gemäß den §§ 2042 ff.

Das Verlangen der K könnte gemäß den §§ 2042 ff. gerechtfertigt sein, wenn K und ihr Bruder M aufgrund des formwirksamen Testaments ihrer Mutter i.S.d. §§ 1922, 1937, 2247 Miterben geworden wären.

Nach § 2042 kann grundsätzlich jeder Miterbe jederzeit die Aufhebung der Gemeinschaft zur gesamten Hand verlangen.

Sofern es zwischen den Miterben in Bezug auf den Nachlass nicht zu einer Einigung (insbesondere durch Auseinandersetzungsvertrag) kommt, greifen die Vorschriften der §§ 2046 ff. ein. Danach sind zunächst die Nachlassverbindlichkeiten zu tilgen (§ 2046 I) und der (verwertete) Rest im Verhältnis der Erbteile zu teilen (§ 2047), wobei die Verwertung von Grundstücken durch Teilungsversteigerung i.S.d. §§ 753, 754 erfolgt.

Da sich K und ihr Bruder M in Bezug auf die Auseinandersetzung nicht einig sind, könnte eine Teilungsversteigerung des Köpenicker Grundstücks in Betracht kommen. Wären sie beide Miterben, müsste der erzielte Erlös, sofern die Nachlassverbindlichkeiten getilgt wären, im Verhältnis ihrer Erbteile aufgeteilt werden.

Das Verlangen der K ist auf die Hälfte des bei der Versteigerung erzielten Erlöses gerichtet. Damit dies gerechtfertigt wäre, müsste sie Miterbin zu ½ sein und es dürfte keine Wertanrechnung des ihr zugedachten Grundstücks in Spandau auf ihren Erbteil erfolgen.

Eine entsprechende Berechtigung der K könnte sich aus dem Testament ihrer Mutter R ergeben.

Fall 8 *Eigener Herd ist Goldes wert?*

I. Wirksame Testamentserrichtung

823 Fraglich ist zunächst, ob das Testament der R i.S.d. §§ 2247, 2229, 2064, 2065 als wirksam zu qualifizieren ist oder ob subsidiär die gesetzliche Erbfolge eingreift.

Das von der i.S.v. § 2229 testierfähigen R gemäß § 2247 formgültig errichtete Testament war wirksam, da insbesondere auch kein Verstoß gegen die Bestimmungen der §§ 2064, 2065 vorlag.

II. Inhalt des Testaments

824 Was genau Inhalt des Testaments ist, muss durch Auslegung i.S.d. § 133 ermittelt werden, wobei auf den wahren Willen des Erblassers abzustellen ist. Dem Testament war zu entnehmen, dass K als leidenschaftliche Ruderin das Grundstück in Spandau mit Bootssteg erhalten sollte, so dass R ihr diesen einzelnen Nachlassgegenstand in jedem Falle zuwenden wollte.

Die Zuwendung eines Einzelgegenstands ist im Zweifel keine Erbeinsetzung, sondern ein Vermächtnis, selbst wenn der Bedachte als Erbe bezeichnet ist, vgl. § 2087 II. Dies gilt aber nur „im Zweifel", d.h. Vorrang hat nach wie vor der wirkliche Wille des Erblassers.

Von einer Erbeinsetzung ist auszugehen, wenn der Wille des Erblassers erkennbar ist, dem Bedachten nicht lediglich einen schuldrechtlichen Anspruch gegen den Erben zukommen zu lassen, sondern wenn er ihn weitergehend am Nachlass berechtigen wollte. Dies ist i.d.R. dann anzunehmen, wenn die einzelnen zugewendeten Gegenstände den Wert des Nachlasses erschöpfen oder einen wesentlichen Bruchteil ausmachen. Aus der Formulierung der R, dass ihre Tochter K das Grundstück in Spandau, das wertmäßig die Hälfte des Nachlasses ausmacht, erhalten solle, kann also nicht geschlossen werden, dass sie lediglich Vermächtnisnehmerin sein sollte.

Vielmehr hat R ihre beiden Kinder K und M als Erben bezeichnet und eingesetzt. Da K in Bezug auf die jeweiligen Erbteile keine nähere Bestimmung getroffen hat, gelten K und M gemäß § 2091 als Miterben zu je ½.

1. Qualifizierung der Zuwendung des Einzelgegenstandes

Fraglich bleibt aber, wie die Zuwendung des Spandauer Grundstücks an die Miterbin K rechtlich zu qualifizieren ist. Es könnte sich insoweit zum einen um eine Teilungsanordnung i.S.d. § 2048 oder aber zum anderen um ein sog. Vorausvermächtnis i.S.d. § 2150 handeln.

a) Teilungsanordnung i.S.d. § 2048

825 Von einer Teilungsanordnung i.S.d. § 2048[17] ist auszugehen, wenn der Erblasser mit seiner Bestimmung lediglich eine bestimmte Verteilung des Nachlasses sicherstellen wollte.

---

17 Dazu: *Michalski*, ErbR, Rn. 799 ff.

Der Bedachte hat dann bei der Auseinandersetzung einen schuldrechtlichen Anspruch auf den Gegenstand, muss sich aber dessen Wert auf seinen Erbteil anrechnen lassen. Bei einer Qualifizierung als Teilungsanordnung bestünde mithin kein Anspruch der K auf Teilung des Erlöses, da sie sich den Wert des Grundstücks in Spandau auf ihren Erbteil i.H.v. ½ anrechnen lassen müsste. Eine „wertverschiebende Teilungsanordnung" ist nämlich nicht möglich[18].

b) Vorausvermächtnis i.S.d. § 2150

Etwas anderes würde sich ergeben, wenn hier von R ein Vorausvermächtnis[19] i.S.v. § 2150 gemeint war. Bei einem Vorausvermächtnis wäre der Bedachte Miterbe und gleichzeitig hinsichtlich des zugewendeten Gegenstands Vermächtnisnehmer. Im Unterschied zur Teilungsanordnung erhielte er den Gegenstand neben seinem Erbteil, müsste sich also dessen Wert nicht anrechnen lassen. Von einem Vorausvermächtnis i.S.v. § 2150 ist auszugehen, wenn der Erblasser nicht nur eine bestimmte Verteilung der Nachlassgegenstände festlegen, sondern darüber hinaus einem Miterben einen besonderen Vermögensvorteil zuwenden wollte[20]. Bei Vorliegen eines Vorausvermächtnisses wäre das Begehren der K folglich gerechtfertigt.

2. Subsumtion und Ergebnis

Vorliegend wollte R nicht nur sicherstellen, dass K im Zuge der Auseinandersetzung das Grundstück in Spandau erhält. Ihr kam es vielmehr darauf an, ihre Tochter K gegenüber ihrem Bruder M wertmäßig zu begünstigen, weil sie sie absichern und dafür entlohnen wollte, dass sie sich jahrzentelang hingebungsvoll und selbstaufopfernd um sie gekümmert hatte. Somit ist hier von einem Vorausvermächtnis i.S.d. § 2150 auszugehen.

B. Gesamtergebnis

Der Anspruch der K ist daher begründet. Sie kann folglich den Abschluss eines Auseinandersetzungsvertrags gemäß § 2042 I mit dem Inhalt der §§ 752 ff. i.V.m. § 2042 II verlangen. Da eine Teilung des bebauten Grundstücks in Berlin Köpenick in natura nicht möglich ist (vgl. § 752), ist das Grundstücks gemäß § 753 zu verkaufen und der Erlös zu teilen.

4. Teil: Erbverzichtsvertrag zwischen Eugen Schirmer (E) und Simon (S)

A. Möglichkeiten des S

Zu prüfen ist, ob und wie sich S von dem mit seinem Vater E geschlossenen Erbverzicht[21] i.S.d. §§ 2346 ff. lösen könnte.

---

18 BGH NJW 1985, 51, 52 m.w.N.
19 Dazu: *Michalski*, ErbR, Rn. 713.
20 BGH NJW 1995, 721; BGH NJW 1998, 682 m.w.N.
21 Dazu: *Michalski*, ErbR, Rn. 446 ff.

Fall 8 *Eigener Herd ist Goldes wert?*

I. Anfechtungsrecht des S

828 Dem S könnte ein Anfechtungsrecht in Bezug auf seine Erbverzichtserklärung analog den §§ 2281, 2078 II zustehen.

Zwar könnte ein Anfechtungsgrund i.S.e. Motivirrtums nach § 2078 II darin gesehen werden, dass S bei Abgabe seiner Verzichtserklärung davon ausging, sein Vater werde die Abfindung in Höhe von 50 000,– € zahlen, fraglich ist aber, ob die Regelungen der §§ 2281, 2078 II überhaupt analog anwendbar sind.

Dies setzt voraus, dass eine planwidrige Regelungslücke vorliegt und die rechtliche Situation des ungeregelten Tatbestandes mit dem des geregelten vergleichbar ist.

Gegen eine Analogie spricht bereits, dass es hier an einer Vergleichbarkeit der rechtlichen Situation, wie sie sich beim Testament bzw. beim Erbvertrag darstellt, fehlt.

829 Der Erbverzicht ist ein abstrakter, erbrechtlicher Verfügungsvertrag, in dem eine bestimmte Person auf ihr gesetzliches Erbrecht (§ 2346 I 1) bzw. auf das ihr testamentarisch oder erbvertraglich Zugewandte (§ 2352) verzichtet. Als abstraktes erbrechtliches Verfügungsgeschäft bewirkt der Erbverzicht unmittelbar den Verlust des Erbrechts und verändert damit auch die gesetzliche Erbfolge[22].

830 Bei letztwilligen Verfügungen von Todes wegen (Testamenten, Erbverträgen) werden dagegen lediglich Verfügungen hinsichtlich der Erbfolge bestimmt, d.h. festgelegt, wer Erbe bzw. Vermächtnisnehmer werden oder aber wer enterbt sein soll, vgl.: §§ 1937 ff. Anders als die Verfügungen von Todes wegen ist der Erbverzichtsvertrag ein erbrechtliches Rechtsgeschäft unter Lebenden, da er keine Verfügung des Erblassers, sondern nur eine des Erbanwärters über dessen Rechtsposition enthält. Die auf Verfügungen von Todes wegen zugeschnittenen Anfechtungsregeln der §§ 2278 ff. können somit nicht analog auf den Erbverzichtsvertrag angewandt werden. S kann seine Verzichtserklärung folglich nicht analog den §§ 2281, 2078 II anfechten.

Möglich wäre allenfalls eine Anfechtung nach den §§ 119 ff. Insofern fehlt es jedoch bereits an einem Anfechtungsgrund. Die Fehlvorstellung über die Nichtzahlung der Abfindung stellt weder einen Inhaltsirrtum i.S.v. § 119 I noch einen Eigenschaftsirrtum i.S.v. § 119 II dar[23].

II. Rücktrittsrecht analog § 2295

831 Fraglich ist, ob ein Rücktrittsrecht analog § 2295 zugunsten des S bestehen könnte.

Problematisch ist jedoch wiederum, ob § 2295 auf den Erbverzicht analog anwendbar ist. Dagegen spricht auch hier, dass es an einer Vergleichbarkeit der rechtlichen Situationen fehlt. § 2295 sieht nämlich nur für den Erblasser, nicht aber für seinen Vertragspartner eine Rücktrittsmöglichkeit vor. Zudem betrifft § 2295 einen genau spezifizierten Fall, was ohnehin gegen die Analogiefähigkeit dieser Norm spricht. Die Sonderregelung des § 2295 sieht vor, dass vor dem Erbfall die Verpflichtung zu wiederkehrenden Leistungen aufgehoben wird. Eine analoge Anwendung des § 2295 bezüglich des Erbverzichtsvertrages scheidet folglich ebenfalls aus.

---

22 *Palandt/Edenhofer*, Überbl v § 2346 Rn. 5.
23 Vgl. BayObLG NJW-RR 1995, 648.

III. Anspruch des S gegen E aus § 812 I 1, 2. Fall

Fraglich ist weiter, ob S gegen seinen Vater aus § 812 I 1, 2. Fall vorgehen könnte.

1. Etwas erlangt

Dies setzt voraus, dass E etwas erlangt hätte. Würde man darauf abstellen, dass der Erbverzicht zu einer Verbesserung der Rechtsstellung des Erblassers führt, wäre dieses Tatbestandsmerkmal erfüllt. Einer solchen Rechtsauffassung steht jedoch entgegen, dass der Erbverzicht keine Zuwendung ist, der Erblasser also nicht die vorteilhafte Rechtsstellung auf Kosten des Verzichtenden erhält. Der Erbverzicht führt ausschließlich zu einer Änderung der Rechtsposition des künftigen Erben, nicht jedoch des Erblassers, so dass jener auch nichts erlangt hat[24]. Eine Bereicherung des Erblassers besteht somit nicht.

2. Ergebnis

Es Anspruch des S gegen E aus § 812 I 1, 2. Fall scheidet damit aus.

IV. Rücktrittsrecht des S gemäß § 323

Fraglich ist weiter, ob ein Rücktrittsrecht des S gemäß § 323 bestehen könnte. Nach § 323 besteht die Möglichkeit des Rücktritts, sofern der Schuldner eine fällige Leistung nicht erbringt und der Gläubiger ihm dazu eine angemessene Frist gesetzt hatte bzw. die Fristsetzung nach § 323 II entbehrlich war. Dass die Rücktrittsregeln des § 323 i.V.m. den §§ 346 ff. nur für schuldrechtlich (verpflichtende), nicht aber für dingliche Verträge wie den Erbverzichtsvertrag anwendbar sind, steht einem Rücktritt des S nicht entgegen.

Dem Erbverzicht als abstraktem Verfügungsgeschäft liegt nämlich ein Abfindungsvertrag als schuldrechtliches Verpflichtungsgeschäft zugrunde. Aus diesem ergibt sich sowohl die schuldrechtliche Verpflichtung des Erblassers – hier: des E – zur Zahlung der Abfindung an seinen Sohn S, als auch die Verpflichtung des Abgefundenen zur Erklärung des Erbverzichtes. E hat die versprochene Leistung nicht erbracht und eine Fristsetzung war hier nach § 323 II Nr. 1 insofern entbehrlich, als er sich ernsthaft und endgültig geweigert hatte, zu zahlen. S kann daher gemäß § 323 zurücktreten.

B. Gesamtergebnis

Zugunsten des S besteht ein Rücktrittsrecht gemäß § 323 mit der Folge, dass durch seine Rücktrittserklärung der ursprüngliche Abfindungsvertrag in ein Abwicklungsverhältnis umgestaltet wird. Da S, dem Abfindungsvertrag entsprechend, den Erbverzichtsvertrag bereits erklärt hatte, muss sein Vater E nun in die Aufhebung des Verzichtsvertrags i.S.v. § 2351 einwilligen.

---

24 Vgl. dazu: *Palandt/Edenhofer*, Überbl v § 2346 Rn. 11 m.w.N.

Fall 8   *Eigener Herd ist Goldes wert?*

835   **Hinweis zur Lösung:** Bei Nichtleistung kann jede Partei aufgrund des schuldrechtlichen Verpflichtungsgeschäftes auch auf Erfüllung klagen, die Prüfung eines Anspruches auf Erfüllung war hier aber nach der Fallfrage nicht verlangt.

Repetitorium

836   I. Der **Erbverzicht** ist ein abstrakter, erbrechtlicher Verfügungsvertrag, in dem eine bestimmte Person auf ihr gesetzliches Erbrecht (§ 2346 I 1) bzw. auf das ihr testamentarisch oder erbvertraglich Zugewandte (§ 2352) verzichtet. Als abstraktes erbrechtliches Verfügungsgeschäft bewirkt der Erbverzicht unmittelbar den Verlust des Erbrechts und verändert damit auch die gesetzliche Erbfolge[25].
- Da der Erbverzicht ein Rechtsgeschäft unter Lebenden darstellt, finden grundsätzlich die Vorschriften des BGB AT Anwendung, sofern die besondere Natur des Erbverzichts nicht entgegensteht. Daneben sind die ergänzenden Normen des Erbrechts heranzuziehen.
  – Die Auslegung erfolgt gemäß §§ 133, 157, 242. Hinzu tritt die besondere Auslegungsregelung des § 2350.
  – Willensmängel beurteilen sich nach den §§ 116 ff. Eine Anfechtung nach §§ 119 ff.
  – Augrund der erbrechtlichen Natur des Erbverzichts kann abweichend von § 130 II ein Vertragsangebot des Erblassers nach dessen Tod nicht mehr angenommen werden[26].
- Als Gegenleistung für den Erbverzicht wird zumeist eine Abfindung gewährt[27].
- Dem Erbverzicht und der Abfindung liegt als causa ein gegenseitiger Vertrag als Verpflichtungsgeschäft i.S.d. §§ 320 ff. zugrunde[28], das die Verpflichtung des einen Teils zur Abgabe der Verzichtserklärung und die Verpflichtung des anderen Teils zur Leistung der Abfindung enthält.

837   II. **Zur (Erb-)Rechtsnachfolge bei Personen- und Kapitalgesellschaften**[29]
1. **Kapitalgesellschaften:**
   Anteile an Kapitalgesellschaften (insbesondere Aktien und GmbH-Gesellschaftsanteile, vgl. § 15 GmbHG) sind vererblich.
2. **Personengesellschaften:**
   Die folgenden Regelungen gelten, sofern im Gesellschaftsvertrag nichts Abweichendes vereinbart ist.
   BGB-Gesellschaft: wird durch Tod eines Gesellschafters aufgelöst, § 727 I.
   OHG: Tod eines Gesellschafters führt nicht zur Auflösung der Gesellschaft, sondern nur zum Ausscheiden des Gesellschafters, § 131 III Nr. 1 HGB.

---

25 BayObIGE 1981, 30, 33; zum Erbverzicht: *Michalski*, ErbR, Rn. 446 ff.
26 *Palandt/Edenhofer*, Überbl v § 2346 Rn. 6.
27 *Michalski*, ErbR, Rn. 460.
28 HM: BGH NJW 1997, 653; BGHZ 134, 152; BayObIGE 1981, 30, 33; *Michalski*, ErbR, Rn. 459.
29 Zum Thema: Erbrecht und Handels- und Gesellschaftsrecht: *Michalski*, ErbR, Rn. 1077.

KG: beim Tod eines Komplementärs, wie bei OHG, § 161 II i.V.m. § 131 III Nr. 3 HGB. Beim Tod eines Kommanditisten wird die KG mit dessen Erben fortgesetzt, vgl. § 177 HGB. Nach h.M.[30] treten mehrere Erben hier nicht als Erbengemeinschaft ein, sondern einzeln mit dem erbrechtlich zugewandten Anteil (Sonderrechtsnachfolge).

Sofern der Gesellschaftsvertrag der BGB-Gesellschaft/OHG/KG eine **Nachfolgeregelung** für den verstorbenen Gesellschafter vorsieht, kann es durch das Nebeneinander von Erb- und Gesellschaftsrechts fraglich sein, ob die Fortsetzung der Gesellschaft mit den neuen Gesellschaftern ein Rechtsgeschäft unter Lebenden darstellt (Rechtsnachfolge aufgrund des Gesellschaftsvertrages) oder nach dem Erbrecht zu beurteilen ist[31].

Die h.M. lehnt eine rein gesellschaftsvertragliche Nachfolgeklausel mit Wirkung eines unmittelbaren Erwerbs grundsätzlich ab. Dies sei ein unzulässiger Vertrag zu Lasten Dritter, da der Nachfolger durch Zuweisung des Gesellschaftsanteils nicht nur Rechte, sondern auch Verbindlichkeiten habe[32]. Eine Nachfolgeklausel sei daher üblicherweise als Eintrittsklausel zu sehen, so dass der Begünstigte nach Todesfall erst Gesellschafter werde, wenn er sein Eintrittsrecht ausübt.

Die Rspr. geht im Wege der Auslegung davon aus, dass im Regelfall keine gesellschaftsvertragliche, sondern eine erbrechtliche Lösung gewollt ist[33].

III. Zur Testamentsvollstreckung[34]: 838
1. Anordnung
Der Erblasser kann gemäß § 2197 durch Testament einen oder mehrere voll geschäftsfähige (vgl. § 2201) Testamentsvollstrecker (TV) ernennen bzw. verfügen, dass die Bestimmung durch Dritte erfolgen solle, §§ 2198 ff.

Sinn und Zweck der Testamentsvollstreckung ist es, dass die letztwilligen Verfügungen des Erblassers zur Ausführung gebracht werden, wobei es z.B. auch die Möglichkeit der Dauervollstreckung i.S.d. §§ 2209, 2210 gibt.

2. Rechtsfolgen
- Die Anordnung der Testamentsvollstreckung beschränkt den/die Erben in seiner/ihrer Rechtsstellung.
- Nach § 2211 I sind Verfügungen des Erben unwirksam, aber über § 2211 II ist ein gutgläubiger Erwerb möglich.
- Der Testamentsvollstrecker ist im Rahmen seiner Verwaltungsbefugnis als Partei kraft Amtes sowohl aktiv-, als auch passivlegitimiert, vgl.: §§ 2212, 2213.

3. Schadensersatzpflicht des Testamentsvollstreckers
- Gemäß § 2219 können den Erben Schadensersatzansprüche gegen den Testamentsvollstrecker zustehen, insbesondere ist der Testamentsvollstrecker nicht zu unentgeltlichen Verfügungen berechtigt, vgl. § 2205 S. 3, wobei der

---
30 *Leipold*, Erbrecht Rn. 595 m.w.N.
31 Vgl. zum Ganzen m.w.N.: *Michalski*, ErbR, Rn. 1079 ff.; *Leipold*, Rn. 588 ff.
32 *Westermann*, JuS 1979, 761.
33 BGHZ 68, 225; *Leipold*, Rn. 588 ff. m.w.N.
34 Zum Ganzen: *Michalski*, ErbR, Rn. 667 ff.

Fall 8 *Eigener Herd ist Goldes wert?*

Erblasser den Testamentsvollstrecker von dieser Beschränkung auch nicht befreien kann, vgl. § 2207 S. 2.
- Umstritten ist, ob der Testamentsvollstrecker mit Einverständnis der Erben unentgeltlich verfügen kann[35]:
Nach der **älteren Rspr (RG)** ist dies nicht möglich, da auch die Erben nicht verfügungsbefugt seien[36].
Nach dem **BGH** ist dies möglich, da keine schutzwürdigen Interessen entgegenstünden, wenn die Erben mit der Verfügung einverstanden seien[37].

4. Vertrauensschutz

Dem Erbschein entsprechend, gewährt das Testamentsvollstreckerzeugnis Vertrauensschutz, vgl. § 2368.

IV. Kontrollfragen

1. Ist es einem eingetragenen Lebenspartner möglich, ein Kind als eigenes anzunehmen, wenn ja, unter welchen Voraussetzungen?
2. Ist es möglich, sich von einem Erbvertrag zu lösen? Wenn ja, unter welchen Bedingungen?
3. Welche Möglichkeiten bestehen zugunsten eines enterbten Ehegatten/Lebenspartners?
4. Was ist der Unterschied zwischen einer Teilungsanordnung und einem Vorausvermächtnis?
5. Welche Möglichkeiten bestehen, um sich von einem Erbverzicht zu lösen, sofern die versprochene Abfindung nicht gezahlt wird?

---

35 *Michalski*, ErbR, Rn. 686 m.w.N.
36 RGZ 105, 246, 249 f.
37 BGHZ 57, 84, 92; BayObLG NJW-RR 1989, 587 m.w.N. *Kipp/Coing*, ErbR, § 68 IV 2c.

Fall 9
Besser spät als nie …?

Freddy Franzke (F) lebt mit seiner Freundin Doro Driesener (D) zusammen. Die beiden hatten sich nach schlechten Eheerfahrungen entschieden, nicht zu heiraten und wollen zu ihren Ex-Partnern auch keinen Kontakt mehr.

F weiß nicht einmal, wo seine sehr vermögende geschiedene Frau Christina (C) und die gemeinsamen erwachsenen Kinder, Simon (S) und Thomas (T), wohnen und hat D auch nie erzählt, dass er Vater zweier Söhne ist. Am 20. 11. 1999 stirbt F. F hatte zwar seine Beerdigung bis ins kleinste Detail geplant, es jedoch nicht mehr geschafft, ein Testament aufzusetzen. Als S und T im Frühjahr 2002 vom Tod des Vaters erfahren, stellt sich Folgendes heraus:

F war 1990 zu D in deren Wohnung gezogen und bewohnte dort ein eigenes Zimmer, das er mit Möbeln ausgestattet hatte, die er von einer Kunsttischlerin aus Franken hatte anfertigen lassen. Diese Möbel, die insgesamt einen Wert von 10 000,- € haben, hat D in ihrem Besitz.

D hatte zudem, unter Vorlage einer von F erteilten Vollmacht, im Dezember 1999 bei der B-Bank das Guthaben eines Girokontos des F über 35 000,- € entsprechend einer von F kurz vor seinem Tod geäußerten Bitte auf ihr eigenes Konto überwiesen, um von diesem Konto Schulden des F i.H.v. 25 000,- € begleichen zu können und die Kosten seiner Beerdigung i.H.v. 10 000,- € zu zahlen.

Im Januar 2000 war der D dann überraschend von der B-Bank mitgeteilt worden, dass ihr ein Sparguthaben über 15 000,- € als Geschenk des Verstorbenen zustehe. Die B-Bank übergab D das Sparbuch, dass D noch im Januar auf ihren Namen umschreiben ließ. Zudem ließ sie sich 2500,- € von diesem Konto ausbezahlen, um eine Reise zu machen, die sie schon vor langer Zeit mit F geplant hatte. F hatte der B-Bank diese Anweisung bereits im März 1999 erteilt, als er bemerkte, dass es mit seiner Gesundheit stetig bergab ging und er sicherstellen wollte, dass D ihn auch noch nach seinem Tod in guter Erinnerung behalten würde. Die Anweisung an die B-Bank war so gefasst, dass D die Auszahlung mit seinem Tod auch unmittelbar beanspruchen können sollte.

Als F einige Tage vor seinem Tod von seinem Bruder Bodo (B) besucht worden war, überließ er ihm – für den Fall, dass er infolge seines fortgeschrittenen Krankheitsstadiums bald sterben würde – seinen Mercedes (Wert: 30 000,- €) und die Fahrzeugpapiere.

S und T wollen wissen, was sie von wem verlangen können. Auch C fragt nach ihren Ansprüchen.

Eine Nutzungsentschädigung für den Gebrauch der Möbel wollen T und S gegenüber D nicht geltend machen. Pflichtteilsansprüche sind nicht zu prüfen!

Wie ist die Rechtslage?

Fall 9 *Besser spät als nie ...?*

Vorüberlegungen

841 I. Bei der Lösung dieser Klausur ist die Kenntnis der genauen Definition des Begriffes „Erbschaftsbesitzer" notwendig. Von den Studenten wurde beim Lösen dieses Falles häufig der Fehler gemacht, D als Erbschaftsbesitzerin zu qualifizieren.

II. Schwierigkeit bereitet aufgrund der Dreierkonstellation der Aufbau bei der Prüfung eines Vertrages zugunsten Dritter (auf den Todesfall). Es müssen insoweit im Rahmen der Prüfung des Valutaverhältnisses die Regelungen des BGB AT angewandt werden, was oftmals nicht detailliert genug erfolgt, weil die Materie als zu leicht empfunden wird.

III. Die Lösung dieser Klausur erfordert zudem die Kenntnis des § 952.

IV. Skizze:

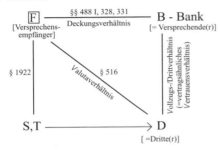

Gliederung

842 **A. Ansprüche der C gegen den bzw. die Erben des F**

B. Ansprüche des S und T gegen D auf Herausgabe der Möbel
   I. Anspruch auf Herausgabe aus § 2018
      1. Erbenstellung des S und T
      2. D als Erbschaftsbesitzerin
   II. Anspruch auf Herausgabe aus § 985
      1. Eigentum des T und S
      2. Besitz der D
      3. Kein R.z.B. aus § 986
      4. Ergebnis
   III. Anspruch auf Herausgabe aus § 861
      1. Verbotene Eigenmacht nach § 858
      2. Präklusion nach § 864
      3. Ergebnis
   IV. Ansprüche auf Herausgabe aus § 1007
      1. Anspruch aus § 1007 I
      2. Anspruch aus § 1007 II
   V. Anspruch auf Herausgabe aus § 812 I 1, 2. Fall
      1. Etwas erlangt

2. In sonstiger Weise
3. Ohne Rechtsgrund
4. Ergebnis
VI. Herausgabe aus § 823 I
VII. Gesamtergebnis hinsichtlich der Herausgabe der Möbel

C. Ansprüche des S und T auf Herausgabe von 35.000 €
I. Anspruch aus dem Girokontovertrag i.S.d. §§ 676 f., 1922 gegen die B-Bank
II. Anspruch auf Auszahlung von 35 000,– € gegen D aus den §§ 667, 1922
III. Anspruch auf Auszahlung von 35 000,– € gegen D aus § 812 I 1, 1. Fall
   1. Etwas durch Leistung erlangt
   2. Ohne Rechtsgrund
   3. Ergebnis

D. Ansprüche des S und T gegen D auf Herausgabe des Sparbuches
I. Anspruch aus § 2018
II. Anspruch aus § 985
   1. Eigentum von T und S
      a) Forderungserwerb der D aufgrund eines echten VzD
      b) Nichtigkeit des VzD gemäß §§ 2301 I, 2247, 2276, 125 S. 1
   2. Ergebnis

E. Anspruch des S und T gegen D auf Abtretung des Darlehensanspruches gegen die B-Bank und auf Ersatz der 2500,– € gemäß § 812 I 1, 1. Fall i.V.m. § 818 II
I. Etwas erlangt
II. Durch Leistung der Erben S und T
III. Ohne Rechtsgrund
   1. Einigung
      a) Angebot des F
      b) Widerruf des Angebotes
      c) Annahme
   2. Wirksamkeitshindernisse
      a) Formerfordernis gemäß § 518 I
      b) Formerfordernis gemäß § 2301 I
         aa) Anwendbarkeit von § 2301 auf Schenkungen i.R.d. VzD
            (1) Minderansicht
            (2) HM und st. Rspr.
            (3) Diskussion und Ergebnis
         bb) Ergebnis
   3. Ergebnis

F. Anspruch des S und T gegen D auf Herausgabe des an sie ausgezahlten Geldes gemäß § 816 II

G. Ansprüche des S und T gegen B bezüglich des Mercedes
I. Anspruch auf Herausgabe aus § 985
   1. Eigentümerstellung des T und des S
   2. Ergebnis

Fall 9 *Besser spät als nie ...?*

    II. Anspruch auf Herausgabe aus § 812 I 1, 1. Fall
        1. Etwas durch Leistung erlangt
        2. Ohne Rechtsgrund
            a) Tatbestand des § 2301
            b) Vollzug i.S.v. § 2301 II
            c) Ergebnis
   III. Gesamtergebnis

Lösung

A. Ansprüche der C gegen den bzw. die Erben des F

Fraglich ist, ob der geschiedenen Ehefrau des Erblassers, der C, Ansprüche aufgrund des Todes des F zustehen könnten. Da F kein Testament errichtet hat, besteht zugunsten der C kein Anspruch als Erbin i.S.d. §§ 1922, 1937 oder als Vermächtnisnehmerin i.S.d. §§ 1939, 2174. In Betracht käme lediglich ein gesetzlicher Erbanspruch aus den §§ 1922, 1931, der vorliegend aber ebenfalls ausscheidet, da die Ehe zwischen F und C i.S.d. § 1564 rechtskräftig geschieden war.

843

Ein nachehelicher Unterhaltsanspruch der C gegen F i.S.d. §§ 1569 ff., den C über § 1586 b gegen die Erben geltend machen könnte, besteht hier auch nicht, da C sehr vermögend ist[1].

Ansprüche der C gegen die Erben des F scheiden damit gänzlich aus.

B. Ansprüche des S und T gegen D auf Herausgabe der Möbel

S und T könnten gegen D Ansprüche auf Herausgabe der Möbel zustehen, die ihr Vater hatte anfertigen lassen.

I. Anspruch des S und T gegen D auf Herausgabe aus § 2018

In Betracht käme insoweit ein Anspruch aus § 2018.

1. Erbenstellung des S und T

Dies setzt voraus, dass S und T i.S.d. § 1922 Erben des F wären. Da F kein Testament errichtet hat, greift die subsidiäre gesetzliche Erbfolge ein. Als Abkömmlinge des F sind S und T i.S.v. § 1924 I gesetzliche Erben des F erster Ordnung. Sie erben gemäß § 1924 IV zu gleichen Teilen und würden etwaig vorhandene Verwandte entfernterer Ordnungen gemäß § 1930 von der Erbfolge ausschließen. Folglich sind S und T Miterben zu je ½.

844

2. D als Erbschaftsbesitzerin

D müsste zudem Erbschaftsbesitzerin sein. Nach der Legaldefinition des Begriffes gemäß § 2018 ist Erbschaftsbesitzer, wer, ohne tatsächlich Erbe zu sein, sich eine Erbenstellung anmaßt bzw. sich als Erbe geriert und etwas aus der Erbschaft erlangt hat. Der Erbschaftsbesitzer muss objektiv etwas aus dem Nachlass erlangt haben und diesen Nachlassgegenstand subjektiv unter Berufung auf ein vermeintliches Erbrecht beanspruchen[2]. Als Anspruchsgegner kommt daher nicht in Betracht, wer dem Erben Nachlassgegenstände vorenthält, ohne sich ein Erbrecht anzumaßen[3].

845

---

[1] Zur Haftung der 2. Ehefrau als Erbin für die Unterhaltsschuld des Erblassers gegenüber der ersten Ehefrau im Rahmen des § 1586b, vgl.: AG Tempelhof-Kreuzberg, FamRZ 2005, 914 f.
[2] *Michalski*, ErbR, Rn. 947.
[3] *Palandt/Edenhofer*, Einf v § 2018 Rn. 1.

Fall 9 *Besser spät als nie ...?*

D, die von der Existenz des S und T nichts weiß, besitzt die Möbel, weil sie von F in ihre Wohnung eingebracht wurden und nicht weil sie sich für die Erbin des F hält. Sie maßt sich mithin keine Erbenstellung an und ist folglich auch keine Erbschaftsbesitzerin i.S.d. § 2018. Ein Anspruch aus § 2018 scheidet folglich aus.

II. Anspruch des S und T gegen D auf Herausgabe aus § 985

In Betracht käme jedoch ein Anspruch des S und T gegen D auf Herausgabe der Möbel aus § 985. Dies setzt voraus, dass S und T Eigentümer der sich im Besitz der D befindlichen Möbel sind und D kein Recht zum Besitz hätte.

1. Eigentum des S und T

846 Ursprünglich war F Eigentümer der Möbel. Nach seinem Tod ging der Nachlass und damit auch das Eigentum an den Möbeln im Rahmen der Universalsukzession gemäß § 1922 „als Ganzes" auf die Erben über, so dass S und T als gesetzliche Erben des F nach § 1924 I auch Eigentümer der in Rede stehenden Möbel geworden sind.

2. Besitz der D

847 Da sich die Möbel in ihrer Wohnung befinden, hat D auch die tatsächliche Sachgewalt inne und ist mithin i.S.d. § 854 Besitzerin der Möbel.

3. Kein R.z.B. aus § 986

848 Fraglich ist, ob der D ein Besitzrecht i.S.d. § 986 zusteht. Ein solches kann sich zugunsten der D nicht aus familienrechtlichen Vorschriften ergeben. Während sich bei Ehegatten aus § 1353 ein Recht zum Mitbesitz an den Möbeln herleiten ließe[4] und zugunsten der Ehegatten auch die Voraus-Regelung des § 1932 eingreifen könnte, ist die analoge Anwendung dieser Normen bei den Partnern einer nicht ehelichen Lebensgemeinschaft nicht möglich.

Anders als bei der Ehe, bei der sich die Ehegatten mit einem lebenslangen Bindungswillen zusammenfinden, ist für die nicht eheliche Lebensgemeinschaft kennzeichnend, dass die Partner sich vorbehalten, jederzeit frei darüber entscheiden zu können, ob sie die Gemeinschaft fortsetzen wollen oder nicht[5]. Es fehlt daher bei einer nicht ehelichen Lebensgemeinschaft an einer mit einer Ehe vergleichbaren Situation, zumal insbesondere Art. 6 I GG die Gleichstellung eheähnlicher Lebensgemeinschaften mit der Ehe verbietet[6]. Andere Besitzrechte sind hier zugunsten der D ebenfalls nicht einschlägig, so dass sich D nicht auf § 986 berufen kann.

4. Ergebnis

Folglich besteht ein Anspruch des S und T gegen D auf Herausgabe der Möbel aus § 985.

---

4 BGHZ 12, 380; BGH NJW 1978, 1529.
5 *Schlüter*, FamR, Rn. 493.
6 BGH NJW 1980, 124.

III. Anspruch des S und T gegen D auf Herausgabe aus § 861

Des Weiteren könnte S und T gegen D auch der possessorische Besitzschutzanspruch aus § 861 zustehen.

1. Verbotene Eigenmacht nach § 858

Dies setzt voraus, dass D gegenüber S und T im Sinne der verbotenen Eigenmacht nach § 858 fehlerhaft besitzt. Verbotene Eigenmacht liegt nach der Legaldefinition des § 858 vor, wenn dem Besitzer der Besitz ohne seinen Willen entzogen oder er in seinem Besitz gestört wird und keine Gestattung vorliegt. Dabei ist nicht erforderlich, dass die Entziehung/Störung mit dem Bewusstsein erfolgt, widerrechtlich zu handeln bzw. dass ein Verschulden auf Seiten des fehlerhaften Besitzers vorliegt[7]. Da der Besitz gemäß § 857 auf den bzw. die Erben übergeht, genießen auch die Erben Besitzschutz gegen Eingriff in den Nachlass[8]. Da D S und T den Besitz entzieht und sie mithin gegenüber den fiktiv besitzenden Erben verbotene Eigenmacht verübt, ist § 861 an sich verwirklicht.

2. Präklusion nach § 864

Der Anspruch aus § 861 könnte jedoch nach § 864 präkludiert sein. Im Sinne von § 864 erlischt ein Anspruch nach den §§ 861, 862, wenn er nicht innerhalb eines Jahres geltend gemacht wird. Da S und T von dem Tod ihres Vaters im Jahr 1999 erst im Frühjahr 2002 erfahren und die Ausschlussfrist des § 864 unabhängig von der Kenntnis des Besitzschutzgläubigers beginnt[9], ist der Anspruch des S und T aus § 861 präkludiert.

3. Ergebnis

Ein Anspruch aus § 861 scheidet somit aus.

IV. Ansprüche des S und T gegen D auf Herausgabe aus § 1007

Fraglich ist, ob zugunsten des S und T gegenüber D auch die petitorischen Besitzschutzansprüche aus § 1007 eingreifen könnten.

1. Anspruch aus § 1007 I

Nach § 1007 I kann der frühere Besitzer einer beweglichen Sache und damit auch die Erben nach den §§ 1922, 857 bei Sachen, die zum Nachlass gehören, vom Besitzer Herausgabe verlangen, sofern jener bei Besitzerwerb nicht in gutem Glauben war.

Nach dem Sachverhalt ist nicht davon auszugehen, dass D nicht in gutem Glauben war, was die Inbesitznahme der Möbel betraf, zumal sie von dem Vorhandensein der Söhne ihres Lebensgefährten keine Kenntnis hatte, so dass ein Anspruch aus § 1007 I ausscheidet.

---

7 KG OLGR 93, 142.
8 *Palandt/Bassenge*, § 857 Rn. 6 m.w.N.
9 *Palandt/Bassenge*, § 864 Rn. 2.

Fall 9 *Besser spät als nie ...?*

2. Anspruch aus § 1007 II

852 Nach § 1007 I kann die Herausgabe auch von einem gutgläubigen Besitzer verlangt werden, sofern die Sache dem früheren Besitzer abhanden gekommen ist und der jetzige Besitzer nicht Eigentümer der Sache ist.

Ein Anspruch aus § 1007 II greift somit durch, da D nicht Eigentümerin der Möbel geworden ist und T und S als Erben ohne bzw. gegen ihren Willen nicht im Besitz der Möbel sind, ihnen mithin der fiktive Besitz an den Möbeln i.S.d. § 857 abhanden gekommen ist.

V. Anspruch auf Herausgabe aus § 812 I 1, 2. Fall

In Betracht kommt noch ein Anspruch des S und T gegen D auf Herausgabe der Möbel aus § 812 I 1, 2. Fall.

1. Etwas erlangt

853 Dies setzt voraus, dass D etwas erlangt hätte. D hat hier Besitz an den Möbeln erlangt.

2. In sonstiger Weise

854 Fraglich ist, ob auch das Tatbestandsmerkmal „in sonstiger Weise" erfüllt ist. Da es hier nicht zu einer bewussten und zweckgerichteten Mehrung ihres Vermögens kam, also keine Leistung des F vorlag, kommt hier lediglich eine Bereicherung „in sonstiger Weise" in Betracht[10]. Vorliegend hat D durch Tod des F den Besitz an den Möbeln erlangt, mithin in sonstiger Weise.

3. Ohne Rechtsgrund

855 Fraglich bleibt noch, ob dies auch ohne rechtlichen Grund geschehen ist. Anhaltspunkte für eine Schenkung der Möbel von F an D sind nicht ersichtlich. Somit erlangte D den Besitz an den Möbeln ohne rechtlichen Grund.

4. Ergebnis

S und T können folglich von D auch Herausgabe der Möbel aus § 812 I 1, 2. Fall verlangen.

VI. Herausgabe aus § 823 I

856 Ein auf Herausgabe gerichteter Schadensersatzanspruch aus § 823 des S und T gegen D scheidet aus, da sich zwar der Besitz als sonstiges Recht qualifizieren ließe, es aber jedenfalls an einem Verschulden der D i.S.d. § 823 fehlt.

VII. Gesamtergebnis hinsichtlich der Herausgabe der Möbel

S und T können folglich von D Herausgabe der Möbel aus den §§ 985, 1007 II und 812 I 1, 2. Fall verlangen.

---

10 Dazu: *Emmerich*, SchuldR, § 17 Rn. 1 ff.

C. Ansprüche des S und T auf Herausgabe von 35.000 €

Fraglich ist, ob S und T gegen die B-Bank oder gegen D einen Herausgabeanspruch in Bezug auf die 35 000,- € geltend machen können.

I. Anspruch des S und T gegen die B-Bank aus dem Girokontovertrag i.S.d. §§ 676 f., 1922

In Betracht käme insoweit ein Auszahlungsanspruch aus dem zwischen F und der B-Bank bestehenden Girokontovertrag i.S.d. §§ 676 f., 1922, wenn die Erben S und T die im Rahmen des Girovertrages durch die B-Bank vorgenommene Auszahlung nicht gegen sich gelten lassen müssten bzw. der Anspruch nicht durch Erfüllung i.S.v. § 362 erloschen wäre.

Der Girovertrag i.S.d. § 676 f. ist ein Geschäftsbesorgungsvertrag i.S.v. § 675 I mit Dientsvertragscharakter, der u.U. auch einzelne werkvertragliche Elemente aufweist[11]. Zu den Verpflichtungen des Kreditinstitutes gehört es nach § 676 f. insbesondere auch, abgeschlossene Überweisungsverträge zu Lasten des Kontos abzuwickeln.

Die B-Bank hatte nach dem Tode des F im Dezember 1999 eine Auszahlung auf das Konto der D veranlasst. Da es sich insoweit um eine vertragstypische Leistung handelt, stellt sich die Frage, ob sie dazu durch ihren Vertragspartner F legitimiert war, was seine Rechtsnachfolger i.S.d. § 1922 dann grundsätzlich gegen sich gelten lassen müssten.

Die von D veranlasste Ausführung des Überweisungsauftrages ging auf einen Auftrag i.S.v. § 662 zurück, den F der D erteilt hatte und der darin bestand, sich das Guthaben über 35 000,- € auf ihr eigenes Konto überweisen zu lassen, um von diesem Konto Schulden des F i.H.v. 25 000,- € begleichen zu können und die Kosten seiner Beerdigung i.H.v. 10 000,- € zu zahlen. Die Voraussetzungen einer Stellvertretung i.S.d. §§ 164 ff. des F durch D sind erfüllt, da D zur Ausführung dieses Auftrages eine eigene Willenserklärung in fremdem Namen mit bestehender Vollmacht, mithin auch mit Vertretungsmacht, abgegeben hat. Die Tatsache, dass F zwischen Erteilung des Auftrages und Überweisung verstorben ist, ändert nichts an der Wirksamkeit des Auftrages, da die Vollmacht und Auftragserteilung i.S.d. §§ 168, 672 den Tod des Vollmachtgebers bzw. Auftraggebers überdauern kann. Zudem ist bis zur Auszahlung weder ein Widerruf der Vollmacht noch des Auftrages i.S.d. §§ 168, S. 3, 167, 671 erfolgt. Der vormals bestehende Auszahlungsanspruch des F i.H.v 35 000,- € gegen die B-Bank, der auf seine Erben S und T i.S.v. § 1922 hätte übergehen können, ist somit i.S.v. § 362 durch Erfüllung erloschen.

II. Anspruch des S und T gegen D auf Auszahlung von 35 000,- € aus den §§ 667, 1922

Fraglich ist, ob S und T gegen D aufgrund des Auftragsverhältnisses, das zwischen ihr und F bestand, auf Zahlung der 35 000,- € aus den §§ 667, 1922 vorgehen könnten.

---

11 *Palandt/Sprau*, § 676 f. Rn. 1.

Fall 9 *Besser spät als nie ...?*

Nach § 667 ist der Beauftragte verpflichtet, dem Auftraggeber bzw. entsprechend den Erben des Auftraggebers alles, was er zur Ausführung des Auftrages erhält, herauszugeben. Der Anspruch besteht allerdings nur insoweit, als der Beauftragte das Erhaltene nicht für die Ausführung seines Auftrages verwandt hat. F hatte als Auftraggeber bestimmt, dass D als Beauftragte seine Schulden in Höhe von 25 000,- € zahlen und für die Beerdigungskosten in Höhe von 10 000,- € aufkommen sollte. Dafür hat er ihr 35 000,- € zur Verfügung gestellt. Dieser Auftrag war wirksam und die Erben S und T müssen ihn wegen § 672 auch gegen sich gelten lassen. Da D diesen Auftrag auch ordnungsgemäß ausgeführt hat und dem Willen des F entsprechend handelte, scheidet ein Anspruch auf Auszahlung der 35 000,- € aus § 667 aus.

III. Anspruch des S und T gegen D auf Auszahlung von 35 000,- € aus § 812 I 1, 1. Fall

Fraglich bleibt noch, ob T und S gegen D aus § 812 I 1, 1. Fall vorgehen könnten.

1. Etwas durch Leistung erlangt

860   Dies setzt voraus, dass D etwas durch Leistung von T und S erlangt hätte. D hat ein Guthaben i.H.v. 35 000,- € erlangt. Die Auszahlung auf ihr Konto ist zwar als zweckgerichtete Zuwendung, mithin als Leistung des F und nicht des S und T zu werten. Diese Leistung ist den Erben S und T aber i.S.d. Universalsukzession gemäß § 1922 I zurechenbar.

2. Ohne Rechtsgrund

861   Fraglich ist, ob für diese Leistung ein Rechtsgrund bestand. Ein Rechtsgrund liegt hier in dem Auftrag des F an D i.S.d. § 662, der darin lag, seine Schulden in Höhe von 25 000,- € zu zahlen und für die Beerdigungskosten in Höhe von 10 000,- € aufzukommen. Den Auftrag müssen die Erben nach § 672 gegen sich gelten lassen.

3. Ergebnis

Ein Anspruch auf Zahlung von 35 000,- € gegen D aus § 812 I 1, 1. Fall scheidet damit aus.

D. Ansprüche des S und T gegen D auf Herausgabe des Sparbuches

Zu prüfen ist auch, ob S und T gegen D auf Herausgabe des Sparbuches vorgehen können.

I. Anspruch des S und T gegen D aus § 2018

862   Ein Anspruch des S und T gegen D aus § 2018 scheidet aus, da D sich in Bezug auf das Sparbuch keine Erbenstellung anmaßt und somit keine Erbschaftsbesitzerin ist.

II. Anspruch des S und T gegen D auf Herausgabe des Sparbuches aus § 985

In Betracht käme ein Anspruch des S und T gegen D auf Herausgabe des Sparbuches aus § 985.

1. Eigentum des S und T

Dies setzt voraus, dass S und T Eigentümer des Sparbuches sind. Das Sparbuch fällt als Namenspapier mit Inhaberklausel unter § 808[12] und wird im Rahmen eines als Darlehensvertrag i.S.d. § 488 zu qualifizierenden Sparvertrages[13] ausgestellt. Für Papiere des § 808, mithin auch für Sparbücher[14], gilt in Bezug auf die Eigentumsübertragung, in Abweichung davon, dass Urkunden als bewegliche Sachen grundsätzlich gemäß den §§ 929 ff. übertragen werden, die Regelung des § 952[15]. Im Sinne dieser Norm folgt das Recht am Papier dem Recht aus dem Papier. T und S wären gemäß § 952 daher Eigentümer des Sparbuches, wenn ihnen die im Sparbuch verbriefte Forderung gemäß §§ 700, 488 gegen die B-Bank zustehen würde.

Im Rahmen der Universalsukzession gemäß § 1922 geht der Nachlass „als Ganzes" auf den bzw. die Erben über, so dass S und T als Erben des F Eigentümer des Sparbuches wären, wenn die darin verbrieften Forderung gegen die B-Bank zum Nachlass gehört.

a) Forderungserwerb der D aufgrund eines echten Vertrages zugunsten Dritter auf den Todesfall

Dem könnte ein Forderungserwerb der D aufgrund eines echten Vertrages zugunsten Dritter auf den Todesfall gemäß §§ 328, 331, 488 entgegenstehen[16].

Fraglich ist, ob hier ein sog. echter Vertrag zugunsten Dritter vorliegt. Beim echten (berechtigten) Vertrag zugunsten Dritter erwirbt der Dritte einen eigenen Leistungsanspruch gegen den Schuldner, während der Schuldner beim unechten (ermächtigenden) Vertrag zugunsten Dritter ermächtigt ist, mit befreiender Wirkung an den Dritten zu leisten, das Recht, die Leistung an den Dritten zu verlangen, jedoch allein dem Gläubiger zusteht[17].

Der Dritte erwirbt beim echten Vertrag zugunsten Dritter das Forderungsrecht, das ohne seine Mitwirkung entsteht, grundsätzlich originär im Zeitpunkt des Vertragsschlusses zwischen dem Versprechenden (Schuldner) und dem Versprechensempfänger (Gläubiger) im Deckungsverhältnis[18]. Die Forderung gehört nicht, auch nicht durchgangsweise, zum Vermögen des Versprechensempfängers[19].

---

12 BGHZ 64, 278, 280 m.w.N.; *Palandt/Sprau*, § 808 Rn. 6; zur Rechtsnatur des Sparbuches: Müko/*Hüffer*, § 808 Rn. 23 ff.
13 BGHZ 64, 278, 284; so auch *Palandt/Sprau*, § 808 Rn. 6 m.w.N. (z.T. i.V.m. § 700 I: *Jauernig/Berger*, Vor § 488 Rn. 12 m.w.N.).
14 BGH DB 1972, 2299.
15 Dazu: *Palandt/Bassenge*, § 952 Rn. 1 ff.
16 Zum Ganzen: *Michalski*, ErbR, Rn. 1059 ff.
17 Vgl. *Palandt/Heinrichs*, Einf v § 328 Rn. 1.
18 *Palandt/Heinrichs*, Einf v § 328 Rn. 1 und 6.
19 BGHZ 54, 145, 147.

Fall 9 *Besser spät als nie ...?*

865 Sofern das Recht bzw. die Forderung aufgrund der Vereinbarung im Deckungsverhältnis erst mit dem Tod des Versprechensempfängers entstehen soll, fällt das Recht/die Forderung i.S.d. Zweifelsregelung des § 331 nicht in den Nachlass[20]. Vielmehr erwirbt der Dritte das Recht im Augenblick des Todes. § 331 enthält mithin als Auslegungsregel eine Vermutung für den Zeitpunkt des Rechtserwerbs in den Fällen, in denen die Leistung nach dem Tod des Versprechensempfängers erfolgen soll.

866 **Exkurs/Vertiefung:** § 331 gilt für alle Verträge, die als Leistungszeitpunkt den Tod des Versprechensempfängers festlegen, also z.B. Bausparverträge mit Drittbegünstigung auf den Todesfall[21], bestimmte Lebensversicherungen[22], Angehörigenversorgung im Rahmen der betrieblichen Altersversorgung oder der Unfallversicherung[23].

867 Beim unechten Vertrag zugunsten Dritter behält der Versprechensempfänger dagegen die Forderung, so dass sie, auch im Todesfall, in dessen Vermögen verbleiben und auf die Rechtsnachfolger übergehen würde.

Ob vorliegend ein echter Vertrag zugunsten Dritter auf den Todesfall gemäß §§ 328 I, 331 vorliegt oder aber eine unechter Vertrag zugunsten Dritter, ist bei Zweifeln durch Auslegung i.S.d. §§ 133, 157 zu ermitteln.

Hier war die Anweisung an die B-Bank so gefasst, dass D die Auszahlung mit dem Tod auch unmittelbar beanspruchen können sollte. Somit hat der Versprechensempfänger (F) gegenüber der B-Bank als Versprechende ausdrücklich klargestellt, dass die Dritte D das Forderungsrecht erhalten solle. Folglich ist hier von einem echten Vertrag zugunsten Dritter auf den Todesfall auszugehen ist.

b) Nichtigkeit des Vertrages zugunsten Dritter gemäß den §§ 2301 I, 2247, 2276, 125 S. 1

868 Der Vertrag zugunsten Dritter auf den Todesfall könnte aber gemäß den §§ 2301 I, 2247, 2276, 125 S. 1 nichtig sein.

§ 331 eröffnet einen Weg, durch Rechtsgeschäft unter Lebenden, ohne Einhaltung erbrechtlicher oder sonstiger Formvorschriften, mit dem Tode des Versprechensempfängers einem Dritten einen schuldrechtlichen Anspruch zuzuwenden[24]. Mithin kann über § 331 eine Zuwendung erreicht werden, die gewöhnlich nur durch Verfügung von Todes wegen erfolgt. Da Verfügungen von Todes wegen insbesondere i.S.d. §§ 2231 ff., 2247, 2276 strengen Formvorschriften unterliegen, stellt sich die Frage, ob § 2301, der die Voraussetzungen für ein Schenkungsversprechen von Todes wegen normiert und den erbrechtlichen Formvorschriften unterstellt ist, einer Zuwendung aufgrund eines Vertrages zugunsten Dritter auf den Todesfall entgegensteht.

869 § 2301 ist auf das Deckungsverhältnis, d.h. auf das Verhältnis zwischen der Verspre-

---

20 BGHZ 41, 95, 96.
21 BGH NJW 1965, 1913.
22 Vgl. dazu: *Roth*, Fall 24, S. 185 ff. Zur Bezugsberechtigung der namentlich im Versicherungsvertrag bezeichneten geschiedenen Ehefrau: LG München FamRZ 2005, 134 ff.
23 *Palandt/Heinrichs*, § 331 Rn. 2 m.w.N.
24 *Palandt/Heinrichs*, § 331 Rn. 1.

chenden (= B-Bank) und dem Versprechensempfänger (= F) aus folgenden Gründen jedoch nicht anwendbar. Zum einen liegt im Deckungsverhältnis kein Schenkungsversprechen vor, sondern ein Vertrag zugunsten Dritter auf den Todesfall i.S.d. §§ 328, 331, so dass nur Schuldrecht anwendbar ist und die Formvorschriften der Verfügungen von Todes wegen insoweit nicht zu beachten sind. § 2301 könnte somit allenfalls das Valutaverhältnis (zwischen Versprechensempfänger und dem Dritten) betreffen.

Zum anderen hat das Gesetz ausdrücklich diese rechtliche Gestaltungsmöglichkeit durch § 331 anerkannt, ohne eine Formvorschrift zu erlassen. Der Vertrag zugunsten Dritter auf den Todesfall i.S.d. §§ 328, 331 muss mangels entsprechender Bestimmungen keiner bestimmten Form genügen und ist folglich wirksam.

Ein Forderungserwerb der D aufgrund eines echten Vertrages zugunsten Dritter gemäß den §§ 328, 331, 488 hat folglich stattgefunden, mit der Folge, dass D auch gemäß § 952 Eigentum am Sparbuch erworben hat.

2. Ergebnis

S und T können von D also nicht aufgrund von § 985 Herausgabe des Sparbuches verlangen.

E. Anspruch des S und T gegen D auf Abtretung des Darlehensanspruches gegen die B-Bank und auf Ersatz der 2500,– € gemäß § 812 I 1, 1. Fall i.V.m. § 818 II

Fraglich ist aber, ob S und T gegen D aus § 812 I 1, 1. Fall i.V.m. § 818 II auf Abtretung des Darlehensanpruches gegen die B-Bank und auf Ersatz der 2500,– € vorgehen können.

I. Etwas erlangt

Dies setzt voraus, dass D etwas erlangt hätte.

870

D hat einen Anspruch aus § 488 i.H.v. insgesamt 15 000,– € gegen die B-Bank erlangt.

II. Durch Leistung der Erben S und T

Dies müsste durch Leistung des S und T geschehen sein.

871

Die Forderung gegen die B-Bank hat D zwar durch eine zweckgerichtete Zuwendung, mithin eine Leistung des F erlangt. Die Leistung der F ist seinen Rechtsnachfolgern S und T aber i.S.d. Universalsukzession gemäß § 1922 I zurechenbar.

III. Ohne Rechtsgrund

Fraglich ist, ob insoweit ein Rechtsgrund vorlag. Als Rechtsgrund kommt im Valutaverhältnis (Verhältnis zwischen F und D) eine Schenkung gemäß § 516 in Betracht[25].

872

---

25 Vgl. auch: *Wolf*, FamRZ 2002, 147, der bereits im Vertrag zugunsten Dritter den Rechtsgrund sieht.

Fall 9   *Besser spät als nie ...?*

1. Einigung

Eine Schenkung setzt voraus, dass sich F und D über die unentgeltliche Zuwendung der Darlehensforderung gegen die B-Bank geeinigt haben, wobei Unentgeltlichkeit vorliegt, wenn die Zuwendung unabhängig von einer Gegenleistung erfolgt[26].

a) Angebot des F

873   F müsste ein entsprechendes Schenkungsangebot abgegeben haben.

Das Schenkungsangebot ist eine empfangsbedürftige Willenserklärung, die gemäß § 130 I durch Zugang wirksam wird. In der Erklärung gegenüber der B-Bank, das Geld seiner Lebensgefährtin zukommen lassen zu wollen, ist das Schenkungsangebot enthalten. Dieses Angebot wurde nach dem Tod des F durch die B-Bank als Botin an die Dritte D weitergeleitet. Gemäß § 130 II hat der Tod des Erklärenden keine Auswirkung auf die Willenserklärung. Somit blieb das Angebot auch nach dem Tod des F bestehen.

b) Widerruf des Angebotes

874   Fraglich ist, ob dieses Angebot durch die Erben widerrufen worden ist. Ein wirksamer Widerruf kommt gemäß § 130 I 2 in Betracht, wenn die Widerrufserklärung dem Beschenkten spätestens mit dem Schenkungsangebot zugeht. Eine rechtzeitige Widerrufserklärung wurde hier durch S und T nicht abgegeben. Mithin ist das Angebot des F nicht widerrufen worden.

c) Annahme

875   Das Schenkungsangebot müsste D auch angenommen haben, wobei die Annahme des Vertrages gemäß § 153 auch nach dem Tode des Antragenden möglich ist. Wenngleich die Annahme als empfangsbedürftige Willenserklärung dem anderen Teil, hier also dem F bzw. seinen Erben, grundsätzlich zugehen muss (§ 130 I), ist der Zugang der Annahmeerklärung nach § 151 dann entbehrlich, wenn er nach der Verkehrssitte nicht zu erwarten ist. Erforderlich ist insoweit eine nach außen hervortretende eindeutige Betätigung des Annahmewillens. Vorliegend hat D ihren Annahmewillen eindeutig durch die Entgegennahme des Geldes und durch die Umschreibung des Sparbuches zum Ausdruck gebracht. Es liegt somit eine wirksame Einigung zwischen F und D i.S.v. § 516 vor.

2. Wirksamkeitshindernisse

Die Schenkung könnte jedoch gemäß § 125 S. 1 formnichtig sein.

a) Formerfordernis gemäß § 518 I

876   In Betracht kommt ein Verstoß gegen das Formerfordernis gemäß § 518 I.

§ 518, der vorliegend zur Anwendung kommt, da hier keine Handschenkung bzw. Realschenkung[27] vorliegt, setzt voraus, dass ein Schenkungsvertrag notariell zu beurkunden ist. Dies ist vorliegend nicht geschehen. Der Formmangel könnte jedoch durch

---

26   BGH NJW 1982, 436.
27   Dazu: *Palandt/Weidenkaff*, § 518 Rn. 1, 4.

Vollzug gemäß § 518 II geheilt worden sein. D hat im Zeitpunkt des Todes des F nach §§ 328, 331 unmittelbar einen Anspruch gegen die B-Bank erworben. Damit ist die Schenkung hier schon vollzogen, bevor der Schenkungsvertrag zustande gekommen ist. Aufgrund der Heilung i.S.d. § 518 II, ist der Formverstoß nach § 518 I folglich irrelevant[28].

b) Formerfordernis gemäß § 2301 I

Fraglich ist aber, ob ein Verstoß gegen das Formerfordernis des § 2301 in Betracht kommt. Schenkungen von Todes wegen unterliegen gemäß § 2301 I, sofern der Schenker sie nicht vor seinem Tode gemäß § 2301 II vollzieht, den Vorschriften über die Verfügungen von Todes wegen. In diesem Sinne müsste bei einer Schenkung, die einen Vertrag darstellt, die für den Erbvertrag i.S.v. § 2276 geltende Form der notariellen Beurkundung eingehalten worden sein[29]. Fraglich ist aber, ob § 2301 vorliegend überhaupt eingreift. Eine Schenkung von Todes wegen ist eine unentgeltliche Zuwendung des Erblassers an einen Dritten, die an die Bedingung geknüpft ist, dass der Beschenkte den Schenker überlebt[30]. Hier war es die Bedingung der Forderungsschenkung, dass D das Guthaben aus dem Sparvertrag erst nach dem Tode des F erhalten sollte. Die Schenkung wurde auch nicht i.S.v. § 2301 II vor dem Todesfall vollzogen, da bei Vorliegen eines formungültigen Schenkungsversprechens die Leistungsbewirkung nach dem Tod des Schenkers im Falle des § 2301 nicht mehr zur Heilung führen kann. Anders als bei den §§ 516, 518 II untersteht das Schenkungsversprechen i.S.d. § 2301 nach dem Tod des Schenkers bereits den Vorschriften des Erbrechts[31].

877

> **Exkurs/Vertiefung:** Die Voraussetzungen für einen Vollzug i.S.v. § 518 II und § 2301 II sind also insofern nicht identisch, als bei einem formungültigen Schenkungsversprechen über § 518 II auch noch eine Heilung durch die Leistungsbewirkung nach dem Tod des Schenkers eintreten kann, während das beim Schenkungsversprechen unter Überlebensbedingung im Rahmen des § 2301 II nicht mehr möglich ist[32].

878

Nach dem Wortlaut des § 2301 I könnte es hier insofern nahe liegen, von einer Formnichtigkeit gemäß § 125 S. 1 auszugehen.

879

aa) Anwendbarkeit von § 2301 auf Schenkungen im Rahmen von Verträgen zugunsten Dritter

Fraglich ist aber, ob § 2301 auf (im Valutaverhältnis vorgenommene) Schenkungen im Rahmen von Verträgen zugunsten Dritter auf den Todesfall überhaupt Anwendung findet:

---

28 Dazu: BGHZ 46, 198, 204; BGH NJW 1965, 1913, 1914.
29 So z.B.: *Palandt/Edenhofer*, § 2301 Rn. 6; *Soergel/Wolf*, § 2301 Rn. 6; *Erman/Schmidt*, § 2301 Rn. 6. Nach a.A. soll insoweit die Form des § 2247 genügen: MüKo/*Musielak*, § 2301 Rn. 13; *Kuchinke*, FamRZ 1984, 109, 113.
30 *Palandt/Edenhofer*, § 2301 Rn. 1 ff.; *Michalski*, ErbR, Rn. 1034 ff.
31 BGHZ 99, 97.
32 *Palandt/Edenhofer*, § 2301 Rn. 8.

Fall 9 *Besser spät als nie ...?*

(1) Minderansicht

880 Nach einer Ansicht soll § 2301 I auch auf Schenkungsverträge im Rahmen eines Vertrages zugunsten Dritter auf den Todesfall i.S.d. §§ 328, 331 anwendbar sein[33]. Ansonsten würde durch § 331 ein Sondererbrecht geschaffen werden und die erbrechtlichen Formvorschriften könnten unterlaufen und ausgehöhlt werden. Die durch solche Zuwendungen Begünstigten könnten rechtlich sogar besser stehen als die Pflichtteilsberechtigten und die Erben, was unbillig wäre[34].

Folgte man dieser Ansicht, wäre die Schenkung vorliegend formnichtig und damit unwirksam i.S.d. §§ 2301 i.V.m. 125 S. 1.

(2) HM und st. Rspr.

881 Nach h.M. und st. Rspr. dürfte § 2301 dagegen im Zusammenhang mit § 331 keine Anwendung finden[35]. Begründet wird dies damit, dass der typische Fall des § 2301 I nur vorliege, wenn zu Lebzeiten des Schenkers eine Leistung versprochen wird, diese aber erst nach seinem Tode zu erfüllen ist. Nur dann würde die zu erbringende Leistung in den Nachlass fallen und aus dem Nachlass an den Beschenkten geleistet. Bei einem Vertrag zugunsten Dritter auf den Todesfall erwirbt der Beschenkte die Forderung hingegen schon im Todeszeitpunkt, so dass sie zu keiner Zeit (nicht einmal für eine sog „juristische Sekunde") in den Nachlass fällt. Die Zuwendung ist also nicht, wie § 2301 I vorsieht, aus dem Nachlass zu erfüllen. Nach dieser Ansicht wäre die Schenkung folglich nicht formnichtig.

(3) Diskussion und Ergebnis

882 Für die herrschende Meinung spricht, dass – wie oben ausführlich dargestellt – bei einem Vertrag zugunsten Dritter gerade kein Durchgangserwerb stattfindet, sondern die geschenkte Forderung zu keinem Zeitpunkt zum Nachlass gehört hat, mithin der Regelungszusammenhang des § 2301 nicht berührt wird. Zudem sind, entgegen der Minderansicht, Pflichtteilsberechtigte auch nicht benachteiligt, da sie gemäß §§ 2325, 2329 bezüglich der Schenkung den Ergänzungspflichtteil fordern können.

Mit der herrschenden Meinung ist daher davon auszugehen, dass § 2301 nicht auf Schenkungen im Rahmen von Verträgen zugunsten Dritter auf den Todesfall i.S.d. §§ 328, 331 anzuwenden ist.

bb) Ergebnis

Wirksamkeitshindernisse können somit auch nicht über § 2301 hergeleitet werden. Der Schenkungsvertrag ist folglich wirksam.

---

33 *Kipp/Coing*, ErbR, § 81 V 2c; *Medicus*, BR, Rn. 394 ff.
34 *Medicus*, BR, Rn. 396 f.
35 RGZ 106, 1; 128, 187; BGHZ 41, 95; 46, 198, 201; 66, 8, 12; BGH NJW 1984, 480, 481; BGH NJW 1993, 2171; *Palandt/Edenhofer*, § 2301 Rn. 17; *Staudinger/Kanzleiter*, § 2301 Rn. 42; *Soergel/Wolf*, § 2301 Rn. 22.

3. Ergebnis

D hat die Forderung mit Rechtsgrund erworben. Ein Anspruch aus § 812 I 1. 1. Fall i.V.m. § 818 II auf Abtretung des Darlehensanspruches gegen die B-Bank und auf Ersatz der 2500,– € gemäß § 812 I 1, 1. Fall i.V.m. § 818 II besteht folglich nicht.

F. Anspruch des S und T gegen D auf Herausgabe des an sie ausgezahlten Geldes gemäß § 816 II

Fraglich ist, ob ein Anspruch des S und T gegen D auf Herausgabe des an D ausgezahlten Geldes gemäß § 816 II in Betracht kommt.

D müsste dann Nichtberechtigte sein. Dies wäre der Fall, wenn sie – ohne Forderungsinhaberin zu sein – das Sparbuch vorgelegt und die 2500,– € an sich genommen hätte. Da D aber durch den Vertrag zugunsten Dritter auf den Todesfall i.S.d. §§ 328, 331 die Forderung erlangt hat, ist sie Forderungsinhaberin und deshalb Berechtigte.

Ein Anspruch des S und T gegen D aus § 816 II besteht somit nicht.

G. Ansprüche des S und T gegen B bezüglich des Mercedes

Fraglich ist, ob S und T gegen B wegen des von F an B übergebenen Mercedes vorgehen können.

I. Anspruch des S und T gegen B auf Herausgabe aus § 985

In Betracht kommt insoweit ein Herausgabeanspruch gegen B aus § 985.

1. Eigentümerstellung des S und T

Dies setzt voraus, dass T und S Eigentümer des Fahrzeuges wären. Ursprünglich war F Eigentümer des Mercedes. Fraglich ist nun, ob er – als Berechtigter – das Fahrzeug wirksam an B veräußert hat. Die Eigentumsübertragung von beweglichen Sachen setzt voraus, dass eine dingliche Einigung über den Eigentumsübergang zwischen dem Veräußerer und Erwerber vorlag, eine Übergabe stattgefunden hat und von einer Einigkeit zum Zeitpunkt der Vollendung des Rechtserwerbes auszugehen ist[36]. Eine Einigung wurde vorliegend unter der aufschiebenden Bedingung i.S.v. § 158 I getroffen, dass F bald sterben würde. Diese Bedingung ist eingetreten. Da F jeglichen Besitz am Auto verloren hatte und B im Besitz des Fahrzeuges war und von einer Einigkeit zum Zeitpunkt der Vollendung des Rechtserwerbes auszugehen ist, hat B am Mercedes wirksam Eigentum erworben, ohne dass dieser in den Nachlass gefallen ist.

2. Ergebnis

Ein Anspruch des S und T gegen B auf Herausgabe aus § 985 scheidet mithin aus.

---

36 Vgl. auch *Westermann*, SachenR, Rn. 123 ff.

Fall 9 *Besser spät als nie ...?*

885 **Exkurs/Vertiefung:** Wäre B noch nicht im Besitz der Fahrzeugpapiere, hätte er einen Anspruch auf Herausgabe, da § 952 analog auf Fahrzeugpapiere i.S.v. § 25 StVZO angewendet wird[37]. Die Forderung ist dann mit dem Fahrzeug gleichzusetzen und die Papiere mit dem Schuldschein.

II. Anspruch des S und T gegen B auf Herausgabe aus § 812 I 1, 1. Fall

Es könnte jedoch ein Anspruch von T und S gegen B auf Herausgabe des Mercedes aus § 812 I 1, 1. Fall eingreifen.

1. Etwas durch Leistung erlangt

886 B hat Eigentum und Besitz am Mercedes erlangt.

Dies geschah durch bewusste und zweckgerichtete Mehrung des Vermögens, mithin durch Leistung des F, was den Erben S und T über § 1922 zurechenbar ist.

2. Ohne Rechtsgrund

887 Fraglich ist, ob dafür ein Rechtsgrund bestand. Der Erwerb wäre ohne Rechtsgrund erfolgt, wenn kein wirksamer Schenkungsvertrag vorlag.

Die i.S.v. § 516 erforderliche schenkungsrechtliche Einigung im Verhältnis F und B lag vor. Der Formmangel des § 518 I wurde hier durch Erfüllung geheilt (§ 518 II). Es könnte jedoch ein Formmangel gemäß § 2301 vorliegen, der über § 125 S. 1 zur Unwirksamkeit des Schenkungsversprechens führen würde.

a) Tatbestand des § 2301

888 Da es sich um einen Schenkungsvertrag handelt, wäre gemäß § 2301 die Form des Erbvertrags – also die notarielle Beurkundung i.S.d. § 2276 – einzuhalten gewesen, sofern es sich hier um eine Schenkung von Todes wegen handelt und kein Vollzug i.S.v. § 2301 II erfolgte.

Eine Schenkung von Todes wegen i.S.d. § 2301 liegt vor, wenn der Erblasser ein unentgeltliches Rechtsgeschäft unter die Bedingung gestellt hat, dass der Beschenkte ihn überlebt[38]. Hier hat F einige Tage vor seinem Tod seinem Bruder B, in der Erwartung seines baldigen Todes und für den Fall seines Vorversterbens, seinen Mercedes und die Fahrzeugpapiere überlassen, so dass der Tatbestand des § 2301 erfüllt ist, mithin ein Schenkungsversprechen von Todes wegen vorliegt.

b) Vollzug i.S.v. § 2301 II

889 Fraglich ist nun, ob bereits Vollzug i.S.v. § 2301 II vorlag. Nach allgemeiner Ansicht ist für den Vollzug keine vollendete wirksame Übertragung zu Lebzeiten zu verlangen, da ansonsten die §§ 516 ff. eingreifen könnten und § 2301 überflüssig wäre[39]. Maßgeb-

---

37 BGH NJW 1978, 1854.
38 *Palandt/Edenhofer*, § 2301 Rn. 1.
39 *Michalski*, ErbR, Rn. 1044; *Herrmann*, MDR 1980, 883, 887; *Palandt/Edenhofer*, § 2301 Rn. 10.

lich für das Vorliegen eines Vollzuges i.S.v. § 2301 II ist, dass es auf Seiten des Schenkers zu einer Vermögensminderung gekommen ist, er also zu Lebzeiten ein gegenwärtiges Vermögensopfer erbracht hat[40].

Wann genau ein gegenwärtiges Vermögensopfer und damit auch ein Vollzug i.S.v. § 2301 II vorliegt, wird unterschiedlich beurteilt[41].

Z.T. wird darauf abgestellt, ob für den Bedachten ein dingliches Anwartschaftsrecht auf den Erwerb der Sache begründet wird, welches ihm eine gesicherte Rechtsposition verschafft, die weder der Schenker noch dessen Gläubiger beeinträchtigen oder zerstören können. Dies solle auch möglich sein, wenn das Vollzugsgeschäft unter der aufschiebenden Bedingung des Überlebens des Beschenkten steht[42]. Eine weitere Auffassung geht davon aus, dass ein Vollzug i.S.v. § 2301 II gegeben ist, wenn sich das Rechtsgeschäft ohne weiteres Zutun des Schenkers oder dessen Erben vollendet bzw. wenn das Anwartschaftsrecht derart ausgestaltet ist, dass der Beschenkte den Schenkungsgegenstand ohne weitere Leistungshandlung des Schenkers erwerben kann[43].

Vorliegend hatte der Beschenkte B bereits zu Lebzeiten des Erblassers F ein dingliches Anwartschaftsrecht erworben, da das Verfügungsgeschäft aufschiebend bedingt war, so dass sich die Vollendung der Eigentumsübertragung ohne weiteres Zutun des Schenkers oder dessen Erben vollenden konnte. F hatte zu Lebzeiten alle Handlungen vorgenommen, die von seiner Seite aus erforderlich waren, um den Eigentumsübergang auf B herbeizuführen. Nach beiden Ansichten ist daher von einem Vollzug i.S.d. § 2301 II auszugehen.

c) Ergebnis

Ein Rechtsgrund lag folglich vor.

III. Gesamtergebnis

Die Erben S und T des F können daher nicht gegen B auf Herausgabe des Mercedes aus § 812 I 1, 1. Fall vorgehen.

Repetitorium

I. **Zum Erbschaftsanspruch**[44]: Der Erbe erlangt mit dem Erbfall i.S.v. § 1922 die Erbschaft als Ganzes, wozu auch die Besitzerstellung des Erblassers i.S.v. § 857 gehört. Ihm stehen dadurch bezüglich der einzelnen Nachlassgegenstände gegen Dritte sämtliche Einzelansprüche des Eigentümers oder Besitzers gemäß den §§ 985, 861, 1007, 812, 823 zu. Darüber hinaus gewährt das Gesetz dem Erben

---

40 *Leipold*, ErbR, Rn. 571 m.w.N.
41 *Michalski*, ErbR, Rn. 1044 m.w.N.
42 BGH FamRZ 1989, 959; *Kipp/Coing*, ErbR § 81 III 1c; *Lange/Kuchinke*, ErbR, § 33 II 1.
43 *Soergel/Wolf*, § 2301 Rn. 14.
44 Vgl. auch *Michalski*, ErbR, Rn. 945 ff.; *Palandt/Edenhofer*, Einf v § 2018 Rn. 1.

Fall 9 *Besser spät als nie ...?*

jedoch auch noch einen Gesamtanspruch gegen den Erbschaftsbesitzer nach den §§ 2018 ff. In der Falllösung sollte mit den Ansprüchen aus §§ 2018 ff. begonnen werden, da § 2029 klarstellt, dass der Besitzer auch bei der Geltendmachung der Einzelansprüche die Vorteile des Erbschaftsanspruches z.B. in Bezug auf getätigte Aufwendungen nicht verlieren, aber auch dessen Nachteile tragen soll (dazu unten)[45].

1. Erbschaftsbesitzer i.S.d. § 2018 ist, wer sich eine Erbenstellung anmaßt, also etwas aufgrund eines beanspruchten, ihm aber tatsächlich nicht zustehenden Erbrechts aus dem Nachlass erlangt hat. Der Erbschaftsbesitzer muss objektiv etwas aus dem Nachlass erlangt haben und diesen Nachlassgegenstand subjektiv unter Berufung auf ein vermeintliches Erbrecht beanspruchen[46]. Als Anspruchsgegner kommt insofern nicht in Betracht, wer dem Erben Nachlassgegenstände vorenthält, ohne sich ein Erbrecht anzumaßen[47].

2. In den §§ 2018 ff. sind als Primäranspruch der Gesamtanspruch auf Herausgabe der Nachlassgegenstände, ihrer Surrogate i.S.v. § 2019 sowie die nachstehenden Folgeansprüche geregelt:
   - Anspruch auf Nutzungsersatz (§ 2020)
   - Bereicherungsanspruch (§ 2021)
   - Anspruch auf Verwendungsersatz (§ 2022), wobei der gutgläubige, unverklagte Erbschaftsbesitzer, anders als bei den §§ 994, 996, alle Arten von Verwendungen ersetzt verlangen kann[48].
   - Verschärfter Haftungsanspruch gegen den verklagten (§ 2023), den bösgläubigen (§ 2024) und den Deliktsbesitzer (§ 2025).

   Zu den Nachteilen gegenüber der Geltendmachung der Einzelansprüche, die der Besitzer auch bei deren Erhebung nach § 2029 zu tragen hat, gehört die im Gegensatz zu § 993 strengere Haftung hinsichtlich der Nutzungen (§ 2020), die Tatsache, dass in Bezug auf die Herausgabe der Bereicherung nach § 2024 S. 1 grob fahrlässiges Nichtwissen genügt und der Ausschluss der Ersitzungseinrede bei § 2026[49].

3. Prozessual bietet der Gesamtanspruch des § 2018 neben den Beweiserleichterungen und speziellen Auskunftsansprüchen i.S.d. §§ 2027, 2028 gegenüber den Einzelansprüchen folgende Erleichterung: Der Erbe muss zwar im Klageantrag die herausverlangten Nachlassgegenstände einzeln bezeichnen, um die Zwangsvollstreckung zu ermöglichen (vgl. § 253 II Nr. 2 ZPO), er kann jedoch auf Herausgabe der Erbschaft als Ganzes klagen, muss also prozessual nur einen Anspruch geltend machen. Dies ist insbesondere insofern hilfreich, als der Erbschaftsherausgabeanspruch in dem besonderen, nicht ausschließlichen Gerichtsstand des § 27 ZPO[50] geltend gemacht werden kann, während bei den Einzelansprüchen der Gerichtsstand jeweils gesondert ermittelt werden müsste. Bei Grundstücken ist jedoch der ausschließliche Gerichtsstand des § 24

---

[45] *Palandt/Edenhofer*, § 2029 Rn. 1.
[46] *Michalski*, ErbR, Rn. 947; zum Begriff des Erbschaftsbesitzers vgl. auch BGH FamRZ 2004, 537, 538.
[47] *Palandt/Edenhofer*, Einf v § 2018 Rn. 1.
[48] *Palandt/Edenhofer*, § 2022 Rn. 1.
[49] *Staudinger/Gursky*, § 2029 Rn. 2; *Palandt/Edenhofer*, § 2029 Rn. 1.
[50] *Zöller*, ZPO, § 27 Rn. 1.

ZPO zu beachten. Ist dem Erben nicht bekannt, was im Einzelnen zum Nachlass gehört, kann er im Wege einer Stufenklage gemäß § 254 ZPO den Auskunfts- und Herausgabeanspruch erheben[51] (objektive Klagehäufung)[52].

II. Liegt eine Urkunde i.S.d. § 952 vor, erwirbt der Inhaber der Forderung auch das Eigentum an der Urkunde. Das Sparbuch fällt als Namenspapier mit Inhaberklausel unter § 808[53] und wird im Rahmen eines als Darlehensvertrag i.S.d. § 488 zu qualifizierenden Sparvertrages[54] ausgestellt. Für Papiere des § 808, mithin auch für Sparbücher[55], gilt in Bezug auf die Eigentumsübertragung, in Abweichung davon, dass Urkunden als bewegliche Sachen grundsätzlich gemäß den §§ 929 ff. übertragen werden, die Regelung des § 952[56]. Im Sinne dieser Norm folgt das Recht am Papier dem Recht aus dem Papier. Gemäß § 952 ist daher Eigentümer des Sparbuches, wem auch die im Sparbuch verbriefte Forderung gemäß §§ 700, 488 gegen die Bank zusteht.

§ 952 ist analog auf Fahrzeugpapiere i.S.v. § 25 StVZO anwendbar[57]. Die Forderung ist dann mit dem Fahrzeug gleichzusetzen und die Papiere mit dem Schuldschein.

Wertpapiere im engen Sinne werden dagegen wie andere bewegliche Sachen nach den §§ 929 ff. übertragen, so dass das jeweilige Recht mit der Übertragung des Wertpapiers übergeht.

Hier gilt also: Das Recht aus dem Papier folgt dem Recht am Papier. Unter die Gruppe der Wertpapiere im engen Sinne fallen z.B.: sog. Orderpapiere (z.B. Namensscheck, Namensaktie, Wechsel, Papiere i.S.d. § 363 HGB, wenn sie an „Order" ausgestellt sind und Inhaberpapiere (z.B. Lotterielos).

III. Der Dritte erwirbt beim echten Vertrag zugunsten Dritter das Forderungsrecht, das ohne seine Mitwirkung entsteht, grundsätzlich originär im Zeitpunkt des Vertragsschlusses zwischen dem Versprechenden (Schuldner) und dem Versprechensempfänger (Gläubiger) im Deckungsverhältnis[58]. Die Forderung gehört nicht, auch nicht durchgangsweise, zum Vermögen des Versprechensempfängers[59]. Sofern das Recht bzw. die Forderung aufgrund der Vereinbarung im Deckungsverhältnis erst mit dem Tod des Versprechensempfängers entstehen soll, fällt das Recht/die Forderung i.S.d. der Zweifelsregelung des § 331 auch nicht in den Nachlass. Vielmehr erwirbt der Dritte das Recht im Augenblick des Todes[60]. § 331 enthält mithin als Auslegungsregel eine Vermutung für den Zeitpunkt des Rechtserwerbs in den Fällen, in denen die Leistung nach dem Tod des Versprechensempfängers erfolgen soll.

---

51 *Palandt/Edenhofer*, Einf v § 2018 Rn. 2.
52 *Zöller*, ZPO, § 254 Rn. 1.
53 BGHZ 64, 278, 280 m.w.N.; *Palandt/Sprau*, § 808 Rn. 6; zur Rechtsnatur des Sparbuches: Müko/*Hüffer*, § 808 Rn. 23 ff.
54 BGHZ 64, 278, 284; so auch: *Palandt/Sprau*, § 808 Rn. 6 m.w.N. (z.T. i.V.m. § 700 I: *Jauernig/Berger*, Vor § 488 Rn. 12 m.w.N.).
55 BGH DB 1972, 2299.
56 Dazu: *Palandt/Bassenge*, § 952 Rn. 1 ff.
57 BGH NJW 1978, 1854.
58 *Palandt/Heinrichs*, Einf v § 328 Rn. 1 und 6.
59 BGHZ 54, 145, 147.
60 BGHZ 41, 95, 96.

Fall 9 *Besser spät als nie ...?*

894 IV. Eine **Schenkung von Todes wegen i.S.d. § 2301** liegt vor, wenn der Erblasser ein unentgeltliches Rechtsgeschäft unter die Bedingung gestellt hat, dass der Beschenkte ihn überlebt[61].

1. § 2301 ist beim echten Vertrag zugunsten Dritter auf den Todesfall auf das Deckungsverhältnis nicht anwendbar, da zwischen Versprechendem und Versprechensempfänger keine Schenkung vorliegt.
Nach h.M. und st. Rspr. findet § 2301 auch bei (im Valutaverhältnis) vorgenommenen Schenkungen im Rahmen der §§ 328, 331 keine Anwendung[62], da der typische Fall des § 2301 I nur vorliege, wenn zu Lebzeiten des Schenkers eine Leistung versprochen wird, diese aber erst nach seinem Tode aus dem Nachlass zu erfüllen ist. Dies sei aber bei den §§ 328, 331 nicht der Fall, da hier der Beschenkte die Forderung schon im Todeszeitpunkt erwerbe, so dass sie zu keiner Zeit (nicht einmal für eine sog „juristische Sekunde") in den Nachlass fällt.

2. Problematisch kann die Beurteilung sein, ob bereits Vollzug i.S.v. § 2301 II vorlag. Nach allgemeiner Ansicht ist für den Vollzug keine vollendete wirksame Übertragung zu Lebzeiten zu verlangen, da ansonsten die §§ 516 ff. eingreifen könnten und § 2301 überflüssig wäre[63]. Maßgeblich für das Vorliegen eines Vollzuges i.S.v. § 2301 II ist, dass es auf Seiten des Schenkers zu einer Vermögensminderung gekommen ist, er also zu Lebzeiten ein gegenwärtiges Vermögensopfer erbracht hat[64].
Wann genau ein gegenwärtiges Vermögensopfer und damit auch ein Vollzug i.S.v. § 2301 II vorliegt, wird unterschiedlich beurteilt[65].
   - Z.T. wird darauf abgestellt, ob für den Bedachten ein dingliches Anwartschaftsrecht auf den Erwerb der Sache begründet wird, welches ihm eine gesicherte Rechtsposition verschafft, die weder der Schenker noch dessen Gläubiger beeinträchtigen oder zerstören können, wobei dies auch der Fall sein soll, wenn das Vollzugsgeschäft unter der aufschiebenden Bedingung des Überlebens des Beschenkten steht[66].
   - Eine weitere Auffassung geht davon aus, dass ein Vollzug i.S.v. § 2301 II gegeben ist, wenn sich das Rechtsgeschäft ohne weiteres Zutun des Schenkers oder dessen Erben vollendet bzw. wenn das Anwartschaftsrecht derart ausgestaltet ist, dass der Beschenkte den Schenkungsgegenstand ohne weitere Leistungshandlung des Schenkers erwerben kann[67].
   - Bei Einsetzung einer Mittelsperson, z.B. eines Boten ist Vollzug zu bejahen, wenn der Mittler unwiderruflich beauftragt war, also insbesondere, wenn er im Interesse des Beschenkten tätig war[68].

---

61 *Palandt/Edenhofer*, § 2301 Rn. 1.
62 RGZ 106, 1; 128, 187; BGHZ 41, 95; 46, 198, 201; 66, 8, 12; BGH NJW 1984, 480, 481; BGH NJW 1993, 2171; *Palandt/Edenhofer*, § 2301 Rn. 17; *Staudinger/Kanzleiter*, § 2301 Rn. 42; *Soergel/Wolf*, § 2301 Rn. 22.
63 *Michalski*, ErbR, Rn. 1044; *Herrmann*, MDR 1980, 883, 887; *Palandt/Edenhofer*, § 2301 Rn. 10.
64 *Leipold*, ErbR, Rn. 571 m.w.N.
65 *Michalski*, ErbR, Rn. 1044 m.w.N.
66 BGH FamRZ 1989, 959; *Kipp/Coing*, ErbR, § 81 III 1c; Lange/Kuchinke, ErbR, § 33 II 1.
67 *Soergel/Wolf*, § 2301 Rn. 14.
68 MüKo/*Musielak*, § 2301 Rn. 24 f.; *Michalski*, ErbR, Rn. 1057 ff.

V. Kontrollfragen

1. Was ist Inhalt des § 952?
2. Welche Urkunden werden von § 952 erfasst?
3. Skizzieren und beschriften Sie die typische Fallkonstellation eines Vertrages zugunsten Dritter auf den Todesfall i.S.d. §§ 328, 331!
4. Wann liegt eine Schenkung von Todes wegen vor?
5. Wann ist von einem Vollzug i.S.d. § 2301 II auszugehen?
6. Worin besteht ein Unterschied zwischen dem Vollzugsbegriff des § 2301 und dem des § 518 II?

Stichwortverzeichnis

Verwiesen ist jeweils auf die Randnummer.

Absolutes Veräußerungsverbot 272, 320
Abwicklungsinteresse 171
Adoption = Kindesannahme 461, 650
Allgemeine Prozessvoraussetzungen 352
Allgemeines Persönlichkeitsrecht 382, 388, 392, 395, 416, 419
Amtsermittlungsgrundsatz 237, 554
Anfallsprinzip 491
Anfechtung einer Erbschaftsannahme 499 ff.
Anfechtung eines Testaments 695 ff.
Annahme als Kind (Adoption) 461, 650
Annahme der Erbschaft 496, 536
Annahme des leiblichen Kindes des Lebenspartners (LPartG) 805 f.
Anonymitätsabrede mit einem Samenspender 383
Anrechnungsmethode 131
Anstandsschenkung i.S.v. 2330 628
Anwendung des § 952 863, 892
Auflage 638
Aufstockungsunterhalt 30, 126 f.
Auseinandersetzung der Erbengemeinschaft 601
Ausgleichsgemeinschaft 609
Aushöhlungsnichtigkeit 703, 729, 744
Auskunftsrecht des Kindes auf Abstammung 382, 395
Auslegung 569, 593
Ausschlagung der Erbschaft 494, 614

Bedarf 26, 31, 70, 114, 124
Bedürftigkeit 26, 69 ff., 114, 124
Beeinträchtigende Schenkungen i.S.d. § 2287 714 ff.
Befreite Vorerbschaft i.S.v. § 2136 752
Begründetheitsprüfung 302, 330, 341, 348, 361, 363
Beistandspflicht 160, 198, 204 ff.
Berliner Testament 710
Beschwerde gegen einen Erbschein (auch weitere Beschwerde) 326 ff., 532 ff.
Bestandsinteresse 171
Betreuung 239
Beweislast 563
Beweislastregeln 485
Beweismittel der ZPO 563

BGB-Innengesellschaft 443
Bindungswirkung gemeinschaftlicher Testamente 689 ff., 729

Darlegungs- und Beweislast 563
Deckungsfähigkeit 26, 32, 69, 72, 114, 124
Deckungsverhältnis 841, 893
Differenzmethode 131
Dingliche Surrogation i.S.d. § 1370 359
Dingliche Surrogation i.S.v. § 2040 572
Dreißigster 673
Drittwiderspruchsklage 350 ff., 363
Düsseldorfer Tabelle 71, 90 f., 122 f., 142

EGBGB 91, 141, 158, 492, 495
Eheaufhebung 11, 13, 84, 135
Ehebedingte/ehebezogene Zuwendungen 429, 469, 473, 627
Ehefähigkeitszeugnis 134
Ehegatteninnengesellschaft 208
Ehegattenpflichtteil 813 ff.
Ehegüterrecht 429
Ehename 79
Ehesache 163
Eheschließung 9, 12, 83, 134
Eheschließung bei Minderjährigen 290
Ehestörung 162, 179
Ehestörungsklage 163
Ehevertrag 47, 53, 429
Ehewirkungen (allgemeine Rechtswirkungen der Ehe) 198
Eigengeschäft 192, 249
Eigenhändiges Testament 556 ff., 603, 633 ff., 640
Eigentumsvermutung 348 f., 372
Eingeschränkte subjektive Theorie (beim g. T.) 683
Einheitsprinzip 710, 731, 748
Einheitstheorie 817 f.
Eintrittsrecht 502, 530, 549
Einverständliche Scheidung 86
Einzeltheorie 310, 338
Elterliche Sorge 233, 238, 288
Erbeinsetzung unter Bedingungen 759, 786
Erbengemeinschaft 572, 594

Stichwortverzeichnis

Erbenhaftung 595
Erbfähigkeit 524
Erbfallschuld 585
Erbfolge nach Linien 543, 547
Erbfolge nach Ordnungen 527, 542, 546, 549
Erbfolge nach Stämmen 528, 543, 547, 549
Erbfolge und Gesellschaftsrecht (Rechtsnachfolge bei Personen- und Kapitalgesellschaften) 837
Erbrecht bei eingetragenen Lebenspartnern (siehe gesetzliches ErbR des Ehegatten/Lebenspartners)
Erbrechtliche Lösung 610, 641, 655 f.
Erbschaftsbesitzer 504, 845
Erbschaftsbesitzeranspruch 503, 511, 641 ff., 722 f., 891
Erbschaftskauf 596
Erbschein 523, 554, 788
Erbscheinserteilung 523, 554
Erbvertrag 793 ff.
Erbverzicht 828 ff., 836
Erforderlichkeitsgrundsatz 239
Ergänzende Auslegung 593
Erläuternde Auslegung 593
Ersatzerbschaft 785
Erschöpfungstheorie 313, 338
Erwerbstätigenbonus 131

Familiengericht 163
Familienrechtliche Generalklausel 160, 198, 204
Familienrechtliche Theorie 98, 145
Familienrechtlicher Kooperationsvertrag 210
Familienunterhalt 24, 111, 150 f.
FGG-Verfahren 237
Formprivileg des § 2267 685
Freiwillige Gerichtsbarkeit 237

Gemeinschaftliches Testament 679 ff., 689, 730
Generalklausel: siehe familienrechtliche Generalklausel
Gesamtgläubigerschaft 194
Gesamtgut 420, 429
Gesamthandsgemeinschaft 572, 594
Gesamthandsklage 595
Gesamtnichtigkeit 633
Gesamtschuldklage 595
Gesamttheorie 309, 338
Gesamtvermögensgeschäft 308, 338

Geschäft zur angemessenen Deckung des Lebensbedarfs 190 f., 248, 287, 292, 297 f., 355
Gesetzliche Erbfolge 517, 523, 542, 545
Gesetzliches Erbrecht des Ehegatten/Lebenspartners 670
Gestaltungsurteil 11
Gewahrsamsvermutung 348, 372
Gewillkürte Erbfolge 516
Großer Pflichtteil 610
Grundbuchberichtigungsanspruch 364
Gütergemeinschaft 420, 429
Güterrechtliche Lösung bei der Zugewinngemeinschaft 641, 655, 657
Güterrechtsregister 192, 249 f., 422 f.
Gütertrennung 429, 470
Gutglaubensschutz und Erbschein 753 ff.

Haftungsbeschränkung unter Ehegatten 218 f.
Haftungsprivileg des § 1359 219
Härte i.S.v. § 1565 II 20 ff.
Härte i.S.v. § 1568 17 f.
Hauratsverordnung 81 f.
Hausratsverteilungsverfahren 81 f.
Hergabe für die Hingabe 484, 486
Herstellungsklage 163, 206
Heterologe Insemination 379
Höchstpersönlichkeit 664

Irrtum über Nachlassverbindlichkeiten 537 ff.

Kenntnis der eigenen Abstammung 382, 388, 395
Kindesannahme (Adoption): siehe Annahme als Kind
Kindesherausgabe 87
Kindesunterhalt 87
Klageverbindung 354
Kleiner Pflichtteil 616, 641
Kommorientenvermutung 651, 656
Konvaleszenz 369 ff., 770
Kooperationsvertrag 210

Lebenspartnerschaft 52, 88, 97, 134, 198, 429
Lebzeitiges Eigeninteresse 717
Legalzession 69
Lehre von der Vertrauenshaftung 100, 147
Leistungsfähigkeit 73, 115, 128

Stichwortverzeichnis

Maßnahmen des Familiengerichts 235 ff.
Miterbengemeinschaft 580 ff., 822
Mitgläubigerschaft 195
Monetarisierung der Haushaltsleistung 131
Motivirrtum 698

Nacheheliche Solidarität 34, 129, 153
Nachehelicher Unterhalt 24, 111, 150, 153
Nacherbschaft 707
Nachlassgericht 523, 540
Nachlassverbindlichkeit 584 f.
Nachlassverwaltung 580 ff.
Nachlasswert 613
Nicht eheliche Lebensgemeinschaft 438, 472
Nicht eheliches Kind 492
Nichtehe 12, 83
Notverwaltungsrecht i.S.v. § 2038 583

Objektive Klageverbindung 354
Ordnungsgemäße Verwaltung 592, 594

Parentelsystem 527, 542, 546
Partnerschaftsverträge 472
Personensorge 232, 283, 288
Petitorischer Besitzschutz 851 f.
Pflegschaft 239
Pflichtteilsergänzungsanspruch 623, 631, 725
Pflichtteilsrecht 605, 607, 642, 813 ff., 819 ff.
Pflichtteilsrestanspruch 605 ff.
Possessorischer Besitzschutz 849 f.
Prima facie 485
Privatautonomie 484
Pro herede gestio 496
Prozessgericht 163
Prozessstandschaft 266, 281

Rangfolge 74, 115, 129
Räumlich-gegenständlicher Bereich der Ehewohnung 166 ff., 179
Recht auf Kenntnis der eigenen Abstammung: siehe Kenntnis der eigenen Abstammung und allgemeines Persönlichkeitsrecht
Rechtsbehelfsprüfung 341
Rechtspflegegesetz 533
Relatives Veräußerungsverbot 271, 319
Repräsentationsprinzip 529, 549
Revokationsrecht/Revokatorische Klage 266, 281, 373
Rücktritt vom Verlöbnis 104 ff.

Scheidung 11, 14 ff., 84
Scheidungsfolgen 87
Scheinehe 136
Scheinvater 69, 395
Scheitern der Ehe 14 f., 86
Schenkung i.S.d. § 2287 714
Schenkungen von Todes wegen 877 ff., 888 ff.
Schlusserbe 710
Schmerzensgeld 186, 419
Schutzzweck der §§ 1365, 1369 322
Schwägerschaft 459, 526
Sittenwidrigkeit 812
Sittenwidrigkeit eines Geliebtentestamentes 484 ff.
Sog. eingeschränkte subjektive Theorie beim g. T. 683
Sondergut 420, 429
Sorgerecht 77, 87
Subjektive Theorie 314 f.

Tatsächlichkeitstheorie 99, 146
Teilungsanordnung 825
Testament 481 f.
Testamentarische Erbfolge 478 f.
Testamentsauslegung 480, 569, 593
Testamentsvollstreckung 838
Testierfähigkeit 555
Testierfreiheit 484
Testierwille 557
Theorie der Aushöhlungsnichtigkeit 703, 729, 744
Theorie vom familienrechtlichen Vertrag 98, 145
Trennungsprinzip 709, 731
Trennungsunterhalt 24, 111, 150, 152

Umdeutung 593
Umgangsrecht 78, 87
Umgangsregelungen 232
Unbenannte Zuwendungen 429, 469, 473, 627
Universalsukzession 491
Unterhalt bei Getrenntleben 24, 111, 150, 152
Unterhalt gegen volljährige Kinder 430
Unterhaltsansprüche 24
Unterhaltsausschluss 37 ff., 117 ff.
Unterhaltsbeziehung 25, 68, 113, 123
Unterhaltspflichten 24
Unterhaltsverzicht 47
Unterlassungsanspruch für den räumlich-gegenständlichen Bereich 166

353

Stichwortverzeichnis

Unterschrift mit Abschlussfunktion 567, 640,

Valutaverhältnis 841, 893
Vaterschaftsanfechtung 227 ff.
Veräußerungsverbote der §§ 1365, 1369 253, 270 ff., 307, 319 ff., 337 f., 365 ff.
Verbotene Eigenmacht 506, 509, 849
Verfügungsbeschränkungen des § 2113 707 ff.
Verlöbnis 94 ff., 143 ff., 440
Vermächtnis 525, 568 ff., 638
Vermögenssorge 232, 238, 288
Verpflichtungs- und Verfügungsbeschränkungen der §§ 1365, 1369 253, 270 ff., 307, 319 ff., 337 f., 365 ff.
Verschollenheitsgesetz 644, 651
Verschuldensprinzip 14, 41
Versorgungsausgleich 65
Verteilung des Überschusses 601
Vertrag mit Schutzwirkung zugunsten Dritter 380
Vertrag zugunsten Dritter (echter/unechter) 380, 864 ff., 893
Vertrag zugunsten Dritter auf den Todes Fall 864 ff., 893
Vertragsmäßige Verfügung 795 ff.
Vertragstheorie 101, 148
Vertretungsmacht der Eltern für ihre Kinder 238
Verwandtenerbrecht 526
Verwandtenunterhalt 150
Verwandtschaft 459 ff., 490, 526
Voll- und Schlusserbschaft 710, 747 ff.
Vollstreckbarkeit eines Anspruches auf Wiederherstellung des ehelichen Lebens 161

Vollstreckungserinnerung 347 ff., 361 f.
Vollstreckungsverbot 161, 180, 206
Von-selbst-Erwerb 491, 605
Vor- und Nacherbschaft 707, 746 ff., 786
Voraus 672
Vorausvermächtnis 826
Vorbehaltsgut 420, 429
Vorkaufsrecht 575 f.
Vorläufiger Erbe 503, 506, 518
Vormundschaft 239

Wahlrecht der Ehegatten/Lebenspartner 817
Wahltheorie 817
Wechselbezügliche Verfügungen i.S.d. § 2270 689 ff.
Weitere Beschwerde, siehe Beschwerde
Wertevergleich 311
Widerruf eines Testament 561, 729
Widerruf wechselbezüglicher Verfügungen 689 ff.
Widerrufstestament 565
Wiederverheiratungsklausel 750, 787
Wohlwollende Auslegung i.S.v. 2084 593

Zerrüttungsprinzip 14, 86
Zeugenbeweis 564
Zeugnisverweigerungsrecht 458
Zugewinnausgleich 50, 466
Zugewinnausgleichanspruch bei gleichzeitigem Tod beider Ehegatten 659 ff., 671
Zugewinngemeinschaft 51 ff., 88, 299, 429
Zulässigkeitsprüfung 341, 343 ff., 350 ff.
Zusatzpflichtteil 611 f.
Zuständiges Gericht (sachlich, örtlich, funktionell) 231, 532
Zuteilung der Ehewohnung 82, 87

UNIREP JURA
Examensvorbereitung aus erster Hand!

Examens-Repetitorium
BGB-Allgemeiner Teil
Von Prof. Dr. Peter Gottwald, Regensburg. 2002. XIII, 177 Seiten.
€ 17,- ISBN 3-8114-2055-0

Examens-Repetitorium
Allgemeines Schuldrecht
Von Prof. Dr. Jens Petersen, Potsdam. 2., neu bearbeitete Auflage 2005. XX, 210 Seiten. € 18,-
ISBN 3-8114-7318-2

Examens-Repetitorium
Besonderes Schuldrecht/2
Gesetzliche Schuldverhältnisse
Von Prof. Dr. Petra Buck-Heeb, Hannover. 2004. XV, 214 Seiten.
€ 18,- ISBN 3-8114-1838-6

Examens-Repetitorium
Sachenrecht
Von Prof. Dr. Mathias Habersack, Mainz. 4., neu bearbeitete Auflage. 2005. XVII, 216 Seiten. € 18,-
ISBN 3-8114-7315-8

Examens-Repetitorium
Familienrecht
Von Prof. Dr. Martin Lipp, Gießen. 2., neu bearbeitete Auflage. 2005. XXIII, 195 Seiten. € 17,50
ISBN 3-8114-7346-8

Examens-Repetitorium
Allgemeines Verwaltungsrecht mit Verwaltungsprozessrecht
Von Prof. Dr. Robert Uerpmann, Regensburg. 2003. XVI, 145 Seiten.
€ 16,- ISBN 3-8114-1831-9

NEU Examens-Repetitorium
Verwaltungsrecht
Allgemeines Verwaltungsrecht, Polizei-, Bau-, Kommunalrecht, Staatshaftungsrecht.
Von Prof. Dr. Christian Seiler, Erfurt. 2005. IX, 161 Seiten. € 16,-
ISBN 3-8114-7349-2

Examens-Repetitorium
Strafrecht Allgemeiner Teil
Von Prof. Dr. Christian Jäger, Trier. 2003. XX, 265 Seiten. € 18,-
ISBN 3-8114-1974-9

NEU Examens-Repetitorium
Strafrecht Besonderer Teil
Von Prof. Dr. Christian Jäger, Trier. 2005. XXVI, 336 Seiten. € 19,-
ISBN 3-8114-7316-6

Examens-Repetitorium
Strafprozessrecht
Von Dr. Armin Engländer, Mainz. 2004. XIV, 96 Seiten. € 12,50
ISBN 3-8114-9036-2

Examens-Repetitorium
Kriminologie
Von Priv. Doz. Dr. Klaus-Stephan von Danwitz, Bonn. 2004.
XXX, 235 Seiten. € 19,50
ISBN 3-8114-9037-0

C. F. Müller, Verlagsgruppe Hüthig Jehle Rehm GmbH, Im Weiher 10, 69121 Heidelberg
Kundenbetreuung München: Bestell-Tel. 089/54852-8178
Fax -8137, E-Mail: kundenbetreuung@hjr-verlag.de
www.cfmueller-campus.de

schwerpunkte
Klausurenkurs

Die neue Reihe *Schwerpunkte Klausurenkurs* ermöglicht es, den in den Grundlagenwerken der *Schwerpunkte-Reihe* vermittelten Stoff auf den konkreten Fall bezogen anzuwenden. Typische Musterklausuren werden exemplarisch gelöst, um Klausurtechnik einzuüben.

Die Bände sind selbstständig und aus sich heraus verständlich, doch nehmen sie zur Vertiefung einzelner Fragen Bezug auf die Darstellungen im zugehörigen Grundlagenband: Klausurenkurs und Lehrbuch ergänzen sich wechselseitig und bilden eine Einheit.

Der einzelne Fall wird in 5 Schritten entwickelt:

- Sachverhalt
- Vorüberlegung
- Grobgliederung (Lösungsübersicht)
- Musterlösung
- Vertiefungshinweise/Repetitorium

Klausurenkurs im Staatsrecht
Mit Bezügen zum Europarecht
Ein Fall- und Repetitionsbuch
Von Prof. Dr. Christoph Degenhart, Leipzig. 3., neu bearbeitete und erweiterte Auflage. 2005. XVII, 400 S.
€ 18,50 ISBN 3-8114-7314-X

Klausurenkurs im Verwaltungsrecht
Ein Fall- und Repetitionsbuch zum Allgemeinen und Besonderen Verwaltungsrecht mit Verwaltungsprozessrecht
Von Prof. Dr. Franz-Joseph Peine, Frankfurt/O. 2004. XXV, 362 S.
€ 18,50 ISBN 3-8114-1821-1

Klausurenkurs im Sachenrecht
Fälle und Lösungen
Von Prof. Dr. Karl-Heinz Gursky, Osnabrück. 11., neu bearbeitete Auflage. 2003. XIII, 209 S. € 18,–
ISBN 3-8114-3037-8

NEU **Klausurenkurs im Familien- und Erbrecht**
Ein Fall- und Repetitionsbuch für Examenskandidaten
Von RAin Dr. Susanne A. Benner, Berlin. 2005. XVI, 354 S. € 18,-
ISBN 3-8114-7301-8

Klausurenkurs im Handelsrecht
Ein Fallbuch
Von Prof. Dr. Karl-Heinz Fezer, Konstanz. 3., neu bearbeitete Auflage. 2003. XIX, 283 S. € 17,-
ISBN 3-8114-3901-4

Klausurenkurs im Sozialrecht
Ein Fallbuch
Von Prof. Dr. Eberhard Eichenhofer, Jena. 5., völlig neu bearbeitete Auflage. 2005. XVIII, 187 S. € 18,50
ISBN 3-8114-7303-4

Klausurenkurs im Wettbewerbs- und Kartellrecht
Ein Fall- und Repetitionsbuch
Von Prof. Dr. Günther Hönn, Saarbrücken. 3., völlig neu bearbeitete und erweiterte Auflage. 2005.
X, 200 Seiten. € 18,-
ISBN 3-8114-7337-9

Klausurenkurs im Strafrecht I
Ein Fall- und Repetitionsbuch für Anfänger
Von Prof. Dr. Werner Beulke, Passau. 3., neu bearbeitete Auflage. 2005.
XVII, 251 S. € 17,-
ISBN 3-8114-7310-7

Klausurenkurs im Strafrecht III
Ein Fall- und Repetitionsbuch für Examenskandidaten
Von Prof. Dr. Werner Beulke, Passau. 2004. XXIII, 504 S. € 22,-
ISBN 3-8114-9039-7

C. F. Müller, Verlagsgruppe Hüthig Jehle Rehm GmbH
Im Weiher 10, 69121 Heidelberg
Kundenbetreuung München: Bestell-Tel. 089/54852-8178
Fax 089/54852-8137, E-Mail: kundenbetreuung@hjr-verlag.de
www.cfmueller-campus.de